So viel Liebe wie Du brauchst

Renate Götz Verlag

Über dieses Buch

Bereits die erste Ausgabe von *So viel Liebe wie Du brauchst* aus dem Jahr 1988 eröffnete hunderttausenden Paaren den Weg zu einer glücklichen, liebevollen und zutiefst erfüllenden Partnerschaft.

Die vorliegende 20-Jahr-Jubiläumsausgabe ist um weitere 20 Jahre an therapeutischer Erfahrung von Harville Hendrix und Helen LaKelly Hunt reicher. Sie enthält ein umfassendes neues Vorwort, neue Übungen und ein neues Kapitel, das in berührender Weise zeigt, wie wichtig es für uns ist, unsere Partnerschaft von negativen Gedanken und jeglicher Kritik zu befreien.

Dieses Buch ist wie eine Orientierungskarte, mit deren Hilfe Paare den Weg zu einer leidenschaftlichen Partnerschaft finden können, der manchmal im Dickicht des Alltags verborgen liegt. Die Anleitungen und Übungen dieses Buches haben sich seit Jahrzehnten in der Praxis bewährt. Es wurde bereits in mehr als 50 Sprachen übersetzt.

Über die Autoren

Harville Hendrix, Ph.D., und seine Frau Helen LaKelly Hunt, Ph.D., begründeten die außergewöhnlich erfolgreiche Imago-Paartherapie, einen heilenden Weg für Paare aller Altersstufen und Lebensumstände. Inzwischen gibt es weltweit schon mehr als 2.200 Imago-TherapeutInnen und immer mehr Imago-Workshop-Presenter. Harville und Helen können bereits auf mehr als 30 Jahre Erfahrung in der therapeutischen Arbeit mit Paaren zurückblicken. Harville hält großartige Vorträge und leitete gemeinsam mit seiner Frau unzählige Paar-Workshops. Helen ist in der Frauenbewegung aktiv und wurde für ihr großes Engagement für das weibliche Selbstbewusstsein mit einer Eintragung in die National Women's Hall of Fame geehrt.
Helen und Harville haben sechs Kinder und leben in New York und in New Mexico.

Harville Hendrix, Ph. D.

So viel Liebe wie Du brauchst

Der Wegbegleiter für eine erfüllte Beziehung

Gänzlich überarbeitete und deutlich erweiterte
20-Jahr-Jubiläumsausgabe

Übersetzung aus dem
Amerikanischen von Dr. Simone Wilhelms-Kind
und **Margit Schröer**

Renate Götz Verlag

First published in New York by Henry Holt and Company, LLC
Titel des amerikanischen Originals: Getting The Love You Want

Umschlagabbildungen Harville Hendrix und Helen LaKelly Hunt

Ursprüngliche Übersetzung aus dem Amerikanischen von Dr. Simone Wilhelms-Kind
Übersetzung der Änderungen der Neuauflage (20-Jahr-Jubiläumsausgabe) von 2008 und
Überarbeitung der Übersetzung von Margit Schröer

Ergänzte und überarbeitete 20-Jahr-Jubiläumsausgabe
4. Auflage, März 2016

A-2731 Dörfles, Römerweg 6
e-mail: info@rgverlag.com
www.rgverlag.com

Layout und Gesamtgestaltung, © Coverbild „Rose“ by
outLINE|grafik Eva Denk . A-2340 Mödling . www.outlinegrafik.at

Produktion: Druckerei Paul Gerin, Wolkersdorf . www.gerin.co.at
Printed in Austria

ISBN 978-3-902625-04-5

Für Helen,
meine Frau und meine beste Freundin,
und für unsere Kinder Hunter,
Leah, Kimberly, Kathryn, Mara und Josh

Inhalt

Hinweis: Die Arbeitsblätter zu allen Übungen finden Sie auch im DIN A4-Format als PDF-Download unter der Webadresse:

www.rgverlag.com/ABH3

Anerkennung für Jo Robinson

Vor 20 Jahren war die Entscheidung in mir herangereift, meine Gedanken und Theorien über das Thema Partnerschaft einer breiten Leserschaft zu widmen, anstatt ein Fachbuch für Menschen, die sich in beruflicher Hinsicht mit Partnerschaft befassen, zu schreiben. Mein Verleger vom Verlag Holt empfahl mir daraufhin, professionelle Unterstützung für mein Buchprojekt zu suchen. Ich stimmte ihm sofort zu, schließlich war es mein erster Versuch, ein populärwissenschaftliches Buch zu verfassen. Nach etwa fünf potenziellen KandidatInnen wurde ich mit Jo Robinson bekannt gemacht. Ich hatte den Eindruck, dass sie sofort nachvollziehen konnte, was mir vorschwebte. Jo Robinson ist die Autorin der beiden Bücher *Unplug the Christmas Machine* und *Full House*. In den darauf folgenden Jahren fanden einige Bücher, deren Autorin oder Koautorin sie war, Aufnahme in die Bestsellerliste der New York Times, zum Beispiel *Hot Monogamy (Heiße Liebe in festen Partnerschaften), The Omega Diet (Die OMEGA-Diät), When Your Body Gets the Blues* und *Pasture Perfect*.

Für die Erstausgabe dieses Buches überreichte ich ihr ein Rohmanuskript und zahlreiche Mitschriften von meinen Seminaren und Workshops. Jo Robinson arbeitete unermüdlich daran, dieses unstrukturierte und stellenweise etwas unpräzise Manuskript in eine übersichtliche, strukturierte und beeindruckend gute Endversion zu verwandeln. Auch als wir Jahre später die erste überarbeitete Neuauflage planten, war Jo wieder dazu bereit, alle Änderungen und Erweiterungen hinzuzufügen und in die Ausgabe von 2001 einfließen zu lassen. Auch für die vorliegende, dritte „Inkarnation" von *So viel Liebe wie Du brauchst* sagte sie ohne Zögern zu, Helen und mir unter die Arme zu greifen, um unser Buch intensiv zu bearbeiten, zu erweitern und ein ganz neues Vorwort dafür zu schreiben. Das beeindruckte uns umso mehr, da Jo gleichzeitig an einigen anderen Projekten zu arbeiten hatte und mit den Vorbereitungen für ihre eigene Hochzeit beschäftigt war. Wie schon zu Beginn unserer Zusammenarbeit vertiefte sie sich in beeindruckender Weise in unsere Manuskripte, nahm sogar an einem Paarworkshop teil und pflegte in der langen Vorbereitungsphase für diese Neuauflage einen regen Austausch mit Helen und mir.

Wir fühlen uns Jo Robinson zu großem Dank für unsere Zusammenarbeit während der vergangenen 20 Jahre verpflichtet, für ihr beeindruckendes Engagement für unser Buchprojekt und ebenso für unsere persönliche Freundschaft. Ohne ihre Klugheit und schriftstellerische Begabung wäre es schwieriger für uns alle, die Liebe, die wir brauchen, tatsächlich zu finden. Danke, Jo!

Danksagungen

Beim Schreiben dieses Buches erkannte ich immer stärker, wie recht John Donne hatte, als er sagte: „Niemand ist eine Insel", und ebenso Walt Whitman, der in seinem „Song for myself" feststellte: „In mir sind viele". Das Zusammenstellen des Materials für dieses Buch hat mir neu und verstärkt ins Bewusstsein gerufen, dass ich mich auf viele unterschiedliche Quellen und auf die persönlichen Erfahrungen unzähliger Menschen stützen darf. Diese neuen Sichtweisen und Theorien wären nicht möglich gewesen ohne die „Schultern von intellektuellen Giganten", auf denen ich stehe, sowie die Unterstützung großartiger Lehrer, die zahllosen Anregungen meiner Studenten, das Vertrauen vieler Ehepaare, die Hilfe meiner Freunde sowie den Rückhalt meiner Familie. Ihnen allen möchte ich sehr herzlich danken und sie gleichzeitig um Verzeihung bitten, falls ich mit manchen Details unbedacht umgegangen bin.

Viele gute Freunde ermutigten mich in besonderem Maße - leider kann ich nur einige hier namentlich erwähnen. Dr. Robert Elliott las die ersten Fassungen meines Manuskripts und diskutierte mit mir mit großem Einfühlungsvermögen über meine Ideen, sodass sie an Klarheit und Präzision gewinnen konnten. Dr. Pat Love erprobte meine Theorien zum ersten Mal in einem Universitätsprogramm über Ehe und Partnerschaft und konnte mir dadurch wertvolles Feedback geben. Reed und Carolyn Whittle lasen die fortgeschrittene Fassung des Manuskripts und gaben mir äußerst hilfreiche Anregungen. Judy McCall war freundlicherweise dazu bereit, die Endfassung des Manuskripts zu lesen, zu kommentieren, sowie Rezensionen und Empfehlungen anderer Autoren zu organisieren. Dr. Joan und Dr. Robert Thorne machten mich in New York mit vielen fachlichen Kapazitäten bekannt und unterstützten mich emotional sehr in meiner Arbeit.

Gleichzeitig möchte ich den vielen Therapeuten in Dallas und New York, welche am *Institute for Relationship Therapy* studierten, für ihren großen Einsatz, ihre Unterstützung und ihre Anregungen danken. Sie leisteten wichtige Beiträge, indem sie meine Konzepte in der therapeutischen Arbeit mit ihren Klienten anwendeten und mir Feedback gaben.

Ich bin auch unzähligen Paaren zu großem Dank verpflichtet, die sich mir anvertraut haben und ihr Einverständnis dazu gaben, aus ihren persönlichen Erfahrungen Schlüsse zu ziehen und sie in dieses Buch aufzunehmen. Was auch immer ich nun über Partnerschaften weiß, verdanke ich ihnen.

Weiters möchte ich dem Verlag Henry Holt für die begeisterte Aufnahme meiner Vision danken. Sie ermutigten mich bereits zu einem Zeitpunkt, als das Manuskript noch gar nicht vorlag, und sie warteten mit großer Geduld auch nach dem vereinbarten Termin auf dessen Fertigstellung. Besonders bedanken möchte ich mich für die äußerst gute Zusammenarbeit mit meiner Verlagslektorin Channa Taub, die mich stets freundlich, aber bestimmt, zur Weiterarbeit motivierte, sowie mit meinem Agenten, Julian Bach, der mich durch den Vertragsprozess begleitete und mir wertvolle Hilfestellungen für die Verlagswelt gab. Tamera Allred las einige der letzten Fassungen und machte zahlreiche wertvolle Vorschläge. Sharon Morris gab mir exzellenten editorialen Beistand. Und schließlich möchte ich auch meiner Sekretärin, Yvonne Singleton, herzlich danken für ihre große Geduld und ihre flinken Finger, die unermüdlich tippten, wenn ich Teile des Manuskripts am liebsten „gestern" fertig gehabt hätte.

Im Vorwort der zweiten Ausgabe von 2001 sprach ich Barney Karpfinger, der damals gerade mein neuer Agent geworden war, meinen Dank und meine Anerkennung aus. Seine Unterstützung bei der damaligen Ausgabe sowie all meinen anderen davor oder danach erschienenen Büchern war von unschätzbarem Wert. Und ich bin ihm speziell dankbar für seine anhaltende Unterstützung bei dieser dritten Ausgabe. Barney ist mehr als nur ein Agent: er ist ein Freund. Seine Freundschaft hat mein Leben bereichert und seit nunmehr 20 Jahren ermutigt er mich immer wieder in meiner Schriftstellerkarriere.

Meine Annerkennung gilt auch allen Mitarbeitern des Verlages Henry Holt, deren Idee die Erstellung dieser 20-Jahr-Jubiläumsausgabe war, und die mir dabei so geduldig unter die Arme gegriffen haben. Im Speziellen danke ich dem Präsidenten und Herausgeber John Sterling; meiner Lektorin Sarah Knight; Claire McKinney, Direktorin für Publicity; Richard Rhorer, Direktor für Marketing, und Maggie Richards, Direktorin für Sales und Marketing.

Ich bin auch Norris Chumley zu Dank verpflichtet für die exzellente Regieführung bei der Erstellung meiner Video-Serie für das öffentliche Fernsehen, und auch - wie bereits erwähnt - Jo Robinson, die mir schriftstellerisch schon bei der zweiten Ausgabe, und nun auch bei dieser dritten, wertvolle Hilfe leistete. Sanam Hoon, bereits seit 20 Jahren mein Assistent, verdient Dank für viele wertvolle Details dieser Ausgabe, sowie auch Meghan Doherty, meine persönliche Assistentin, für alle Terminplanung und die undankbare Arbeit bei der Revision meiner Bibliographie. Dank auch an Nancy Jones, der Vorstandsdirektorin des *Institute for Imago Relationship Therapy*, die vor allem in den Anfangstagen unserer Institution Halt und Führung gab, und auch an Rick Brown, der später unseren Wirkungskreis deutlich ausweitete. Auch möchte ich meine große Anerkennung dem Vorstand von *Imago Relationships International* ausdrücken: Tim Atkinson, Exekutiv-Direktor, und den Mitarbeiterinnen Farrah Daniels und Linda Thompson, die unbeugsam der Idee von *Imago* und seiner internationalen Ausbreitung zur Seite standen.

Meine Dankesschuld an Oprah Winfrey ist unendlich: zuerst stellte sie *Imago* einem Millionen-Publikum vor, sodass *So viel Liebe wie Du brauchst* 1988 auf die *New York Times*-Bestsellerliste schnellte. Danach lud sie mich immer wieder zu ihrer Show ein, sodass das Werk weitere 11-mal in die Bestsellerliste zurückkehrte, und schließlich bezeichnete sie meinen zweiten Auftritt in ihrer Show als eine der 20 bedeutungsvollsten Folgen ihrer Sendung in 20 Jahren.

Schließlich bin ich allen Paaren zu Dank verpflichtet, die dieses Buch gelesen und an andere weitergereicht haben, den Freunden und Therapeuten, die es weiterempfohlen haben, und allen Imago-Therapeuten, speziell den *Master Trainers* und Lehrbeauftragten des Institutes, die geholfen haben, die Imago-Beziehungstheorie in den USA und weltweit weiterzuentwickeln, zu vertiefen und zugänglich zu machen.

Mein allergrößter Dank geht selbstverständlich an meine Frau Helen LaKelly Hunt, die meine Vision und ihre Umsetzung von allem Anfang an mitgetragen hat. Ohne ihre tatkräftige Unterstützung und ihren unschätzbaren intellektuellen Beitrag hätte es weder dieses Buch noch das Konzept der Imago-Paartherapie jemals geben können. Ich möchte auch unseren sechs Kindern für ihre Unterstützung und Geduld in der Zeit der Erstellung und späteren Neubearbeitung dieses Buches danken. Was ich von ihnen im Lauf der Jahre lernen durfte, ist von unschätzbarem Wert für mich. Gemeinsam mit Helen ermöglichten sie mir, die Gedanken von Imago im täglichen Leben umzusetzen und so immer mehr zu einem ganzheitlichen Menschen zu werden. Ebenso wie ich selbst erwarteten sie mit Spannung das Erscheinen der zweiten, überarbeiteten Ausgabe. Und nun teilen sie meine Freude und meine tiefe Zufriedenheit darüber, dass diese dritte, erweiterte Ausgabe in Druck gehen kann.

Vorwort zur 20-Jahr-Jubiläumsausgabe von *So viel Liebe wie Du brauchst*

gemeinsam verfasst mit Helen LaKelly Hunt, Ph.D.

Die Welt will nicht verstanden, sondern umarmt werden:
durch das Umarmen eines ihrer Geschöpfe.
Martin Buber

Es gab einen konkreten Auslöser, der mich dazu veranlasste, mich intensiv mit der Frage nach dem Gelingen von Liebesbeziehungen auseinanderzusetzen: die konkrete Frage einer Teilnehmerin einer Vorlesung über „Ehe und Familie", die ich an der Universität hielt. Ich erinnere mich noch genau daran, dass es ein Dienstag war und ich mich bereits um 20 Minuten verspätet hatte. Ich kam gerade vom Gericht, wo meine Scheidung vollzogen worden war. Insgeheim hatte ich gehofft, die Teilnehmer hätten den Seminarraum bereits in Ungeduld verlassen, aber als ich eintrat, waren zu meiner Überraschung noch alle anwesend. Ich hatte also keine andere Wahl, als mich ihnen zu stellen, als lebendes Beispiel dafür, dass ich in Wahrheit *nichts* darüber zu sagen hatte, wie man eine glückliche Partnerschaft führen kann.

Es stellte sich heraus, dass alle Teilnehmer wussten, wo ich gerade gewesen war, und sie begrüßten mich mit einer Welle von Mitgefühl. Sie sagten, sie hätten sich die letzten 20 Minuten über ihre eigenen Beziehungen unterhalten - etwas, das sie noch nie zuvor in einem derartigen Rahmen getan hatten. Drei von ihnen waren bereits verheiratet gewesen und wieder geschieden, drei weitere waren noch nie eine ernsthafte Partnerschaft eingegangen und die restlichen sechs lebten in krisengeschüttelten Beziehungen. Am Ende der Vorlesung fragte mich eine der erst kürzlich geschiedenen Teilnehmerinnen: „Dr. Hendrix, warum scheint es so schwierig, als Paar einfach glücklich zu sein und zusammenzubleiben?" Ich dachte einen Moment nach und gestand ihr: „Ich habe nicht die leiseste Ahnung. Aber Ihre Frage ist großartig und ich glaube, ich werde den Rest meines Lebens mein Bestes tun, um das herauszufinden."

Zwei Jahre später lernte ich Helen kennen und wir unterhielten uns bald über dieselbe Frage, was wir im Übrigen bis zum heutigen Tag tun. Schon seit 30 Jahren widmen wir uns nun gemeinsam der Erforschung der Dynamik von Liebesbeziehungen und durften viel erkennen und lernen. Viele unserer Erkenntnisse finden sich nun in der 20-Jahr-Jubiläumsausgabe von *So viel Liebe wie Du brauchst*. Dieser Band enthält all das, was wir in diesen vielen Jahren in gemeinsamer Forschungsarbeit, im intensiven Studium einschlägiger Literatur, in der Arbeit mit tausenden Paaren in unserer Praxis und unseren Seminaren sowie im Austausch mit anderen Psychologen und Imago-Therapeuten gelernt haben.

Obwohl diese Ausgabe einige beträchtliche und sehr bedeutsame Erweiterungen beinhaltet - auf die ich mich ein wenig später beziehen werde -, ist ein Teil des Buches seit der revidierten Fassung von 2001 unverändert geblieben. Im Großen und Ganzen hat unsere ständige Forschungsarbeit die ursprünglichen Thesen des Buches nur noch mehr bestätigt. Weiters mehren sich die Hinweise, dass die Thesen dieses Werkes im realen Leben „funktionieren". Bis zum heutigen Tage haben Millionen von Paaren auf der ganzen Welt *So viel Liebe wie Du brauchst* gelesen, und Tausende von ihnen haben uns von ihren Erfahrungen mit diesem Buch berichtet. Erst kürzlich schrieb uns ein Paar, dass es bereits am Rande einer Scheidung gestanden hatte, als die Partner beschlossen, ihrer Ehe noch eine letzte Chance zu geben. Sie mieteten sich eine abgeschiedenes Strandhäuschen, packten gerade genug Lebensmittel und Getränke für eine Woche und eine Ausgabe von *So viel Liebe wie Du brauchst* ein. Sie hatten geschworen, einander das gesamte Buch gegenseitig vorzulesen und alle darin enthaltenen Übungen auszuführen. Nach sieben Tagen fühlten sie sich stärker miteinander verbunden als in all den zehn Jahren ihrer Ehe. Sie beschlossen zusammenzubleiben und von da an eine *bewusste* Beziehung zu führen. Nunmehr, fünf Jahre später, genießen sie eine glückliche und für beide Partner erfüllende Partnerschaft. Sie schrieben uns: „Ihr Buch war genau das, was uns fehlte. Es rettete unsere Beziehung und änderte unser Leben grundlegend."

Änderungen und Erweiterungen der Jubiläumsausgabe

Während ein Gutteil des Inhalts der Ausgabe von 2001 erhalten blieb, haben wir doch einige wichtige Änderungen vorgenommen. Die erste Änderung betrifft den Gebrauch einer geschlechtergerechten Sprache. In Bezug auf die Gleichbehandlung der Geschlechter und die gesellschaftliche Anerkennung gleichgeschlechtlicher Beziehungen haben sich in den letzten 20 Jahren ungeheure Veränderungen vollzogen. Genauso wie es heutzutage unangemessen ist, Männer und Frauen gemeinsam als „man" zu bezeichnen, gilt es auch als antiquiert, jede ernsthafte Partnerbeziehung automatisch als „Ehe" und die Partner als „Ehegatten, Ehefrauen oder Ehemänner" zu bezeichnen. Die letzte Volkszählung in den USA ergab, dass mindestens 5,5 Millionen Haushalte von unverheirateten Paaren geführt werden - ein Anstieg von 72 Prozent seit dem Jahr 1990. Und ungefähr ein Achtel aller unverheirateten Paare sind gleichgeschlechtliche Lebensgemeinschaften. Um diesen gesellschaftlichen Änderungen Rechnung zu tragen, verwenden wir nun die neutralen Bezeichnungen „Partner" und „Paare".

Zweitens haben wir Helens unverzichtbare Rolle in der Entwicklung der Imago-

Beziehungstheorie deutlicher betont. Die ursprüngliche Fassung des Buches liest sich wie eine Einzelexpedition. Zutreffend ist hingegen, dass Helen und ich uns seit unserem ersten Rendezvous auf eine gemeinsame Expedition zur Erforschung von Liebesbeziehungen begeben haben. Viele der zentralen Gedanken der Imago-Beziehungstheorie wurden in der Werkstatt unserer eigenen Ehe geschmiedet. Ohne Helen hätte es dieses Buch nie geben können.

Drittens schließlich wurde in dieser grundlegenden Neubearbeitung das ursprüngliche, elfte Kapitel durch ein vollkommen neues Kapitel ersetzt. Das alte Kapitel hieß „Wut kontrollieren“ und sein Ziel bestand darin, Paaren zu helfen, all den Ärger und die Frustrationen aufzuarbeiten, die sie seit ihrer Kindheit mit sich herumtrugen. Es beschreibt eine Übung, die wir „Containment XXL“ nennen (im Deutschen auch „Container-Übung“ oder „Wut-Auffang-Übung“, im englischen Original hieß sie „Full Container Exercise“). In dieser Übung lässt einer der Partner seiner Wut freien Lauf und gibt dadurch dem anderen die Gelegenheit, mit größerem Einfühlungsvermögen als bisher zuzuhören. Zum damaligen Zeitpunkt waren wir der Ansicht, die Freisetzung aufgestauter Emotionen könne Paaren helfen, die negative Spannung in ihren alltäglichen Interaktionen abzubauen. Dies stellte sich jedoch als falsch heraus. Wir mussten feststellen, dass Paare, die diese Übung wiederholt durchführten, oft noch stärkere Aggressionen in ihrem tagtäglichen Zusammenleben entwickelten.

Das völlig neugestaltete Kapitel 11 mit dem Titel „Einen heiligen Raum für uns schaffen“ stellt unsere neuen und höchst wirksamen Ansätze zur Auflösung lange aufgestauter Aggressionen aus der Kindheit vor. Solche Aggressionen können eine Partnerschaft unterminieren, auch wenn sie in anderen Bereichen glücklich ist. Die Intention dieses Kapitels geht jedoch über das Reduzieren von Zornausbrüchen weit hinaus. Kapitel 11 beschreibt Methoden, die Paaren helfen, *alle* Formen von negativer Interaktion abzulegen - von physischer Gewalt über Schreiduelle bis zu verletzenden Bemerkungen - und jeglichen Wutgefühlen den Nährboden zu entziehen. Wie ich in diesem Kapitel eingehend erörtern werde, sind Helen und ich inzwischen der festen Überzeugung, dass das Auflösen aller negativen Energien in unserer Beziehung der wirksamste Weg zu einer harmonischen Beziehung ist. Mehr noch, es ist das Fundament einer glücklichen und dauerhaften Partnerschaft.

Und schließlich nahmen wir eine Vielzahl weiterer, kleinerer Ergänzungen und Änderungen vor. Wo immer wir eines unserer Konzepte nicht ausführlich genug beschrieben hatten, ergänzten wir es durch mehr Detailinformation. Wo wir Passagen fanden, die sich nicht mehr mit unserer heutigen Definition der Imago-Beziehungstheorie deckten, nahmen wir die nötigen Änderungen vor. Wir fügten vier neue Übungen hinzu, die *So viel Liebe wie Du brauchst* zu einem noch wirksameren Selbsthilfe-Buch machten. Alles in allem glauben wir, dass diese vorliegende 20-Jahr-Jubiläumsausgabe allen Lesern helfen wird, die Liebe, die sie brauchen, zu schenken und zu erhalten. Auch jene Menschen, die bereits die Originalausgabe gelesen haben, können eine Menge wirksamer und hilfreicher neuer Gedanken und Anleitungen darin finden.

Verbundenheit

Während wir mit der Arbeit an diesem Vorwort beschäftigt waren, erkannten wir, dass es uns ein großes Anliegen war, unseren Lesern mehr zu vermitteln, als nur die Änderungen dieser Neufassung zu erklären. Wir entschlossen uns vielmehr, bei dieser Gelegenheit einige unserer grundlegenden Erkenntnisse über Liebesbeziehungen zu nennen, Erkenntnisse, die die Basis für jede einzelne Aussage dieses Buches darstellen. Helen und ich sind mittlerweile an einem Punkt unseres Lebens und unserer therapeutischen Arbeit angelangt, an dem es uns angemessen erscheint, eine persönliche Bilanz zu ziehen.

Gegen Ende seiner therapeutischen Laufbahn stellte Sigmund Freud die nunmehr legendäre Frage: „Was wollen Frauen eigentlich?" Auch wir haben lange nach einer Antwort auf eine entscheidende Frage gesucht: „Was erwarten sich Frauen und Männer eigentlich von ihrer Beziehung?" Und wir sind zu der Erkenntnis gekommen, dass die Antwort auf Freuds Frage *und* auf unsere Frage, und im Grunde die Antwort auf die große unbeantwortete Frage der gesamten Menschheit, ein und dieselbe ist. Mehr als alles andere streben wir nach *Verbundenheit* - Verbundenheit mit den unterdrückten Teilen unseres Unterbewusstseins, Verbundenheit mit anderen Menschen und Verbundenheit mit dem gesamten Universum. Wir können uns kein erfülltes Leben vorstellen ohne eine tiefgehende Beziehung mit einem anderen Menschen, und - darüber hinaus - zur Welt an sich. Um mit Martin Buber zu sprechen: Jeder Mensch braucht ein „Du", um ein vollständiges und erfülltes „Ich" zu werden.

Rückblickend erkennen wir, dass unser Lebenswerk darin bestand Paaren zu helfen, den Bindestrich in Bubers „Ich-Du"-Beziehung herzustellen. In dieser bedeutungsvollen und vielbeachteten Schreibweise dient der Bindestrich sowohl als Bindeglied als auch als Abstandhalter. Er symbolisiert die Tatsache, dass in sehr erfüllten Beziehungen zwei Menschen sowohl intim miteinander verbunden sind, als auch wertschätzenden Abstand zueinander bewahren, wodurch sie die *Eigenständigkeit* ihres Partners respektieren. Das Wesen dieser Beziehungsform kann also weder durch den Ausdruck „Ich *und* Du" noch durch „IchDu" korrekt beschrieben werden. Es ist eine „Ich-Du"-Beziehung. Beide Partner sind gleichzeitig eigenständig *und* verbunden.

Der alles entscheidende Ausdruck hier ist also „Verbundenheit". Für uns bedeutet er weit mehr als nur ein psychologischer Terminus menschlicher Erfahrung. Aus unserem ausführlichen Studium anderer Geisteswissenschaften gewannen wir die feste Überzeugung, dass „Verbundenheit" das Wesen unseres Universums beschreibt. Und da wir Menschen ein integraler Bestandteil dieses Universums sind, beschreibt sie auch uns. Alles steht miteinander in energetischer Verbindung - somit auch wir. Es entspricht zutiefst der menschlichen Natur, nach Verbundenheit zu streben. Falls wir uns mit nichts und niemandem verbunden *fühlen*, dann nur deshalb, weil ein schmerzhaftes Ereignis das bewusste Gefühl dieser Verbundenheit unterbrochen hat.

Deshalb sind wir uns manchmal dessen nicht bewusst, dass wir Teil eines größeren Ganzen sind, aber das Getrennt-Sein ist lediglich eine Illusion. Es ist nicht möglich, *nicht* verbunden zu sein.

Der Verlust der Verbundenheit

Es ist die Illusion des Getrennt-Seins, die die meisten Paare zu einer Therapie bewegt. Sie fühlen sich weder miteinander noch mit ihrem Umfeld oder mit dem Universum in seiner Ganzheit verbunden. Sie fühlen sich haltlos, isoliert und einsam. Ihre Beziehung kann als „Ich gegen Dich"-Beziehung beschrieben werden. Unserer Erfahrung nach ist der Hauptgrund, warum Paare am Aufbau einer „Ich-Du"-Beziehung scheitern, dass die Partner eine solche in ihrer Kindheit nie erlebt haben. Unglücklicherweise erleben die meisten Menschen ihre ersten „Beziehungsprobleme" bereits in den ersten 18 Lebensmonaten. Entwicklungspsychologen nennen diese kritische Phase die „Bindungsphase". Während das Aufbauen einer innigen Verbundenheit mit einem oder mehreren Elternteilen (oder anderen Bezugspersonen) die gesamte Kindheit hindurch wichtig bleibt, ist die Verbundenheit in dieser frühesten Phase *von grundlegender Wichtigkeit.*

Kinder brauchen Eltern, die sich sehr einfühlsam auf sie einstellen können, um eine starke und stabile Verbundenheit mit ihnen erfahren zu können. Sie müssen in zweierlei Hinsicht für sie da sein: auf der körperlichen Ebene verfügbar sein *und* soviel als möglich emotionale Wärme schenken. Im Idealfall respektieren Eltern oder Bezugspersonen die eigenständigen Persönlichkeiten und versuchen anhand ihrer Signale zu verstehen, was sie zu einem gegebenen Zeitpunkt brauchen. Sie werden gehalten, wenn sie Trost und Körperkontakt brauchen. Sie werden gefüttert, wenn sie Hunger haben. Sie werden beruhigt, wenn sie unruhig und angstvoll sind oder Schmerzen haben. Sie werden sanft zu Bett gebracht, wenn sie müde sind. Eltern, die sich einfühlsam auf ihre Kinder einstellen, lassen sie alle ihre Emotionen ausleben: Freude und Verspieltheit, Frustration und Wut, ihre guten und ihre schlechten Seiten. Anstatt ihre Gefühle abzulehnen, akzeptieren ihre Eltern sie und gehen darauf ein: „Du bist aber ein freundliches Baby ..." Oder „Du schaust verärgert drein. Bist du zornig, weil wir jetzt nicht weiterspielen können?" All das geschieht im Geiste von Akzeptanz, Liebe und Großmütigkeit. Für einen einfühlsamen Elternteil sind Kinder niemals eine Last und dienen niemals der Befriedigung seiner eigenen, ungestillten Bedürfnisse. Sie sind frei, sie selbst zu sein, während sie emotional und körperlich in der Nähe einer sie liebenden Person sein können.

Kinder von Eltern, die sich sehr einfühlsam auf ihre Bedürfnisse einstellen können, haben weitaus bessere Chancen, einmal selbst in erfüllten Beziehungen zu leben. Gerade weil sie schon früh eine sichere, nährende und liebevolle Verbundenheit mit ihren Eltern erleben durften, haben sie später keine übertriebene Angst vor dem Risiko des Verlassenwerdens, aber ebenso wenig vor dem „Erdrücktwerden". Die Gefahr, dass sie einen Partner aufgrund ihrer ungestillten Bedürfnisse wählen, ist gering, da ihre essenziellen Bedürfnisse bereits in ihrer Kindheit gestillt wurden. Sie werden sich nicht mit Menschen einlassen, die sie ablehnend, abwertend oder sogar gewalttätig behandeln. Jede Form von Misshandlung werden sie instinktiv als wesensfremd, unangebracht und falsch wahrnehmen. Außerdem wird es ihnen weitaus leichter fallen, einen entsprechenden Partner zu finden. Ein Mensch, der Gefühle zeigen kann, ein positives Selbstbild hat, sich in seiner Haut wohl fühlt und offen für wahre Intimität ist, wird eine überaus anziehende Wirkung auf andere haben.

Die verzweifelte Suche nach Verbundenheit

Leider hatten viele von uns Eltern oder primäre Bezugspersonen, denen es *nicht* sonderlich *gut gelang*, sich auf unsere Bedürfnisse einzustimmen, und so tragen wir manch unerfülltes Bedürfnis unserer Kindheit auch heute noch in uns. Einerseits litten wir darunter, die Verbundenheit mit unseren Eltern (zeitweise) nicht spüren und erleben zu können; andererseits verloren wir auch den Zugang zu manchen Anteilen unseres Ichs. Dieser innere und äußere Verlust führte zu einem Gefühl der Einsamkeit. Wir fühlten uns von anderen Menschen und in einem größeren Kontext betrachtet auch vom Universum abgeschnitten. Zwei elementare psychische Verwundungen verursachten dieses Verlustgefühl: Vernachlässigung und/oder Grenzüberschreitung. Im weitesten Sinn lässt sich sagen, dass unsere Eltern uns entweder vernachlässigten, weil sie unsere Bedürfnisse nicht erfüllten, oder dass sie unsere persönlichen Grenzen überschritten und versuchten, ihre eigenen Bedürfnisse auf unsere Kosten erfüllt zu bekommen. Die meisten Kinder haben unter beidem zu leiden, denn oft ist ein Elternteil vernachlässigend und der andere bedrängend. So erhält ein Kind abwechselnd die verwirrenden Botschaften: „Komm her, ich brauche dich. Geh weg, ich kann dich gerade nicht brauchen."

Helen und ich sind der Ansicht, dass der Verlust der Verbundenheit in der Kindheit die Ursache aller menschlichen Probleme darstellt. Folglich glauben wir auch, dass das *Wiederherstellen* des Bewusstseins von Verbundenheit die Quelle aller Heilung ist. Unsere Diagnose für unglückliche Paare lautet: Es ist der Verlust der Verbundenheit, unter dem sie so zu leiden haben. Unser Therapieziel lautet: Paaren helfen, ihre Verbundenheit neu erkennen zu können. Wenn zwei Menschen lernen, auf einer tiefen Ebene miteinander verbunden zu sein, so verliert der Schmerz, den sie in ihrer Kindheit erfahren mussten, seinen Stachel. Wie wir in Kapitel 1 zeigen werden, hat unser Unterbewusstsein große Schwierigkeiten damit, zwischen der Vergangenheit und der Gegenwart zu unterscheiden. Wenn Paare nun in der Gegenwart die verlorene Verbundenheit wiederherstellen können, dann heilen sie gleichzeitig das Trauma, das sie in ihrer Kindheit erfahren haben. Sie stellen eine neue Beziehung zueinander und eine

Beziehung zum Universum her. Diese Verbundenheit kann die Kraft und Qualität einer spirituellen Erfahrung haben. Unsere Partnerschaft kann zu einem heiligen und heilenden Raum für uns beide werden. Wir schenken einander Heilung für die Gegenwart, Heilung für die Vergangenheit und einen neuen Zugang zu unserer persönlichen Ganzheit.

Wir durften auch immer klarer erkennen, dass eine Atmosphäre der Sicherheit die wichtigste Voraussetzung ist, damit Verbundenheit überhaupt möglich wird. Zwei Menschen können einander nicht nahe kommen, wenn sie sich permanent gegen eine Welle von Negativität verteidigen müssen oder in der ständigen Angst leben, von ihrem Partner verlassen oder angegriffen zu werden. *Aus diesem Grund haben alle Imago-Übungen das Ziel, jegliche Negativität aufzulösen und stattdessen die Sicherheit und den gegenseitigen Respekt zu stärken.* Die Übung „Wiederverlieben in der Partnerschaft", siehe Kapitel 8, ist ein gutes Beispiel dafür. In dieser Übung werden Paare ermutigt, sich so zu verhalten, als wären sie frisch verliebt, und angeleitet, einander zärtliche Aufmerksamkeit, bewundernde Worte sowie kleine Zeichen oder Geschenke zukommen zu lassen, die sie einander während der Phase der romantischen Liebe ganz automatisch geschenkt hatten. Dieses „Rollenspiel" soll einige Wochen lang durchgehalten werden. Die meiste Paare müssen zu Beginn dieser Übung die Zähne zusammenbeißen. Durch häufiges Wiederholen werden jedoch neue Nervenverbindungen geschaffen, die es ihnen ermöglichen, einander wieder als Liebende und leidenschaftliche Freunde wahrzunehmen und nicht mehr als erbitterte Gegner. So kann eine Atmosphäre der Sicherheit aufblühen.

Die Übung „Bitte um Verhaltensänderung", siehe Kapitel 10, trägt ebenfalls aktiv dazu bei, das Gefühl der Sicherheit zu erhöhen. Wenn Partner einander Erfüllung für ihre bisher unerfüllten Kindheitsbedürfnisse schenken, so beheben sie sozusagen die Ursache ihrer Wutgefühle. Im ersten Schritt diese Übung bearbeiten die Partner die chronischen Frustrationserlebnisse, die immer wieder auftauchen, und bearbeiten dann jenen Kindheitsschmerz, ihre tiefste Sehnsucht, der der Kern all ihrer Frustrationen ist: „Es frustriert mich so, dass du die Küche nicht gründlich sauber machen kannst. - Meine große Sehnsucht ist es, dass die Menschen, die sich um mich kümmern, mehr Verantwortung übernehmen. - Als Kind hatte ich oft den Eindruck, dass niemand da war, um mir zu helfen." In einem zweiten Schritt bittet der Sender seinen Partner um eine konkrete, realisierbare und messbare Verhaltensänderung, die dazu beiträgt, seine tiefste Sehnsucht zu erfüllen. Da die beiden Partner einander unbewusst als Ersatzeltern ansehen, wird diese Verhaltensänderung so erlebt, als fände sie in der Vergangenheit statt. So kann sie auch die Verwundungen unserer Vergangenheit heilen. Da unser Kindheitsschmerz oft der *Ausgangspunkt* von Frust und Wut ist, bewirkt ein Besänftigen unseres Schmerzes nun, dass unsere Wutgefühle wieder nachlassen und unsere Partnerschaft nicht mehr belasten. Dadurch können Partner einander wieder viel näher kommen.

Eine besonders schöne Art und Weise, eine Atmosphäre der Sicherheit zu schaffen, ist die Übung, die wir „Die Wiege" genannt haben (Näheres finden Sie in Kapitel 11). Am Höhepunkt des Machtkampfes sieht es oft so aus, dass unser Partner uns absichtlich seine Liebe vorenthält oder Schmerz zufügt. Wir müssen entweder zurückschlagen oder uns distanzieren, um uns selbst zu schützen. In weniger als 30 Minuten schenkt die Übung „Die Wiege" den Partnern die Chance, hinter ihre Schutzmuster zu blicken und den Schmerz zu erkennen, der diese Schutzmuster erforderlich gemacht hatte. Diese außergewöhnliche Übung leitet zwei Individuen an, einander abwechselnd in den Arm zu nehmen, den Partner wie ein Baby zu wiegen und ihn dabei aus seiner Kindheit erzählen zu lassen. Am Ende dieser Übung nimmt man seinen Partner als „verletzt" wahr anstatt als „verletzend".

Da diese Übung die Atmosphäre der Sicherheit zwischen den Partnern sehr stärkt, stellt sie einen wichtigen Schritt im Heilungsprozess dar. Das Schöne an dieser Übung ist, dass sie die Grenzen zwischen unserem Partner und unseren Eltern bewusst verschwimmen lässt. Mein Partner hält mich zärtlich, während ich erzähle, dass ich in meiner Kindheit zu wenig körperliche Wärme erhalten habe. Mein Partner hört mir voller Aufmerksamkeit zu, während ich erzähle, dass meine Bezugspersonen mich manchmal einfach nicht beachtet haben. Mein Partner schaukelt mich und beruhigt mich durch tröstendes Summen, während ich mich daran erinnere, wie ich als Kind in meinem Kummer alleingelassen war. Wenn die Schmerzen Ihrer Kindheit wieder wachgerufen werden, so ist die Aufmerksamkeit und Zuwendung Ihres Partners der beste Balsam für Ihre Wunden. Sie werden sich wieder tief mit Ihrem Partner verbunden fühlen und das Schmerzhafte an Ihren Kindheitserinnerungen wird sich langsam auflösen.

Der Imago-Dialog

Unserer Ansicht nach ist der Imago-Dialog das effektivste Werkzeug der Imago-Paartherapie, denn er lässt uns unsere verlorene Verbundenheit wiederfinden. Der Imago-Dialog ist in Kapitel 9 sehr genau beschrieben und umfasst vier Teilschritte: Spiegeln, Zusammenfassen, Geltenlassen und Einfühlen. Ursprünglich sahen Helen und ich den Imago-Dialog als gute Möglichkeit an, die Kommunikation zu vertiefen. Im Laufe der Zeit erkannten wir jedoch, dass der Imago-Dialog weitaus mehr ist als eine Kommunikationstechnik. Er ist ein Weg, der tiefe Heilung und seelisches Wachstum für beide Partner ermöglicht. Wenn ein Paar den Imago-Dialog länger anwendet, verändert sich sogar die gegenseitige Wahrnehmung der Partner, und das verändert ihre Partnerschaft grundlegend zum Positiven.

In der vorangegangenen Ausgabe von *So viel Liebe wie Du brauchst* haben wir bereits einige beeindruckende Aspekte und Wirkungen des Imago-Dialogs erläutert. In dieser neuen Ausgabe ist es mir wichtig besonders hervorzuheben, warum er eine Atmosphäre der Sicherheit und Verbundenheit schenkt. Der erste Schritt, das Spiegeln, soll Ihnen helfen, wirklich zu verstehen, was Ihr Partner sagt. Dazu müssen Sie den Worten Ihres Partners wirklich zuhören und sie wiederholen, ohne ihre Bedeutung in irgendeiner Weise zu verändern. Schließlich ist es wichtig, den Partner zu bitten, Ihnen zu bestätigen, dass Sie ihn „richtig gehört haben". Spiegeln ist im zweifachen Sinn elementar: Es ist einfach und es ist grundlegend.

Bereits das Spiegeln allein ist ein wirksames Werkzeug, um eine gute „Ich-Du"-Beziehung herzustellen. Wenn Sie Ihren Partner spiegeln, müssen Sie Ihre eigenen Gedanken beiseite schieben, damit Sie aufmerksam zuhören können. Sie müssen den Sendekanal von „Ich" auf „Du" ändern. Mit diesem Fokuswechsel geben Sie Ihrem Partner grundlegend zu verstehen: „Ich bin nun nicht mehr die einzige Person im Universum. Ich erkenne deine selbständige, sich von mir unterscheidende Existenz an. Deine Gedanken sind wichtig für mich."

Diese Übung erfordert weiters, ein *exakter* Spiegel zu sein. In Vergnügungsparks gibt es oft Spiegel, die ein witziges oder hässliches Spiegelbild entstehen lassen. So könnten auch Sie die Gedanken Ihres Partners verdrehen, wichtige Details weglassen oder Ihre eigenen Gedanken hinzufügen. Wenn Sie einen dieser Fehler begehen sollten, was übrigens gar nicht selten vorkommt, so unterstützt Sie Ihr Partner so lange, bis Sie ihn richtig gehört haben: „Du hast schon sehr viel gehört. Mir ist aber auch noch wichtig, dass du hörst, welches Gefühl ich in dieser Situation hatte ..." Es mag aufwendig erscheinen und uns einiges an Überwindung kosten, unseren Partner stets um Rückbestätigung zu bitten, ob wir alles richtig gehört haben, aber es ist der beste Weg sicherzugehen, dass Sie wirklich alles so hören, wie es Ihr Partner Ihnen sagen möchte.

Und was ebenso wichtig ist: diese Bitte um Rückbestätigung eröffnet eine unschätzbare Chance für Ihren Partner. Ihr Partner erhält die Möglichkeit, das Gesagte so lange neu zu formulieren oder zu ergänzen, bis Sie korrekt aufgenommen haben, was er oder sie Ihnen sagen möchte. Sehr wenige von uns hatten diese Chance, als wir noch Kinder waren. Ob unsere Eltern oder Bezugspersonen uns verstanden oder nicht, hing von ihrer Stimmung und geistigen Präsenz ab. Sie konnten herunterspielen, was wir sagen wollten, unsere Worte einfach nicht beachten, ihre eigene Meinung dagegenhalten oder das, was wir uns zu sagen mühten, einfach ins Lächerliche ziehen. Viele Menschen sind diese Verhaltensmuster leider so gewöhnt, dass sie sie in der täglichen Interaktion mit ihrem Partner anwenden.

Spiegeln stoppt diese destruktiven Muster bereits im Ansatz. Wenn zwei Partner einander spiegeln, können beide die großartige Erfahrung machen, wie es sich anfühlt, wenn ihnen jemand seine volle Aufmerksamkeit schenkt, wenn jemand wirklich hört, was sie sagen möchten, und ihre Einzigartigkeit respektiert und wertschätzt. Aber Spiegeln hat darüber hinaus noch tiefere Wirkungen. Ohne dass Sie es merken, ist auch Ihr Altes Gehirn und Ihr Unterbewusstsein sehr aufmerksam, wenn Sie einen Imago-Dialog führen. Ihr Altes Gehirn hat kein Zeitgefühl und kann unterschiedliche Personen oft nicht klar unterscheiden. Deshalb ordnet Ihr Unterbewusstsein die

Aufmerksamkeit und die Wertschätzung, die Sie im gegenwärtigen Moment geschenkt bekommen, nicht ausschließlich Ihrem heutigen Liebespartner zu, sondern ebenso den primären Bezugspersonen aus Ihrer Kindheit. So können Ihre Kindheitswunden und vor allem der Verlust der Verbundenheit nun Schritt für Schritt Heilung erfahren.

Wenn Sie den Imago-Dialog einige Jahre lang anwenden, kann sein heilsames Potenzial noch besser ausgeschöpft werden, indem der zuhörende Partner („Empfänger") den erzählenden Partner („Sender") ermuntert: „Erzähl mir mehr darüber!" Oder einfach „Gibt es mehr dazu?" Es ist ein wunderbares Gefühl, die volle Aufmerksamkeit seines Partners zu haben und ermuntert zu werden, seine Gedanken und Gefühle noch stärker einzubringen. Sehr wenige von uns hatten Eltern oder Bezugspersonen, die an unseren innersten Gedanken und Gefühlen wirklich interessiert waren. Meist galt uns ihr Interesse eher dann, wenn wir besonders gute Leistungen erbrachten oder wenn wir Probleme verursachten.

Auch der zweite Schritt des Imago-Dialogs, das nochmalige Zusammenfassen der wichtigsten Punkte dessen, was wir gesagt haben, ist ein großes Geschenk liebender Zuwendung. Ihr Partner nimmt sich die Zeit, Ihre Gedanken und Worte zusammenfassend zu wiederholen. Das echte und volle Interesse Ihres Partners kann Ihnen nun helfen, den Mangel an Zuwendung und Interesse aus Ihrer Kindheit wieder zu heilen. So können Sie sich in der Gegenwart Ihres Partners immer sicherer fühlen und Selbstanteile entdecken, die Ihnen seit Ihrer Kindheit verborgen waren. Sie können Ihre seelische Ganzheit wiederfinden.

Der dritte Teil des Imago-Dialogs, der Schritt Geltenlassen, setzt den Heilungsprozess fort. Wenn Sie Ihrem Partner aufmerksam zugehört, seine Worte gespiegelt und das Wichtigste noch einmal zusammengefasst haben, dann ist der Zeitpunkt gekommen, wo Sie sich Mühe geben zu reflektieren, in welcher Hinsicht die Gedanken *Ihres Partners für ihn selbst Sinn machen*. Sie müssen mit Ihrem Partner nicht übereinstimmen. Sie brauchen Ihren Partner nur *so sehen, wie er ist*, anstatt so, wie Sie ihn gerne haben möchten. Viele Menschen wenden eine Menge Zeit dafür auf, ihren Partner dazu zu bringen, genauso zu denken wie sie selbst. Damit aufzuhören ist eine der größten Hürden, die Sie überwinden müssen, um wieder wahre Verbundenheit herstellen zu können. Es ist wichtig, dass Sie die Logik der Gedanken Ihres Partners gelten lassen, dass Sie Ihren Partner als eigenen Menschen ansehen und nicht länger als Erweiterung Ihrer selbst: „Du bist nicht verrückt. Ich verstehe, was du sagst, und es macht Sinn, dass du so denkst." Viele von uns hatten Eltern, die den Horizont ihrer eigenen Ansichten nicht überwinden konnten. Wenn wir ihnen nicht zustimmten oder ihren Rat nicht guthießen, dann schenkten sie uns keine Beachtung mehr oder unterstellten uns, dass wir dumm, unwissend, auflehnend, respektlos oder verrückt seien. Sie konnten sich einfach nicht vorstellen, dass auch zwei unterschiedliche Standpunkte in gleicher Weise Gültigkeit haben konnten - besonders die gegensätzlichen Meinungen eines Elternteiles und eines Kindes. Der dritte Schritt Geltenlassen trägt der Tatsache Rechnung, dass es unterschiedliche Wirklichkeiten gibt. Beide Sichtweisen sind tatsächlich korrekt.

Der vierte Schritt des Imago-Dialogs ist das Einfühlen. Wenn Sie sich vergewissert haben, dass Sie die Botschaft Ihres Partners richtig aufgenommen haben, so wie sie beabsichtigt war, bemühen Sie sich nun, die Gefühle zu verstehen, die dahinter stehen: „Jetzt, wo ich dir wirklich zugehört habe und verstehe, was du sagst, kann ich mir vorstellen, dass du Angst empfindest." Oder „Ich glaube, ich verstehe jetzt, wie viel dir dieser neue Job bedeutet. Und ich glaube, du bist voller Vorfreude!" Das englische Wort „empathy" entspricht recht gut dem deutschen Ausdruck *„empathisches Einfühlen"*. Wenn Sie sich empathisch in Ihren Partner einfühlen und umgekehrt, kommen Sie einander auf der Gefühlsebene so nahe wie nur möglich. Der Dichter Rumi fand schöne Worte dafür: „Recht haben, unrecht haben ... lassen wir solche Gedanken doch hinter uns. Ich möchte dir, meine Geliebte, auf einer ganz neuen Ebene begegnen!"

„Liebe heilt alle Wunden", so besagt ein altes Sprichwort, und es trifft tatsächlich zu. Liebe kann auch den schlimmsten Schmerz heilen - den Verlust der Verbundenheit zwischen Ihnen und Ihren Eltern oder frühen Bezugspersonen. Aber dazu braucht es eine ganz bestimmte Art von Liebe: eine Liebe, die reif ist, geduldig ist und im Kontext einer Liebesbeziehung steht. Wenn es einem Freund oder einer Freundin gelingt, sich in Sie einzufühlen, kann das ein sehr bewegendes Gefühl sein. Ein Liebes- und Lebenspartner kann aber einen anderen Zugang zu den tiefsten Tiefen Ihrer Seele finden. Nur die Liebe eines Menschen, den Ihr Unterbewusstsein mit den primären Bezugspersonen Ihrer Kindheit verschmelzen lässt, kann die Wunden Ihrer Vergangenheit heilen.

Große Worte *und* große Taten

Als Helen und ich vor mehr als 20 Jahren erstmals daran dachten, ein Buch über Liebesbeziehungen zu schreiben, schwebte uns ein Werk vor, das lediglich Text, aber keine praktischen Übungen enthalten sollte. Wir wollten alle Prinzipien erklären, die man zur Entwicklung einer dauerhaften Verbundenheit, eines tiefen inneren Bandes zwischen den Partnern braucht, jedoch ohne konkrete Anleitungen. Heute sind wir froh, dass wir unsere Meinung geändert und ein „Selbsthilfe-Buch" verfasst haben. Wir mussten nämlich erkennen, dass Paare oft alle vorgestellten Konzepte verstehen können, aber dennoch weiterhin Schwierigkeiten in ihrer Beziehung haben, wenn wir ihnen nicht auch praktische Übungen zur Verfügung stellen.

Helens Forschungsarbeit auf dem Gebiet der Erkenntnistheorie, der Wissenschaft, die erforscht „wie wir wissen, was wir wissen", half uns, das zu erklären. Es gibt nämlich zwei unterschiedliche Arten des „Wissens": „abgespaltenes" und „integriertes Wissen". Lassen Sie mich den Unterschied kurz erläutern: Ein „abgespaltenes" oder *rein kognitives* Wissen von einem Apfel haben Sie beispielsweise dann, wenn Sie seine graphische Darstellung erkennen können, wenn Sie verstehen, dass in ihm Samen für einen weiteren Apfelbaum enthalten sind oder wenn Sie seinen Wert für eine gesunde Ernährung kennen. Sie haben jedoch ein „integriertes" oder auch *erlebnisorientiertes* Wissen von ihm, wenn Sie ihn in der Hand halten, die Beschaffenheit seiner Schale anfühlen, ihn riechen oder gar schmecken können. *Abgespaltenes* Wissen ist also abstrakt, *integriertes* Wissen hingegen konkret und wirklichkeitsnah. Kombinieren Sie nun beide Arten des Wissens, so erreichen Sie eine höhere, vollständigere Stufe des Wissens. Sie erwerben Fachwissen über Äpfel *und* Sie erkunden deren Geschmack.

Die Übung „Die Wiege", die ich vorher beschrieben habe, ermöglicht uns ein Integrieren unseres kognitiven Wissens. Rein intellektuell mag man schnell verstehen, dass der Aufbau einer festen, sicheren und auch physischen Verbindung mit dem Partner helfen kann, den Verlust der Verbundenheit mit seinen Eltern wieder zu heilen. Das ist speziell gut nachvollziehbar, wenn man weiß, wie leicht unser Altes Gehirn dazu neigt, die Abgrenzung zwischen verschiedenen Personen zu verwischen. Wenn man dann tatsächlich in den Armen seines Partners liegt und nach und nach seine eigene Lebens- und Leidensgeschichte erzählt, erlebt man plötzlich den Partner stellvertretend für einen Elternteil. Erst dann beginnt man, seinen eigenen Heilungsprozess auch wirklich zu *spüren*. Mehr noch, man fühlt eine neue Art der Liebe zu seinem Partner, fühlt weniger Hass und Verletzung seiner Kindheit gegenüber. Dann ist der Heilungsprozess weit mehr als ein intellektuelles Konzept; er wird zu einer tiefen Erfahrung, die sozusagen unter die Haut geht.

Helen war es auch, die als erste bemerkte, dass wir unser eigenes, kognitives Wissen über Liebesbeziehungen bisher nicht in unser Alltagsverhalten einfließen hatten lassen. Wir waren zwar sehr erfolgreich bei der Weitergabe der Imago-Beziehungstheorie gewesen und hatten manchmal wahre Wunder bei unseren Klienten vollbracht - wir hatten ihr volles Potenzial jedoch nicht für unsere eigene Beziehung genutzt. Sobald wir endlich unseren eigenen Rat befolgten, alle Negativität zwischen uns zu vermeiden und mehr Zeit für die Imago-Übungen, speziell den Imago-Dialog, aufzubringen, war es uns wieder möglich, eine wahre und tiefgehende Verbundenheit zu spüren. Unseren *großen* Worten konnten endlich auch *große* Taten folgen.

Das Wesentliche einer bewussten Beziehung

Wenn Helen und ich alle Erkenntnisse, die wir während der letzten 30 Jahre über Liebesbeziehungen zusammentragen durften, auf ihren „Kerngehalt" reduzieren, so können wir eine Zusammenfassung in fünf Sätzen formulieren:

1. Akzeptieren Sie die Tatsache, dass Ihr Partner nicht Sie selbst ist.

2. Werden Sie ein *Förderer* der Eigenständigkeit und Selbstverwirklichung Ihres Partners.
3. Verwandeln Sie Ihre Beziehung in einen „heiligen“ Raum für Sie beide und „entsorgen“ Sie jegliche Negativität.
4. Respektieren Sie stets den Freiraum und die Intimsphäre Ihres Partners.
5. Üben Sie den Imago-Dialog so lange, bis er Ihnen in Fleisch und Blut übergeht. Dann können Sie sich auch ohne großes Risiko wieder die Freiheit nehmen, spontane Interaktionen zu setzen.

Früher oder später wird sich all das nicht mehr wie mühsame Beziehungsarbeit anfühlen. Dauerhafte Veränderungen stellen sich ein. In Ihrem Gehirn entstehen neue Neuronenverbindungen, sodass neue Formen der Interaktion möglich werden, bei denen Sie sich weitaus wohler fühlen als bei den alten Mustern. Sie werden in eine neue Phase der Wirklichkeit eintreten - in eine Wirklichkeit von bleibender Verbundenheit mit Ihrem Partner. Sie werden versuchen, mehr Zeit mit dem Partner zu verbringen anstatt Beziehungs-Ausgänge zu benützen. Sie werden Meinungsverschiedenheiten nunmehr als kreative Spannung erleben, als Chance auf Erweiterung Ihres bisherigen, eingeschränkten Erfahrungshorizontes. Ihr Streben nach Übereinstimmung wird nachlassen, denn Sie entdecken langsam die Einzig- und Andersartigkeit Ihres Partners. Und wann immer Sie wieder in Negativität verfallen, werden Sie sofort einen akuten Schmerz verspüren: „Warum in aller Welt sind wir wieder ins alte Fahrwasser geraten?“ Aber dies wird schnell vorübergehen und Sie werden mit Leichtigkeit wieder auf den neuen Weg zurückfinden und das „heilige“ Wesen Ihrer Beziehung wiederherstellen. Ihre Verbindung wird gute Selbsterhaltungs-, Selbstregulierungs- und Selbstheilungskräfte entwickeln.

Ein weiterer Grund, warum sich Ihre Beziehung nunmehr so „richtig“ anfühlt, ist, dass Sie nun teilhaben an einem der fundamentalen Naturgesetze des Universums. Der Großteil all dessen, was ist, hat eine dualistische Struktur. Den Gesetzen der Quantenmechanik zufolge kann man jedem Teilchen ein Antiteilchen zuordnen. Darüber hinaus kann man jedes Teilchen auch als Welle interpretieren, je nach Blickwinkel des Betrachters, und manche US-Wissenschafter kombinieren die Ausdrücke „wave“ und „particle“ bereits zu dem neuen Begriff „wavicle“. Die sexuelle Reproduktion bei fast allen Lebensformen involviert zwei Individuen (in der Bibel holt Noah deshalb zwei Tiere von jeder Art auf seine Arche). Unsere DNA wird bei der reproduktiven Zellteilung in zwei Hälften gespalten und rekonstruiert die fehlende Hälfte. Unsere Zellen teilen sich. Aus der Anthropologie wissen wir, dass in den verschiedenen Schöpfungsgeschichten fast aller Kulturen die Menschen paarweise auftraten und nicht als Einzelwesen, und aus der Physiologie, dass unser Gehirn in zwei komplementäre Hälften geteilt ist - die rechte und die linke Gehirnhälfte. Unsere Sprache ist weitgehend binär: hoch und tief, schwarz und weiß, usw. Unser Blut zirkuliert im Kreislauf zwischen rechter und linker Körperhälfte.

Eine erst kürzlich erfolgte Entdeckung auf dem Gebiet der Astronomie gibt uns ein weiteres Beispiel für die dualistische Beschaffenheit unseres Universums - eines mit besonderer Bedeutung für unsere Betrachtung von Liebesbeziehungen: wir wissen nun, dass die Mehrheit aller Sterne keine einzelnen sind wie unsere Sonne. Die meisten treten tatsächlich als „Doppelsterne" auf. Diese zwei Sterne ziehen einander durch ihr jeweiliges Gravitationsfeld an, werden aber durch eine gleich große, entgegengesetzt wirkende Zentrifugalkraft an einer vernichtenden Kollision gehindert. Helen und mir gefällt die Metapher der Doppelsterne für zwei Menschen, die in einer Liebesbeziehung stehen, besonders gut. Jeder ist für sich ein einzigartiges Individuum, sprühend vor Entwicklungspotenzial. Jeder ist von gleicher Wichtigkeit wie der andere und jedem bietet sich ein anderer, aber gleichwertiger Blickwinkel auf das Universum. Gemeinsam sind sie jedoch Teil eines größeren Ganzen, verbunden durch die Anziehungskraft von gegenseitiger Liebe und Respekt. Sie werden zum Spiegelbild der immerwährenden, grenzenlosen Verbundenheit des Universums.

New Jersey, im Juli 2007

Einleitung zur Ausgabe von 2001

von Harville Hendrix und Helen LaKelly Hunt

In der Einleitung zur ersten Ausgabe des vorliegenden Buches *So viel Liebe wie Du brauchst* von 1988 bezeichnete ich das Scheitern meiner ersten Ehe als Schlüsselereignis, das mich dazu veranlasste, mich mit dem großen Rätsel auseinanderzusetzen, warum Liebesbeziehungen manchmal gelingen und manchmal scheitern. Nun, 13 Jahre später, stehe ich glücklicherweise an einem anderen Ausgangspunkt. Helen LaKelly Hunt und ich sind seit nunmehr 19 Jahren miteinander verheiratet und haben, gestützt auf die Ansätze dieses Buches, das erreicht, was ich als „leidenschaftliche Freundschaft" bezeichnen möchte. Es war für uns sehr schön zu sehen, dass es viel leichter ist, eine enge und liebevolle Partnerschaft zu pflegen, anstatt unter ständigen Konflikten zu leiden und in innerer Distanz zum Partner zu leben. Auch heute genießen wir unsere Partnerschaft und sind überrascht, wie viel innere Ruhe wir dadurch finden konnten. Gleichzeitig, auch wenn das vielleicht paradox klingen mag, schenkt uns unsere Partnerschaft sehr viel Kraft und Dynamik. Selbst nun, wo wir körperlich bereits gealtert sind, fühlen wir uns vitaler als früher.

Über unsere leidenschaftliche Freundschaft hinaus arbeiten Helen und ich auch beruflich als gutes Team zusammen. Helen hat meine Arbeit von allem Anfang an begleitet. Wir lernten einander im Jahr 1977, zwei Jahre nach meiner Scheidung, kennen. Helen machte gerade ihren Abschluss als Lebensberaterin und ich war Professor an der *Perkins School of Theology.* Bereits an unserem ersten gemeinsamen Abend erzählte ich ihr davon, dass ich vorhätte, beruflich etwas Neues in Angriff zu nehmen, aber noch nicht konkret wüsste, was ich tun wollte. Zu meinen Optionen zählte unter anderem die intensive Beschäftigung mit der Psychologie von Liebesbeziehungen. Ich wollte herausfinden, warum es Paaren heutzutage so schwer fällt zusammenzubleiben und warum beide Partner so leiden, wenn eine Beziehung scheitert. Die vorhandene Fachliteratur schien keine plausible Erklärung zu bieten. Diese Forschungsfrage interessierte Helen mehr als meine anderen Vorschläge und sie bat mich, ihr Einblick in meine fragmentarischen Überlegungen zu schenken. Nach einer Viertelstunde meinte sie, meine Ausführungen über die zentrale Bedeutung des In-Beziehung-Seins mit einem Partner erinnerten sie an Martin Bubers Gedanken über die „Ich-Du"-Beziehung. Und wenig später zitierte sie aus einem Buch von Fjodor Dostojewsky, das sie bereits als junge Frau gelesen und aus dem sie einige Gedanken behalten hatte: „Der Mensch, der den lebendigen Gott von Angesicht zu Angesicht sehen möchte, wird ihn nicht im leeren Firmament seiner Vorstellungskraft finden, sondern in der Liebe zu einem anderen Menschen." Ich widersprach ihr sofort, weil ich keinerlei Verbindung zwischen meinem Problem und Bubers Philosophie oder

Dostojewskys spirituellem Ansatz sehen konnte: „Ich glaube nicht, dass meine Gedanken damit in Zusammenhang stehen."

Schon damals, genauso wie heute, spürte Helen genau, wohin mein Weg mich führen würde.

In den folgenden Jahren engagierte Helen sich für eigene Projekte, nahm jedoch auch weiterhin aktiv Anteil an meiner Arbeit. In gewisser Hinsicht übernahm sie die „traditionelle" Rolle der fürsorglichen Ehefrau - sie hielt die Familie zusammen, verdiente auch selbst etwas Geld dazu und war vor allem stets eine einfühlsame Zuhörerin für mich. Immer wieder kam es jedoch vor, dass Helen die Grenzen dieser traditionellen Rolle überschritt und meine Arbeit in Punkten hinterfragte, die sich später als bahnbrechend herausstellen sollten. Während andere Menschen meine Gedanken bereitwillig akzeptierten, hinterfragte sie sie oder forderte mich heraus, mich noch intensiver damit auseinanderzusetzen. Wofür ich ihr am meisten danke, ist, dass sie dennoch so viel Wertschätzung für mich selbst und meine Arbeit zeigte, dass sie auf liebevolle Weise stets ihre eigene Sichtweise zu meinen Gedanken einbrachte. So kann ich heute aus tiefster Überzeugung sagen, dass jeder Gedanke in diesem Buch aus der täglichen Realität unserer Partnerschaft heraus entstanden ist. Als man mich daher bat, eine neue Einleitung zu der überarbeiteten Fassung von *So viel Liebe wie Du brauchst* zu schreiben, war es selbstverständlich, dass Helen und ich sie gemeinsam verfassten. Es war nun an der Zeit, Helen auch offiziell als Koautorin anzuführen.

Während Helen und ich überlegten, was wir für die zweite, überarbeitete Ausgabe verändern und erweitern wollten, überkamen uns viele schöne und sogar wehmütige Erinnerungen. Die vielen Jahre des gemeinsamen Forschens, Reflektierens und Diskutierens, die zur Erstausgabe von *So viel Liebe wie Du brauchst* geführt hatten, wurden wieder lebendig. Anfänglich hatten wir noch überlegt, ob wir zuerst ein Buch für Paare oder eher ein Lehrbuch für Therapeuten schreiben sollten. Nachdem wir uns dafür entschieden hatten, für eine breite Leserschaft zu schreiben, überlegten wir, ob das Buch konkrete Übungen enthalten solle oder nicht. Und wenn ja, welche? Das Schreiben an diesem Buch hatte sich über mehrere Jahre hingezogen. Dankbar erinnerten wir uns daran zurück, dass Jo Robinson unsere Gedanken geordnet und mit ihrem ansprechenden und gut lesbaren Stil den Grundstein zum großen Erfolg unseres Buches gelegt hatte. Wir erinnerten uns auch daran zurück, wie euphorisch wir damals gewesen waren, als das Buch endlich in Druck ging und zu unserer großen Überraschung sogar in der *Oprah Winfrey Show* vorgestellt wurde. Oprahs enthusiastische Werbung ließ die Auflagenzahlen für unser Buch in die Höhe schnellen. Wir erreichten die Bestsellerliste der *New York Times*, was unsere Erwartungen bei weitem übertraf. Die Leserschaft wuchs ständig und bis heute haben wir mehr als anderthalb Millionen Exemplare verkauft. Gleichzeitig wurde unser Buch in über 30 Sprachen übersetzt.

Helen und ich erinnerten uns auch an die Basis unserer damaligen Arbeit: die Imago-Paartherapie, die wir in unserem Buch beschrieben haben. Schon Ende der achtziger Jahre interessierten sich immer mehr Therapeuten für diesen Ansatz und wollten eine Ausbildung darin absolvieren, um diese Art der Paartherapie anwenden zu können. Heute gibt es eine blühende internationale Imago-Gesellschaft von mehr als 1 500 Imago-Therapeuten, die in 13 verschiedenen Ländern arbeiten. Mehr als 150 Workshop-Presenter leiten jährlich ungefähr 400 Imago-Workshops. 20 Mitglieder der Faculty des Instituts für Imago-Paartherapie (Institute for Imago Relationship Therapy) bilden in 12 verschiedenen Städten der Welt Imago-Therapeuten aus. Durch diesen gemeinsamen Einsatz und all diese Energie konnte die Imago-Methode zu einer bedeutenden Kraft heranwachsen und gesellschaftliche Veränderungen bewirken.

Während Helen und ich diese großartige Entwicklung noch einmal in Gedanken nachvollzogen, wurde offensichtlich, dass wir uns eher als Beobachter und nicht so sehr als Begründer dieser Bewegung fühlten. Zwar haben wir diese Entwicklung in Gang gesetzt, doch beanspruchen wir ihren durchschlagenden Erfolg nicht allein für uns. Wir sehen uns eher wie Eltern, die ihrem Kind dabei helfen, Fahrrad fahren zu lernen; sie stupsen es an und laufen ein Stück weit daneben her, nur um dann staunend zuzusehen, wie das inzwischen erwachsene Kind sein erstes Rennen gewinnt. Am Beginn waren wir dabei gewesen - wir waren es gewesen, die den ersten Anstoß gegeben hatten. Doch inzwischen hatte unser „Kind" es selbst so weit gebracht und den Durchbruch geschafft - und das war nur zu einem kleinen Teil unser Verdienst.

Worauf führen wir dann den Erfolg von *So viel Liebe wie Du brauchst* und das wirklich beeindruckende Wachstum der weltweiten Imago-Gesellschaft zurück? Schlicht formuliert haben wir nur einer Entwicklung den Weg geebnet, die schon im Entstehen war. In der zweiten Hälfte des 20. Jahrhunderts funktionierten die alten Konzepte von Ehe und Familie nicht mehr. Was niemand erwartet hatte, war, dass nun unzählige Menschen den Entschluss fassten, sich lieber all dem Kummer und Stress einer Ehescheidung auszusetzen, als länger in unglücklichen und einschränkenden Beziehungen zu bleiben. In den sechziger und siebziger Jahren des letzten Jahrhunderts schien die Ehe als Lebensform für viele Paare nicht mehr geeignet zu sein. Man experimentierte mit der „offenen Ehe" und anderen Formen des Zusammenlebens, ständig hoffend, dass sich daraus neue Formen der Partnerschaft entwickeln würden, die die Einschränkungen des alten Modells überwinden könnten.

Aber auch viele Paare, die in konventionellen Ehen lebten, begaben sich auf die Suche nach einer Art von Partnerschaft, die lebendiger, tiefer und sinnvoller erschien als die Ehen ihrer Eltern oder Großeltern. Tausende versuchten durch Paartherapien einen „tieferen Sinn" für ihre Partnerschaft zu finden. Die damals gängigen Formen der Paartherapie fokussierten jedoch auf die Psyche der beiden einzelnen Partner und die Dynamik ihrer Partnerschaft blieb oft unbeachtet. Es galt die Theorie, dass jeder Partner für sich seine eigenen Probleme bearbeiten sollte, sodass er/sie seelische Gesundheit erlangen und zu sich selbst finden konnte. Zwei solche Partner müssten in der Folge nur ein wenig Bemühen und Einsicht investieren, um eine stabile und zufriedenstellende Partnerschaft führen zu können.

Doch die Erfolgsquote bei diesem Ansatz war gering - wenn man Erfolg so definiert, dass die Scheidungsrate abnimmt und die Paare zusammenbleiben. Ungefähr zwei Drittel der Paare konnten ihre Schwierigkeiten nicht lösen und trennten sich. Aber auch jenen, die zusammenbleiben wollten, fehlte es weiterhin an Unterstützung und wirklich hilfreichen Methoden. Durch die therapeutische Begleitung hatten sie sich selbst besser kennen gelernt und ihre Kommunikationsfähigkeit verbessert, aber ihre Partnerschaft blieb ihnen weiterhin ein Rätsel. Trotz aller neugewonnenen Einsichten behielt ihre Beziehung manche selbstzerstörende Tendenzen bei. Was sie besonders belastete war, dass sie tief in ihrem Inneren spürten, dass ihre Partnerschaft das Potenzial haben könnte, sie zu heilen und ihnen ihre ursprüngliche Ganzheit wiederzuschenken, und doch wussten sie weder, wie das gehen könnte, noch konnten sie es umsetzen.

Einer der Gründe, warum die Konzepte der Imago-Paartherapie, die in *So viel Liebe wie Du brauchst* vorgestellt werden, diesen Paaren wirklich weiterhelfen konnten, war die Tatsache, dass ich am eigenen Leib erfahren hatte, wie enttäuschend es ist, einfach keinen Weg zu finden, um das Entwicklungspotenzial einer Partnerschaft ausschöpfen zu können. Während ich nun meine eigenen Theorien entwickelte und in meiner Arbeit als Paartherapeut anwendete und verbesserte, wollte ich endlich eine Antwort auf die Frage finden, wieso meine eigene Beziehung gescheitert war. Eine meiner wichtigsten Erkenntnisse war, dass zwei Menschen, die in einer Partnerschaft leben wollen, sich von der Illusion verabschieden müssen, dass jeder von ihnen beiden der Mittelpunkt der Welt sei - und dass sie beginnen müssen, einander als gleichwertige Partner anzusehen. (Hier fällt mir ein altes Sprichwort ein: „Du und ich sind eins - und der eine bin ich!“). Zu einer Beziehung gehören nun einmal zwei Menschen. Wenn beide aufhören, sich selbst als Mittelpunkt des Universums zu betrachten, dann geschieht etwas Unerwartetes: die Beziehung selbst wird zum Mittelpunkt. Wenn dieser grundlegende Perspektivenwechsel vollzogen ist, können beide Partner sich mit den *unbewussten* Zielen ihrer Beziehung auseinandersetzen und müssen nicht mehr dagegen ankämpfen. So können sie auch die Tatsache akzeptieren, dass sich immer dann, wenn Menschen sich auf eine nahe und liebevolle Beziehung einlassen, unerledigte Kindheitserfahrungen wieder zu Wort melden. Gemeinsam kann man besser daran arbeiten. Wir werden in Beziehung geboren, wir werden in Beziehung verletzt und wir werden in Beziehung geheilt. Tiefe seelische Heilung ohne zwischenmenschliche Beziehungen zu finden ist nicht möglich - dieser Gedanke hat sehr viele Paare berührt und Anklang bei ihnen gefunden.

Eine grundlegende Veränderung der Rolle des Paartherapeuten

Rückblickend haben Helen und ich einen weiteren Grund für den Erfolg unseres Buches *So viel Liebe wie Du brauchst* erkannt. Eine der Grundannahmen der bisherigen Konzepte der Paartherapie, nämlich dass der Paartherapeut dem Paar Heilung vermitteln könne, wird von uns hinterfragt. In der Imago-Paartherapie übernimmt der Therapeut die Funktion, den Heilungsprozess anzuleiten, aber die Partner selbst schenken einander Heilung. Dadurch verliert der Therapeut keineswegs an Bedeutung; seiner hohen Qualifikation kommt sogar noch mehr Bedeutung zu. Man könnte es vielleicht damit vergleichen, einen Kinderarzt zu bitten, auch noch die Rolle einer Hebamme zu übernehmen. Der Kinderarzt wird so zu einem hochqualifizierten Geburtshelfer, der einen ganz natürlichen Vorgang mit höchster Kompetenz begleitet, verliert jedoch seine Rolle als distanzierte Autoritätsfigur, die auf alle Fragen eine Antwort weiß.

Interessanterweise erkannten wir diese Tatsache erst nach der Fertigstellung des Buches *So viel Liebe wie Du brauchst*. Die Verantwortung ging vom Therapeuten auf das jeweilige Paar über, und das war eine Strukturveränderung, die sich entscheidend auf das therapeutische Setting auswirken sollte. Wieder einmal war es Helen, die als erste erkannte: „Bei deiner Methode wird ja der Therapeut entthront! Jetzt steht die Beziehung des Paares im Mittelpunkt und nicht mehr die Beziehung zwischen dem Therapeuten und den Klienten." Helens Beobachtung war richtig - da gab es keinen Zweifel. Einmal in Worte gefasst wurde uns die enorme Bedeutung dieser Veränderung klar. In traditionellen Therapieformen kommt dem Phänomen der „Übertragung" eine wichtige Bedeutung im Sinne der Heilung zu. Übertragung bedeutet, dass man Eigenschaften in andere hineinprojiziert - entweder die eigenen, was dann als „Projektion" bezeichnet wird, oder aber die Charaktermerkmale anderer Menschen: „Du bist wie meine Mutter!" Wenn zwischen dem Therapeuten und dem Klienten Übertragungen stattfinden, so kann der Therapeut das ansprechen und auf positive Weise nützen, um den Klienten darin zu unterstützen, Verletzungen aus seiner Vergangenheit aufzuarbeiten. Übertragungen sind daher ein fundamentaler Bestandteil der Therapie. Eine Therapie kann als erfolgreich angesehen werden, wenn der Klient eine Übertragung verarbeiten und erkennen kann, dass der Therapeut sich nur als Projektionsfläche zur Verfügung gestellt hat.

Unser Buch erklärt, dass es das Phänomen der Übertragung auch bei Liebespartnern gibt. Es ist im Grunde unvermeidbar. Während der Phase der romantischen Liebe projizieren Sie viele Ihrer guten Eigenschaften auf Ihren Partner, zusammen mit den positiven Eigenschaften Ihrer primären Bezugspersonen aus Ihrer Kindheit. Später allerdings, wenn die ersten Konflikte entstehen, beginnen Sie, negative Eigenschaften auf Ihren Partner zu projizieren. Und genau daran scheitern viele Partnerschaften. „Du hast dich verändert, du bist nicht mehr der Mensch, den ich geheiratet habe!", sagen die Partner zueinander. In Wirklichkeit hat sich aber nicht Ihr Partner verändert, sondern die Dinge, die Sie auf ihn projizieren. Die Imago-Therapie kann Ihnen dabei helfen, das Phänomen der Übertragung für die Heilung zu nützen. Dies ähnelt der Dynamik in traditionellen Einzeltherapien, mit dem Unterschied, dass in unserem Kontext die Übertragungen zwischen den Partnern bearbeitet werden und nicht die

Übertragungen zwischen Therapeut und Klient.

Manchen Paaren gelingt es, ihre Übertragungen ohne besondere Unterstützung von außen aufzulösen. Den meisten Menschen fällt es jedoch leichter, sich auf einen gut strukturierten Übungsplan zu stützen oder mit einem kompetenten Therapeuten daran zu arbeiten. Sowohl die Übungen als auch der Therapeut schaffen eine Atmosphäre der Sicherheit und begleiten Sie Schritt für Schritt durch diesen Prozess. Wie Millionen Menschen vor Ihnen, die dieses Buch gelesen haben, werden Sie merken, dass bereits dieses Buch und die darin enthaltenen Übungen Ihnen diese Sicherheit schenken und Sie begleiten können. Wenn Sie therapeutische Unterstützung möchten, freuen wir uns, Ihnen sagen zu können, dass inzwischen ausreichend gut ausgebildete Imago-Therapeuten zur Verfügung stehen, die Sie dabei unterstützen können.

Verbesserungen in der Neuausgabe

Die Neuausgabe von *So viel Liebe wie Du brauchst* gab uns die Chance, den Text zu überarbeiten und auch eine neue Einleitung zu schreiben. Deshalb gingen wir das ganze Buch erneut sehr genau durch, um mögliche methodische Schwachpunkte zu entdecken oder Veränderungen in den therapeutischen Methoden vorzunehmen. Zu unserem Erstaunen stellten wir fest, dass alle neuen Erkenntnisse, die wir in den letzten 13 Jahren dazugewonnen hatten, im Grunde nur eine Erweiterung, nicht aber eine Korrektur unseres Ansatzes erforderten. Neu ist unsere Einsicht, dass der hier vorgestellte Weg für heterosexuelle Paare sich auch bestens für gleichgeschlechtliche Liebesbeziehungen und Partnerschaften eignet. Alle unsere faszinierenden neuen Erkenntnisse werden wir in ein weiteres Buch einfließen lassen. Wir freuen uns aber sagen zu können, dass die Grundlagen der Imago-Theorie ohne jeden Veränderungsbedarf weiterhin eine sehr effektive Basis darstellen.

Jene Änderungen, die wir in dieser Ausgabe vornehmen möchten, betreffen das Thema „Ausgänge schließen" in Kapitel 7 sowie das Aufnehmen einer neuen, entscheidenden Übung in Kapitel 9, anstatt der bisherigen Übung „Spiegeln". Was das Thema „Ausgänge schließen" anbelangt, so sind wir zu der Erkenntnis gekommen, dass das Schließen eines Beziehungs-Ausganges ein Prozess ist, der ausreichend Zeit erfordert, und nicht durch einen einzelnen Schritt oder eine Einzelentscheidung möglich ist. Und die Übung „Spiegeln" heißt inzwischen „Imago-Dialog". Diese Übung wurde um drei Schritte erweitert - Zusammenfassen, Geltenlassen und Einfühlen - deren große Bedeutung uns bei der Erstausgabe dieses Buches noch nicht ausreichend bewusst war. Wie in Kapitel 9 genauer erklärt wird, ist das Spiegeln oder das Paraphrasieren der Aussagen Ihres Partners der entscheidende erste Schritt, um sich mit seiner Lebensrealität vertraut zu machen. Das Spiegeln allein wird jedoch in den meisten Partnerschaften nicht ausreichen, um die Verbundenheit der Partner neu zu vertiefen. Wenn es Ihnen gelingt, die Gültigkeit der Meinung Ihres Partners wirklich zu bestätigen („Was du sagst, macht Sinn für mich. Deine Meinung hat sicher ihre Berechtigung.") und auch gefühlsmäßig nachvollziehen zu können, was ihn bewegt („Ich verstehe dich nun und kann nachempfinden, warum du dich so ärgerst."), dann wird das gemeinsame Band zwischen Ihnen tiefer und stärker. Ich sage oft zu Paaren, der Weg führt vom partnerschaftlichen Kontakt über echte Verbundenheit zur wahren Einheit.

In unserer eigenen Partnerschaft wurde Helen und mir das Glück zuteil, diesen Zustand erreichen zu dürfen. Wir durften auch oft miterleben, wie sich ihr Leben verändert hat, wenn Paare sich gemeinsam auf den Weg einer Imago-Paartherapie gemacht haben. Wir möchten diese Einleitung damit schließen, aus einigen der Briefe zu zitieren, die uns inzwischen erreicht haben. Ein Mann, der *So viel Liebe wie Du brauchst* gelesen hatte, formulierte sein neues Verständnis von Partnerschaft so: „Ich habe gelernt, dass meine Sicht der Dinge in keiner Weise ‚wahrer' ist als die meiner Frau. Denn erst dann, wenn wir unsere beiden Standpunkte vereinen, entsteht etwas, das wirklich Gültigkeit hat, und das keiner von uns beiden allein erreichen hätte können. Wir mussten beide etwas aufgeben, haben aber etwas viel Besseres geschenkt bekommen. Das war die wichtigste Veränderung in unserer Beziehung." Ein Paar, das ein Wochenendseminar besucht hatte, schrieb uns: „Themen, an denen wir seit Jahren verzweifelten, machen heute Sinn für uns und wir verstehen einander auch viel besser. Zum ersten Mal seit 28 Jahren können wir einander Sicherheit und Geborgenheit schenken. Das ist genau das, was wir uns immer für unsere Partnerschaft erträumt hatten, und bis heute können wir kaum glauben, dass wir das nun verwirklichen durften." Ganz ähnlich klingen die Zeilen eines anderen Paares: „Was wir in Ihren Workshops gelernt haben, war wirklich umwerfend. Es hat unsere Beziehung von Grund auf verändert. Wir sind wieder verliebt ineinander und wundern uns, wie das geschehen konnte."

Wie viele andere Paare werden auch Sie beeindruckende Veränderungen in Ihrer Partnerschaft erleben, wenn Sie sich mit echtem Interesse mit diesem Buch auseinandersetzen und sich mit Ihrem Partner oder Ihrer Partnerin Zeit nehmen, um die auf den ersten Blick vielleicht ungewöhnlich scheinenden Übungen durchzuführen. So können auch Sie eine liebevolle, konstruktive und zutiefst erfüllende Partnerschaft verwirklichen. Die Imago-Theorie ist keine abgehobene Wunschvorstellung - sie ist ein tausendfach erprobter und effektiver Weg, eine leidenschaftliche Freundschaft zu Ihrem Partner aufzubauen, wie Sie sich das vielleicht seit langem wünschen. Sie werden erleben können, welch großes Heilungspotenzial in einer Ehe liegt - vorausgesetzt Sie erkennen das unbewusste und oft verborgene Ziel Ihrer gegenseitigen Liebe.

New Jersey, im April 2001

Einleitung zur Ausgabe von 1988

In unserer heutigen Gesellschaft wird die Ehe zumeist als eine Art Wohnung angesehen. Wir wählen uns einen Partner aus. Anschließend begeben wir uns in unsere „Wohnung", versuchen uns bequem einzurichten und betrachten dann unseren Mitbewohner genauer. Gefällt uns, was wir sehen, bleiben wir in der Wohnung. Gefällt es uns nicht, verlassen wir sie wieder und suchen einen neuen Lebenspartner. Mit anderen Worten, die Ehe wird als ein nicht veränderbarer Zustand angesehen. Ob sie funktioniert oder nicht ist abhängig von der eigenen Fähigkeit, einen guten Partner anzulocken. Die heute übliche Form der Problemlösung im Falle einer unglücklichen Ehe ist für immerhin fast 50 Prozent aller Paare die Scheidung und anschließende Neuversuche.

Diese Form der Problemlösung - der einfache „Wohnungswechsel" - bringt allerdings meist für alle Beteiligten sehr schmerzliche Erlebnisse mit sich. Belastende Entscheidungen sind zu treffen, Kinder müssen getrennt, Besitztümer aufgeteilt oder verkauft werden und Träume, die uns einst so wertvoll erschienen, sind nun zerstört. Gleichzeitig entwickelt sich die Angst vor dem Scheitern neuer Bindungen. Auch die anderen Bewohner dieser „Ehewohnung" werden emotional geschädigt: Kinder fühlen sich oft für das Scheitern der Ehe ihrer Eltern verantwortlich und bezweifeln gleichzeitig, ob sie in ihrem eigenen Leben so etwas wie dauerhafte Liebesbeziehungen erleben werden.

Leider sehen viele Menschen als einzige Alternative zu einer Trennung nur die Lösung, in der „Wohnung" zu bleiben, alle Ausgänge fest zu verschließen und in einer wenig befriedigenden Beziehung bis zum Ende ihrer Tage zu verbleiben und sie zu ertragen. Die Leere in diesen Ehen versuchen sie mit Essen, Drogen aller Art, Ablenkungen oder Hyperaktivität, Fernsehen oder romantischen Phantasien zu füllen. Innerlich resigniert haben sie für sich selbst jede Hoffnung auf eine erfüllte Liebesbeziehung aufgegeben.

In diesem Buch möchte ich ein hoffnungsvolleres und, wie ich denke, auch realistischeres Bild von Liebesbeziehungen zeichnen. Bei einer Ehe handelt es sich nicht um eine statische Beziehung zwischen zwei Menschen, die sich nicht mehr verändern können. Ehe ist vielmehr eine psychologische und spirituelle Reise, die mit der Ekstase der Anziehung beginnt, durch das steinige Gebiet der Selbsterkenntnis mäandert und in einer intimen, lebendigen und lebenslangen Verbindung gipfelt. Ob Sie selbst in der Lage sein werden, das volle Potenzial dieser Vision auszuschöpfen, hängt nicht so sehr von Ihrer Fähigkeit ab, den idealen Partner zu finden, sondern von Ihrer Bereitschaft, sich mit den verborgenen Anteilen Ihres eigenen Ichs auseinanderzusetzen.

Meine eigene Geschichte

Zu Beginn meiner Arbeit als Therapeut bot ich sowohl Einzel- als auch Paartherapien an. Lieber arbeitete ich allerdings mit Einzelpersonen. Aufgrund meiner Ausbildung lag es mir näher, mich mit nur einem Menschen zu beschäftigen. Irgendwie fühlte ich mich bei Einzeltherapien sicherer und kompetenter. Betrat ein Ehepaar meine Praxis, änderten sich meine Gefühle sofort. Eine Ehe stellte ein so vielschichtiges und komplexes Gewebe verschiedener Variablen dar, dessen Bearbeitung ich mich nicht gewachsen fühlte. Schließlich verlegte ich mich - wie die meisten Therapeuten - auf die problemorientierte und auf „Verhandeln" ausgerichtete Art der Eheberatung. Als dieser Ansatz nicht die gewünschten Erfolge brachte, begann ich die Ehepartner einzeln in verschiedene Gruppen zu schicken oder bot ihnen Einzeltherapien an.

1967 fühlte ich mich noch hilfloser in der Beratungssituation, als meine eigene Ehe plötzlich sehr gefährdet erschien. Da meine damalige Frau und ich an unsere Beziehung glaubten und wir auch zwei kleine Kinder hatten, versuchten wir über einen Zeitraum von acht Jahren unsere Ehe zu retten. Doch auch die verschiedenen Therapeuten konnten uns nicht helfen und so entschlossen wir uns 1975 zur Scheidung.

Während ich bei Gericht wartete, bis mein Fall aufgerufen wurde, empfand ich mich als doppelter Versager - einmal als Ehemann und dann auch als Therapeut. Am Nachmittag des gleichen Tages sollte ich einen Kurs für Ehe- und Familienberatung durchführen und am nächsten Tag hatte ich mehrere Termine mit Paaren, die meinen Rat suchten. Trotz meiner professionellen Beschäftigung mit diesem Thema fühlte ich mich ebenso desorientiert und niedergeschlagen wie die anderen Männer und Frauen, die neben mir auf der Bank saßen, bis ihre Namen aufgerufen wurden.

Im Jahr nach meiner Scheidung erwachte ich jeden Morgen mit einem tiefen Verlustgefühl. Nachts starrte ich in meinem Bett an die Zimmerdecke und versuchte immer wieder, Gründe für das Scheitern unserer Ehe zu finden. Sicherlich meinten wir beide, gute Gründe für diese Scheidung angeben zu können, so wie andere Paare auch. Ich mochte viele der Angewohnheiten meiner Frau nicht, sie lehnte viele meiner Eigenheiten ab. Wir hatten unterschiedliche Interessen und unterschiedliche Lebensziele. Doch trotz dieser Litanei an sachlichen Argumenten spürte ich eine tiefe Enttäuschung, einen unterschwelligen Grund für unser lange andauerndes Unglück, den wir in acht Jahren Ehe nicht herausfinden hatten können.

Die Zeit verging, und meine Verzweiflung verwandelte sich in den dringenden Wunsch, mein durchlittenes Schicksal verstehen zu können. Ich wollte die Trümmer meiner Ehe nicht einfach liegenlassen, ohne den Prozess verstanden zu haben, der zu unserer Scheidung geführt hatte. Sehr gezielt und konzentriert setzte ich mich mit den vorhandenen Ansätzen für Beziehungstherapien auseinander. Während meiner Recherchen in einschlägigen Büchern und Publikationen war ich überrascht feststellen zu müssen, wie wenig, wirklich hilfreiche Problemstudien über das Thema Ehe und Partnerschaft überhaupt vorhanden waren. Alles Material, das ich vorfand, war sehr viel stärker auf Einzeltherapien ausgerichtet. Eine konsistente Theorie über die Mann-Frau-Beziehung war nicht einmal in Ansätzen vorhanden. Ebenso wenig gab es zufriedenstellende Erklärungen der starken und elementaren Emotionen, die eine Beziehung zerstören können. Ich fand keinerlei Hinweise auf das, was ich in meiner eigenen Ehe so schmerzlich vermisst hatte.

Um diese Lücke zu füllen begann ich mit Hunderten von Paaren in meiner Praxis und mit Tausenden in Workshops und Seminaren zu arbeiten. Aus meinen Untersuchungen und meiner klinischen Praxis entwickelte ich nach und nach einen Paartherapieansatz, den ich „Imago-Beziehungstherapie" nannte. Mein Ansatz war eklektisch. Ich setzte ihn aus Tiefenpsychologie, verhaltenstherapeutischen Ansätzen und der westlichen spirituellen Tradition zusammen und fügte einige Elemente der Transaktions-Analyse, der Gestaltpsychologie, der Systemtheorie und der Kognitiven Therapie hinzu. Meiner Ansicht nach kann jeder einzelne dieser Ansätze sehr gute Einsichten zum Verständnis der Psychologie des Individuums geben. Doch nur zusammen gesehen, in einer neuen Synthese, können sie Licht in die Dynamik von Liebesbeziehungen bringen.

Während ich nach und nach meine Vorstellungen in die Praxis umsetzte, wurde meine Beratungsarbeit mit Paaren sehr viel erfolgreicher. Die Scheidungsrate jener Paare, die bei mir in Therapie waren, sank dramatisch und die Ehepaare, die zusammenblieben, berichteten mir von weitaus erfüllenderen Beziehungen als zuvor. Als die Erfolge meiner Bemühungen sichtbar wurden, begann ich Vorträge für Paare und auch für Singles zu halten. Schließlich entwickelte ich einen Einführungs-Workshop für Paare, den ich „Zusammenbleiben" nannte. 1981 begann ich mit der Trainerausbildung. Heute kann ich sagen, dass bereits mehr als 30 000 Menschen mit meinen Ideen in Berührung gekommen sind - sei es durch Paartherapie, Workshops oder Seminare.

Über dieses Buch

Mit diesem Buch verfolge ich zwei Absichten: Zum einen möchte ich Ihnen vermitteln, was ich über die Psychologie der Liebesbeziehung herausgefunden habe, zum anderen möchte ich Ihnen helfen, Ihre eigene Beziehung in eine Ressource der Liebe und Freundschaft zu verwandeln. Kurz, dieses Buch möchte aufzeigen, wie man - sowohl in der Theorie als auch in der Praxis - in einer Partnerschaft zu „leidenschaftlichen" Freunden werden kann.

Das Buch gliedert sich in drei Teile: In Teil I schildere ich das Schicksal der meisten Partnerschaften - die Phase der gegenseitigen Anziehung, der romantischen Liebe und den darauf folgenden Machtkampf. Wenn ich Ihnen hier die bekannten Einzelheiten des Ehelebens darstelle, möchte ich Sie bitten, diese Fakten eher im Sinne eines sich entwickelnden Psychodramas zu verstehen. Ich nenne dieses Drama die „unbewusste Ehe“, charakterisiert durch versteckte Wünsche und automatisch ablaufende Reaktionen aus unserer Kindheit, die unweigerlich Konflikte zwischen den Partnern auslösen.

In Teil II entwickle ich die Vision einer ganz anderen Form der Ehe, die „bewusste Ehe“, ein Konzept, das hilfreich ist, um jene Bedürfnisse verarbeiten zu können, die in unserer Kindheit unerfüllt geblieben sind. Zuerst stelle ich eine erprobte Technik vor, die ein „Wiederverlieben in der Partnerschaft“ ermöglicht. Durch diesen Prozess werden Ehepaare neu motiviert, kooperativ miteinander umzugehen und auch die tiefer liegenden Probleme zu bearbeiten. Danach möchte ich Ihnen demonstrieren, wie Sie Konfrontation und Kritik, das heißt, unsere in der Kindheit erlernten Schutzmuster, durch die sehr viel heilsameren und wirkungsvolleren Instrumente des gegenseitigen Förderns und der wechselseitigen Unterstützung ersetzen können. Schließlich möchte ich Ihnen Wege aufzeigen, wie Sie Ihre Frustrationen in Einfühlsamkeit und gegenseitiges Verstehen verwandeln können.

In Teil III wird ausgehend von diesen Konzepten ein zehnwöchiges Lernprogramm für eine Beziehungstherapie vorgestellt. Anhand einer Reihe erprobter Schritt-für-Schritt-Übungen, die Sie in Ihrer häuslichen Atmosphäre durchführen können, werden Sie nicht nur wichtige Einsichten in potenzielle und reale Eheprobleme gewinnen, sondern diese gleichzeitig lösen können - unter Umständen sogar ohne einen Therapeuten.

Dieses Buch kann Ihnen helfen, eine liebevollere und konstruktivere Partnerschaft zu erreichen. In einer neuen, lebendigen Art von Ehe oder Partnerschaft können Sie inneren Frieden und wahre Freude finden.

Teil I

Die unbewusste Partnerschaft

1
Das Geheimnis gegenseitiger Anziehung

Zu welchen Menschen wir uns hingezogen fühlen,
sagt viel über unser innerstes Wesen aus.
Ortega y Gasset

Kommen Paare zu einer Paartherapie, frage ich sie stets, wie sie einander kennen gelernt haben. Maggie und Victor, beide Mitte Fünfzig, trugen sich mit Scheidungsgedanken. Dennoch erzählten sie mir mit leuchtenden Augen, wie sie sich ineinander verliebt hatten:

„Wir haben uns während unseres Studiums kennen gelernt", erinnerte sich Maggie. „Wir wohnten in einem großen Haus zur Miete und teilten uns eine Küche. Als ich eines Tages mein Frühstück zubereitete, erblickte ich diesen Mann - Victor -, der gerade die Küche betrat. Plötzlich überfielen mich die merkwürdigsten Empfindungen. Meine Füße wollten mich zu ihm bringen, doch gleichzeitig befahl mir mein Kopf auf Distanz zu bleiben. Ich spürte diese Gefühle so stark, dass ich dachte, ich müsste ohnmächtig werden, und so setzte ich mich schnell auf einen Stuhl."

Nachdem Maggie sich von diesem Schock erholt hatte, machte sie sich mit Victor bekannt, und beide verbrachten den halben Vormittag in einem intensiven Gespräch. „Damit begann unsere Liebesbeziehung", sagte Victor, „in den nächsten zwei Monaten verbrachten wir jede freie Minute miteinander, bis wir schließlich gemeinsam durchbrannten."

„Wäre es damals eine sexuell freiere Zeit gewesen", fügte Maggie hinzu, „wären wir wohl gleich ein Liebespaar geworden. Noch nie zuvor habe ich mich so stark zu einem anderen Menschen hingezogen gefühlt."

Nicht jede erste Begegnung verursacht derart seismische Schwingungen. Rayna und Mark, beide zehn Jahre jünger, erlebten eine länger andauernde und viel gemäßigtere Phase des Kennenlernens. Sie lernten sich bei einer gemeinsamen Freundin kennen. Rayna hatte ihre Freundin gefragt, ob sie nicht interessante, unverheiratete Männer kenne. Die Freundin erwähnte Mark, einen attraktiven, frisch geschiedenen Mann. Doch sie zögerte, die beiden miteinander bekannt zu machen, weil sie dachte, sie würden nicht zueinander passen. „Er ist sehr groß und du bist eher klein", erklärte sie Rayna, „er ist Protestant und du bist Jüdin." Doch Rayna fand alle angeführten Gründe bedeutungslos und meinte: „Für einen netten Abend ist es doch nicht so wichtig, ob wir unterschiedlich sind!"

Trotz ihrer Bedenken lud diese Freundin Rayna und Mark zu einer Wahlparty ein. „Mark gefiel mir auf Anhieb gut", erinnerte sich Rayna. „Auf seine ruhige Art wirkte er sehr interessant. Den ganzen Abend haben wir uns in der Küche unterhalten." Rayna lachte, als sie sich zurückerinnerte: „Ich denke, ich werde wohl den Hauptteil der Unterhaltung bestritten haben!"

Rayna war sich sicher, dass Mark sie ebenfalls attraktiv fand, und erwartete seinen Anruf für den nächsten Tag. Doch nach drei Wochen hatte sie immer noch nichts von ihm gehört. Schließlich bat sie ihre Freundin nachzuforschen, ob Mark auch an ihr interessiert sei. Auf Drängen der Freundin lud Mark Rayna zu einem Kinobesuch ein. Damit begann ihre Beziehung, die sich jedoch nie zu einer leidenschaftlichen Romanze entwickelte. „Wir trafen einander eine Zeit lang, dann sahen wir einander wieder mehrere Wochen nicht", erzählte Mark. „Dann verabredeten wir uns doch wieder - und drei Jahre später heirateten wir."

„Und was interessant ist, Mark und ich sind noch immer verheiratet, die Freundin, die uns verkuppelt hat, aber schon lange nicht mehr."

Diese unterschiedlichen Erzählungen werfen wichtige Fragen auf. Warum verlieben sich einige Menschen mit so starker Intensität, sozusagen auf den ersten Blick? Warum geht bei anderen eine Freundschaft langsam und fast unmerklich in eine Liebesbeziehung über? Warum weisen so viele Paare, ähnlich wie Rayna und Mark, sehr gegensätzliche Charakterzüge auf? Wenn wir Antworten auf diese Fragen finden können, finden wir auch wichtige Hinweise auf die versteckten psychologischen Bedürfnisse, die einer Liebesbeziehung zu Grunde liegen.

Sich-Verlieben - Erklärungsversuche für dieses Phänomen

In den letzten Jahren haben Wissenschafter in den verschiedensten Bereichen sich große Mühe gegeben, das Phänomen der romantischen Liebe zu ergründen, und so entwickelten sich verschiedenste Theorien über die menschliche Partnersuche. Biologen gehen davon aus, dass es körperliche Faktoren gibt, die den Prozess der gegenseitigen Anziehung steuern. Auch nach dem Ansatz der evolutionären Psychologie suchen wir instinktiv Partner aus, die die Überlebenschancen unserer Art steigern. Männer fühlen sich zu klassisch schönen Frauen hingezogen - klarer Teint, große Augen, schimmerndes Haar, gute Statur, rote Lippen und rosige Wangen. Das ist nicht als Spleen oder als Schönheitsideal zu werten - diese Merkmale sind vielmehr ein Hinweis auf gute Gesundheit und Jugendlichkeit und zeigen an, dass sich eine Frau im besten, gebärfähigen Alter befindet.

Frauen wählen Männer nach anderen biologischen Gesichtspunkten aus. Da Jugendlichkeit und Gesundheit für die männliche Fruchtbarkeit nicht in gleichem Maße von Bedeutung sind, achten Frauen eher auf so genannte „Alpha-Eigenschaften", zum Beispiel auf die Fähigkeit eines Mannes, andere Männer zu übertrumpfen, um „mehr als den ihm zustehenden Anteil der Beute nach Hause zu bringen". Dahinter versteckt sich die Hoffnung, dass dieses Dominanzverhalten das Überleben der

Familie eher sichern kann als Jugendlichkeit oder Schönheit. Aus diesem Grund wirkt ein 50-jähriger Bankdirektor - das menschliche Pendant zu einem männlichen Gorilla mit silberner Mähne - auf Frauen genauso attraktiv wie ein junger, attraktiver und vitaler, aber nicht so erfolgreicher Mann.

Gelingt es uns, für einen Augenblick unser Befremden darüber zu vergessen, dass unsere Anziehungskraft auf das andere Geschlecht primär auf die Fortpflanzung und die Versorgung durch Nahrung oder Geld reduziert wird, kann diese Theorie einige Aspekte des menschlichen Verhaltens erklären. Ob es uns gefällt oder nicht, die Jugendlichkeit und körperliche Attraktivität einer Frau spielt bei der Partnerwahl ebenso eine Rolle wie der Einfluss und der soziale Status eines Mannes, wie auch ein flüchtiger Blick in Heiratsannoncen deutlich macht: „Erfolgreicher, dynamischer, 45-jähriger Mann mit Privatflugzeug, sucht attraktive, schlanke und sehr weibliche 20-Jährige" ... Biologische Faktoren spielen also eine bedeutsame Rolle, zum Verlieben gehört aber zweifellos mehr.

Wenden wir uns deshalb dem Gebiet der Sozialpsychologie zu und sehen wir uns die so genannte „Austauschtheorie" an. Diese Theorie besagt, dass wir Partner auswählen, die uns in gewisser Hinsicht entsprechen, mit denen wir viele Gemeinsamkeiten zu haben scheinen, sodass wir uns einen gerechten Austausch erwarten. Befinden wir uns auf Partnersuche, nehmen wir kühl Maß und analysieren wie Kaufleute, die die Möglichkeit einer Fusion abwägen, die physischen Merkmale, den finanziellen und sozialen Status, Charaktereigenschaften wie Freundlichkeit, Kreativität oder Sinn für Humor. Mit der Geschwindigkeit eines Computers werten wir diese Merkmale anschließend aus. Finden wir ausreichend Übereinstimmungen, so treffen wir die Entscheidung, in der „Versteigerung" mitzubieten.

Die Austauschtheorie ist ein differenzierteres Modell, die menschliche Partnerwahl zu analysieren, als rein biologische Beweggründe zu nennen. Nicht nur Jugendlichkeit, Schönheit oder die soziale Stellung eines potenziellen Partners interessieren uns, so die Psychologen, sondern die ganze Person wird überprüft. So kann zum Beispiel die Tatsache, dass eine Frau die Blüte ihrer Jahre schon überschritten hat oder ein Mann einen wenig prestigeträchtigen Job besitzt, dadurch wettgemacht werden, dass sie besonders charmante, intelligente und einfühlsame Menschen sind.

Ein dritter möglicher Zugang ist die so genannte „Persona"-Theorie. Sie zeigt eine weitere Dimension des Sich-Verliebens auf. Diese Theorie erklärt, dass Menschen bei der Partnerwahl unbewusst abschätzen, in welchem Maße ein potenzieller Partner ihren Selbstwert steigern kann. Unsere Persona nach C.G. Jung ist jenes Selbst, das wir öffentlich zeigen. Diese Theorie besagt, dass wir einen Partner auswählen, der unser Selbstbild positiv beeinflussen kann. Die entscheidende Frage in diesem Zusammenhang lautet: „Wie nehme ich mich selbst wahr, wenn ich mit dieser Person zusammen auftrete?" Diese Theorie scheint einiges an Gültigkeit zu haben. Wir alle kennen das Gefühl des Stolzes oder vielleicht auch der Beschämung darüber, wie andere unseren Partner wahrnehmen zu scheinen. Es ist uns nicht gleichgültig, wie andere über ihn denken.

Wenngleich jede der drei Theorien manche Aspekte der romantischen Liebe erklären kann, bleiben noch einige unserer ursprünglichen Fragen offen. Wie entstehen etwa derart intensive, ja ekstatische Gefühle wie bei Maggie und Victor? Und warum weisen so viele Paare derart gegensätzliche Eigenschaften auf wie Rayna und Mark?

In der Tat, je intensiver wir uns mit dem Phänomen des Sich-Verliebens beschäftigen, desto unvollständiger erscheinen uns diese Theorien. Wie erklärt sich zum Beispiel die emotionale Erschütterung, die nach dem Scheitern einer Beziehung zurückbleibt, wie erklären sich die lähmenden Gefühle der Angst und des Selbstmitleids? Einer meiner Klienten schilderte es folgendermaßen: „Meine Freundin hat mich verlassen. Ich kann weder essen noch schlafen. Ich spüre so einen starken Druck in meiner Brust, als müsste sie zerplatzen. Ständig kommen mir die Tränen und ich weiß einfach nicht mehr ein oder aus." In Entsprechung der bisher genannten Theorien müsste sich dieser Mann nach einer fehlgeschlagenen Beziehung einfach erneut auf die Suche nach einer geeigneten Partnerin begeben.

Es gibt nicht nur einen einzigen ausschlaggebenden Faktor, der den Prozess des Sich-Verliebens erklären kann. Wir scheinen weitaus differenzierteren Auswahlkriterien zu folgen, als sie in den genannten Theorien zu finden sind. Erinnern Sie sich bitte zurück an Ihre eigene Partnerwahl. Vermutlich haben Sie im Laufe Ihres Lebens bereits Tausende von Menschen kennen gelernt. Einer vorsichtigen Schätzung zufolge übten einige hundert von ihnen auch eine gewisse körperliche Attraktivität auf Sie aus, zumindest so weit, dass sie Ihre Aufmerksamkeit erregten. Verengen wir dieses Feld, indem wir die Austausch-Theorie zu Rate ziehen, bleiben vielleicht noch fünfzig oder hundert Menschen übrig, bei denen es genügend vielversprechende Gemeinsamkeiten gäbe, damit sie in die engere Wahl kämen. Folglich hätten Sie sich in unzählige Menschen verlieben müssen. Die meisten von uns fühlen sich jedoch nur zu wenigen potenziellen Partnern wirklich hingezogen. Im Gegenteil, aus meinen Beratungsgesprächen mit Singles kenne ich die häufige Klage: „Es gibt einfach nicht genug Männer (oder Frauen)!" Dabei gibt es zahllose Partner, die sie abgelehnt oder ausgesondert haben.

Darüber hinaus, und das ist wirklich interessant, scheinen sich die wenigen Menschen, die uns besonders sympathisch sind, auffällig zu ähneln. Überlegen Sie bitte einen Augenblick lang, welche Charaktereigenschaften jene Menschen gemeinsam hatten, die Sie als Partner in die engere Wahl gezogen hatten. Würden Sie eine Aufstellung über deren besonders auffällige Charaktermerkmale anfertigen, könnten Sie viele Ähnlichkeiten feststellen, erstaunlicherweise auch hinsichtlich der negativen Eigenschaften.

Aus meiner Perspektive als Therapeut kann ich immer wieder deutliche Tendenzen bei der Partnerwahl meiner Klienten entdecken. Während einer Gruppentherapiesitzung hörte ich dem Bericht eines Mannes zu, der seit drei Monaten zum zweiten Mal verheiratet war. Als seine erste Ehe zerbrochen war, hatte er der Gruppe geschworen, er würde nie wieder eine Frau wie seine erste heiraten, die er als ungerecht, Besitz ergreifend und selbstsüchtig wahrgenommen hatte. An diesem Abend vertraute er der Gruppe an, dass er die Stimme seiner ersten Frau „gehört" hatte - und zwar aus dem Mund seiner neuen Frau. Voller Panik erkannte er nun, dass beide Frauen fast identische Persönlichkeitsmerkmale hatten. *Anscheinend sucht jeder von uns einen Partner, der ein ganz spezielles Muster von positiven und negativen Persönlichkeitsmerkmalen aufweist.*

Die Tiefen unseres Unterbewusstseins

Um den hohen Grad an Selektivität verstehen zu können, der bei der Partnerwahl eine ausschlaggebende Rolle zu spielen scheint, müssen wir den Einfluss unseres Unterbewusstseins berücksichtigen. Seit Sigmund Freud sind wir einigermaßen gewöhnt, alltägliche Ereignisse auf den Einfluss unbewusster Faktoren zurückzuführen. Wir sprechen wissend von „Freudschen Fehlleistungen", analysieren unsere Träume und versuchen zu verstehen, wie unser Unbewusstes unser tägliches Leben prägt. Dennoch unterschätzen die meisten von uns die Kraft unserer unbewussten Anteile. Es gibt eine Analogie, die den großen Einfluss unbewusster Kräfte gut verdeutlichen kann. Tagsüber können wir die Sterne nicht sehen. Wir reden von ihnen, als würden sie abends „aufgehen", wenngleich sie doch die ganze Zeit hindurch vorhanden sind. Auch unterschätzen wir in der Regel die Anzahl der Sterne. Wir blicken zum Himmel hinauf, sehen das matte Schimmern einiger Sterne und nehmen an, wir hätten alle gesehen. In ländlichen Gegenden, die nicht durch Straßenbeleuchtung erhellt sind, erkennen wir plötzlich einen Himmel, der mit Sternen geradezu übersät ist, und staunen über diese überwältigende Fülle. Doch nur wenn wir uns ernsthaft mit Astronomie beschäftigen, werden wir die ganze Wahrheit herausfinden können: Die hunderttausend Sterne, die wir in einer klaren, mondlosen Nacht sehen können, stellen nur einen Bruchteil der Sterne des Universums dar, und viele der Lichtpunkte, die wir für Sterne halten, sind in Wahrheit ganze Galaxien. Ebenso verhält es sich mit dem Unbewussten: Die gut geordneten, logischen Gedanken unseres bewussten Verstandes sind nur ein dünner Schleier über dem Unbewussten, das unser Leben ständig aktiv beeinflusst.

Lassen Sie uns nun einen kurzen Blick auf die Struktur des menschlichen Gehirns werfen, dieses geheimnisvolle und komplexe Organ mit seinen vielen Unterteilungen. Um die Dinge zu vereinfachen, greife ich gern auf das Gehirnmodell des Neurowissenschafters Paul McLean zurück, der das menschliche Gehirn in drei konzentrische Schichten unterteilt.

Das Stammhirn, der ganz innen gelegene, primitivste Teil des Gehirns, ist verantwortlich für die Fortpflanzung, für unsere Selbsterhaltungskräfte und die vitalen Funktionen wie den Blutkreislauf, die Atmung, den Schlaf und unsere Muskelkontraktionen als Reflex auf äußere Reize. Ganz am unteren Rand des Gehirns befindlich wird dieser Teil auch „Reptilienhirn" genannt, da alle Wirbeltiere von den Reptilien bis zu den Säugetieren hier anatomische Ähnlichkeiten aufweisen. In unserem Kontext möchte ich das Stammhirn als Ursprung der körperlichen Abläufe ansehen.

Wie ein Gabelbein rund um den obersten Teil des Stammhirns liegt das limbische System, dessen Funktion in erster Linie darin zu bestehen scheint, lebhafte Emotionen zu erzeugen. Wissenschaftern gelang es, diesen Teil des Gehirns bei Versuchstieren künstlich zu stimulieren und spontane Angst- und Aggressionsausbrüche zu provozieren. In diesem Buch möchte ich diese beiden Teile, das Stammhirn und das limbische System, unter dem Begriff „Altes Gehirn" zusammenfassen. Unser Altes Gehirn ist relativ unflexibel und steuert die meisten unserer automatisch ablaufenden Reaktionen.

Der letzte Teil unseres Gehirns ist der Neokortex, eine große Masse an Gehirnwindungen, die die beiden inneren Gehirnteile umhüllt und in vier Bereiche, auch Gehirnlappen genannt, unterteilt werden kann. Dieser besonders beim *Homo sapiens* sehr hochentwickelte Gehirnteil ist der Sitz der meisten unserer kognitiven Funktionen. Den Neokortex möchte ich im Folgenden als „Neues Gehirn" bezeichnen, da er evolutionsgeschichtlich gesehen die jüngste Schicht ist. Unser Neues Gehirn ist jener Teil von uns, der bewusst und aufmerksam ist und in Kontakt mit unserer täglichen Umgebung steht. Dieser Teil denkt, trifft Entscheidungen, beobachtet, plant, sieht voraus, antwortet, beschafft sich Informationen und ersinnt neue Ideen. Das Neue Gehirn ist in erster Linie logisch orientiert und versucht, das Prinzip von Ursache und Wirkung zu durchschauen. Bis zu einem gewissen Grad können einige instinktmäßig ablaufende Reaktionen des Alten Gehirns durch seinen Einfluss gesteuert werden. Im Großen und Ganzen könnte man sagen, dass dieser analytische, prüfende und fragende Teil unseres Gehirns von uns selbst als unsere individuelle Persönlichkeit wahrgenommen wird.

Die Logik des Alten Gehirns

Im deutlichen Gegensatz zum Neuen Gehirn läuft der weitaus größte Teil der Funktionen des Alten Gehirns unbewusst ab. Der Versuch, das Alte Gehirn verstehen zu wollen, ist eine Aufgabe, die äußerst verwirrend erscheint - wir müssen unsere bewusste Wahrnehmung dazu einsetzen, ihren eigenen Ursprung, ihre Basis, nämlich das weitgehend undurchschaubare Unterbewusstsein, zu durchleuchten. Wissenschafter, die sich sehr genau mit der Funktionsweise des Alten Gehirns beschäftigt haben, kamen zu dem Ergebnis, dass das Hauptanliegen des Alten Gehirns der Selbsterhaltungstrieb des Menschen sei. In ständiger Alarmbereitschaft stellt das Alte Gehirn permanent die ursprünglichste aller Fragen: „Bin ich in Sicherheit?"

Abgesehen von der Aufgabe, die Sicherheit zu gewährleisten, funktioniert Ihr Altes

Gehirn grundlegend anders als Ihr Neues Gehirn. Einer der Hauptunterschiede besteht darin, dass das Alte Gehirn seine Umgebung offenbar nur sehr undeutlich wahrnimmt. Anders als das Neue Gehirn, das permanent sämtliche Signale der Umgebung analysiert, um seine Schlüsse daraus ziehen zu können, greift das Alte Gehirn nur auf jene Bilder, Symbole und Gedanken zurück, die vom Neuen Gehirn zur Verfügung gestellt werden. Diese Daten werden anschließend recht weitgefassten Kategorien zugeordnet. Unser Neues Gehirn kann beispielsweise problemlos zwischen John, Suzy und Margaret unterscheiden, während unser Altes Gehirn diese drei Menschen lediglich nach sechs einfachen Gesichtspunkten sortiert. Das Alte Gehirn interessiert sich nur dafür, ob ein Mensch jemand ist, der erstens umsorgt werden muss, der mir zweitens Liebe oder Zuwendung schenkt, mit dem ich drittens sexuell verkehren kann, vor dem ich viertens fliehen muss, dem ich mich fünftens unterwerfen sollte oder den ich sechstens angreifen muss. Feinheiten wie „Das ist mein Nachbar", „mein Cousin", „meine Mutter" oder „meine Frau", bleiben unberücksichtigt.

Obwohl das Alte Gehirn und das Neue Gehirn so unterschiedlich sind, tauschen sie ständig Informationen untereinander aus, um sie auszuwerten. Das folgende Beispiel möchte dies verdeutlichen. Nehmen wir an, Sie sind allein zu Hause, und plötzlich läutet Person A an der Tür. Sie öffnen und Ihr Neues Gehirn macht sich augenblicklich ein Bild von dieser Person, vergleicht es mit anderen gespeicherten Informationen und schickt dieses Bild dem Alten Gehirn zur Sicherheitsüberprüfung. Das Alte Gehirn vergleicht es mit allen bisher gespeicherten Daten unseres Lebens. Sofort kommt es zu einer ersten Feststellung: „Dieser Mensch ist kein Fremder." Vorherige Treffen mit diesem Menschen sind gespeichert. Eine tausendstel Sekunde später kommen weitere Informationen: „Mit diesem Menschen sind keine gefährlichen Situationen gespeichert." Von allen gespeicherten Interaktionen, die mit diesem Besucher stattgefunden haben, verlief keine lebensgefährdend. Anschließend kommt noch eine dritte Beobachtung: „Mit diesem Bild sind viele *angenehme* Situationen verbunden." Im Endeffekt scheint Person A in die Kategorie der „Menschen, die mir Zuwendung schenken" zu gehören. Aufgrund dieser Schlussfolgerung sendet das Alte Gehirn ein Entwarnungssignal und Sie können selbst beobachten, wie Sie den Besucher mit offenen Armen empfangen. Ihr Neues Gehirn sendet den Impuls zu lächeln und zu sagen: „Grüß Dich, Tante Mary, wie schön, dich wiederzusehen!"

Dieser gesamte Prozess läuft in Sekundenbruchteilen außerhalb unseres Bewusstseins ab. Unser bewusster Verstand hingegen erkennt lediglich, dass es Tante Mary ist, die zu Besuch kam. Während des Besuchs der Tante setzt sich der Prozess des Sammelns neuer Daten fort. Auch dieses Beisammensein erzeugt Gedanken, Emotionen und Bilder, die im limbischen System unter dem Stichwort „Tante Mary" gespeichert werden. Die neuen Daten werden so zu einem Teil der Datei „Tante Mary", die beim nächsten Besuch vom Alten Gehirn automatisch wieder überprüft wird.

Es könnte sich aber ebenso gut um eine Situation handeln, die einen inneren Alarm in uns auslöst. Die Person, die gerade an der Tür läutet, könnte nicht Tante Mary, sondern ihre Schwester, Tante Carol, sein. Statt sie mit offenen Armen zu begrüßen, macht sich ein unbehagliches Gefühl in Ihnen breit und Sie fühlen sich eher belästigt. Wie ist es möglich, dass das Erscheinen von zwei Schwestern derart unterschiedliche Gefühle in Ihnen auslöst? Es könnte sein, dass Sie eine Woche in Tante Carols Obhut verbringen mussten, als Ihre Mutter zur Geburt eines weiteren Babys im Krankenhaus war. Ihre Eltern hatten Sie darauf vorbereitet und Ihnen erklärt, dass „Mami bald auf Wiedersehen sagen wird, ins Krankenhaus gehen und von dort einen kleinen Bruder oder eine kleine Schwester mitbringen wird". Die Worte „Krankenhaus", „Bruder" oder „Schwester" blieben für Sie ohne Bedeutung. Aber „Mami" und „Auf Wiedersehen sagen" hatten bereits eine Bedeutung für Sie. Immer, wenn diese beiden Worte zusammen ausgesprochen wurden, fühlten Sie sich ängstlich und steckten Ihren Daumen in den Mund. Wochen später, als die Wehen bei Ihrer Mutter einsetzten, nahm man Sie vielleicht aus Ihrem Kinderbettchen, während Sie fest schliefen, und brachte Sie zu Tante Carols Haus. Später erwachten Sie ganz alleine in einem fremden Raum und die Person, die zu Ihnen kam, als Sie zu weinen begannen, war nicht Ihre Mutter oder Ihr Vater, sondern Tante Carol.

Während der nächsten Tage waren Sie ängstlich und unruhig. Auch wenn Tante Carol liebevoll und freundlich zu Ihnen war, fühlten Sie sich doch jämmerlich verlassen. Diese Urangst in Ihnen verknüpften Sie fortan mit Tante Carol und noch Jahre später ließ Sie ihr Anblick oder der Duft ihres Parfüms aus dem Zimmer laufen. In späteren Jahren Ihres Lebens hatten Sie zwar auch die Gelegenheit, schöne oder zumindest neutrale Erlebnisse mit dieser Tante zu speichern. Dennoch, 30 Jahre später verspüren Sie noch immer so wie damals das Bedürfnis wegzulaufen, sobald Tante Carol das Zimmer betritt. Nur unter großer Selbstbeherrschung gelingt es Ihnen, ihr freundlich gegenüberzutreten.

Es zählt nur die Gegenwart

Das Bemerkenswerte am Alten Gehirns ist, dass es keine Zeitabfolge erkennt. Heute, Gestern und Morgen existieren faktisch nicht. Alles, was je stattgefunden hat, dauert weiter an. Verstehen wir diese grundlegende Eigenschaft des Alten Gehirns, können wir besser einordnen, warum wir in unserer Partnerschaft manchmal bei unbedeutenden Anlässen ganz unverhältnismäßig überreagieren. Nehmen wir an, Sie seien Rechtsanwältin in einer bekannten Anwaltskanzlei, vielleicht 35 Jahre alt. Eines Tages sitzen Sie in Ihrem Büro und denken zärtlich an Ihren Ehemann. Sie verspüren Sehnsucht danach, ihn kurz anzurufen und seine Stimme zu hören. So wählen Sie seine Nummer, aber seine Sekretärin informiert Sie, dass Ihr Mann derzeit nicht im Büro und auch nicht zu erreichen ist. Mit einem Schlag verschwinden Ihre liebevollen Gedanken und Sie spüren eine diffuse Angst aufsteigen: Wo könnte er nur sein? Ihr bewusster Verstand weiß, dass Ihr Mann vermutlich gerade einen Klienten besucht oder ein spätes Mittagessen einnimmt, doch ein anderer Teil Ihres Selbst fühlt sich - wenn Sie es ehrlich eingestehen - schrecklich verlassen. Sie sind eine gebildete, kompetente, erwachsene Frau, aber da Ihr Mann gerade nicht erreichbar ist, fühlen Sie sich ähnlich verletzt wie zu der Zeit, als Ihre Mutter Sie einen ganzen Tag lang einem Babysitter anvertraut hat, den Sie kaum kannten und nicht leiden konnten. Ihr Altes Gehirn hält an dieser archaischen Sichtweise eisern fest.

Oder nehmen wir an, Sie seien ein Mann in den mittleren Jahren, Abteilungsleiter in einer großen Firma. Nach einem besonders hektischen Arbeitstag, an dem es Ihnen gelungen ist, wertvolle Kunden zu gewinnen und ein Budget über mehrere Millionen Dollar zum Abschluss zu bringen, fahren Sie freudig nach Hause, um Ihrer Frau von Ihren heutigen Erfolgen zu berichten. Auf dem Wohnzimmertisch finden Sie eine Nachricht von Ihrer Frau. Sie schreibt, sie hätte für eine erkrankte Kollegin einspringen müssen und werde heute erst sehr spät nach Hause kommen. Sie stehen wie gelähmt mitten im Raum. Sie hatten fest damit gerechnet, dass Ihre Frau Sie daheim erwarten würde. Können Sie diese Enttäuschung verkraften und die unerwartete freie Zeit für sich selbst nutzen? Vielleicht, aber zuerst lenken Sie Ihre Schritte schnellstmöglich zum Tiefkühlschrank und genehmigen sich zwei große Schüsseln köstlich cremiges Vanilleeis - sozusagen als besten Muttermilchersatz, den Sie sich momentan vorstellen können. Die Vergangenheit und die Gegenwart leben in Ihrem Gehirn Seite an Seite.

Nachdem wir uns nun einige Zeit mit unserem Unterbewusstsein auseinandergesetzt haben, möchte ich das ursprüngliche Thema „Partnerwahl" wieder aufgreifen. Wie beeinflusst nun unser Altes Gehirn das Entstehen romantischer Gefühle? Eine interessante Tatsache, die ich schon weiter oben erwähnt habe, ist, dass wir bei der Partnerwahl *höchst selektiv* sind. In der Tat scheinen wir jeweils nur „die Einzige" („den Einzigen") auszuwählen, die oder der ein bestimmtes Muster positiver und negativer Eigenschaften aufweist.

In langen Jahren der theoretischen Beschäftigung mit diesem Thema und durch meine jahrzehntelangen Beobachtungen als Therapeut bin ich zu dem Schluss gekommen, dass sich die vorherrschenden Charaktereigenschaften unserer frühen Bezugspersonen bei jenem Menschen, den wir als Partner wählen, in besonderem Maße zeigen. Unser Altes Gehirn lebt in einem ewigen „Heute" und nimmt seine Umgebung nur unscharf wahr. Es möchte die Situation unserer Kindheit wiederherstellen. Der Grund dafür, dass unser Altes Gehirn die Vergangenheit wieder aufleben lassen möchte, ist nicht reine Gewohnheit oder ein diffuser Zwang, sondern vielmehr das tiefe Bedürfnis, die Wunden unserer Kindheit zu heilen.

Wirklich ausschlaggebend dafür, dass Sie sich in Ihren Partner verliebt haben, ist meiner Ansicht nach weder seine Jugendlichkeit oder Schönheit, noch seine berufliche Karriere, vielversprechende Gemeinsamkeiten oder sein nettes Wesen. Ich denke, Sie haben sich in Ihren Partner verliebt, weil Ihr Altes Gehirn ihn oder sie mit Ihren

Eltern verwechselt hat. Ihr Altes Gehirn signalisierte, nun endlich den idealen Kandidaten gefunden zu haben, der wesentlich dazu beitragen kann, die psychischen und emotionalen Verwundungen Ihrer Kindheit aufzuarbeiten und zu heilen.

2 Kindheitswunden

Das Alter ist nicht besser, noch nicht einmal
genauso gut zum Lehrer geeignet wie die Jugend,
denn es hat mehr verloren, als es gewonnen hat.
Henry David Thoreau

Bei den Worten „psychologische und emotionale Verwundungen aus der Kindheit" werden Sie wahrscheinlich sofort an schwerwiegende Kindheitstraumata denken, wie Kindesmisshandlung, sexuellen Missbrauch, Scheidung, Tod oder Alkoholismus der Eltern. Für viele Menschen war und ist dies auch die tragische Realität ihrer Kindheit. Aber auch wenn Sie in einer relativ sicheren, fürsorglichen Atmosphäre aufgewachsen sind, werden Sie unsichtbare Verletzungen aus Ihrer Kindheit mit sich herumtragen, da Sie vom Augenblick Ihrer Geburt an ein komplexes, abhängiges Wesen mit nicht endenwollenden Bedürfnissen waren. Freud bezeichnete uns Menschen zu Recht als „unersättliche Wesen". Wie engagiert Eltern auch sein mögen, es kann ihnen dennoch nicht gelingen, all die unterschiedlichen Bedürfnisse eines Kindes perfekt zu erfüllen.

Bevor wir näher darauf eingehen, auf welche bisher kaum merkliche Weise vielleicht auch Sie verletzt worden sind und diese Verwundungen sich auf Ihre heutige Liebesbeziehung auswirken, lassen Sie uns zuerst einmal genau ansehen, wie die Situation war, als Sie zur Welt kamen, weil dieser Zustand der „ursprünglichen Ganzheit" den wichtigsten Schlüssel zu den versteckten Erwartungen enthält, die Sie in Ihre Ehe mitgebracht haben.

Unsere ursprüngliche Ganzheit

Niemand von uns kann sich an das geheimnisvolle Leben vor seiner Geburt erinnern, und doch wissen wir heute schon eine ganze Menge über das Leben eines Fötus. Wir wissen, dass seine biologischen Bedürfnisse sofort und perfekt befriedigt werden - durch den Austausch der entsprechenden Flüssigkeiten und der Nahrung mit seiner Mutter. Wir wissen, dass ein Fötus weder atmen noch essen muss, sich nicht vor Gefahren zu schützen braucht und dass er ständig durch das gleichmäßige, rhythmische Pochen des mütterlichen Herzens beruhigt wird. Durch diese biologischen Fakten und durch Beobachtungen an Neugeborenen kann man sagen, dass ein Fötus ein ruhiges, behütetes und angenehmes Leben führt, ohne sich anstrengen zu müssen. Er wird nicht mit Einschränkungen konfrontiert, ist sich seiner selbst nicht bewusst und weiß auch nicht, dass er in der Gebärmutter eingeschlossen ist. Weit verbreitet ist die Auffassung, dass das Kind im Bauch der Mutter einen paradiesischen Zustand der Ganzheit erlebt, der frei von Wünschen ist. Der bekannte jüdische Theologe Martin Buber fasste diesen Zustand in Worte: „Solange wir im Bauch unserer Mutter waren, lebten wir ganz in Einklang mit dem Universum."

Diese idyllische Existenz findet ein abruptes Ende, wenn bei der Mutter die Wehen einsetzen, die das Baby ausstoßen. Doch in den ersten Monaten des Daseins, wo auch gesunde Kinder sozusagen eine autistische Phase durchleben, kann das kleine Kind noch nicht zwischen sich selbst und dem Rest der Welt unterscheiden. Im zweiten Jahr unserer Ehe wurde Helen und mir unsere Tochter Leah geschenkt und wir erinnern uns nur allzu gern an diese Zeit zurück. Waren alle ihre physischen Bedürfnisse befriedigt, kuschelte Leah sich in unsere Arme und blickte mit der Zufriedenheit eines kleinen Buddhas um sich. Wie alle Babys in diesem Alter nahm sie sich selbst noch nicht als eigenständiges Wesen wahr und konnte nicht zwischen ihren Gefühle, Gedanken und Handlungen unterscheiden. In unseren Augen erfuhr sie zu dieser Zeit eine sehr ursprüngliche Spiritualität und erfuhr ein Universum ohne Grenzen. War sie auch unreif und hing ihr Überleben gänzlich von ihrer Mutter und mir ab, so war sie doch ein lebendiges und vollständiges, menschliches Wesen - in mancher Hinsicht vollständiger, als sie es in ihrem späteren Leben je wieder sein würde.

Als Erwachsene scheinen wir noch flüchtige Erinnerungen an diesen Zustand der ursprünglichen Ganzheit zu besitzen, eine Erfahrung, die ebenso schwer zu fassen ist wie ein schöner Traum. Wir meinen, uns an eine Zeit erinnern zu können, in der wir uns als „vollständig und ganz" erlebten und uns viel stärker mit der Welt rund um uns verbunden fühlten. Dieses Gefühl wird in den Märchen und Sagen aller Kulturen wieder und wieder beschrieben, als könnte ihm das Erzählen davon mehr Realität verleihen. Es ist die Geschichte des Garten Edens, die uns immer wieder mit großer Macht berührt.

Was hat dies nun mit der Ehe zu tun? Aus unerfindlichen Gründen erwarten wir in der Ehe von unserem Partner, dass er uns auf wundersame Weise dieses Gefühl der ursprünglichen Ganzheit wieder vermitteln kann und wird. Es ist, als hielte er den Schlüssel zu einem lange verloren geglaubten Königreich in der Hand, und wir müssten ihn nur überreden, es für uns aufzuschließen. Gelingt es ihm nicht, werden wir sehr traurig, fühlen uns unglücklich und unverstanden.

Du und Ich, wir sind eins

Das ursprüngliche Gefühl der Einheit, das ein Kind unter normalen Umständen im Mutterleib und in seinen ersten Lebensmonaten genießt, verschwindet allmählich, um dem Bedürfnis Platz zu machen, ein eigenständiger Mensch zu werden. Der Zustand der Einheit bleibt zwar im Wesentlichen weiter bestehen, doch das Kind erhält schon einen ersten Eindruck einer Welt außerhalb des eigenen und des mütterlichen Körpers. In diesem Entwicklungsstadium entdeckt das Kind, dass seine Mutter, dieser freundliche, riesengroße Mensch, der es hält und füttert und beruhigende Laute von sich gibt, nicht immer zur Verfügung steht. Das Kind fühlt sich weiterhin mit der Mutter verbunden, entwickelt jedoch eine erste, ursprüngliche Bewusstheit seiner selbst.

In dieser symbiotischen Phase, so die Erklärung der Entwicklungspsychologen, empfinden kleine Kinder ein starkes Bedürfnis, immer in der Nähe ihrer Bezugspersonen zu sein. Dieses Bedürfnis wird als Wunsch nach Bindung bezeichnet. Die Lebensenergie des Kindes ist nach außen auf die Mutter gerichtet, um mit großer Anstrengung den ursprünglichen Zustand physischer und spiritueller Einheit wiederherzustellen. Man hat dieses Bedürfnis auch als „Eros" bezeichnet, das griechische Wort für romantische oder sexuelle Liebe, doch ursprünglich bedeutet dieser Begriff in einem umfassenderen Sinne „Lebensenergie".

Ob es einem Kind gelingt, sich zugleich als eigenständige Persönlichkeit und dennoch mit der Mutter verbunden zu erfahren, hat einen wesentlichen Einfluss auf seine späteren Beziehungen. Wenn das Kind diese Herausforderung erfolgreich bewältigen kann, so kann es sich klar von anderen Menschen abgrenzen, aber dennoch mit ihnen verbunden fühlen. Seine Grenzen sind beweglich, es kann sie nach eigenem Ermessen öffnen und schließen. Ein Kind, das in dieser frühen Lebensphase schmerzliche Erfahrungen macht, wird sich entweder von seiner Umgebung abgeschnitten fühlen oder wird immer wieder versuchen, mit ihr zu verschmelzen, ohne ein gutes Bewusstsein über die eigenen und die Grenzen anderer Menschen entwickeln zu können. Gerade in einer Ehe kann das Fehlen seelischer Grenzen zu einem immer wiederkehrenden Problem werden.

Wird das Kind älter, richtet sich sein Eros, seine Lebensenergie, nicht mehr ausschließlich auf die Mutter, sondern auch auf den Vater, die Geschwister, die Welt schlechthin. Ich erinnere mich daran, als meine dreijährige Tochter Leah begann, ihre Umgebung zu erforschen. Sie war so ein vitales Kind, dass sie den ganzen Tag herumlief, ohne müde zu werden: „Lauf mit mir, Vati! Purzelbaum!" Sie drehte sich so schnell im Kreis, dass ihr schwindlig wurde und sie fast fiel, wobei sie lachte und lachte. Sie jagte Leuchtkäfer, unterhielt sich mit Blättern, schaukelte vor Vergnügen und streichelte jeden Hund, der in ihre Nähe kam. Wie Adam bereitete es ihr große Freude, die Dinge mit Namen zu bezeichnen, und sie entwickelte ein feines Gespür für Worte. Betrachtete ich Leah, sah ich Eros, die volle, pulsierende Lebensfreude. Ich beneidete sie und trauerte, weil ich diesen Zustand längst verloren hatte.

Helen und ich bemühen uns, Eros in unserer Tochter lebendig zu halten, ihre leuchtenden Augen und ihr helles Lachen zu bewahren. Doch trotz unserer besten Absichten gelingt es auch uns nicht, alle ihre Bedürfnisse zu erfüllen. Manchmal scheint das Leben selbst sie zu veranlassen, sich mehr nach innen zu kehren. Einmal fürchtete sie sich vor einem großen, schwarzen Hund und wurde von diesem Tag an Tieren gegenüber vorsichtiger. Ein anderes Mal fiel sie in ein Schwimmbecken und entwickelte augenblicklich Angst vor dem Wasser. Manchmal sind ohne Zweifel Helen und ich die Ursache dafür. Wir haben neben Leah noch fünf andere Kinder und es gibt Momente, wo sie sich übergangen fühlt. Manchmal kommen wir nach einem arbeitsreichen Tag nach Hause und sind einfach zu müde, um ihr wirklich zuzuhören und zu erkennen, was sie braucht. Noch tragischer wirkt es sich aus, dass wir auch unsere eigenen Kindheitsverletzungen, das emotionale Erbe von Generationen, an unsere Kinder weitergeben. Entweder wollen wir alles anders und viel besser machen als unsere Eltern, und begehen den Fehler der Überkompensation, oder wir wiederholen, oft ohne es zu bemerken, unsere eigenen, schmerzlichen Kindheitserinnerungen und Familiensituationen.

Wenn eines von Leahs Bedürfnissen aus diesem oder jenem Grund nicht erfüllt werden kann, überfällt ein zweifelnder Ausdruck ihr kleines Gesicht. Sie beginnt zu weinen und ist verunsichert. Dann spricht sie nicht mehr mit den Blättern und schenkt auch den Leuchtkäfern keine Beachtung. Ihre Lebensenergie ist gedämpft. Leah zieht ihre Aufmerksamkeit von ihrer Umgebung ab und wendet sich nach innen.

Die gefährliche Reise

Leahs Entwicklungsgeschichte betrifft mich selbst genauso, wie sie Sie betrifft. Wir alle begannen unser Leben in ursprünglicher Ganzheit und voll Lebensenergie, offen, die Abenteuer unseres Lebens kennen zu lernen. Unsere Reise durch die Kindheit war jedoch keineswegs ohne Gefahren. Unsere ersten Bezugspersonen haben uns in geringem oder stärkerem Ausmaß verletzt, indem sie uns entweder zu sehr behüteten und dadurch fast absorbierten oder indem sie uns vernachlässigten. Die ersten Wunden erlitten wir schon im Laufe unserer ersten Lebensmonate. Vergegenwärtigen Sie sich nur die fast grenzenlosen kindlichen Bedürfnisse. Erwacht ein Kind am Morgen, schreit es, weil es hungrig ist und gefüttert werden möchte. Sind seine Windeln nass, schreit es, weil es gewickelt werden möchte. Es möchte auf den Arm genommen werden, ein physisches Bedürfnis, das fast ebenso mächtig wie Hunger oder Durst ist. Danach ist das Baby wieder hungrig und schreit nach Milch. Trinkt es zuviel, kann es Magendrücken bekommen, und das Baby schreit vor Schmerz. Es signalisiert sein Unbehagen auf die einzig mögliche Art und Weise: durch lautes, undifferenziertes Schreien. Sind die Bezugspersonen, die das Baby umsorgen, einfühlsam genug, füttern sie es, wechseln sie seine Windeln, nehmen sie es auf den Arm und wiegen es, dann ist es vorübergehend zufrieden. Wissen seine Bezugspersonen jedoch nicht, was ihm fehlt, oder sind nicht aufmerksam genug, aus Angst, das Kind „zu sehr zu verwöhnen", so wird es einen Zustand primitiver Angst erleben: Diese Welt ist kein sicherer Aufenthaltsort. Da das Kind keinerlei Möglichkeit hat, für sich selbst zu sorgen, und auch noch kein Gefühl für aufgeschobene Bedürfnisbefriedigung entwickeln konnte, empfindet es Todesangst, wenn seine Umwelt auf seine Bedürfnisse nicht entsprechend reagiert.

Niemand hat genaue Erinnerungen an diese ersten Monate seines Lebens und doch ist unser Altes Gehirn noch fest in der kindlichen Sicht der Dinge verankert. Selbst als Erwachsene, die meist gut in der Lage sind, auf der körperlichen Ebene für sich selbst zu sorgen, haben wir einen versteckten Anteil in uns, der nach wie vor glaubt, die Außenwelt müsse für uns sorgen. Erleben wir unseren Partner ablehnend oder weniger hilfsbereit, als wir uns wünschen, so schlägt unser Altes Gehirn Alarm und erinnert uns an unsere frühkindlichen Todesängste. Wie Sie sehen werden, spielt dieses automatische Alarmsystem eine Schlüsselrolle in Liebesbeziehungen.

Entwächst ein Kind dem Babyalter, entstehen neue Bedürfnisse, und jedes neue Bedürfnis ist potenziell geeignet, neue Verletzungen hervorzurufen. Ist ein Baby ungefähr 18 Monate alt, weiß es in der Regel genau, wo seine eigenen Grenzen aufhören und die der anderen Menschen beginnen. Diese Entwicklungsphase wird „Entdeckerphase“ genannt. Jetzt empfindet das Kind ein großes Interesse, seine Umgebung zu entdecken, auch ohne dass seine Bezugspersonen immer in seiner Nähe sein müssen. Könnte so ein kleines Wesen sich in der Art der Erwachsenen ausdrücken, würde es wahrscheinlich sagen: „Eigentlich könnte ich jetzt auch manchmal etwas ohne dich unternehmen. Ich bin bereit in die Welt zu wandern. Weil ich noch nicht ganz so sicher bin, werde ich vielleicht in einigen Minuten wieder bei dir sein, um zu sehen, ob du noch da bist.“ Da das Kind jedoch nur ein unzureichendes Vokabular besitzt, klettert es vom Schoß der Mutter, dreht ihr den Rücken zu und wackelt mit unsicheren Schritten aus dem Raum.

Im Idealfall lächelt seine Mutter und antwortet: „Auf Wiedersehen, mein Kleines. Vergnüge dich schön. Ich werde hier sein, wenn du mich wieder brauchst.“ Kommt das Kind einige Minuten später wieder zurück, in der plötzlichen Erkenntnis, dass es die Mutter im Grunde bald wieder braucht, wird sie sagen: „Hallo! Hast du dich gut amüsiert? Komm, setz dich für einige Minuten auf meinen Schoß.“ So lässt sie das Kind wissen, dass sie damit einverstanden ist, dass es sich für einige Minuten von ihr entfernt und eigene Abenteuer erleben will. Dennoch bleibt sie jederzeit verfügbar, wenn das Kind sie wieder braucht. Der kleine Junge wird so erfahren können, dass die Welt ein sicherer Aufenthaltsort ist, ein aufregender Platz für Entdeckungsreisen.

Menschen mit starkem Nähe- oder Distanzbedürfnis

Viele Kinder erleben in dieser entscheidenden Entwicklungsphase Enttäuschungen, da ihnen zuwenig Bewegungsfreiheit zugestanden wird. Nicht das Kind, sondern Mutter oder Vater fühlen sich unsicher und möchten es ständig im Blickfeld behalten. Aus Gründen, die in ihrer eigenen Lebensgeschichte wurzeln, haben sie das Bedürfnis, ihr Kind in einer gewissen Abhängigkeit zu halten. Spaziert nun ein kleines

Mädchen munter aus dem Zimmer heraus, ruft seine unsichere Mutter ihm nach: „Komm zurück! Du könntest dir weh tun!" Pflichtschuldig kommt das Mädchen zurück und klettert wieder auf den Schoß der Mutter. Es passt sich an und ist doch verunsichert. Sein innerer Drang nach Autonomie wurde nicht anerkannt. Es fürchtet, dass seine Mutter es immer wieder zurückrufen und einengen wird. Es besteht die Gefahr, dass es für immer in dieser symbiotischen Umklammerung gefangen bleiben könnte.

Ohne dass sich das Mädchen dessen bewusst ist, kann diese Angst vor Vereinnahmung zu einem seiner zentralen Charaktermerkmale werden, und es wird sich in späteren Jahren zu einem Menschen mit einem starken Distanzbedürfnis entwickeln, zu einer Person, die unbewusst andere auf Distanz hält. Sie hält Abstand, weil sie einen großen Freiraum braucht, um das zu tun, was ihr Spaß macht. Sie möchte nicht durch den Partner eingeengt werden. Doch hinter der kühlen Fassade, hinter ihrem distanzierten Auftreten steckt immer noch das kleine Kind, dessen Entdeckerdrang gehemmt wurde. Heiratet sie eines Tages, so wird ihr Bedürfnis, ein gut abgegrenztes „Selbst" zu haben, an oberster Stelle ihrer unbewussten Prioritäten stehen.

Andere Kinder wachsen mit Eltern auf, die entgegengesetzt reagieren. Kommen sie zu ihnen, weil sie Trost brauchen, werden sie fortgestoßen: „Geh weg! Du siehst doch, dass ich beschäftigt bin!" Oder „Du hast genug Spielzeug, beschäftige dich damit." Oder „Hör auf, ständig an mir zu hängen!" Diese Bezugspersonen können nur ihre eigenen Bedürfnisse wahrnehmen und ihre Kinder wachsen in emotionaler Hinsicht eher vernachlässigt auf. Schließlich werden sie zu Menschen, die ein fast unstillbares Verlangen nach Nähe haben. Sie möchten immer „alles zusammen unternehmen", ohne Ausnahme. Verspätet sich jemand bei einer Verabredung, fühlen sie sich gleich verlassen. Allein der Gedanke an eine Scheidung erfüllt sie mit Angst und Schrecken. Sie sehnen sich nach körperlicher Nähe und Bestätigung und oft müssen sie auch in ständigem verbalen Kontakt bleiben. Hinter diesem aufdringlichen Verhalten steckt auch hier wieder das kleine Kind, das viel mehr Zeit und Zärtlichkeit auf dem Schoß seiner Eltern gebraucht hätte.

Originellerweise - die Gründe dafür werde ich später näher ausführen - fühlen Menschen mit starkem Distanzbedürfnis und Menschen mit starkem Nähebedürfnis sich meist zueinander hingezogen und gehen eine Ehe oder Liebesbeziehung ein. So beginnt ein unaufhörliches Spiel von Nähe und Distanz, das beide letztlich unbefriedigt lässt.

Während Sie Ihre eigene Kindheit erlebten, durchliefen Sie eine Entwicklungsstufe nach der anderen, und die Art und Weise, wie Ihre Bezugspersonen auf Ihre wechselnden Bedürfnisse reagierten, bestimmte Ihre gesunde, geistige Entwicklung. Wahrscheinlich bewältigten auch Ihre Bezugspersonen einige dieser Phasen besser als andere. Vielleicht haben sie Sie optimal versorgt, als Sie noch sehr klein waren, doch standen sie völlig verstört vor Ihrem ersten Wutanfall. Vielleicht waren sie auch entzückt über die vielen neugierigen Fragen, die Sie als Kleinkind stellten, reagierten aber äußerst unsicher, als Sie im Alter von ungefähr sechs Jahren eine besonders enge Beziehung zu Ihrem gegengeschlechtlichen Elternteil anstrebten. Vielleicht wuchsen Sie auch mit Bezugspersonen auf, denen es gelang, die meisten oder fast alle Ihrer Bedürfnisse zu erfüllen, doch wie alle anderen Kinder erlebten sicher auch Sie, dass einige Wünsche oder Bedürfnisse unerfüllt blieben - und gerade diese Bedürfnisse verfolgen Sie und werden in einer Liebesbeziehung wieder zum Thema.

Das Verlorene Selbst

Wir haben nun den Begriff der „unerfüllten Kindheitsbedürfnisse" in den Mittelpunkt gerückt, dem eine wichtige Rolle zufällt im unbewussten Teil jeder Partnerschaft und Liebesbeziehung. In jenem Teil finden sich all unsere unerfüllten Kindheitsbedürfnisse, all unsere unerfüllte Sehnsucht nach Geborgenheit und Zärtlichkeit sowie unser Bedürfnis, ohne Beeinträchtigung erwachsen werden zu dürfen. Nun wollen wir uns den subtileren Formen zuwenden, wie uns in unserer Kindheit Wunden zugefügt wurden, den psychischen Verletzungen unter dem Begriff „Sozialisation", der alle Mitteilungen, Anleitungen und Vorschriften enthält, die wir von unseren Bezugspersonen und der Gesellschaft im Allgemeinen erhalten haben, die uns mitteilen, wer wir sind und wie wir uns zu verhalten haben. Auch diese Einflüsse spielen später in unserem Leben eine unbewusste, aber keineswegs unbedeutende Rolle.

Zuerst mag es befremdlich erscheinen, den Prozess der Sozialisation mit seelischen Verletzungen gleichzusetzen. Um zu verdeutlichen, was ich meine, möchte ich Ihnen hier die Geschichte einer meiner Klientinnen schildern. (Wie bei allen anderen Beispielen in diesem Buch habe ich auch hier die Identität so verändert, dass die Anonymität gewahrt bleiben kann.) Sarah ist eine sehr attraktive, sympathische Frau Mitte Dreißig. Sie hat jedoch ein großes Problem: sie glaubt von sich selbst, sie könne einfach nicht logisch und ausreichend klar denken. „Ich kann nicht logisch denken", wiederholt sie wieder und wieder. „Ich kann nicht klar denken." Sarah ist seit 15 Jahren in einer Computerfirma beschäftigt und hat sich als sehr fleißige Mitarbeiterin erwiesen. Wahrscheinlich wäre sie auf der Karriereleiter schon viel weiter aufgestiegen, hätte sie bewiesen, dass sie auch Probleme selbständig lösen kann. Doch sobald sie sich mit einer komplexen Situation konfrontiert sah, geriet sie in Panik und suchte rasch Hilfe bei ihrem Vorgesetzten. Der gab ihr einen guten Rat und Sarah fühlte sich in ihrer Überzeugung bestätigt, unfähig zu sein, selbst schwierige Entscheidungen treffen zu können.

Es war einfach, einen Teil der Ursachen für Sarahs ängstliches Verhalten zu finden. Von einem sehr frühen Alter an hatte sie von ihrer Mutter immer wieder die deutliche Rückmeldung erhalten, sie sei nicht besonders intelligent. „Du bist einfach nicht so klug wie dein älterer Bruder!", sagte ihr die Mutter wieder und wieder. „Du heiratest am besten einen klugen Mann, weil du immer viel Hilfe im Leben benötigen wirst. Doch ich bezweifle, dass ein kluger Mann dich überhaupt nehmen wird!" So extrem diese Bemerkungen ihrer Mutter auch waren, konnten sie doch Sarahs Unfähigkeit, eigene Problemlösungen zu finden, nicht vollständig erklären. Die Sichtweise ihrer Mutter war in den Fünfzigerjahren keineswegs unüblich gewesen, da kleine Mädchen in erster Linie niedlich, süß, fleißig, aber nicht besonders intelligent sein mussten. Die Mädchen in ihrer damaligen Schule träumten von einem späteren Leben als Ehefrauen, Krankenschwestern oder Lehrerinnen und keineswegs von einem Leben als Managerin, Astronautin oder Ärztin.

Sarahs geringe Selbsteinschätzung wurde noch durch die Tatsache verstärkt, dass auch ihre Mutter von sich selbst glaubte, nur geringe intellektuelle Fähigkeiten zu besitzen. Sie führte den Haushalt und versorgte ihre Kinder, alle größeren Entscheidungen aber delegierte sie an ihren Ehemann. Dieses passive, abhängige Vorbild für „Weiblichkeit" definierte Sarahs spätere Rollenbilder.

Als sie 15 Jahre alt war, erkannte einer ihrer Lehrer ihre wahren Fähigkeiten und ermutigte sie, mehr Engagement in der Schule zu zeigen. Zum ersten Mal in ihrem Leben kam sie mit einem Zeugnis nach Hause, das nur Einser aufwies. Nie wird sie die Reaktion ihrer Mutter vergessen: „Wie um alles in der Welt hast du denn das geschafft? Ich wette, du hast diesmal einfach Glück gehabt. Ein zweites Mal wird es dir sicher nicht gelingen!" Tatsächlich ließ Sarah sich entmutigen und es gelang ihr fortan nicht mehr. Jenen Teil ihres Gehirns, der für ruhige und rationale Problemlösungen zuständig ist, verdrängte sie unbewusst.

Tragisch an dieser Entwicklung war, dass Sarah nicht nur ihre Fähigkeiten zum rationalen Denken als erheblich eingeschränkt erlebte, sondern dass sie gleichzeitig das Denken im Allgemeinen schon für gefährlich hielt. Wie hatte sich diese Haltung herausbilden können? Da ihre Mutter ihr unmissverständlich deutlich gemacht hatte, wie gering sie intellektuelle Fähigkeiten bewertete, befürchtete Sarah nun ihre Mutter zu enttäuschen, würde sie anfangen „klar zu denken". Sie müsste der Definition ihrer Mutter über ihre Persönlichkeit widersprechen, sie müsste ihre Loyalität zur Mutter aufgeben. Doch sie wollte sich nicht von ihrer Mutter entfremden, da sie unbewusst ihr Überleben als abhängig von der Mutter sah. Aus diesem Grund erschien es Sarah zu gefährlich, selbständig zu erscheinen und selbständig zu denken. Dennoch gelang es ihr nicht, ihre Intelligenz vollständig zu verleugnen. Sie beneidete die Menschen, die „denken" konnten, und heiratete einen Mann, der überaus intelligent war, ein unbewusster Versuch, ihre Kindheitswunden zu heilen.

Wie bei Sarah so gibt es in jedem von uns Anteile, die unserem wachen Bewusstsein entzogen sind. Diese fehlenden Elemente werden als das „Verlorene Selbst" bezeichnet. Immer, wenn wir klagen, wir könnten „nicht denken", „zu wenig empfinden" oder „nicht tanzen", wenn wir klagen, wir „hätten nie einen Orgasmus" oder „seien einfach nicht kreativ", so benennen wir natürliche Fähigkeiten, Gedanken oder Gefühle, die wir mit fast chirurgischer Präzision in unserem frühen Erleben aus unserem Bewusstsein entfernt haben. Diese Anteile sind aber keineswegs vollständig verschwunden. Wir könnten noch über sie verfügen, wären sie nur unserem Bewusstsein zugänglich. Doch momentan scheinen sie in uns nicht zu existieren.

Wie in Sarahs Fall formte sich unser Verlorenes Selbst sehr früh in unserer Kindheit - als Ergebnis der gutgemeinten Bemühungen unserer Bezugspersonen, uns über den Umgang mit anderen Menschen zu belehren. Jede Gesellschaft besitzt einen ganz bestimmten Schatz von Erfahrungen, Verhaltensmaßregeln, Wertvorstellungen und Glaubenssätzen, die die Kinder aufnehmen müssen, und zumeist sind die Eltern diejenigen, die sie ihnen vermitteln. Dieser Prozess der Indoktrination findet in jeder Familie und in jeder Gesellschaftsform statt. Es scheint eine allgemeingültige Überzeugung zu sein, dass ein Individuum zur Gefahr für die Gruppe werden kann, sobald ihm keine Einschränkungen und Grenzen gesetzt werden. Sigmund Freud formulierte es so: „Mag der Wunsch nach einem starken und ungehinderten Ego für uns auch verständlich sein, so zeigt uns doch die Zeit, in der wir leben, dass es in einem ganz tiefen Sinn ein Antagonismus zu jeder Form der Zivilisation ist."

Auch wenn unsere Eltern die besten Absichten uns gegenüber hatten, klangen diese Verhaltensregeln oft wenig verlockend. Es gab eine Reihe von Gedanken und Gefühlen, die wir nicht haben sollten, einige Angewohnheiten, die wir abstellen, und manche Talente und Fähigkeiten, die wir verleugnen mussten. Auf unterschiedliche Weise, ganz direkt oder eher subtil, teilten unsere Eltern uns mit, dass sie nur einen ganz bestimmten Teil von uns akzeptieren konnten. Im Endeffekt lernten wir, dass es einfach nicht möglich war, in unserer Gesellschaft mit allen unseren Selbstanteilen, in unserer persönlichen Ganzheit zu existieren.

Tabuzone: Körper

Ein Gebiet, auf dem wir Einschränkungen am stärksten erfahren haben, ist unser Körper. Schon als wir ganz jung waren, brachte man uns bei, unseren Körper auf geschlechtsspezifische Art zu bedecken und über unsere Genitalien weder zu sprechen noch sie zu berühren. Diese Verbote sind so weit verbreitet, dass wir sie nur noch wahrzunehmen scheinen, wenn sie verletzt werden. Eine gute Bekannte erzählte mir eine Begebenheit, die verdeutlicht, wie erstaunt wir sind, wenn wir auf Eltern treffen, die diese Tabus nicht an ihre Kinder weitergeben wollen. Eine Freundin, Chris, war zusammen mit ihrem elf Monate alten Sohn zu Besuch gekommen. Die Sonne schien und man setzte sich auf die Terrasse. Da es schon sehr warm war, zog Chris ihrem Baby die Kleider aus, damit es sonnenbaden konnte. Die beiden Frauen unterhielten sich, während der kleine Junge auf dem Boden herumkroch und mit seinen Fingern voller Begeisterung in der warmen Erde spielte. Nach einer halben Stunde wurde er hungrig und Chris gab ihm die Brust. Meine Bekannte beobachtete, dass er, während er trank, eine kleine Erektion bekam. Offensichtlich gefiel ihm das Stillen so gut, dass eine Welle körperlichen Vergnügens seinen kleinen Körper erfasste. Instinktiv versuchte er, seine Genitalien anzufassen. Im Gegensatz zu vielen anderen Müttern zog Chris seine Hand nicht fort. Ihr Baby konnte den warmen Sonnenschein auf seiner nackten Haut genießen, während seine Mutter ihn stillte, gleichzeitig eine Erektion haben und, um sein Vergnügen voll zu machen, auch noch seinen Penis anfassen.

Für kleine Kinder ist es ganz normal, dass sie diese guten Gefühle erleben wollen, doch wir erlauben es nur selten. Denken Sie an die vielen Regeln, die die Mutter des kleinen Jungen hier brach. Zuerst einmal gibt es das gesellschaftliche Gebot, dass eine Mutter ihr Kind diskret zu stillen hat, so dass kein Schimmer ihrer nackten Brust sichtbar wird. Zweitens sollen kleine Kinder immer angezogen sein - zumindest mit einer Windel - selbst wenn sie im Freien sind und der Tag mild und sonnig ist. Drittens sollten kleine Jungen und Mädchen keine Form genitaler Erregung erleben, und sollte es doch einmal geschehen, so sollten die Eltern zumindest darauf achten, dass es niemand bemerkt - es auch noch zu zeigen, ist nicht salonfähig. Chris erlaubte ihrem Baby, alle seine Sinne zu erleben, aber dazu musste sie drei starke Tabus unserer Gesellschaft brechen.

Ich habe nicht die Absicht, die gesellschaftlichen Restriktionen hinsichtlich körperlichen Vergnügens zu hinterfragen oder zu verteidigen. Dieses Thema würde ausreichen, um ein eigenes Buch zu füllen. (Ich möchte auch nicht herunterspielen, welche Probleme wir zivilisierten Menschen mit unserem Körper und sinnlichen Freuden oft haben.) Doch um die versteckten Sehnsüchte und Bedürfnisse verstehen zu können, die immer wieder in Ihrer Partnerschaft auftauchen, müssen wir uns die Tatsache vor Augen führen, dass Sie als Kind und als Jugendlicher vermutlich zahlreiche Begebenheiten erlebten, in denen Ihre Sexualität eingeschränkt wurde. Wie die meisten Kinder, die in unserem Kulturkreis aufwachsen, haben auch Sie sich wahrscheinlich nach einiger Zeit verlegen, beschämt oder gar schuldig gefühlt, dass Ihr Körper „besondere" Empfindungen hervorbringen konnte. Um zu einem „guten" Jungen oder Mädchen zu werden, mussten Sie diese Gefühle ausgrenzen und damit einen Teil Ihrer selbst aufgeben.

Verbotene Gefühle

Auch Ihre Gefühle waren ein Erziehungsobjekt im Sinne des gewünschten Sozialisationseffektes. Es gab Gefühle, die nicht nur erlaubt waren, sondern sogar gefördert wurden. Wie haben sich unsere Eltern bemüht uns zum Lächeln zu bewegen, als wir noch Babys waren! Wochen später konnte das Baby lächeln und gurren und alle waren entzückt. Wut allerdings war ein anderes Thema. Wutanfälle sind erstens laut und zweitens unerfreulich, sodass die meisten Eltern sie am liebsten unterdrücken möchten. Sie bemühen sich auf verschiedene Weise, dem Kind die Wut auszutreiben. Manche Eltern ziehen ihre Kinder auf: „Du siehst so niedlich aus, wenn du wütend bist. Jetzt sehe ich schon das Lächeln. Lächle doch wieder!" Andere disziplinieren ihre Kinder direkt: „Du hörst sofort damit auf! Geh in dein Zimmer. Ich dulde keine Widerrede!" Unsichere Eltern geben ihren Kindern eher nach: „Gut! Tu, was du willst. Doch nächstes Mal benimmst du dich besser!"

Nur selten wird die Wut eines Kindes ernst genommen. Stellen Sie sich einmal die Erleichterung eines kleinen Mädchens vor, dessen Eltern zu ihm sagen: „Ich sehe, dass du jetzt sehr wütend bist. Du möchtest nicht tun, worum ich dich gebeten habe. Doch ich bin die Mutter und du bist das Kind, und deshalb ist es wichtig, dass du tust, was ich dir sage." Da die Wut als erlaubtes Gefühl zumindest anerkannt wurde, konnte das Kind in Kontakt mit seinen Gefühlen und mit sich selbst bleiben. Es konnte zu sich sagen: „Ich existiere. Meine Eltern nehmen meine Gefühle wahr. Vielleicht kann ich nicht immer meinen Kopf durchsetzen, doch sie hören mir zu und respektieren mich." Das ermöglicht es dem kleinen Mädchen, in Kontakt mit seinem Zorn zu bleiben, um so einen entscheidenden Teil seines Selbst, einen Teil seiner Ganzheit bewahren zu können.

Doch die meisten Kinder erleben ein anderes Schicksal. Kürzlich war ich in einem Kaufhaus und beobachtete, wie abrupt kindlicher Zorn oft unterdrückt wird - besonders, wenn er sich gegen die Eltern richtet. Eine Frau interessierte sich für ein paar modische Kleidungsstücke und ihr kleiner Sohn, vielleicht vier Jahre alt, trottete hinter ihr her. Sie war sehr beschäftigt und der kleine Junge führte leise Monologe, in der stillen Hoffnung, vielleicht doch ihre Aufmerksamkeit auf sich lenken zu können. „Ich kann diese Buchstaben lesen!", sagte er und zeigte dabei auf ein Schild mit der Aufschrift „M-A-D-E I-N ...". Keine Reaktion der Mutter. „Probierst du noch mehr Kleider an?", fragte er sie. Keine Antwort. Die ganze Zeit, während ich zusah, beachtete sie ihn kaum, und wenn sie mit ihm sprach, dann ärgerlich und unwillig. Schließlich hörte ich den kleinen Jungen laut und deutlich zu einem Verkäufer sagen: „Meine Mutter wurde bei einem Verkehrsunfall verletzt. Sie wurde sogar getötet!" Dieser Satz ließ seine Mutter herumfahren. Sie schüttelte ihr Kind, schlug es und setzte es mit Gewalt auf einen Stuhl. „Was sagst du da? Ich bin nicht bei einem Verkehrsunfall getötet worden! Sei still und hör mit diesem Unsinn auf! Ich möchte nichts mehr hören!" Der kleine Junge, sehr blass geworden, rührte sich nicht mehr von der Stelle, bis seine Mutter mit ihren Einkäufen fertig war.

In seinem kleinen Kopf hatte sich die Wut auf seine Mutter in eine Art Rachephantasie verwandelt, in der sie bei einem Verkehrsunfall getötet worden war. So brauchte er selbst keine Wut auf sie zu verspüren oder auszuleben. Erst vier Jahre alt, hatte man ihm schon beigebracht, seine Gedanken und Gefühle zu verleugnen. So hatte er für sich lieber die Vorstellung entwickelt, ein Auto hätte sie niedergefahren und getötet.

Als wir jung waren, gab es wohl immer wieder Situationen, in denen wir auf unsere Eltern wütend waren. Diese Gefühle wurden von unseren Eltern vermutlich nicht akzeptiert. Unsere Wut, unsere sexuellen Gefühle und manch andere nicht „salonfähige" Gedanken und Empfindungen mussten wir schließlich tief in uns verstecken und verschließen, sodass sie künftig nicht mehr zu Tage traten.

Manche Eltern treiben diesen Entwertungsprozess bis ins Extrem. Sie leugnen nicht nur Gefühle des Kindes, die ihnen unangenehm sind, sondern gleich das Kind selbst. „Du existierst nicht! Du spielst in dieser Familie keine Rolle. Deine Wünsche, deine Bedürfnisse, deine Gefühle haben für uns keine Bedeutung!" Ich arbeitete einmal mit einer jungen Frau, die ich Carla nennen möchte, deren Eltern ihre Existenz so weit verleugneten, dass sie ihr das Gefühl vermittelten unsichtbar zu sein. Ihre Mutter war eine perfekte Hausfrau und sie wies ihre Tochter an, „hinter sich selbst so aufzuräumen, dass niemand bemerkt, dass du hier wohnst!" Plastikläufer schützten die Teppiche und zeigten die Wege an, die das Kind im Haus betreten durfte. Der professionell gestaltete Garten ließ keinen Raum für Fahrräder, Schaukeln oder Sandkästen. Carla erinnert sich noch sehr genau daran, wie sie eines Tages, im Alter von zehn Jahren, in der Küche saß und sich so deprimiert fühlte, dass sie am liebsten sterben wollte. Ihr Vater und ihre Mutter gingen in der Küche umher, kamen einige Male herein und verließen sie wieder, ohne sie überhaupt wahrzunehmen. Sie hatte plötzlich das Gefühl, körperlich gar nicht zu existieren. Es überrascht nicht, dass sie mit dreizehn den unausgesprochenen Wunsch ihrer Eltern erfüllte, indem sie magersüchtig wurde und sich im wörtlichen Sinne aus ihrer eigenen Existenz herauszuhungern versuchte.

Das Unterdrücken von Gefühlen und Verhaltensweisen

Eltern wählen unterschiedliche Vorgangsweisen, um Gedanken, Gefühle und unerwünschtes Verhalten ihrer Kinder zu unterdrücken. Manchmal gehen sie sehr manipulativ vor: „Das glaubst du doch nicht wirklich!" Oder „Große Jungen weinen nicht!" Oder „Ich möchte nie wieder so etwas von dir hören!" Oder „Wir mögen diesen Ton in unserer Familie nicht!" Oder sie beginnen, ihre Kinder körperlich zu strafen, zu beschimpfen oder zu bedrohen, wie die Mutter, die ihren kleinen Jungen zum Shopping mitnahm. Oft formen und beeinflussen Eltern ihre Kinder, indem sie manches nicht erkennen oder die Kinder nicht motivieren. Legen Eltern beispielsweise nur wenig Wert auf die intellektuellen Entwicklungsmöglichkeiten ihres Kindes, werden sie es eher mit Spielsachen oder Sportgeräten versorgen als mit Büchern oder naturwissenschaftlichen Hobbykästen. Sind Eltern der Ansicht, Mädchen sollten sich in erster Linie angepasst und feminin verhalten, Jungen dagegen stark und selbstbewusst, werden sie ihre Kinder auch entsprechend geschlechtsspezifisch belohnen. Kommt zum Beispiel ein kleiner Junge ins Zimmer und zieht ein großes Spielzeug hinter sich her, werden sie sagen: „Was bist du doch für ein starker Junge!" Trägt ihre Tochter dasselbe Spielzeug, rufen sie besorgt aus: „Sei vorsichtig! Dein schönes Kleid!"

Am nachhaltigsten beeinflussen Eltern ihre Kinder jedoch durch ihr eigenes Beispiel. Kinder beobachten fast instinktiv die Entscheidungen, die ihre Eltern treffen, Freiheiten und Vergnügungen, die sie sich gönnen, Fähigkeiten, die sie beobachten, und Regeln, an die ihre Eltern sich halten. Die Gesamtheit all dieser Beobachtungen hinterlässt einen starken Eindruck auf der Psyche der Kinder: „So muss man also leben! So kommt man durchs Leben!“ Gleichgültig, ob die Kinder nun das Rollenvorbild ihrer Eltern bewusst akzeptieren oder nicht, spielt dieser frühe Sozialisationsprozess doch eine entscheidende Rolle für ihre spätere Partnerwahl, und daraus entwickeln sich oft, wie wir gleich sehen werden, die Ursachen für Spannungen und Konflikte in der Ehe.

Die Reaktion der Kinder auf die Ge- und Verbote der Gesellschaft durchläuft vorhersagbare Stufen. In der Regel versucht ein Kind zuerst, verbotene Handlungen vor seinen Eltern zu verbergen. Vielleicht erlebt das Kind weiterhin wütende Gefühle, spricht sie allerdings nicht mehr aus. Es untersucht seinen Körper nur noch heimlich in seinem eigenen Zimmer. Und vielleicht kommt das Kind im Laufe der Zeit auch zu der Überzeugung, dass einige seiner Gedanken unannehmbar sind, sodass sie lieber unterdrückt werden sollten. Damit wird eine imaginäre Elterninstanz konstruiert und eingesetzt, die die Psychologen als „Über-Ich“ bezeichnen. Immer, wenn das Kind nun die „verbotenen“ Gedanken oder Gefühle erlebt, zensiert es sich selbst und empfindet gleichzeitig Angst, sogar ohne von außen bedroht zu werden. Dieser Prozess wird als so unangenehm empfunden, dass das Kind schließlich die verbotenen Anteile seiner Person mehr und mehr aufgibt - in der Freudschen Terminologie heißt das, sie „verdrängt“. Der Preis, der zu zahlen ist, besteht im Verlust eines ganzheitlichen Lebensgefühls.

Das Öffentliche Selbst

Damit dieses Vakuum gefüllt wird, bildet das Kind ein „Öffentliches Selbst“ aus, eine Charakterstruktur, die einen doppelten Zweck verfolgt: Einerseits werden die verdrängten Anteile verdeckt gehalten, andererseits möchte es sich vor weiteren Verletzungen schützen. Ein Kind, das von einer sexuell gehemmten, kühlen und distanzierten Mutter großgezogen wird, entwickelt sich so zu einem „harten Burschen“. Als Erwachsener sagt er vielleicht zu sich selbst: „Es ist mir doch egal, ob meine Mutter freundlich zu mir ist oder nicht. Ich habe dieses alberne Getue ohnehin nicht nötig. Ich kann ganz gut selbst für mich sorgen. Und im Übrigen: Sex wird völlig überbewertet. Die Menschen denken nur alle so schmutzig!“ Im Laufe der Zeit überträgt er dieses Einstellungsmuster auf viele Situationen. Nähert sich ihm ein anderer Mensch, errichtet er rasch eine Abwehrmauer. Sollte es ihm gelingen, seine Abneigung kurzfristig zu überwinden und eine Partnerschaft einzugehen, wird er vermutlich seine Partnerin und deren gesunde Einstellung zur Sexualität kritisieren, sobald diese sich Nähe und Intimität wünscht: „Warum willst du dauernd mit mir zusammen sein? Wieso möchtest du immerzu Sex haben? Das ist doch nicht normal!“

Ein anderes Kind reagiert vielleicht auf ähnliche Familienverhältnisse mit einer anderen, gegensätzlichen Überlebensstrategie. Es beginnt, seine Probleme zu übertreiben und hebt sie laut hervor, um Hilfe zu erhalten: „Ich bin einfach arm! Ich fühle mich so verletzt! Ich bin tief verwundet worden! Ich brauche jemanden, der sich um mich kümmert!" Wieder ein anderes Kind fängt vielleicht an, Dinge zu sammeln und zu horten, aus dem Bedürfnis heraus, jedes kleine Fetzchen Liebe oder Essen oder was immer ihm Gutes widerfährt festzuhalten, aus dem sicheren Wissen heraus, nie genug bekommen zu haben. Gleichgültig, welche Ausformung dieses Öffentliche Selbst annehmen wird, sein Zweck ist immer derselbe. Es will den Schmerz über den Verlust des ursprünglichen, von Gott gegebenen Zustandes der Ganzheitlichkeit vermindern.

Das Verleugnete Selbst

Zu einem späteren Zeitpunkt in der Entwicklung des Kindes werden jedoch diese genialen Muster des Selbstschutzes selbst zu neuen Angriffspunkten. Das Kind wird nun für diese „negativen" Eigenschaften kritisiert. Man wirft ihm vor, zu distanziert zu sein oder zu bedürftig, zu selbstbezogen oder zu dick, zu geizig oder zu verschwenderisch. Diejenigen, die es angreifen, sehen die Wunde nicht mehr, die durch diese Strategie geschützt werden sollte, und sie wertschätzen die gute Intention nicht, die dieser Selbstschutz anstrebt. Sie sehen nur noch die neurotische Seite seiner Persönlichkeit. Das Kind wird wiederum abgewertet, es erlebt sich nicht mehr als ganzheitliche Persönlichkeit.

Jetzt ist das Kind in die Falle gegangen. Einerseits müssen die Charakterzüge aufrechterhalten werden, die doch sein Überleben in seiner spezifischen Kindheitssituation erst möglich machten, andererseits möchte es sich nicht abgelehnt oder zurückgewiesen fühlen. Welche Möglichkeiten stehen ihm zur Verfügung? Entweder muss es sich von neuem verleugnen oder seine Angreifer attackieren. „Ich bin nicht kalt und distanziert", könnte es vielleicht zu seiner Selbstverteidigung vorbringen, „in Wirklichkeit bin ich stark und unabhängig." Oder „Ich bin nicht schwach und bedürftig, nur einfühlsam und sensibel." Oder „Ich bin nicht gierig und egoistisch, sondern schlau und klug!" Mit anderen Worten: „Das bin nicht ich, über den ihr gerade sprecht. Ihr seht mich nur in einem schlechten Licht!"

In einem gewissen Sinne hat das Kind Recht. Die kritisierten, negativen Verhaltensweisen gehören im Grunde nicht zu seiner ursprünglichen Natur. Sie sind Ergebnis und Resultat vorher erlittenen Schmerzes, entstanden als Teil einer Ersatz-Identität, die ihm hilft, sich in der komplexen und manchmal auch feindlichen Umwelt zurechtzufinden. Damit ist nicht gesagt, dass es diese als negativ empfundenen Charakterzüge nun nicht mehr besitzt, oft wird sich das bestätigen. Doch um weiterhin ein positives Selbstbild aufrechterhalten zu können, muss es sie verleugnen. Diese negativen Charakterzüge bilden in der Folge das „Verleugnete Selbst", da es für ein Kind zu schmerzlich wäre, sich mit ihnen auseinanderzusetzen.

Halten wir hier kurz inne und versuchen wir, diese verschiedenen Selbstanteile aufzulisten. Wir haben unsere ursprüngliche Ganzheit, die Liebe und Verbundenheit, die wir besaßen, als wir zur Welt kamen, in drei Teile gespalten:

1. Unser „Verlorenes Selbst“, jenen Anteil, den wir unterdrücken, um den gesellschaftlichen Anforderungen nachzukommen.
2. Unser „Öffentliches Selbst“, die Fassade, die wir errichten mussten, um die Leere zu füllen, die diese Verdrängung und die mangelnde Zuwendung der Eltern verursacht haben.
3. Unser „Verleugnetes Selbst“, der negative Teil unseres Öffentlichen Selbst, der unerwünscht ist und deshalb verneint wird.

Von diesem komplexen Gebilde sind uns nur jene Teile unserer ursprünglichen Persönlichkeit bewusst, die intakt geblieben sind, und vielleicht noch einige Aspekte unseres Öffentlichen Selbst. Zusammen formen diese Elemente unsere „Persönlichkeit“, so wie wir uns anderen gegenüber charakterisieren würden. Das Verlorene Selbst bleibt gänzlich außerhalb unserer bewussten Wahrnehmung. Fast alle Verbindungskanäle zu diesem unterdrückten Anteil unserer Psyche bleiben abgeschnitten. Unser Verleugnetes Selbst, die negativen Anteile des Öffentlichen Selbst, warten ein wenig unterhalb der Oberfläche unseres Bewusstseins und drohen permanent nach oben zu dringen. Sollen sie wirksam verborgen gehalten werden, müssen sie entweder verdrängt oder aktiv auf andere Menschen projiziert werden: „Ich bin *nicht* egoistisch“, sagen wir vielleicht mit großem Nachdruck. Oder „Du willst behaupten, dass ich faul wäre? Stimmt nicht, *du* bist faul!“

Die Allegorie Platons

Als Helen und ich uns einmal über die verschiedenen Anteile der menschlichen Psyche unterhielten, erinnerte sich Helen an eine Allegorie in Platons Werk *Symposium*, die als Metapher für diesen Zustand der Gespaltenheit dienen kann. Im Urzustand, so heißt es in dieser Sage, waren die Menschen sowohl männlich als auch weiblich. Jedes der menschlichen Wesen besaß einen Kopf mit zwei Gesichtern, vier Hände und vier Füße, und sowohl weibliche als auch männliche Geschlechtsmerkmale. Durch diese Einheit und Ganzheit konnten sie unglaubliche Kräfte entfalten und wagten es sogar die Götter anzugreifen. Selbstverständlich wollten die Götter diesen Übermut nicht dulden und überlegten, wie sie diese menschlichen Wesen am besten strafen sollten. „Töten wir sie“, so einer der versammelten Götter, „so haben wir niemanden mehr, der uns verehrt und uns Opfer darbringt!“ Zeus schließlich hatte einen Einfall, wie diese schwierige Situation gelöst werden könne. „Die Menschen sollen weiterhin existieren", entschied er, „doch sie sollen in zwei Teile gespalten werden. Das wird ihre Kräfte verringern und wir müssen sie nicht mehr fürchten." Zeus begann sofort damit, alle diese Wesen zu halbieren unter Mithilfe Apolls, dessen Aufgabe es war, die klaffenden Wunden unsichtbar zu machen. Anschließend schickten sie die Hälften in jeweils unterschiedliche Richtungen. Den Rest ihres Lebens sollten sie damit zubringen, verzweifelt nach ihrem anderen Teil zu suchen, da nur diese Vereinigung ihre ursprüngliche Ganzheit wiederherstellen konnte.

Wie die mythischen Geschöpfe aus Platons Allegorie scheinen auch wir durch unser Leben zu gehen, halbiert und verstümmelt. Wir versuchen, unsere klaffenden Wunden mit Heilsalbe und Verbänden zu schützen, im Bemühen uns selbst zu heilen. Aber trotz dieser Anstrengungen entsteht immer wieder ein Gefühl der Leere in uns. Wir versuchen, dieses Vakuum mit Essen, Drogen, Alkohol oder Aktivitäten zu füllen, doch eigentlich sehnen wir uns nach unserer ursprünglichen Ganzheit, nach unserem gesamten emotionalen Spektrum, dem offenen und neugierigen Verstand, der unser Geburtsrecht war, und der Buddha-ähnlichen Freude, die wir als kleine Kinder empfinden konnten. Dieses Sehnen verwandelt sich in die spirituelle Suche nach Ergänzung und Ganzheit, und wie in der Sage Platons meinen wir, dass der richtige Partner uns zu vollständigen Wesen machen und uns unsere Ganzheit schenken wird. Dieser besondere Mensch kann jedoch nicht der erstbeste Mann oder die erstbeste Frau sein, die mit einem charmanten Lächeln auf uns zukommt und uns für sich zu gewinnen versucht. Es muss jemand sein, der tief in uns ein Gefühl des Wiedererkennens auslöst: „Jetzt habe ich den- oder diejenige gefunden, die zu mir gehört! Er oder sie wird die Wunden meiner Vergangenheit heilen!" Und aus Gründen, die im nächsten Kapitel näher erläutert werden, weist dieser Mensch zweifellos positive, aber auch negative Eigenschaften unserer Eltern auf.

3
Unsere Imago

In der Literatur wie in der Liebe
sind wir oft sehr erstaunt,
was andere auswählen!
André Maurois

Viele Menschen wollen nicht glauben, dass sie sich bei der Partnerwahl vom Bild ihrer Eltern beeinflussen lassen oder ließen. Auf der bewussten Ebene achteten sie auf die positiven Eigenschaften, interessierten sich vor allem für potenzielle Partner, die freundlich, liebevoll, attraktiv, intelligent und kreativ waren. Gerade wenn sie eine unglückliche Kindheit hatten, geben sie sich große Mühe keinen Ehepartner zu wählen, der auch nur entfernte Ähnlichkeiten mit ihrem Vater oder ihrer Mutter aufweist. Sie sagen: „Niemals werde ich einen Alkoholiker heiraten wie meinen Vater!“ Oder „Auf keinen Fall möchte ich so eine Xanthippe, wie meine Mutter es war.“ Doch gleichgültig, welche bewusste Absicht sie bei ihrer Partnerwahl verfolgten, die meisten Menschen werden einfach von jenem Partner angezogen, der die wesentlichen, positiven *und* negativen Merkmale zeigt, die auch den eigenen Eltern eigen sind, wobei in der Regel den negativen Charaktermerkmalen sogar noch größere Bedeutung zukommt.

Mir wurde diese ernüchternde Erkenntnis erst bewusst, nachdem ich Hunderten von Paaren zugehört hatte. Ich tauschte mich mit meiner Frau Helen darüber aus. Sie ist Lebensberaterin und Therapeutin wie ich und war mir eine unschätzbare Hilfe dabei, wertvolle Schlüsse aus meiner therapeutischen Arbeit mit Paaren zu ziehen. An irgendeinem Punkt in der Paartherapie wandte sich einer an den anderen mit der Bemerkung: „Du behandelst mich, also wäre ich meine Mutter!“ Oder „Bei dir fühle ich mich so hilflos und ohnmächtig wie damals bei meinem Stiefvater!“ Wurde diese Aussage bestätigt, bat ich die Paare, die wichtigsten Persönlichkeitsmerkmale ihrer Ehepartner mit den Eigenschaften ihrer ursprünglichen Bezugspersonen zu vergleichen. In der Mehrzahl der Fälle lässt sich eine eindeutige Korrelation zwischen der Ehe der Eltern und der Beziehung zum Partner aufweisen. *Mit nur wenigen Ausnahmen waren die Merkmale, die am ähnlichsten waren, die negativen!* (Auch Sie können diese Übung durchführen. Sie finden sie in Teil III dieses Buches, der alle hier genannten Übungen enthält. Ich möchte Ihnen jedoch vorschlagen, zuerst die gedanklichen Ausführungen dieses Buches zu lesen, bevor Sie mit den Übungen beginnen.)

Warum haben diese negativen Charakterzüge so eine Anziehungskraft auf uns? Würden wir unseren Partner auf rein logischer Basis auswählen, würden wir einen Partner auswählen, der die Unzulänglichkeiten unserer Eltern kompensiert, anstatt sie noch stärker zu zeigen. Verletzt Ihr Partner Sie ständig durch seine Unzuverlässigkeit, wäre es doch sinnvoller einen Partner zu wählen, der zuverlässig und strukturiert ist und Ihnen helfen kann, Ihr immer wieder aufflackerndes Verlassenheitsgefühl zu überwinden. Waren Ihre Eltern überbeschützend, was läge näher, als einen Partner zu wählen, der sehr viel psychischen Freiraum bietet, damit Sie Ihre Angst, vereinnahmt zu werden, Schritt für Schritt abbauen können? Doch jener Teil unseres Gehirns, der uns in der Partnersuche beeinflusst, ist nicht der logische, rationale, „neue" Teil unseres Gehirns. Nein, es ist der fest mit der Vergangenheit verwobene und äußerst selektiv wahrnehmende, „alte" Teil unseres Gehirns. Sein Bestreben liegt darin, neuerlich die Lebensbedingungen herzustellen, die wir in unserer eigenen Kindheit erlebt haben, um sie überarbeiten und korrigieren zu können. Auch wenn wir auf der physischen und psychischen Ebene ausreichend umsorgt wurden, sodass wir am Leben blieben, so blieben doch bei den meisten von uns manche Bedürfnisse unerfüllt. Durch unsere spezifische Partnerwahl finden wir neuerlich die Möglichkeit, Unerledigtes aufarbeiten zu können, indem wir zum Schauplatz unserer ursprünglichen Verletzungen und Frustrationen zurückkehren.

Die Suche nach dem Verlorenen Selbst

Und wie verhält es sich mit unserem unbewussten Bestreben und Bedürfnis, unser Verlorenes Selbst wiederzufinden, jene Gedanken, Gefühle und Verhaltensweisen, die wir unterdrücken mussten, um nicht das Missfallen unserer Eltern oder der Gesellschaft zu erregen? Welcher Mensch könnte uns helfen, unser Gefühl der Ganzheit wiederzuerlangen? Kann das jemand sein, der uns aktiv unterstützt, wieder in Kontakt mit unserem Verlorenen Selbst zu kommen? Kann das jemand sein, der unsere Schwächen teilt und aus diesem Grund weniger Minderwertigkeitsgefühle in uns auslöst? Denken Sie eine Minute lang an eine Ihrer persönlichen Eigenschaften, die Ihnen missfällt, dann werden Sie diese Frage beantworten können. Vielleicht bedauern Sie es, kein künstlerisches Talent zu besitzen oder nicht zu starken Emotionen fähig zu sein, oder, wie bei Sarah, vermissen Sie bei sich die Fähigkeit klar und rational denken zu können. Vor Jahren wurden Ihnen diese Schwächen wahrscheinlich besonders bewusst, hielten Sie sich in der Gesellschaft von Menschen auf, die in einem besonderen Maße über diese Fähigkeiten verfügten. Wenn es Ihnen gelang, mit einem dieser beneidenswerten Menschen eine nahe Beziehung einzugehen, erlebten Sie plötzlich eine ganz andere Wirklichkeit. Statt sich befangen oder unbeholfen zu fühlen, erlebten Sie sich selbst in gewisser Weise wieder ganz. Die emotionale Bindung zu einem Menschen - den Sie als „mein" Freund oder „meine" Freundin bezeichnen, führte dazu, dass Sie sich mit ihren oder seinen Fähigkeiten und Eigenschaften identifizieren konnten und sich weniger eingeschränkt vorkamen. Sie fühlten sich mit diesem anderen Menschen verschmolzen, und dadurch konnten Sie sich wieder „ganz" fühlen.

Sehen Sie sich um, Sie werden beobachten können, dass die meisten Menschen komplementäre Partner auswählen. Dan ist gewandt und gesprächig, seine Frau Margaret ist nachdenklich und introvertiert. Janice reagiert eher intuitiv, ihr Ehemann Patrick dagegen argumentiert streng logisch. Rena ist Tänzerin, während der Körper ihres Freundes Matthew ungelenk wirkt. In diesen Yin-Yang-Beziehungen scheinen Menschen ihre verlorene Hälfte wiedergewinnen zu wollen.

Unsere Imago

Bei unserer Suche nach einem idealen Partner, der sowohl unseren primären Bezugspersonen ähnelt, als auch die unterdrückten Anteile unseres Ichs kompensieren kann, greifen wir in der Regel auf ein unbewusstes Bild des anderen Geschlechts zurück, das wir kontinuierlich seit unserer Geburt aufgebaut haben. Helen und ich beschlossen, dass das lateinische Wort „Imago", das in etwa dem englischen Wort „Image" entspricht, sehr passend wäre. Im Wesentlichen ist unsere Imago ein zusammengesetztes Bild jener Menschen, die uns in unserer frühen Kindheit am meisten beeinflusst haben. Das waren vermutlich unsere Mutter und unser Vater, ein oder mehrere Geschwister oder eine Pflegemutter oder andere nahe Verwandte. Unser Gehirn hat jede Einzelheit über diese Menschen gespeichert, den Klang ihrer Stimme, die Zeit, die diese Personen benötigten, unsere Schreie zu hören und uns zu Hilfe zu kommen, die Farbe ihrer Haut, wenn sie wütend wurden, wie sie lächelten, wenn sie glücklich waren, die Haltung ihrer Schultern, die Art, ihren Körper zu bewegen, ihre charakteristischen Stimmungen, ihre Talente und Interessen. Unser Gehirn hat sämtliche Einzelheiten registriert und alle Interaktionen zwischen uns und diesen Menschen gespeichert. Unser Gehirn hat diese Daten nicht ausgewertet, sondern eine Schablone daraus gefertigt.

Es mag fast unglaublich erscheinen, dass irgendwo in unserem Kopf so detaillierte Aufzeichnungen über unsere Bezugspersonen vorhanden sein sollen, während wir nur vage Erinnerungen an diese ersten Jahre besitzen. Vielen Menschen macht es große Schwierigkeiten, sich an die Dinge zu erinnern, die sie erlebten, bevor sie fünf oder sechs Jahre alt waren - selbst wenn es sich um dramatische Ereignisse handelt, die eigentlich einen tiefen Eindruck hinterlassen haben sollten. Doch Wissenschafter haben bestätigt, dass ungeheure Mengen verborgener Informationen in unserem Gehirn gespeichert sind. Neurochirurgen erkannten diese Tatsache, als sie Gehirnoperationen an Patienten durchführten, die nur eine örtliche Betäubung erhielten. Sie stimulierten Teile des Gehirns dieser Patienten mit geringer elektrischer Spannung, und plötzlich waren diese Menschen wieder in der Lage, sich an Hunderte von vergessen geglaubten Erlebnissen aus ihrer frühen Kindheit zu erinnern, und zwar erstaunlich detailliert. Unser Verstand kann ein unvorstellbar großes Ausmaß an Informationen speichern. Manche Wissenschafter sind der Ansicht, dass alles, was wir erlebt haben, Spuren in unserem Gehirn hinterlassen hat, in den verschlungenen Windungen und Nischen abrufbereit vorhanden ist.

Doch nicht alle Eindrücke prägen sich mit gleicher Intensität ein. Die lebhaftesten Bilder speichern wir in den ersten Jahren. Was wir uns am stärksten einprägen, sind in der Regel Situationen, in denen wir besonders verletzt wurden, da in diesen Begegnungen unsere Existenz gefährdet schien. Doch im Laufe der Zeit speicherten wir viele hunderttausend Einzelinformationen über unsere Bezugspersonen und formten ein zusammengesetztes Bild. Das Alte Gehirn, in seiner Unfähigkeit, Feinheiten differenziert wahrnehmen zu können, ordnete diese Informationen unter einem Oberbegriff ein: Menschen, die für unser Überleben wichtig sind. Vielleicht können Sie sich diese Imago wie eine Silhouette vorstellen, die nur wenige körperliche Merkmale umfasst, aber viele Charakterzüge Ihrer primären Bezugspersonen vereint.

Ob wir uns von einem anderen Menschen angezogen fühlen oder nicht, ob wir ihn als Liebesobjekt in Betracht ziehen oder nicht, hängt in erster Linie davon ab, ob er mit unserer gespeicherten Imago übereinstimmt - oder eben nicht. Ein uns verborgener Teil unseres Gehirns tickt und summt, während er gleichzeitig die Charakterzüge dieser anderen Person kühl analysiert, um sie dann mit seiner üppig ausgestatteten Datenbank zu vergleichen. Besteht nur geringe Korrelation, schwindet unser Interesse. Diese Person wird eine unter Tausenden bleiben, der wir begegnen, ohne dass sie einen besonderen Eindruck auf uns macht. Besteht jedoch ein hohes Maß an Korrelation, finden wir diesen Menschen plötzlich ausgesprochen attraktiv.

Unsere Suche nach jemandem, der unserer Imago entspricht, ähnelt der Methode, mit der Soldaten im Zweiten Weltkrieg ausgebildet wurden, feindliche Flugzeuge identifizieren zu können. Man gab ihnen Bücher, in denen die Silhouetten feindlicher Flugzeuge sowie verbündeter Flugzeuge abgebildet waren. Entdeckten sie ein Flugzeug am Himmel, verglichen sie dessen Form mit den Silhouetten, die sie zu unterscheiden gelernt hatten. War es ein Flugzeug einer verbündeten Macht, entspannten sie sich und gingen auf ihre Posten zurück. War es ein Flugzeug des Feindes, schlugen sie Alarm. Ebenso vergleichen auch wir unbewusst unablässig jede Frau und jeden Mann, denen wir begegnen, mit unserer gespeicherten Imago: Passen deren Charakteristika zu unserem inneren Bild, entwickeln wir Interesse an ihnen.

Wie alle anderen unbewussten Prozesse laufen auch diese ab, ohne dass wir es merken. Nur in unseren Träumen gelingt es uns manchmal, einen Blick auf unsere Imago zu werfen. Wenn wir unsere Träume deuten, fällt uns manchmal auf, dass unser Altes Gehirn Menschen auf recht eigenwillige Art und Weise miteinander vermischt. Ein Traum beginnt vielleicht mit der Handlung einer Person, und plötzlich übernimmt ein anderer Mensch deren Rolle. Das Unbewusste kennt keine körperlichen Grenzen. Vielleicht erinnern Sie sich auch an Träume, in denen Ihr Ehepartner sich plötzlich in Ihre Mutter oder Ihren Vater verwandelte, oder beide eine ähnliche Rolle spielten oder ganz ähnlich handelten, dass die Unterschiede verschwanden. So deutlich wie in

Ihren Träumen werden Sie die Existenz Ihrer persönlichen Imago sonst kaum je bestätigt finden. Näher werden wir unserer Imago nie kommen können. Doch in den Übungen in Teil III dieses Buches, beim Vergleich der dominanten Charaktereigenschaften unseres Partners mit denen unserer ursprünglichen Bezugspersonen, wird deutlich werden, welche Parallelen unser Unbewusstes zwischen unserem Ehepartner und unseren Eltern erkannt hat.

Unsere Imago und die Phase der romantischen Liebe

Nun haben wir uns dem Begriff und der Bedeutung unserer Imago etwas angenähert. Wie passt sie nun zu den schon erwähnten Theorien über die Phase der romantischen Liebe? Zur Illustration möchte ich Ihnen hier aus dem Leben von Lynn, einer Klientin, und ihrer Suche nach der großen Liebe erzählen. Lynn war 40 Jahre alt und hatte drei Kinder im schulpflichtigen Alter. Sie lebte in einer mittelgroßen Stadt in Neu-England, wo sie für die Stadtverwaltung arbeitete. Ihr Mann Peter war Grafiker.

Schon in unserem ersten Beratungsgespräch, zu dem Lynn gemeinsam mit ihrem Ehemann gekommen war, erfuhr ich von dem überaus großen Einfluss, den Lynns Vater auf seine Tochter gehabt hatte. Offensichtlich war er ein fürsorglicher Vater gewesen und hatte für die Ausbildung seiner Tochter weder Mühe noch Kosten gescheut. Gleichzeitig konnte er jedoch auch äußerst unsensibel reagieren. In diesen Situationen fühlte sich Lynn gleichzeitig bedroht wie auch wütend. Sie erzählte mir, dass er sie oft so lange und intensiv gekitzelt hatte, bis sie es fast nicht mehr ertragen konnte, obwohl er wusste, wie sehr sie dieses Spiel verabscheute. War sie dann regelmäßig in Tränen ausgebrochen, hatte er gelacht und sie ein Baby genannt. Ein Erlebnis hatte sie nie mehr vergessen. Ihr Vater hatte sie einfach in den Fluss geworfen, um ihr das Schwimmen „beizubringen". Noch als sie mir diese Geschichte erzählte, versagte ihr fast die Stimme und ihre Hände klammerten sich an die Stuhllehnen. „Wie konnte er das nur tun?", fragte sie mich. „Ich war erst vier Jahre alt! Ich erinnere mich, dass ich meine eigene Tochter oft ansah, als sie vier Jahre alt war und mich immer noch fragte, wie er mich damals ins Wasser hatte werfen können. In diesem Alter sind Kinder so vertrauensvoll und gleichzeitig auch so verletzlich."

Wenngleich Lynn sich dessen nicht bewusst war, hatte sie doch noch viele weitere frühe Bilder ihres Vaters in sich gespeichert, die sie sehr berührt hatten. Lassen Sie uns die Hypothese aufstellen, dass ihr Vater es nicht so genau nahm, ob ihr Fläschchen ausreichend gewärmt war, sodass sie fortan das Liegen in seinem Arm mit dem Schock, kalte Milch trinken zu müssen, assoziierte. Oder vielleicht hatte er sie, als sie nur wenige Monate alt gewesen war, wieder und wieder hoch in die Luft geworfen und ihre Angstschreie fälschlich als Begeisterungsrufe interpretiert. Bewusst wird Lynn sich nicht mehr an derartige Begebenheiten erinnern können, doch irgendwo in ihrem Gehirn sind sie gespeichert.

Auch Lynns Mutter hinterließ Bilder in der Erinnerung ihrer Tochter. Ihr positiver Beitrag war, dass sie sich viel Zeit für ihre Tochter nahm und ihr viel Aufmerksamkeit widmete, während sie gleichzeitig konsequent in ihrer Erziehung war. Anders als Lynns Vater war sie ausreichend einfühlsam für die Bedürfnisse eines kleinen Kindes. Deckte sie Lynn abends warm zu, so fragte sie sie nach ihren täglichen Erlebnissen. Sie hörte voller Verständnis zu, wenn Lynn ihr von Problemen mit ihren Freundinnen oder Lehrern erzählen wollte. Doch leider war sie perfektionistisch und kritiksüchtig. Lynn konnte machen, was sie wollte, nie fand sie wirklich Anerkennung von ihrer Mutter. Immer korrigierte die Mutter ihre Sprechweise, kämmte wieder und wieder ihr Haar und überprüfte ihre Hausaufgaben. Lynn hatte in der Nähe ihrer Mutter stets das Gefühl, auf einer Bühne stehen zu müssen, während sie ihren Text vergessen hatte.

Auf der anderen Seite hatte Lynns Mutter Schwierigkeiten mit ihrer eigenen Sexualität. Lynn erinnert sich, dass ihre Mutter immer nur langärmelige Blusen trug, darüber unförmige Pullover, die ihre Figur kaschierten. Niemals duldete sie ein anderes Familienmitglied im Badezimmer, obwohl nur eines für die gesamte Familie zur Verfügung stand. Auch als Lynn ein Teenager geworden war, klärte ihre Mutter sie nicht auf, sprach nie über Menstruation, Jungen oder Sex. Es überrascht nicht, dass Lynn heute unter dem Problem leidet, sexuell gehemmt zu sein.

Auch andere Menschen übten einen starken Einfluss auf Lynn aus, zum Beispiel ihre ältere Schwester Judith. Judith war nur 14 Monate älter und war Lynns großes Vorbild. Sie war hübsch, talentiert und schien bei allem, was sie tat, Erfolg zu haben. Lynn bewunderte ihre Schwester sehr und wollte so viel wie möglich in ihrer Nähe sein, doch gleichzeitig fühlte sie sich immer etwas minderwertig.

Im Laufe der Zeit mischten sich die Persönlichkeitszüge von Lynns Mutter, ihrem Vater und ihrer älteren Schwester und verschmolzen in Lynns Unterbewusstsein zu einem Bild, zu ihrer Imago. Die Hauptmerkmale dieser Imago hießen: liebevoll, ergeben, kritisch, unsensibel, überlegen und großzügig. Die Charaktermerkmale, die sich in diesem Muster besonders deutlich abzeichneten, waren die negativen - die Tendenz, überaus kritisch zu bewerten, unsensibel zu sein und Überlegenheit zu demonstrieren -, weil dies die Merkmale waren, die sie in ihrer Kindheit am meisten verletzt hatten. In diesem Bereich gab es einiges, was Lynn bearbeiten musste.

Ihren Mann Peter traf sie bei der Party einer Freundin. Ihre wichtigste Erinnerung an diese erste Begegnung war, dass sie ihn anblickte und plötzlich das starke Empfinden hatte, ihn schon zu kennen. Es war wirklich seltsam. Im Laufe der nächsten Woche erfand sie immer wieder Vorwände, um ihre Freundin besuchen zu können. Tatsächlich begegnete sie Peter wieder. Er zog sie immer stärker an und ihr wurde bewusst, dass sie sich nur noch in seiner Nähe glücklich fühlte. Während dieser Begegnungen verglich sie ihn keineswegs bewusst mit wirklichen Personen aus ihrer Kindheit, weder mit ihren Eltern noch mit ihrer Schwester. Sie fand ihn nur unwahrscheinlich attraktiv und konnte sich wunderbar mit ihm unterhalten.

Im Laufe ihrer Therapie erkannte ich, wie gut Lynns Imago auf Peters Persönlichkeit passte. Er trat eher extrovertiert auf, sehr selbstsicher, Charakterzüge, die er mit Lynns Vater und ihrer Schwester teilte. Doch gleichzeitig war er auch sehr kritisch, eher wie Lynns Mutter. Er ermahnte Lynn ständig, sie solle doch abnehmen, lockerer werden und vor allem selbstsicherer in ihrem Beruf. Was ihn am meisten Lynns Vater ähneln ließ, war seine absolut uneinfühlsame Art gegenüber Lynns Gefühlen. Sie litt immer wieder an Depressionen und Peters einziger Rat war: „Rede weniger und arbeite mehr. Ich habe keine Lust mehr, mir deine Probleme anzuhören!" Das entsprach seinem eigenen Umgang mit deprimierenden Gefühlen. Er versuchte sie durch übertriebene Aktivität zu verdrängen.

Ein weiterer Grund, warum Lynn sich anfänglich so zu Peter hingezogen fühlte, war, dass er überhaupt keine Schwierigkeiten mit seiner Körperlichkeit zu haben schien. Betrachtete ich die beiden, erinnerte ich mich oft an die Worte eines meiner Ausbildner: „Will man wissen, mit welchem Menschen ein Klient verheiratet ist, muss man sich nur seinen Gegentypus vorstellen." Lynn saß vor mir, Beine und Arme sorgsam überkreuzt, während Peter sich lässig in seinem Stuhl ausbreitete. Manchmal streifte er einfach seine Schuhe ab und setzte sich im Schneidersitz auf den Stuhl. Ein anderes Mal schwang er ein Bein einfach über die Stuhllehne. Lynn trug stets streng geschnittene, gutsitzende Kostüme, die Blusenknöpfe immer bis zum Hals geschlossen, oder Hosenanzüge, zusammen mit um den Hals geknoteten Seidentüchern. Peter dagegen erschien fast ausschließlich in bequemen Kordhosen, seine Hemden standen am Hals offen und häufig trug er seine Schuhe ohne Socken.

Jetzt haben wir einige Hinweise, warum sich Lynn von Peter angezogen fühlte. Und was wiederum fand Peter an Lynn so attraktiv? Einer der Gründe lag in ihrer starken Emotionalität. Zwar hatten Peters Eltern seine Körperlichkeit offensichtlich gut akzeptieren können, doch hatten sie Schwierigkeiten damit gehabt, mit seinen Gefühlen umzugehen. Erst im Zusammensein mit Lynn fühlte er sich mit seinen verdrängten Gefühlen stärker verbunden. Sie half ihm dabei, wieder mit seinem Verlorenen Selbst in Kontakt zu kommen. Gleichzeitig wies auch sie viele Charakterzüge auf, die er von seinen Eltern her kannte. Sie war humorvoll wie seine Mutter und ihre eher abhängige, sich selbst zurückstellende Art erinnerte ihn an seinen Vater. Da Peter Lynns Imago entsprach und umgekehrt und da die beiden viele einander ergänzende Charakterzüge aufwiesen, hatten sie sich ineinander verliebt.

Wenn ich den Einfluss unseres Unterbewusstseins bei der Partnerwahl betone, so werde ich häufig gefragt, wie es möglich ist, dass Menschen in so kurzer Zeit so viel über einen anderen Menschen erahnen können? Einige dieser Merkmale sind offensichtlich, andere jedoch zweifellos nicht.

Der Grund, warum es uns oft leicht fällt, einen anderen Menschen einzuordnen und zu beurteilen, liegt in unserer Fähigkeit, die Freud als unsere „unbewusste Wahrnehmung" bezeichnete. Mit unserem Unbewussten nehmen wir sehr viel mehr von einem anderen Menschen wahr, als wir denken. Treffen wir auf Fremde, registrieren wir sofort die Art, wie sie sich bewegen, ob sie Augenkontakt suchen oder eher vermeiden, die

Kleidung, die sie tragen, ihre typischen Ausdrucksformen, die Art, wie sie ihr Haar frisieren, die Leichtigkeit, mit der sie lachen oder lächeln, ihre Fähigkeit zuzuhören, die Geschwindigkeit, mit der sie sprechen, die Menge der Zeit, die sie brauchen, eine Frage zu beantworten - alle diese Einzeldaten werden gespeichert, zusammen mit hundert anderen, in nur wenigen Minuten.

Auch durch das bloße Ansehen eines anderen Menschen gewinnen wir sehr viele verschiedene Informationen. Jeden Morgen auf meinem Weg in die Praxis schätze ich schon fast automatisch die Menschen ab, die mir entgegenkommen. Mein Urteil ist fast immer spontan und wird sehr schnell gefällt: Diese Person würde ich gerne kennen lernen, dieser Mensch ist mir völlig gleichgültig. Ich beobachte an mir selbst, wie ich doch durch derartig oberflächliche Wahrnehmungen von einigen Menschen angezogen werde, während andere mir gleichgültig bleiben. Gehe ich zu einer Party, genügt oft ein einziger Blick, um zu wissen, wen ich von den versammelten Menschen näher kennen lernen möchte. Andere Menschen berichten von ähnlichen Erfahrungen. Ein Lastwagenfahrer erzählte mir, er könne sofort sehen, ob er einen Anhalter mitnehmen wolle oder nicht, selbst bei einer Geschwindigkeit von 100km/h. „Und ich habe mich nur selten getäuscht!", meinte er.

Wenn wir uns auf der Suche nach einem passenden Partner befinden, so ist unser Unbewusstes natürlich besonders aufmerksam, da wir jemanden suchen, der in der Lage zu sein scheint, unsere elementaren, seit der Kindheit bestehenden Bedürfnisse zu erfüllen. Jeden überprüfen wir sehr genau: Wird er mich umsorgen? Wird er mir helfen, mein Verlorenes Selbst wiederzufinden? Treffen wir dann auf so eine Person, signalisiert unser Altes Gehirn sofortiges Interesse. In allen folgenden Begegnungen mit diesem Menschen ist das Alte Gehirn sehr wach, weiterhin auf der Suche nach bestätigenden Informationen, ob wir einen passenden Partner gefunden haben. Ergibt die Detailüberprüfung, dass wir einen zu unserer gespeicherten Imago passenden Partner getroffen haben, steigert sich unser Interesse nur noch mehr. Weisen auf der anderen Seite neue Informationen darauf hin, dass nur eine oberflächliche Ähnlichkeit vorliegt, verlieren wir unsere Aufmerksamkeit und suchen nach einem Ausweg, um die Wichtigkeit dieser Beziehung wieder herunterzuspielen.

Ohne es zu wissen, waren Lynn und Peter mit genau diesem Prozess beschäftigt, als sie sich damals im Haus der gemeinsamen Freundin trafen. Da Peter so gut zu Lynns Imago passte, überwand sie sich und suchte aktiv Kontakt zu ihm. Da Lynn andererseits ebenso zu Peters Imago zu passen schien, erwiderte er ihr Interesse, statt sich von ihr abzuwenden. Nach einigen Wochen hatten beide genügend Informationen gesammelt, um festzustellen, dass sie einander „liebten".

Nun wird es nicht jedem Menschen gelingen, immer einen Partner zu finden, der genau zu seiner Imago passt. Manchmal sind nur einige der Hauptmerkmale deckungsgleich, die Anziehung bleibt daher auch eher schwach. Solche Beziehungen sind in der Regel nicht sehr leidenschaftlich, aber im Gegenzug weniger belastet als die, die durch ein sehr ähnliches Imago-Partnerbild geprägt werden. Die ersteren verlaufen einfach deswegen weniger leidenschaftlich, weil das Alte Gehirn weiter auf der Suche nach dem „Idealpartner“ ist. Sie verlaufen weniger problematisch, weil nicht so viele Kindheitstraumata wiederbelebt werden. Werden solche schwachen Imago-Beziehungen beendet, so liegt das oft daran, dass das Interesse an der anderen Person einfach verschwunden ist, und nicht daran, dass großer „Leidensdruck“ besteht. „Es spielte sich nicht mehr viel ab“, sagen die Partner dann. Oder „Ich bin einfach unruhig. Ich weiß, es gibt noch jemanden dort draußen, der besser zu mir passt.“

An diesem Punkt unserer Diskussion verstehen wir nun schon wesentlich mehr vom Geheimnis des Sich-Verliebens. Zu der evolutionär-biologischen, der sozialpsychologischen Austauschtheorie und der Persona-Theorie, die wir im ersten Kapitel beschrieben haben, fügen wir jetzt die Vorstellung eines unbewussten Prozesses hinzu, der für uns die Person ausfindig machen soll, die unserer Imago ähnelt. Unser grundlegendes Bedürfnis nach eben dieser Entsprechung wird durch den Wunsch stimuliert, unsere Kindheitsverletzungen nachträglich heilen zu können. Gleichzeitig verstehen wir jetzt auch viele der Konflikte, die in einer Ehe auftreten können, sehr viel besser: Suchen wir in erster Linie Ehepartner, die unseren Eltern in einem besonderen Maße ähneln, werden wir fast unweigerlich wieder mit unseren alten Wunden konfrontiert. Doch bevor wir in den Morast der Schmerzen und Verwirrungen eintauchen, der allgemein als „Machtkampf“ bezeichnet wird, möchte ich mich noch mit der ersten Phase einer Liebesbeziehung beschäftigen, der Zeit der Hochgefühle, in der wir an jede nur mögliche Erfüllung glauben.

4

Die Phase der romantischen Liebe

In uns beiden verbergen sich viele.
Ovid

Ich weiß aus meiner eigenen Zeit der ersten Verliebtheit mit Helen und auch von anderen Menschen, dass alle Verliebten glauben, ihre Beziehung sei etwas ganz Besonderes, nicht zu vergleichen mit den Erfahrungen, die andere Menschen vor ihnen gemacht haben. Diese Phase prägt uns Menschen und in unseren Erinnerungen kehren wir immer wieder dorthin zurück. Bitte ich Paare, mir über die wunderbare erste Zeit ihrer Beziehung zu erzählen, beschreiben sie mir, dass das Leben damals ganz außergewöhnlich war. Die Menschen rund um sie waren freundlicher, die Farben leuchteten bunter, das Essen schmeckte besser - alles um sie herum strahlte in einem neuen Glanz, ähnlich wie Kinderaugen, die voll Freude einem Fest entgegenblicken.

Der Hauptunterschied lag jedoch darin, dass sie selbst sich anders fühlten. Plötzlich steckten sie voller Energien, ja, sie fühlten sich besonders gesund. Sie empfanden sich als geistreicher, spielerischer und sehr viel optimistischer. Sahen sie in einen Spiegel, konnten sie das Gesicht, das sie ansah, mit viel mehr Freundlichkeit betrachten als zu anderen Zeiten - vielleicht hatten sie ja wirklich die Liebe dieses Partners verdient! Sie brauchten keine Süßigkeiten, keine Drogen, keinen Alkohol, und sie mussten sich weder durch Fernsehen beruhigen noch ihr Leben durch Entspannungssex aufpeppen. Überstunden verloren ihren Reiz und der rastlose Versuch, noch mehr Geld zu verdienen oder noch mehr Macht zu erringen, verlor an Bedeutung. Ihr Leben schien plötzlich einen neuen Sinn und eine Mitte zu haben, und das wurde ihnen in jeder Sekunde bewusst.

In dieser Zeit der romantischen Liebe strahlten alle diese guten Gefühle auch nach außen aus. Sie waren anderen gegenüber viel nachsichtiger und liebevoller. Manche verspürten sogar eine innere Ganzheit, wie sie sie seit ihrer Kindheit nicht mehr erlebt hatten. Für kurze Zeit sahen sie die Welt nicht durch ein Prisma, das ihr Leben in seine problematischen Einzelteile spaltet, sondern durch eine rosa Brille, die ein wunderbares und optimistisches Bild zeichnete.

Lynn und Peter, das Ehepaar, das ich Ihnen am Ende des vorangegangenen Kapitels vorgestellt habe, erzählten mir, dass sie zu der Zeit, als sie frisch verliebt waren, einmal einen ganzen Tag in New York verbrachten. Nach dem Essen fuhren sie mit dem Fahrstuhl auf das Empire State Building, wo sie den Sonnenuntergang erleben wollten. Sie hielten sich an den Händen und sahen auf die vielen Menschen hinunter, voll Mitgefühl, dass diese ihr Gefühl der Ekstase nicht teilen konnten.

Zu allen Zeiten erlebten Menschen Verliebtheit auf ähnliche Weise, wie wir sehr schön einem Brief von Sophia Peabody an Nathaniel Hawthorne, geschrieben am 31. Dezember 1839, entnehmen können:

> Mein Liebster,
> ... was für ein Jahr liegt hinter uns! So wie ich Schönheit deute, so ist sie wahre Liebe, und deshalb liegen all das Gute und alle Wahrheit in ihr. Doch nur Menschen, die einander so lieben wie wir beide, können ihre wahre Bedeutung und Kraft spüren.
> Meine Gedanken wollen sich den ungelenken Strichen meiner Schreibfeder nicht anpassen. Gott sei dir nahe mit seiner Liebe. Mir geht es sehr gut und heute Morgen bin ich in Danvers weit gewandert, obwohl es recht kalt war. Der Glanz dieses Tages erfüllt mich nun ganz. Gott segne dich in dieser letzten Nacht des alten Jahres. Es war das Jahr, in dem wir beide neu geboren wurden. Unser altes Leben, unsere alte Welt fiel von uns ab. Erleben wir nun nicht alle Dinge ganz neu?
> Deine Sophie

Die Chemie der Liebe

Wie entsteht nun dieses Hochgefühl, das wir Verliebtheit nennen? Psychopharmakologen haben herausgefunden, dass Liebende fast immer „high" sind, allerdings auf der Basis natürlicher Hormone und Chemikalien, die ihren Körper durchströmen und das Gefühl des Wohlseins bedingen. Während dieser Anziehungsphase schüttet das Gehirn Dopamin und Norepinephrin, zwei der vielen menschlichen Neurotransmitter, aus. Beide verursachen ein rosarot gefärbtes Weltbild, der Puls schlägt schneller, unsere Energie wächst, und wir haben das Gefühl, die Dinge um uns herum schärfer wahrnehmen zu können. Während dieser Phase, in der die Liebenden fast jede Minute zusammen verbringen wollen, verstärkt das Gehirn auch die Produktion von Endorphinen und Enkephalinen, vom Körper selbst produzierte Opioide, die das Gefühl der Sicherheit und des Getragenseins eines Menschen noch verstärken. Dr. Michael R. Liebowitz, Professor für klinische Psychiatrie an der Universität Columbia, führt diesen Gedanken noch weiter, indem er davon ausgeht, dass das Empfinden einer fast mystischen Einheit, die Liebende beschreiben, durch den Anstieg des Neurotransmitters Serotonin bewirkt wird.

Doch wie bestechend logisch aus pharmakologischer Sicht diese Erklärung auch erscheinen mag, es bleibt nach wie vor unklar, wie diese Chemikalien freigesetzt oder wann und warum sie wieder reduziert werden. In erster Linie wird so die Tatsache dokumentiert, dass Verliebtheit eine intensive, physische Erfahrung mit messbaren biologischen Komponenten ist. Doch um diesen Prozess genauer verstehen zu können, müssen wir uns wieder der Psychologie zuwenden und der These, dass Verliebtheit in unserem Unbewussten entsteht.

Die universelle Sprache der Liebe

Im vorangegangenen Kapitel habe ich versucht, eine Erklärung für das Phänomen der Verliebtheit anzubieten. Am Anfang einer Liebesbeziehung sind wir sehr euphorisch, weil ein Teil unseres Gehirns der Überzeugung ist, endlich die Chance zu haben, ausreichend geliebt zu werden und die ursprüngliche Ganzheit wiedererlangen zu können. Wenn wir uns näher damit befassen, finden wir auch ausreichend Beweise für diese Überzeugung. Hören wir Liebeslieder, lesen wir Liebesgedichte, Liebesromane oder sehen wir Liebesdramen in Film, Theater oder Oper, dann erkennen wir die universelle Sprache der Liebenden. Ich habe sie mit den Hunderten von Beschreibungen verglichen, mit denen Paare den Beginn ihrer Beziehung in Worte zu fassen versuchten. Und ich bin zu der Erkenntnis gelangt, dass alle Worte, die seit Beginn unserer Zeit zwischen Liebenden ausgetauscht wurden, sich auf vier essenzielle Aussagen reduzieren lassen - der Rest ist schmückendes Beiwerk. Gerade diese vier Aussagen eröffnen uns den Blick auf das unbewusste Reich der romantischen Liebe.

Die erste dieser Aussagen fällt relativ früh in einer Beziehung, vielleicht während des ersten oder zweiten Treffens, und sie lautet etwa so: „Ich weiß, dass wir uns gerade erst getroffen haben, doch irgendwie habe ich das Gefühl, dich schon seit Jahren zu kennen." Dieser Ausspruch kann nicht nur als einfaches Ritual gedeutet werden. Aus ihnen selbst uneinsehbaren Gründen fühlen sich Liebende sehr entspannt, wenn sie zusammen sind. Sie haben das Gefühl, in Resonanz zueinander zu sein, fast, als würden sie sich schon seit Jahren kennen. Ich möchte dieses Gefühl als das *„Phänomen der Wiedererkennung"* bezeichnen.

Etwas später tauschen die Liebenden dann vermutlich einen zweiten, bedeutsamen Satz aus: „So merkwürdig es klingen mag", sagen sie, „ich kann mir nicht mehr vorstellen, dass es eine Zeit gab, in der ich dich nicht kannte." Obwohl sie einander vielleicht erst seit einigen Wochen oder Monaten kennen, haben sie das Gefühl einer großen Vertrautheit miteinander, so, als hätten Zeit und Raum nie eine Rolle gespielt. Diesen Eindruck möchte ich als das *„Phänomen der Zeitlosigkeit"* bezeichnen.

Während nun die Beziehung weiter reift, sehen sich die Liebenden gegenseitig in die Augen, um den dritten, wichtigen Satz auszusprechen: „Bin ich mit dir zusammen, bin ich nicht mehr einsam. Ich fühle mich von dir einfach ergänzt." Einer meiner Klienten, Patrick, drückte das folgendermaßen aus: „Bevor ich Diane traf, hatte ich das Gefühl, ich sei mein ganzes Leben lang durch ein großes Haus mit leeren Zimmern gewandert. Als ich sie traf, war mir, als würde ich eine Tür öffnen und endlich jemanden im Haus finden." Das Zusammensein mit Diane beendete seine verzweifelte Suche nach seelischer Ganzheit. Das schenkte ihm eine ganz neue Art der Erfüllung. Ich möchte es das *„Phänomen der Wiedervereinigung"* nennen.

Schließlich, am richtigen Punkt ihrer Beziehung, sagen Liebende den entscheidenden Satz: „Ich liebe dich so sehr, dass ich nicht mehr ohne dich leben kann." Sie haben sich so aufeinander eingelassen, dass sich keiner von beiden mehr eine unabhängige Existenz vorstellen kann. Das möchte ich als „*Phänomen der Abhängigkeit*" bezeichnen.

Ob die Liebenden diese Worte tatsächlich aussprechen oder „nur" die Gefühle erleben, die sich dahinter verbergen, sie bestätigen meine Gedanken über die Phase der romantischen Liebe und die Natur des Unbewussten.

Der erste Satz - durch den die Liebenden ein vages Gefühl des Wiedererkennens formulieren - verliert etwas von seinem geheimnisvollen Charakter, wenn wir bedenken, dass Menschen einen Partner auswählen, der den eigenen, primären Bezugspersonen ähnelt. Das erklärt, warum es ein Déjà-vu-Erlebnis, ein Gefühl fast familiärer Vertrautheit gibt. Unbewusst fühlen sie sich wieder in Kontakt mit ihren Bezugspersonen, nur glauben sie, dass dieses Mal ihre tiefsten, elementarsten kindlichen Bedürfnisse erfüllt werden können. Hier ist ein Mensch, der sich um sie kümmern wird, sodass sie nie mehr einsam sein werden.

Die zweite Aussage: „Ich kann mich an keine Zeit zurückerinnern, wo ich dich noch nicht kannte", belegt, dass sich die romantische Liebe aus der Funktionsweise des Alten Gehirns erklärt. Verlieben sich Menschen, vermischt ihr Altes Gehirn das Bild ihres Partners mit dem ihrer primären Bezugspersonen, und damit betreten sie das vermeintliche „Paradies". Für das Unbewusste erzeugt die intensive Liebesbeziehung die Vorstellung, wieder in den Armen der Mutter zu liegen. Die Illusion von Sicherheit und Geborgenheit und der Wunsch nach symbiotischer Nähe werden wieder lebendig.

So können wir tatsächlich an Liebenden, die sich am Beginn ihrer Beziehung in der entscheidenden Phase der romantischen Liebe befinden, beobachten, dass beide einen ähnlichen Bindungsprozess durchlaufen wie Mütter mit ihren neugeborenen Kindern. Sie gurren miteinander, nennen sich mit Kosenamen und tauschen selbsterfundene Laute oder Wörter aus, die ihnen in der Öffentlichkeit höchst peinlich wären. Sie streicheln, tätscheln und erfreuen sich an jedem Quadratzentimeter Haut des anderen. „Was du für einen hübschen Bauchnabel hast!" Oder „Deine Haut ist so weich!" - ganz ähnlich wie die Worte einer Mutter, die ihr neugeborenes Baby bewundert. Gleichzeitig bestätigen sie auch, dass sie füreinander die „Elternrolle" übernehmen wollen: „Ich werde dich so lieben, wie noch nie ein Mensch zuvor!" Das Unbewusste interpretiert diese Aussage sofort im Sinne von: „Mehr als Vater und Mutter!" Unnötig zu sagen, dass das Alte Gehirn sich bei diesen regressiven Verhaltensäußerungen äußerst wohl fühlt. Die Liebenden glauben „geheilt" zu sein - nicht etwa durch mühevolle Arbeit in Form von Selbsterkenntnis, sondern durch den schlichten Verschmelzungsakt mit jemandem, den ihr Altes Gehirn als ihren primären Bezugspersonen ähnlich identifiziert und akzeptiert hat.

Wie steht es nun mit der dritten Aussage - dem Gefühl der Ganzheit und des Einsseins, das Liebende empfinden? Bestätigen sie einander: „Wenn ich mit dir zusammen bin, fühle ich mich irgendwie ganz und heil", so geben sie unbewusst zu, dass sie diesen Menschen ausgesucht haben, weil er für jene Anteile ihrer Persönlichkeit steht, die in ihrer Kindheit verloren gegangen sind. Sie haben ihr Verlorenes Selbst wiedergefunden. Ein Mensch, der lernen musste, seine Gefühle weitgehend zu unterdrücken, wird sich jemanden suchen, der extrovertiert ist. Ist jemand unsicher in seiner Sexualität, wird er einen Partner wählen, der sinnlich und frei ist. Verlieben sich nun Menschen mit ihren gegensätzlichen Charaktereigenschaften, haben sie plötzlich das Gefühl, die Zeiten der Repression und der Verdrängung hinter sich gelassen zu haben. Wie die androgynen, halbierten, mythischen Wesen in Platons Sage waren beide vorher nur halbe Menschen. Jetzt erst können sie sich als vollständige menschliche Wesen erleben.

Was sagt die vierte Aussage - dass Liebende meinen, ohne einander nicht mehr leben zu können - über die Natur der romantischen Liebe aus? Zuerst einmal wird deutlich, dass Liebende unbewusst die Verantwortung für ihr Wohlergehen und sogar ihr Überleben statt wie in ihrer Kindheit auf ihre Eltern nun auf ihre Partner übertragen. Dieses wunderbare Wesen, das Eros in ihnen geweckt hat, muss sie nun immerfort vor Thanatos, dem Gott des Todes in der griechischen Mythologie, bewahren. Kümmern sich die Partner nun auch noch um die früher nicht befriedigten, kindlichen Bedürfnisse, werden sie zu wichtigen Verbündeten im Überlebenskampf. Auf einer tieferen Bewusstseinsebene macht dieser Satz deutlich, dass Liebende von der Angst beherrscht werden, bei einer möglichen Trennung ihr wiedergewonnenes Gefühl der Ganzheit erneut zu verlieren. Wiederum wären sie zerteilt, halbe Wesen, abgeschnitten von der Möglichkeit einer vollen menschlichen Existenz. Sofort würden sie Angst und Einsamkeitsgefühle entwickeln und sich nicht länger mit der sie umgebenden Welt verbunden fühlen. Der Verlust des Liebespartners wäre im Grunde gleichzusetzen mit dem Verlust des neu erworbenen Selbstgefühls.

Ein kurzes Zwischenspiel

Für eine gewisse Zeitspanne kann diese Angst erfolgreich unterdrückt werden und die Liebenden glauben, dass sie in der Gemeinsamkeit heil und ganz werden. Alleine schon das Zusammensein wirkt heilsam und wohltuend auf sie. Da sie so viel Zeit wie nur möglich miteinander verbringen, fühlen sie sich nicht mehr einsam oder isoliert. Während ihr gegenseitiges Vertrauen wächst, vertiefen sie ihre Intimität. Vielleicht erzählen sie auch von frühen Verletzungen aus ihrer Kindheit, worauf ihr Partner sein Mitgefühl bekundet: „Es macht mich so traurig, dass du das erleben musstest!" Oder „Wie schrecklich, dass du als Kind so viel leiden musstest!" Die Liebenden haben den Eindruck, noch nie zuvor habe ein anderes menschliches Wesen sich so für ihr Innenleben interessiert, nicht einmal ihre eigenen Eltern. Während sie nun einander diese intimen Gedanken anvertrauen, erleben sie Momente empathischen Einfühlens und nehmen bewusst an der Welt des anderen teil. In diesen seltenen Momenten bewerten sie einander nicht gegenseitig, sie interpretieren die Worte des Geliebten auch nicht oder vergleichen sie mit ihren eigenen Kindheitserlebnissen. Sie sind ganz beim anderen. Für eine kurze Zeitspanne hören sie auf, sich nur für sich selbst zu interessieren, und nehmen an der Wirklichkeit eines anderen Menschen teil.

Doch die Verliebtheit hilft uns auch auf andere Art und Weise, nicht nur durch Worte und einfühlsame Gesten. Mit einer Art sechstem Sinn ausgestattet erspüren Liebende ganz genau, was ihrem Partner fehlt, eine Fähigkeit, die oft in späteren Phasen der Beziehung wieder verloren geht. Möchte der Partner liebevoller umsorgt werden, spielen sie gerne Mutter oder Vater für ihn. Wünscht er sich mehr Freiraum, geben sie ihm Freiraum. Sucht er nach Unterstützung, beschützen und bestätigen sie ihn. Sie überschütten einander mit liebevollen Aufmerksamkeiten, die ihre frühen Kindheitsentbehrungen aufzuheben scheinen. Die Phase der romantischen Liebe ähnelt der seltenen Situation, das bevorzugte Kind in einer Idealfamilie zu sein.

Illusionen

Lange Zeit glauben Liebende bedingungslos an ihre große Liebe. Dabei ist jedoch eine Art unbewusstes Rollenspiel beteiligt. Der Versuch etwa, sich dem anderen gegenüber als psychisch viel gesünder auszugeben, als man in Wirklichkeit ist, gehört auf jeden Fall dazu. Denn wir erscheinen besonders attraktiv für unseren Partner, wenn wir wenig eigene Bedürfnisse haben und unseren Partner offensichtlich gut umsorgen. Louise beschrieb mir, wie sehr sie sich angestrengt hatte, um ihrem Mann Steve als die perfekte Partnerin zu erscheinen. Nach einigen Treffen lud sie Steve zu einem Abendessen zu zweit in ihre Wohnung ein. „Ich wollte ihm mein Talent als Hausfrau zeigen", sagte sie. „Er sah in mir immer nur die Karrierefrau und ich wollte ihm beweisen, dass ich auch gut kochen kann." Da ihr eigenes Leben so unproblematisch wie nur möglich aussehen sollte, schickte sie ihren elf Jahre alten Sohn aus einer früheren Ehe zu einer Freundin - es erschien ihr nicht opportun, ihrem neuen Liebhaber gleich alle Alltagsprobleme vorzuführen. Dann putzte sie das Haus und stellte ein Menü zusammen, das zwei Dinge enthielt, die sie wirklich gut zubereiten konnte - Quiche und Roquefort-Salat. Alle Räume hatte sie mit frischen Blumen dekoriert. Als Steve das Haus betrat, war das Essen fertig, ihr Make-up frisch, im Hintergrund spielte leise klassische Musik. Steve selbst war besonders charmant, hilfsbereit und bestand nach dem Essen darauf, mit ihr abzuwaschen und sogar noch eine Lampe zu reparieren. Im Laufe dieses Abends erklärten sie sich ihre Liebe, und auch in den folgenden Monaten gelang es ihnen, ihr Leben so aufeinander abzustimmen, dass beide wenig eigene Bedürfnisse zeigten.

Es ist weit verbreitet, unserem Partner anfänglich nur unsere äußere Fassade zu zeigen. Die meisten von uns machen ihrem Partner zu Beginn ihrer Beziehung vor, sie seien der Ideal-Partner schlechthin. Bei manchen Paaren allerdings nehmen diese Illusionen extreme Formen an.

Eine meiner Klientinnen, die ich hier Jessica nennen möchte, ging immer wieder Beziehungen zu Männern ein, die besonders unzuverlässig waren. Sie hatte schon zwei gescheiterte Ehen und eine ganze Reihe sehr schmerzlicher Trennungen hinter sich. Die Partnerschaft, in der sie endgültig erkannte, dass sie therapeutischer Hilfe bedürfe, war die zu einem Mann namens Brad, der ihr zuerst vollkommen ergeben zu sein schien. Nachdem er ihr Vertrauen gewonnen hatte, erzählte sie ihm von ihren früheren Enttäuschungen. Brad hörte ihr voll Mitgefühl zu und versicherte, er würde sie nie verlassen: „Geht hier jemand, dann wirst du es sein!" Er erschien wie der berühmte Fels in der Brandung, stabil und vertrauenswürdig.

Während der nächsten sechs Monate verbrachten sie fast ihre ganze freie Zeit zusammen. Jessica entspannte sich sichtlich in dieser Beziehung, die ihr so viel Sicherheit vermittelte. Doch eines Tages kam sie nach der Arbeit nach Hause und fand eine kurze Notiz an die Haustür geheftet. Brad teilte ihr mit, man hätte ihm einen besser bezahlten Job in einer anderen Stadt angeboten, den er einfach nicht ausschlagen könne. Er hätte ihr zwar lieber mündlich davon berichtet, doch fürchtete er ihren Kummer. Er hoffte, dass sie ihn verstehen könnte.

Nachdem Jessica sich von ihrem ersten Schock erholt hatte, rief sie Brads besten Freund an, ob er ihr Näheres erzählen könne. Während sie ihm zuhörte, entstand plötzlich vor ihrem geistigen Auge eine ganz andere Persönlichkeit. Brad hatte es noch niemals lange an einem Ort ausgehalten. In den vergangenen 15 Jahren war er bereits sechsmal umgezogen und hatte dreimal geheiratet. Jessica hörte diese Tatsachen zum ersten Mal. Dennoch hatte er ihr übergroßes Bedürfnis nach Sicherheit gespürt und am Anfang große Anstrengungen unternommen verlässlich zu sein. In der Psychologie gibt es dafür die Bezeichnung „projektive Identifikation". Unbewusst hatte Brad sich mit Jessicas Ideal-Partner identifiziert. Es wäre durchaus möglich, dass er ursprünglich tatsächlich die besten Absichten hatte, diese Rolle zu übernehmen. Er wollte Jessica weder täuschen noch verlassen. Doch seine Kräfte reichten nicht aus, diesen Part wirklich auszufüllen und zu Ende zu spielen.

Nachdem Brad sie verlassen hatte, hätte Jessica Grund genug gehabt, wütend auf ihn zu sein. Sie entwickelte jedoch die Illusion, er würde anrufen, sobald er etwas Geld angespart hätte. Sie wartete stundenlang neben dem Telefon und hoffte auf einen Brief von ihm. Doch sie hörte niemals wieder etwas von Brad. „Eigentlich bin ich froh, dass es so gekommen ist", sagte sie zu mir, „denn ich hätte ihn wieder bei mir einziehen lassen, gleichgültig, was er auch getan hatte. So sehr fühlte ich mich abhängig von seiner Liebe!"

Jessica demonstriert hier den klassischen Fall des Verleugnens. Sie wollte einfach nicht glauben, dass Brad in Wirklichkeit ein unreifer, unverlässlicher Mann war. Ihre Erinnerung an die Rolle, die er ihr vorgespielt hatte, war für sie realer als sein tatsächliches Verhalten.

Verleugnen

In einem gewissen Maße greifen wir alle hin und wieder auf das Instrument des „Verleugnens" zurück, um mit unserem Leben zurechtzukommen. Immer, wenn wir vor schwierigen Aufgaben oder schmerzlichen Entscheidungen stehen, sind wir versucht, die Wirklichkeit zu ignorieren. Wir schaffen uns lieber eine angenehmere Phantasie. Doch zu keiner Zeit ist unsere Tendenz, Unangenehmes zu leugnen, stärker entwickelt als in der ersten, romantischen Phase einer Liebesbeziehung.

John, ein Mann von 30 Jahren, der zu mir in die Praxis kam, hatte eine besondere Vorliebe für das Verleugnen entwickelt. Er hatte als Programmierer ein so erfolgreiches Software-Programm entwickelt, dass er bald seine eigene Firma gründen konnte. Die ersten zehn bis fünfzehn Minuten jeder Therapiesitzung sprach er über seine Firma und wie gut die Geschäfte gingen. Dann stockte die Unterhaltung, und, während er seinen Blick von mir abwandte, sprach er über das eigentliche Thema unseres Treffens, Cheryl, die Frau, die er liebte. Er war regelrecht besessen von ihr und hätte sie auf der Stelle geheiratet, wenn sie nur „Ja" gesagt hätte. Doch Cheryl weigerte sich konstant, seine Hoffnungen auf eine feste Partnerschaft zu erfüllen.

Als John Cheryl zuerst getroffen hatte, schien sie für ihn das zu repräsentieren, was er sich von einer Frau immer gewünscht hatte. Sie war attraktiv, intelligent und äußerst sinnlich. Doch nach einigen Monaten erkannte er auch negative Seiten an ihr. Gingen sie gemeinsam in ein Restaurant, konnte er sehr oft miterleben, wie sie an allem herummäkelte, gleichgültig, wie gut das Essen in Wirklichkeit war. Gleichzeitig bemerkte er, dass sie sich fast endlos über ihren Beruf beklagte, ohne irgendwelche Anstrengungen zu unternehmen, diese Probleme zu lösen.

Damit er diese negativen Charaktereigenschaften nicht so deutlich wahrnehmen musste, bediente sich John einer wahren Gehirnakrobatik. Ging er mit ihr in ein Restaurant, interpretierte er ihre Nörgelei als Beweis dafür, dass sie ein echter Gourmet war. Klagte und stöhnte sie über ihre Arbeitsbedingungen, sagte er zu sich, was sie doch für eine kämpferische Frau sei, die solch ein berufliches Umfeld ertragen könne. „Andere hätten diese Tätigkeit längst aufgegeben", berichtete er mir nicht ohne Stolz.

Schließlich blieb nur noch eine einzige Eigenschaft übrig, die ihn an Cheryl störte: Immer schien sie ihn auf Distanz zu halten. Die Situation verschlimmerte sich, nachdem Cheryl ihn gebeten hatte, sie während der Woche nicht mehr einzuladen, da sie „mehr Freiraum" brauchte. Sie kannten einander gerade sechs Monate. Widerstrebend ging John auf ihre Bedingung ein, wenngleich er wusste, dass sie sich in der Zwischenzeit immer wieder mit anderen Männern traf. Sie machte ihm klar, er hätte ohnehin keine andere Wahl, als ihr diese Freiheiten zuzugestehen.

Gleichsam als Ausgleich dazu begann John, sich mit einer anderen Frau, Patricia, zu treffen, die Cheryl überhaupt nicht ähnelte. Sie war ihm ergeben, verständnisvoll und geduldig, kurz, sie liebte ihn. „Sie würde mich sofort heiraten", erzählte mir John eines Tages, „genauso, wie ich Cheryl jederzeit heiraten würde. Doch ich liebe Patricia einfach nicht genug. Zwar ist das Zusammensein mit ihr viel angenehmer. Aber wenn ich nicht mit ihr zusammen bin, denke ich fast nie an sie. Es kommt mir dann vor, als würde sie nicht mehr existieren. Vielleicht nütze ich sie aus, doch ich möchte einfach nicht alleine sein, wenn Cheryl keine Zeit für mich hat. Patricia hilft mir, dieses Loch zu füllen." Gleichzeitig dachte er jedoch ständig an Cheryl. „Immer, wenn ich nicht mit meiner Arbeit beschäftigt bin", so sagte er mir, „träume ich von Cheryl."

Warum war John nun Patricias liebevoller und hingebender Art gegenüber immun, aber übereifrig, wenn es galt, Cheryls Fehler zu leugnen? Es überrascht uns nicht, dass Johns Mutter eine sehr kritische, distanzierte Frau war, ähnlich wie Cheryl. Oft trat ein besorgter Ausdruck in das Gesicht seiner Mutter und sie schien John einfach nicht mehr wahrzunehmen. John wusste nie, was in ihr vorging. Wie alle Kinder, so interessierte auch er sich nur wenig dafür, was seine Mutter dachte oder fühlte. Er registrierte nur, dass sie für ihn oft nicht greifbar war, was Angst in ihm auslöste. Wenn sie diesen abwesenden Gesichtsausdruck hatte, wurde John manchmal zornig und versuchte sie zu schlagen. Doch sie stieß ihn einfach zurück und schickte ihn auf sein Zimmer. Wurde er besonders wütend, schlug sie ihn und sprach mehrere Stunden lang kein Wort mehr mit ihm.

Schließlich lernte John, stumm zu leiden. Er kann sich noch sehr gut an den Tag erinnern, als er diese neue Verhaltensweise ausprobierte. Seine Mutter hatte ihn gerade angeschrieen und mit einer Haarbürste geschlagen. Er erinnert sich nicht mehr genau, was sie so wütend gemacht hatte. Allerdings blieb ihm bewusst, dass er ungerecht behandelt worden war. Schluchzend zog er sich in sein Zimmer zurück, wo er sich in seinem Schrank versteckte. Er zog die Schranktür zu, auf deren Innenseite ein Spiegel angebracht war. Er knipste das Licht an und betrachtete sein tränenüberströmtes Gesicht. „Niemand kümmert sich darum, wenn ich hier oben weine", sagte er zu sich selbst, „was hilft es mir also?" Nach einer Weile versiegten seine Tränen und er trocknete sein Gesicht. An diesem Tag hatte er gelernt, seine Wut und seine Traurigkeit hinter einer undurchdringlichen Maske zu verbergen.

Auf dem Hintergrund dieser Kindheitserinnerungen wird auch Johns merkwürdige Abhängigkeit von Cheryl verständlich. Stieß sie ihn zurück, um sich mit anderen Männern zu treffen, oder bat sie ihn, in den nächsten Tagen nicht anzurufen, empfand er wieder das gleiche elementare Verlangen nach Nähe, das er seiner Mutter gegenüber empfunden hatte. Tatsächlich ähnelten sich die beiden Frauen auf einer unbewussten Ebene derartig, dass er nicht zwischen ihnen unterscheiden konnte. Cheryls Kälte aktivierte in ihm die gleiche intensive Sehnsucht, die er seiner Mutter gegenüber empfunden hatte. Für sein Altes Gehirn war Cheryl seine Mutter und seine verzweifelten Anstrengungen, sie zu gewinnen, waren Ausdruck des kindlichen Schreiens und Tobens, das er eingesetzt hatte, um die Aufmerksamkeit seiner Mutter auf sich zu lenken. Der psychologische Ausdruck für diese Art der Verwechslung lautet „Übertragung". Die Eigenschaften einer bestimmten Person werden einer anderen Person übergestülpt. Es ist nicht verwunderlich, dass Menschen die Charaktermerkmale ihrer

Eltern nun auf ihren Partner übertragen, schließlich haben sie unbewusst bereits einen Partner ausgewählt, der ihren Eltern ähnlich ist. Sie müssen nur noch die Gemeinsamkeiten besonders herausstreichen und die Unterschiede weniger beachten.

John wurde jedoch noch aus anderen Gründen so stark von Cheryl angezogen. Besonders gut gefielen ihm ihre künstlerischen Ambitionen. Während er sich selbst als „langweiligen Geschäftsmann" bezeichnete, eröffnete Cheryls Ader für Ästhetik eine ganz neue Welt für ihn. „Wir fahren zum Beispiel gemeinsam im Auto und mein Kopf ist voll von beruflichen Dingen, plötzlich aber gelingt es Cheryl, meine Aufmerksamkeit auf ein interessantes Gebäude oder einen wunderschönen Baum zu lenken. Alleine wäre ich daran vorbeigefahren, nur wenn Cheryl mich darauf aufmerksam macht, kann ich es erkennen. Bin ich alleine, erscheint mir meine Welt grau und eintönig."

Noch andere Dinge zogen ihn zu Cheryl hin - obwohl er es selbst heftig ableugnen würde. Ihre giftigen, überkritischen Bemerkungen fand er irgendwie attraktiv. Diese eher dunkle Seite ihrer Persönlichkeit sprach ihn aus zwei Gründen an. Zum ersten, wie wir bereits gesehen haben, erinnerte ihn diese Eigenschaft an seine Mutter. Zum zweiten, und das war noch viel wichtiger für ihn, konnte John durch die Wut, die Cheryl immer recht freimütig äußerte, in Kontakt zu seinen eigenen negativen Gefühlen kommen. Denn innerlich fühlte er sich mindestens ebenso wütend wie Cheryl, nur hatte er es gelernt, seine Feindseligkeit hinter einer verständnisvollen, sozial akzeptierten Maske stetiger Freundlichkeit zu verstecken. Während seiner Kindheit hatte sich diese Fassade als überlebensnotwendiger Schutz erwiesen, da er so den Launen seiner Mutter weitaus weniger ausgesetzt war. Doch als Erwachsener blieb er durch diesen Verdrängungsprozess von einem Teil seines Wesens abgeschnitten. Da er seine starken Gefühle nicht mehr spüren und nicht zum Ausdruck bringen konnte, fühlte er sich innerlich sehr leer. Nur im Zusammensein mit Cheryl fand er, was ihm so fehlte, nämlich negative Gefühle. Dazu brauchte er nicht einmal selbst wütend zu werden - was sein Über-Ich, jene Instanz, welche die Verbote seiner Mutter weiterhin verteidigte, bisher erfolgreich verhindert hatte. Im Zusammensein mit Cheryl konnte er die Illusion leben, zu allen Anteilen seiner Persönlichkeit Zugang zu haben.

Unser Heimkino

„Projektion" nennt man die Tatsache, dass John unbewusste Selbstanteile wie seine Wut auf seine Geliebte überträgt. Er „projiziert" seine eigene, unterdrückte Wut in Cheryls Wut hinein. Wie John, so projizieren auch wir immer wieder Anteile unseres Verleugneten oder Verlorenen Selbst wie ein Bild auf eine andere Person. Projektionen sind Teil unseres Lebens und treten keineswegs nur in unseren Liebesbeziehungen auf. Ich erinnere mich noch gut an eine Begebenheit vor vielen Jahren, als ich in Dallas eine Therapiepraxis mit James, einem Psychiater teilte. Wir hatten noch einen

Raum frei, für den wir einen Mieter suchten. James' Freund, ein angehender Arzt, interessierte sich dafür. Ich sollte ihn kennen lernen, um mir ein Bild machen zu können. Ich erklärte mich einverstanden und James bemühte sich um ein gemeinsames Treffen.

Einige Tage später öffnete ich die Tür meines Praxisraums und sah einen Mann den Gang entlanggehen. Ich sah ihn zwar nur von hinten, aber seine Art zu gehen wirkte absolut irritierend auf mich. Er bewegte seine Hüften und seinen Kopf, als wäre dieser Gang der Laufsteg einer Modeschau. Er ging nicht, er schien zu stolzieren. „Dieser Mann scheint der arroganteste Mensch der Welt zu sein", sagte ich zu mir selbst, „wahrscheinlich einer von James' Klienten."

Ich ging in mein Zimmer zurück und vergaß den Zwischenfall. Etwas später klopfte es an meine Tür. James trat zusammen mit eben diesem Mann in mein Büro. „Harville", meinte er, „darf ich dir Robert Jenkins vorstellen, meinen Studienfreund, der sich für unseren Praxisraum interessiert. Ich dachte, ihr beide würdet heute vielleicht gerne miteinander essen gehen."

Ich betrachtete Robert und sah ein lächelndes, angenehmes Gesicht vor mir. Sein Bart war gepflegt und durch die Hornbrille blickten große, braune Augen. „Hallo, Harville, ich habe schon viel von Ihnen gehört. Ich weiß, dass Sie sich mit interessanten Dingen beschäftigen! Ich würde mich gerne einmal mit Ihnen unterhalten!"

„So ein sympathisches und bescheidenes Auftreten", dachte ich bei mir. „Ist es möglich, dass dies derselbe Mann ist, den ich für so arrogant gehalten habe?" Robert und ich gingen zusammen essen und unterhielten uns sehr angeregt. Später sagte ich zu James, ich hielte ihn für einen sehr geeigneten Partner für unsere Praxisgemeinschaft. Mit der Zeit wurde Robert ein guter Freund und geschätzter Kollege von mir. Manchmal gab es Momente, in denen er Anflüge von Arroganz hatte, wie es bei den meisten von uns ab und zu vorkommt, aber der negative Eindruck, den ich bei unserem ersten Zusammentreffen hatte, dürfte viel mehr eine Projektion eines meiner eigenen Persönlichkeitsanteile gewesen sein. Ich hatte einen Anteil von mir wahrgenommen, der „arrogant" ist und daher nicht in mein Selbstbild von einem sensiblen, fürsorglichen Therapeuten passte, und hatte diesen Anteil einfach auf Robert projiziert.

Verliebte Menschen neigen dazu, Projektionen fast in einem Übermaß zu verwenden. Manche Menschen scheinen ihre Partnerschaft permanent zu einer Art Heimkino zu degradieren, da sie wie Fremde in einem verdunkelten Kinoraum sitzen, während sie einander mit flimmernden Bildern bewerfen. Sie nehmen sich nicht einmal genug Zeit, ihre Projektoren so lange abzuschalten, dass sie erkennen können, wer ihnen gegenübersitzt und als Projektionsfläche für ihr Heimkino dient. So projizierte John seinen eigenen verdrängten Ärger in Cheryls Ärger hinein. Obgleich sie tatsächlich ein zorniger Mensch war, erkannte John in ihr doch primär seine eigenen unterdrückten Anteile, die mit seinem Selbstbild nicht kompatibel, nicht vereinbar gewesen waren.

Ein Erklärungsversuch der romantischen Liebe

Wollen wir den Versuch unternehmen, Johns Liebe zu Cheryl mit trockenen, psychologischen Fachbegriffen zu erklären, so können wir sie als Zusammenspiel von Übertragung, Projektion und Verleugnung beschreiben. John war in Cheryl verliebt, weil:

1. er die Gefühle, die er seiner Mutter gegenüber gehabt hatte, auf Cheryl übertragen konnte.
2. er seine versteckte Wut in ihre offen ausgelebte Wut hinein projizieren konnte.
3. es ihm gelang, die Schmerzen, die er durch sie erleiden musste, zu verleugnen.

John dachte, er sei in Cheryl verliebt, während er eigentlich nur das Bild liebte, das er selbst zuvor auf sie projiziert hatte. Cheryl war in seiner Wahrnehmung kein realer Mensch mit eigenen Wünschen und Bedürfnissen. Was er suchte war die Chance, dass seine unerfüllten Sicherheitsbedürfnisse erfüllt werden könnten. Im Grunde liebte er nur den Gedanken, seine offenen Bedürfnisse könnten endlich Erfüllung finden, und er liebte, so wie Narziss, einen Persönlichkeitsanteil seiner selbst, den er bei Cheryl wie im Spiegel sah.

Psyche und Eros

In der griechischen Mythologie, in der Sage von Psyche und Eros, die im zweiten Jahrhundert nach Christus erstmals schriftlich festgehalten wurde, kommt sehr schön zum Ausdruck, dass in der romantischen Liebe viel an Illusion mitschwingt. Die Göttin Aphrodite war eifersüchtig auf Psyche, eine wunderschöne, junge Frau. Sie war neidisch, weil viele Männer Psyche bewunderten und verehrten. In einem heftigen Eifersuchtsanfall bestimmte Aphrodite, man möge Psyche auf den Gipfel eines Berges bringen, wo sie die Braut einer schrecklichen Gestalt werden sollte (in manchen Versionen dieser Sage wird diese Gestalt „Tod“ genannt). Psyches Eltern und viele Dorfbewohner begleiteten die Jungfrau traurig auf den Berg, ketteten sie an einen Felsen und mussten sie dort ihrem Schicksal überlassen. Doch bevor die schreckliche Gestalt sie ergreifen konnte, erbarmte sich der Westwind, nahm sie sanft mit sich und brachte sie zu Aphrodites Sohn Eros, dem Gott der Liebe.

Sofort verliebten sich Psyche und Eros ineinander, doch Eros wollte nicht, dass Psyche wüsste, dass er ein Gott sei. Er besuchte sie deshalb nur bei Dunkelheit. Am Anfang stimmte Psyche dieser befremdlichen Bedingung zu, froh, in dieser angenehmen Umgebung leben zu können, in einem wunderschönen Palast, umgeben von prächtigen Gärten. Doch eines Tages bekam sie Besuch von ihren beiden Schwestern, die ihr bohrende Fragen über Eros stellten. Als Psyche diese Fragen nicht beantworten konnte, schürten sie in ihr den Verdacht, Eros sei in Wirklichkeit eine widerliche Schlange, die sie früher oder später verschlingen würde.

In dieser Nacht, als Eros wieder zu ihr kam, hatte Psyche eine Lampe und ein scharfes Messer unter ihrem Bett versteckt. Sollte ihr Liebhaber wirklich so ein abscheuliches Ungeheuer sein, wollte sie ihm den Kopf abschlagen. Sie wartete, bis Eros in tiefen Schlaf gefallen war, und zündete dann leise ihre Lampe an. Doch als sie sich über ihn beugte, um ihn genauer betrachten zu können, verschüttete sie einen Tropfen heißes Öl auf seine Schulter. Eros erwachte, erblickte die Lampe und das Messer, breitete seine göttlichen Flügel aus und flog durch das Fenster ins Freie. Er verfluchte Psyche und erklärte, nun, da sie die Wahrheit über seine göttliche Gestalt herausgefunden habe, müsse er sie für immer verlassen. Psyche lief hinter ihm her, rief laut seinen Namen, doch sie konnte nicht mit ihm Schritt halten, stolperte und fiel zu Boden. Plötzlich verschwanden der wunderbare Palast und die herrlichen Gärten und Psyche befand sich wieder auf dem einsamen, schroffen Berggipfel, wo sie an einen Felsen gekettet war.

Wie bei allen Sagen und Märchen findet sich auch hier eine tiefe Wahrheit. Romantische Liebe lebt in der Tat von Unwissenheit und Phantasien, denn so lange die Liebenden einander idealisieren und die Realität nicht erkennen, leben sie im Garten Eden. In dieser Sage begegnen wir aber auch einer schönen Vision, die unserer menschlichen Lebensrealität leider nicht entspricht. Als Psyche die Lampe angezündet hatte und Eros zum ersten Mal sehen konnte, entdeckte sie, dass er ein göttliches Wesen mit großen, goldenen Flügeln war. Wenn wir unsere Lampen anzünden, um einen ersten objektiven Blick auf unsere Geliebten zu werfen, erkennen wir, dass sie keine Götter sind, sondern Menschen mit Schwachstellen, Schattenseiten und Schönheitsfehlern, so wie wir selbst auch - Menschen, die negative Seiten an sich haben, die wir bisher einfach nicht sehen wollten.

5

Der Machtkampf

Ich kann weder mit dir
noch ohne dich leben.
Ovid

Wo endet die Phase der romantischen Liebe und wann beginnt der Machtkampf? Wie bei allen anderen Versuchen menschliches Verhalten zu beschreiben ist auch hier keine eindeutige Abgrenzung möglich. Doch für die meisten Menschen ändert sich die Qualität ihrer Beziehung merklich von dem Moment an, wo sie sich eindeutig auf eine Bindung einlassen. Sie sagen: „Wir sollten heiraten!" Oder „Warum verloben wir uns nicht?" Oder „Unsere Liebe soll Priorität haben, auch wenn wir noch andere Beziehungen pflegen." Die angenehme Phase des gegenseitigen Liebeswerbens ist damit zu Ende. Jetzt begnügen sich die Liebenden nicht mehr damit sich vorzustellen, wie schön es wäre, wenn ihre Kindheitsbedürfnisse endlich Erfüllung finden könnten - diese Illusion nährte die Euphorie der romantischen Phase. Nun erwarten sie, dass ihre Erwartungen auch erfüllt werden. Ihr Partner muss nicht nur liebevoll, klug, attraktiv oder humorvoll sein, jetzt soll er beginnen alle Erwartungen zu erfüllen, die in ihn gesetzt werden. Manche dieser Erwartungen sind bewusst, die meisten bleiben jedoch unbewusst.

Wie können diese Erwartungen aussehen? Sobald sie zusammenleben, erwarten Menschen von ihrem Partner, dass er ein konkretes Verhalten an den Tag legt, das sie jedoch selten präzise formulieren. Vielleicht erwartet etwa der Ehemann, dass seine Frau die Hausarbeit übernehmen wird, das Essen kocht, einkauft, die Wäsche wäscht, Einladungen arrangiert, Familienkrankenschwester spielt und andere Erledigungen tätigt. Zu diesen traditionellen Aufgaben fügt er in seiner Phantasie noch eine lange Liste von Erwartungen hinzu, die er aus seiner eigenen Familie kennt. Sonntags wünscht er sich zum Beispiel, dass seine Frau ein besonders gutes Frühstück zubereitet, während er die Sonntagszeitung liest, und ihn später auf einen Spaziergang in den nahe gelegenen Park begleitet. So verbrachten seine Eltern die Sonntage und ihm würde gewissermaßen etwas fehlen, wenn diese Familienrituale in seiner eigenen Partnerschaft nicht fortgesetzt werden könnten.

Doch ebenso wie ihr Mann hat auch die Ehefrau eine Menge an Vorstellungen, die den Erwartungen ihres Mannes eventuell widersprechen. Zuerst einmal geht sie davon aus, dass ihr Mann für alle „männlichen" Aufgaben zuständig ist wie die Pflege des Autos, das Bezahlen der Rechnungen, die Steuererklärung, das Rasenmähen und die kleineren und größeren Reparaturen im Haus. Vielleicht wünscht sie sich darüber hinaus, dass er auch Einkäufe erledigt, kocht und wäscht. Gleichzeitig hat sie Erinnerungen und Erwartungen, die sie aus ihrer Herkunftsfamilie mitgebracht hat. Ein gelungener Sonntag sieht für sie vielleicht so aus, dass man zuerst gemeinsam in die Kirche geht, anschließend einen Brunch in einem Restaurant einnimmt und am Nachmittag Verwandte besucht. Da die Partner sich vor ihrer Heirat über solche Vorstellungen nicht ausgetauscht haben, können sich aus diesen unterschiedlichen Erwartungshaltungen im Laufe der Zeit Spannungen ergeben.

Noch viel problematischer als die bewussten oder halbbewussten Erwartungen wirken sich die unbewussten aus, die die Partner mit in ihre Ehe bringen. Die Grunderwartung besteht in der Regel darin, dass ihr Partner, den sie aus den potenziellen Kandidaten ausgewählt haben, sie mehr liebt, als ihre Eltern es je zustande brachten. Ihr Partner wird nun alle ihre Wünsche erfüllen - er wird die unerfüllten Bedürfnisse ihrer Kindheit stillen und gleichzeitig Ersatz für ihr Verlorenes Selbst sein, er wird sie fortwährend und liebevoll umsorgen, vor allem jedoch immer verfügbar sein, wenn sie ihn brauchen. Diese Erwartungen bestanden auch schon in der Phase der romantischen Liebe, doch der Wunsch, etwas für den anderen zu tun, tritt immer mehr in den Hintergrund. Menschen heiraten nicht, um die offenen Bedürfnisse eines anderen Menschen zu erfüllen, sondern sie heiraten, weil es sie dazu hinzieht, sich seelisch und emotional weiterzuentwickeln. Sobald eine Partnerschaft sicher erscheint, wird eine Art Schalter im Gehirn umgelegt, der plötzlich alle latenten Kindheitsbedürfnisse aktiviert. Es sieht so aus, als ob plötzlich ein tief verletztes Kind die Steuerung übernimmt. Sein innerer Monolog könnte lauten: „Jetzt war ich so lange brav, dass dieser Mensch eine ganze Weile bei mir bleiben wird. Mal sehen, welche Belohnung ich dafür bekomme." Beide Partner lehnen sich nun zurück und warten auf die Dividenden des Zusammenlebens, die nun zur Auszahlung kommen mögen.

Diese Veränderung kann schrittweise oder auch abrupt vor sich gehen. Eines Tages wird beiden Partnern bewusst, dass das Klima kälter geworden ist. Die liebevollen Umarmungen werden spärlicher, die Liebesbriefchen kürzer und nüchterner, leidenschaftlicher Sex seltener. Die Partner verbringen nicht mehr jede freie Minute miteinander, sondern bevorzugen wieder einen spannenden Krimi oder Liebesroman, sitzen lange vor dem Fernseher, treffen sich mit Freunden oder träumen in den Tag hinein.

Warum hast du dich so verändert?

Das Schwinden der romantischen Liebe ist zum Teil die Folge einer unangenehmen Entdeckung. An einem bestimmten Punkt wird plötzlich deutlich, dass uns gerade manche Charaktereigenschaft, die wir anfänglich so attraktiv an unserem Partner fanden, nun unangenehm auffällt. Ein Mann hat die traditionellen Werte seiner Frau sehr geschätzt, nun aber beginnt er, sie als unflexibel und prüde wahrzunehmen. Eine Frau entdeckt, dass die Tendenz ihres Mannes zu Ruhe und Zurückgezogenheit, die sie ursprünglich als Indiz für seinen seelischen Reichtum angesehen hatte, in ihr nun zunehmend Gefühle der Einsamkeit auslöst. Ein Mann ärgert sich mehr und mehr über die impulsive, extrovertierte Art seiner Ehefrau, die er ursprünglich so „erfrischend" fand. Im Dauerbetrieb ist er damit regelrecht überfordert.

Wie kommt es dazu, dass Partner einander nun anders wahrnehmen? Wie Sie sich erinnern werden, suchen wir in unserem Bemühen, unsere von Gott gegebene, ursprüngliche Ganzheit wiederzufinden, solche Partner, die gewisse Persönlichkeitsanteile zeigen, von denen wir seit unserer Kindheit abgeschnitten sind. Wir suchen jemanden, der unseren Mangel an Kreativität oder unsere vermeintliche Unfähigkeit zu denken oder zu fühlen kompensieren konnte. Durch die Vereinigung mit unserem Partner kommen wir wieder in Kontakt mit unseren versteckten Selbstanteilen. Zuerst scheint dieses Arrangement auch zu funktionieren. Doch im Laufe der Zeit lösen gerade die uns ergänzenden Charakterzüge unserer Partner Gefühle und Eigenschaften in uns aus, die wir uns selbst verboten haben.

Um diese Dramatik an einem konkreten Beispiel zu erläutern, möchte ich hier an die Erfahrungen meines Klienten John anknüpfen. John war der tüchtige Geschäftsmann, der sich zwar zwischendurch mit Patricia verabredete, dessen größte Sehnsucht jedoch darin bestand, mit Cheryl zusammenzuleben. Eines Tages kam er euphorisch zur Therapiesitzung. Er begann nicht wie gewohnt damit, die ersten 15 Minuten von seinen geschäftlichen Erfolgen zu berichten, sondern er erzählte mir sogleich seine großen Neuigkeiten. Cheryl hatte in einem seltenen, versöhnlichen Moment eingewilligt, für eine Probezeit von sechs Monaten mit ihm zusammenzuziehen. Er war überglücklich, denn nun konnten seine Träume endlich in Erfüllung gehen.

Johns Euphorie hielt einige Monate an und er meinte, er brauche nun keine Therapie mehr. (Wie die meisten meiner Klienten hatte er kein Bedürfnis danach, seine Probleme therapeutisch zu bearbeiten, sobald er sich glücklich fühlte.) Eines Tages rief er mich wieder an und bat um einen Termin. Er berichtete mir, dass er Schwierigkeiten mit Cheryl hatte. Langsam aber sicher ging ihm Cheryls aufbrausende Art auf die Nerven. Es gelang ihm, ihre „emotionalen Exzesse" (wie er sie nannte) zu tolerieren, wenn sie sich gegen andere Personen richteten - wenn sie zum Beispiel mit einem Verkäufer oder Kellner zankte oder eine Freundin ihre Gefühlsausbrüche abfing. Waren Cheryls starke Emotionen aber direkt auf ihn gerichtet, überfielen ihn Panik und Fluchtgedanken. „Ich habe Angst, dass ich mich zu einer Kurzschlusshandlung hinreißen lassen könnte", so beschrieb er mir seinen emotionalen Zustand.

Der Grund, warum John in Cheryls Gegenwart mit starker Angst reagierte, lag darin, dass seine lange unterdrückten Gefühle, in erster Linie seine verdrängte Wut, nun aktiviert wurden. Zuerst hatte das Zusammensein mit Cheryl ihm die angenehme Illusion verschafft, er sei wieder in Kontakt mit diesen Gefühlen gekommen. Doch nach einer gewissen Zeit stimulierte ihre frei zutage tretende Emotionalität seine eigenen Gefühle in einem solchen Ausmaß, dass sie an die Oberfläche zu gelangen drohten. Sein Über-Ich, jener Teil seiner Psyche, der die Instruktionen seiner Mutter gespeichert hatte, die ihm keinerlei Ausleben von Wutgefühlen gestatteten, sandte ihm Warnsignale, um diese Verdrängung aufrechtzuerhalten. John versuchte nun, seine eigene Angst zu unterdrücken, indem er Cheryls Wut einzudämmen versuchte. „Um Gottes willen, Cheryl! Sei bitte nicht so emotional! Du benimmst dich unmöglich!“ Oder „Beruhige dich doch, dann kannst du mit mir reden! Ich verstehe kein Wort von dem, was du mir erzählst!“ Gerade die Charaktereigenschaft, die er ursprünglich so hinreißend an ihr fand, nahm sein Altes Gehirn nun als Gefahr wahr.

Vielleicht haben auch Sie bereits ähnliche Erfahrungen in Ihrer Partnerschaft gemacht. Vielleicht wünschen Sie manches Mal, Ihr Partner wäre weniger sexy oder unternehmungslustig oder mache nicht ständig Änderungsvorschläge ... und würde manches lieber unterdrücken, weil dadurch auch Ihre Selbstanteile aufgerüttelt werden und Ihr Verleugnetes Selbst außerplanmäßig ans Tageslicht zu kommen versucht. Wenn das geschieht, tritt sofort Ihre innere Polizei in Aktion, die diese Selbstanteile schon lange unter Kontrolle hält, und Sie erleben Angstgefühle. Das ist sehr unangenehm und verunsichert Sie, sodass Sie möglicherweise versuchen, Ihren Partner auf die gleiche Art einzuschränken wie Ihre Eltern Sie eingeschränkt haben. Um Ihre eigene Existenz zu schützen, versuchen Sie, die Wirklichkeit Ihres Partners zu beschneiden.

Ihr wachsendes Unbehagen mit den komplementären Charaktereigenschaften Ihres Partners ist aber nur ein Teil des aufziehenden Sturms. Die negativen Eigenschaften Ihres Partners, die Sie während der ersten Phase der romantischen Liebe so vehement verleugneten, treten nun in den Fokus Ihrer Aufmerksamkeit. Seine chronisch depressive Ader, sein kleines Alkoholproblem, seine geizige Art oder sein mangelndes Verantwortungsgefühl stehen plötzlich unübersehbar im Raum. Sie erkennen mit einem Mal, dass nicht nur Ihre Wünsche und Bedürfnisse nicht erfüllt werden, sondern dass Ihr Partner Sie auch auf die gleiche Art verletzen wird, wie es schon Ihre Eltern taten.

Ein schmerzliches Erkennen der Realität

Diese schmerzliche Erkenntnis musste ich bereits ganz zu Beginn meiner ersten Ehe machen, und zwar schon am zweiten Tag unserer Flitterwochen. Meine Frau und ich verbrachten eine Woche auf einer Insel. Bei einem Strandspaziergang stocherte ich im Treibholz herum und meine Frau suchte nach Muscheln. Etwa hundert Meter vor mir spazierte sie, den Kopf gesenkt und ganz auf die Muscheln konzentriert. Ich blickte hin und sah ihre Silhouette gegen die aufgehende Sonne. Bis an den heutigen Tag kann ich mich genau daran erinnern, wie sie damals ausgesehen hat. Sie trug schwarze Shorts und ein rotes Oberteil. Ihr schulterlanges, blondes Haar flatterte im Wind. Während ich sie anstarrte, bemerkte ich plötzlich, dass ihre Schultern ein wenig nach vorne gesunken waren. Plötzlich überflutete mich ein Gefühl starker Bedrohung.

Gleichzeitig wusste ich, ich hatte den falschen Menschen geheiratet. Es war ein sehr starkes Gefühl - ich musste mich sehr zusammennehmen, um nicht zum Wagen zu laufen und abzureisen. Während ich wie gelähmt am Strand stand, drehte sich meine Frau plötzlich um, lächelte mich an und kam auf mich zu. Ich meinte aus einem Alptraum zu erwachen. Schnell lächelte ich zurück und lief auf sie zu.

Es war, als wäre für einen kurzen Augenblick ein Vorhang einen Spalt geöffnet worden, aber gleich wieder zugegangen. Ich brauchte Jahre, um zu verstehen, was ich erlebt hatte. Während einer Therapiesitzung gelang es mir Jahre später die richtige Verbindung herzustellen. Mein Therapeut führte mich durch eine Regressionsübung zurück in meine Kindheit. Mit seiner Hilfe konnte ich mich als kleines Kind auf dem Boden unserer Küche spielen sehen, ich war vielleicht ein oder zwei Jahre alt. Ich konnte meine Mutter sehen, die geschäftig am Herd hantierte, ihren Rücken mir zugewandt. Wahrscheinlich eine alltägliche Szene, denn ich war ihr neuntes Kind, und sie verbrachte sicher jeden Tag mehr als vier oder fünf Stunden mit Kochen oder Putzen in der Küche. Ich sah ihren Rücken sehr deutlich. Sie stand am Herd, trug ein bedrucktes Kleid und hatte sich ihre Schürzenträger um die Taille geknotet. Sie wirkte müde und deprimiert, und ihre Schultern waren nach vorne gesunken. Als Erwachsener, der zurückblickt, wurde mir bewusst, dass sie für mich einfach keine Kraft mehr gehabt hatte - weder in körperlicher noch in seelischer Hinsicht. Mein Vater war einige Monate vor dieser Szene an einer Kopfverletzung gestorben und sie war mit ihrer Trauer allein, hatte kaum Geld, aber ein ganzes Haus voller Kinder, die sie versorgen musste. Ich fühlte mich wie ein ungewolltes Kind. Nicht weil meine Mutter mich nicht liebte - sie war im Grunde eine warme, liebevolle Frau -, sondern weil sie körperlich und seelisch so ausgelaugt war. Sie war so mit ihren eigenen Sorgen beschäftigt, dass sie mich nur noch mechanisch versorgen konnte.

Diese Entdeckung war neu für mich. Bis zu diesem Punkt in meiner Therapie hatte ich meine Ängste der Tatsache zugeschrieben, dass meine beiden Eltern gestorben waren, als ich erst sechs Jahre alt war. Doch hier, während dieser Regressionsübung, erfuhr ich, dass mein deprimierendes Gefühl der Verlassenheit schon viel früher begonnen hatte. In dieser Übung rief ich meine Mutter, doch sie antwortete nicht. Ich saß in der Praxis eines Therapeuten und weinte aus tiefster Seele. Plötzlich wurde mir noch ein weiterer Zusammenhang bewusst. Ich verstand, was mit mir in meinen Flitterwochen, dort am Strand, geschehen war. Als ich meine erste Frau, so weit von mir entfernt, so versunken in ihre eigenen Gedanken gesehen hatte, mit den gleichen nach vorne gesunkenen Schultern, nahm ich plötzlich meine Ehe als ein neuerliches Zusammenleben mit meiner depressiven Mutter wahr. Auf der Hochzeitsreise war diese Erkenntnis viel zuviel für mich und so hatte ich den Vorhang schnell wieder zugezogen.

An irgendeinem Punkt ihrer Liebesbeziehung entdecken die meisten Menschen, dass es etwas an ihrem Partner gibt, das starke Erinnerungen an die Schmerzen ihrer Kindheit auslöst. Oft gibt es starke Parallelen. Eine Frau, deren Eltern sie misshandelt haben, entdeckt vielleicht gewalttätige Züge an ihrem Partner. Ein Mann, dessen Eltern Alkoholprobleme hatten, findet sich plötzlich mit einer latenten Alkoholikerin oder Drogensüchtigen verheiratet. Eine Frau, die in einer komplizierten ödipalen Beziehung zu ihrem Vater aufwuchs, entdeckt, dass ihr Partner eine heimliche Affäre hat.

Oft sind die Ähnlichkeiten zwischen unseren Eltern und unserem Partner jedoch weniger offensichtlich. Bernard und Kathryn waren 28 Jahre verheiratet, als sie bei mir eine Paartherapie begannen. Bernard war Geschäftsführer eines städtischen Betriebes, Kathryn absolvierte gerade eine Ausbildung zur Lebensberaterin. Sie hatten drei gemeinsame Kinder und ein Enkelkind.

Eines Abends erschienen sie sehr niedergeschlagen zu ihrer wöchentlichen Therapiesitzung. Ich tippte sofort darauf, dass sie sich wieder gestritten hatten und eine ihrer „Kernszenen" durchgespielt hatten, die sie seit etwa 20 Jahren wieder und wieder erlebten, in unzähligen, unterschiedlichen Variationen. Die meisten Paare haben eine solche Kernszene, ein Streitthema, das sie bereits so oft ausgetragen haben, dass sie ihre jeweiligen Rollen schon auswendig können.

Sie berichteten mir, dieses Mal hätten sie sich gestritten, während sie das Haus für Weihnachten schmückten. Bernard war auf seine charakteristische Art sehr ruhig geblieben, in Gedanken versunken, und Kathryn hatte Anordnungen erteilt. Ihre drei erwachsenen Kinder wollten zusammen mit ihren Familien die Weihnachtsfeiertage bei ihnen verbringen, und deshalb wollte Kathryn alles so perfekt wie nur möglich vorbereiten. Bernard erfüllte pflichtbewusst jede Aufgabe, die sie ihm zugedacht hatte, und er hing dabei weiter still seinen Gedanken nach. Nach etwa einer Stunde konnte Kathryn sein Schweigen nicht mehr ertragen und versuchte, ihn in ein Gespräch über die Kinder zu verwickeln. Er steuerte nur wenige Sätze zur Unterhaltung bei. Sie wurde immer ärgerlicher auf ihn. Schließlich zischte sie ihn an, er möge doch die Weihnachtsbeleuchtung nicht so lieblos am Baum befestigen: „Warum passt du nicht auf, was du machst? Ich könnte genauso gut alles alleine erledigen!" Bernard ließ ihre Tirade über sich ergehen, drehte sich schließlich wortlos um und verließ das Haus durch die Hintertür.

Kathryn lief zum Küchenfenster. Während sie beobachtete, wie sich die Garagentür hinter Bernard schloss, empfand sie zwei elementare Gefühle: Angst und Wut. Die Wut war stärker. Dieses Mal würde sie es nicht zulassen, dass er sich einfach zurückzog. Sie lief hinter ihm her und riss die Garagentür auf: „Warum in aller Welt willst du mich nicht unterstützen? Immer versteckst du dich in deiner Garage! Du lässt mich einfach im Stich, nie hilfst du mir, wenn ich dich brauche! Was denkst du dir nur dabei?"

Für einen Therapeuten zeigen die Worte „immer" und „nie", die Kathryn hier gebraucht, deutlich an, dass sie sich in einem Stadium der Regression befindet. Kleine Kinder haben oft Schwierigkeiten damit, zwischen der Vergangenheit und der Gegenwart zu unterscheiden. Was sie jetzt erleben war immer schon so und wird auch immer so bleiben. Doch Bernard war kein Therapeut. Er war ein in die Enge getriebener Ehemann, der gerade einem wilden Sturm der Kritik entflohen war, in der Hoffnung, endlich Ruhe und Frieden zu finden. Seine Reaktion auf ihre Attacke wurde von seinem Alten Gehirn gesteuert. Kathryns Angriff war in Wirklichkeit die erwachsene Version kindlicher Schreie um Zuwendung und Hilfe. Bernard jedoch eröffnete den Gegenangriff: „Vielleicht würde ich dir mehr helfen, wenn du nicht so zickig wärst!", gab er ihr zurück. „Immer bedrängst du mich! Kann ich nicht auch einmal fünf Minuten für mich alleine sein?" Er bebte inzwischen vor Wut und nun brach Kathryn in Tränen aus.

Als Außenstehender fiel es mir leicht, die schrittweise Eskalation ihres Verhaltens zu verstehen. Der Auslöser für ihren regelmäßigen Streit lag darin, dass Bernard so introvertiert war. Um überhaupt eine Reaktion von ihm zu bekommen, begann Kathryn regelmäßig an ihm herumzunörgeln, bis er schließlich konterte. Zuerst ging er dann in ein anderes Zimmer, um dort Ruhe und Frieden zu finden. Doch das brachte Kathryn erst recht in Rage, sie explodierte regelrecht vor Wut, worauf Bernard ihr ebenso wütend antwortete. Am Ende brach Kathryn jedes Mal in Tränen aus.

Als sie diesen letzten Streit geschildert hatten, bat ich Kathryn, konkret die Gefühle zu benennen, die sie in allen Phasen dieser Streitsituation erlebt hatte. Sie dachte einen Augenblick lang nach, um sich an ihre Empfindungen zu erinnern. Dann sah sie mich mit einem hilflosen Blick an und sagte: „Ich fürchte mich. Es macht mir solche Angst, dass er nicht mit mir sprechen will." Zum ersten Mal wurde ihr bewusst, dass sie im Grunde Angst vor Bernards Schweigsamkeit hatte.

„Wovor hatten Sie Angst?", fragte ich sie.

Sie antwortete rasch: „Ich hatte Angst, er würde mich verletzen."

Bernard sah seine Frau erschrocken an. Ich sagte zu ihm: „Nun wollen wir sehen, was Sie empfanden. Wollten Sie Kathryn wirklich verletzen, Bernard?"

„Kathryn verletzen? Ich habe ihr noch nie in meinem Leben wehgetan. Ich hing nur meinen eigenen Gedanken nach und überlegte, dass wir im Frühjahr unsere Dachziegel erneuern müssen, da das Dach an einigen Stellen undicht ist. Und einige berufliche Probleme gingen mir ebenfalls durch den Kopf."

„Wirklich?", fragte ihn Kathryn. „Du warst nicht wütend auf mich?"

„Nein! Natürlich habe ich mich ein wenig geärgert, dass du mich ständig kritisiert hast, doch ich wollte mich nur zurückziehen. Ich stellte mir vor, wie angenehm es wäre, in Ruhe in der Garage zu arbeiten, ohne ständig mit Vorwürfen überschüttet zu werden."

„Ich habe aber das Gefühl, dass du ständig wütend auf mich bist, und wenn du es dann nicht mehr zurückhalten kannst, dann explodierst du."

„Natürlich werde ich wütend, wenn du zwei oder drei Stunden lang an mir herumnörgelst. Fast jeder würde explodieren, wenn er so behandelt wird. Aber anfänglich war ich überhaupt nicht wütend auf dich."

Ich hatte den gleichen Eindruck gewonnen. Bernard schien mir alles andere als ein gewalttätiger Mann zu sein.

„Kathryn", sagte ich zu ihr, „ich möchte, dass Sie für einen Augenblick die Augen schließen und darüber nachdenken, was Ihnen Angst macht, wenn Bernard Ihnen eine Zeit lang nicht antwortet."

Nach einer halben Minute antwortete sie: „Ich weiß es nicht. Ich glaube, es ist einfach die Stille." Es fiel ihr sehr schwer, ihr eigenes Verhalten zu verstehen.

„Bitte überlegen Sie noch einmal. Was bedeutete Stille für Sie in Ihrer Kindheit? Schließen Sie bitte noch einmal Ihre Augen!"

Nach einer Nachdenkpause atmete Kathryn plötzlich hörbar ein und öffnete ihre Augen: „Es ist mein Vater! Nie zuvor habe ich darüber nachgedacht. Er hatte tiefe Depressionen und sprach wochenlang nicht mit uns. Immer, wenn er in dieser Stimmung war, wusste ich, dass ich ihn nicht stören durfte, denn beging ich auch nur den kleinsten Fehler, so schlug er mich. Beobachtete ich die ersten Anzeichen einer neuen Depression bei ihm, so kam schon wieder die Angst in mir hoch. Ich fürchtete, dass die nächste Zeit wieder schrecklich werden würde."

Kathryns Vater und ihr Ehemann waren einander insofern ähnlich, als sie beide in lange Perioden der Schweigsamkeit versanken. Ohne Zweifel hatte gerade diese Eigenschaft Kathryn ursprünglich zu Bernard hingezogen. Sie hatte sich einen Partner ausgewählt, der ihrem Vater ähnelte, damit ihr Kindheitstrauma, misshandelt zu werden, Heilung erfahren konnte. Sie hatte keinen Partner geheiratet, der gesprächig und extrovertiert war, sondern sie wählte jemanden, der gerade die *negativen Eigenschaften* ihres Vaters zeigte, sodass sie ihren kindlichen Kampf nach Aufmerksamkeit und Zuwendung fortsetzen konnte. Bernard war ein stiller und introvertierter Mensch, aber er war weder depressiv noch leicht reizbar. Erst Kathryns ständige Nörgelei konnte ihn provozieren.

Bei vielen meiner Klienten ist mir dieses Phänomen aufgefallen. Sie reagieren auf ihre Partner, als wären diese Kopien ihrer Eltern, selbst wenn einige Persönlichkeitsmerkmale gar nicht übereinstimmen. In ihrem fast zwanghaften Bestreben ihre Kindheit aufzuarbeiten projizieren sie einfach die fehlenden elterlichen Charaktermerkmale auf ihren Partner. Sie behandeln ihn lange Zeit so, als hätte er tatsächlich die ihm zugedachten Eigenschaften, bis der Partner endlich so reagiert, wie sie es die ganze Zeit über befürchteten. Einer meiner Kollegen stellte fest, dass wir Menschen entweder einen Partner wählen, der unserer Imago (dem inneren Bild unserer primären Bezugspersonen) entspricht, oder diese Charaktermerkmale auf ihn projizieren oder ihn so behandeln, dass er kaum anders kann, als so zu reagieren, wie wir im Grunde befürchten.

Heimkino, Teil II

Bis jetzt haben wir in diesem Kapitel über zwei Faktoren gesprochen, die den Machtkampf verstärken:

1. Unser Partner löst Angst in uns aus, da er die unerlaubten Anteile unseres Ichs zutage fördert.
2. Unser Partner scheint die gleichen negativen Eigenschaften wie unsere Eltern zu haben oder hat sie tatsächlich. Dadurch aktiviert er alte Wunden und versetzt uns unbewusst in Todesangst.

Es gibt aber noch einen dritten Aspekt des Machtkampfes, der unserer Aufmerksamkeit bedarf. Im vorangegangenen Kapitel hob ich hervor, dass viele schöne Gefühle in einer Liebesbeziehung ihren Ursprung darin haben, dass wir die positiven Anteile unserer Imago auf unseren Partner projizieren. Das heißt, wir übertragen die guten Seiten unserer Mutter und unseres Vaters, ebenso wie alle guten, aber unterdrückten Anteile unseres Ichs, auf unseren Partner. Während des Machtkampfes lassen wir die Projektoren eingeschaltet. Wir legen jedoch einen anderen Film ein und projizieren nun ausschließlich negative Eigenschaften.

In Kapitel 2 habe ich diese negativen Eigenschaften als das Verleugnete Selbst bezeichnet. Wie Sie sich vielleicht erinnern, sprach ich darüber, dass alle Menschen auch Schattenseiten haben, die sie meist nicht wahrhaben möchten. Zumeist handelt es sich dabei um Schutzmuster, die wir schon als Kind ausprägen, um uns vor weiteren Verwundungen zu schützen. Darüber hinaus übernehmen wir auch viele negative Eigenschaften von unseren Eltern. Selbst wenn wir Eigenschaften ablehnen, „introjizieren" wir sie doch, da wir uns mit unseren Eltern unbewusst identifizieren und loyal sind. Die Kritiksucht eines Vaters oder die Tendenz einer Mutter, sich klein zu machen, sind Eigenschaften, die auf Kinder übergehen können. Je mehr Selbsterkenntnis die Kinder jedoch entwickeln, desto eher wird ihnen bewusst, dass es sich hier um Eigenschaften ihrer Eltern handelt, die sie selbst ablehnen. Deshalb tun sie ihr Bestes, um diese Eigenschaften zu leugnen.

Nun wird es spannend. Kinder übernehmen also negative Eigenschaften von ihren Eltern, wenngleich sie sie verleugnen und aus ihrem Bewusstsein verdängen. Und sie suchen als Erwachsene in einem potenziellen Partner gerade diese Eigenschaften, da sie zu einem wesentlichen Bestandteil ihrer Imago geworden sind. *Unsere Imago ist nicht nur unser inneres Bild, an dem wir uns bei der Partnerwahl orientieren, sie ist gleichzeitig eine Beschreibung unseres eigenen Verleugneten Selbst.*

Vielleicht kann Ihnen folgendes Fallbeispiel helfen, dieses seltsame und komplexe psychologische Phänomen zu verdeutlichen. Viele Jahre lang kam eine junge Frau namens Lillian zu mir zur Therapie. Lillians Eltern hatten sich scheiden lassen, als sie neun Jahre alt war, und ihre Mutter erhielt das Sorgerecht für Lillian und ihre zwölf Jahre alte Schwester June. Ein Jahr nach der Scheidung heiratete Lillians Mutter neuerlich, und zwar einen Mann, der June absolut nicht mochte. Der Stiefvater beschimpfte June ständig und bestrafte auch das geringste Fehlverhalten. Mehrere Male in der Woche brach seine Wut hervor und er nahm June mit in sein Zimmer, um sie dort mit einem Gürtel zu schlagen. Lillian stand bei diesen Gelegenheiten vor der Tür, hörte den Schlägen zu und wurde vor Angst und Wut gleichermaßen geschüttelt. Sie verabscheute ihren Stiefvater in diesen Momenten aus ganzem Herzen. Doch kaum war sie alleine mit ihrer Schwester, behandelte sie sie mit der gleichen Verachtung. Sie benutzte sogar dieselben Schimpfworte wie ihr Stiefvater.

Die Tatsache, dass sie selbst ihre Schwester auf diese Weise so verletzt hatte, war dermaßen schmerzlich für Lillian, dass sie diese Vorfälle verdrängt hatte. Erst nach einem Jahr Therapie konnte sie sich wieder daran erinnern und es dauerte noch länger, bis sie mir so vertraute, dass sie darüber sprechen konnte. Als sie mir davon erzählte, konnte ich ihr erklären, warum wir als Kinder die positiven *und die negativen* Eigenschaften unserer Eltern übernehmen. Ihr Stiefvater war dominanter als ihre Mutter und Lillians Unterbewusstsein registrierte, dass derjenige, der am wütendsten war, gleichzeitig der Mächtigste war. Wut und Hohn mussten demnach wertvolle Überlebensstrategien sein. Nach und nach drängten sich diese Eigenschaften in Lillians ursprünglich freundliches Wesen und manifestierten sich.

Als sie erwachsen wurde und einen Partner suchte, war es fast unvermeidlich, dass sie sich in einen Mann verliebte, der einige Eigenschaften ihres Stiefvaters aufwies und vor allem leicht in Wut geriet, da gerade dieser Persönlichkeitsanteil so bedrohlich für Lillian gewesen war. Der Grund dafür, dass Lillian zur Therapie kam, war, dass ihr Ehemann sie körperlich misshandelt hatte.

Nach zwei Jahren therapeutischer Arbeit konnte sie sehen, dass die Wut, die sie an ihrem Stiefvater so verabscheut hatte, einer der unbewussten Faktoren gewesen war, die sie zu ihrem Mann hingezogen hatten. Gleichzeitig, was Lillian als noch bedrohlicher empfand, war diese Wut auch einer ihrer eigenen verleugneten Charakterzüge. Diese Wut war ein Teil von Lillians Imago und deshalb war sie nicht nur charakteristisch für ihren Ehemann sondern auch für ihr eigenes, Verleugnetes Selbst.

Eine ähnliche Tendenz sehe ich in fast allen Liebesbeziehungen. Die meisten Menschen versuchen sich ihrer negativen Eigenschaften zu entledigen, indem sie sie auf ihren Partner projizieren. Oder, anders ausgedrückt, sie sehen ihren Partner an und kritisieren an ihm alle Eigenschaften, die sie an sich selbst nicht wahrhaben wollen. Die Methode, die eigenen, negativen Eigenschaften einfach dem Partner zuzuschreiben, ist scheinbar eine effektive Vorgangsweise, um einen bei sich selbst unerwünschten Anteil zu verschleiern.

Nun haben wir die drei wichtigsten Konfliktquellen definiert, die einen Machtkampf bestimmen. Während die Illusion der romantischen Liebe langsam abnimmt, beginnen die Partner:

1. die verdrängten Gefühle und Eigenschaften ihres Partners zu aktivieren.
2. die alten Verwundungen aus der Kindheit neu zu inszenieren und einander aufs Neue zu verletzen.
3. die eigenen negativen Eigenschaften auf den anderen zu projizieren.

Diese Interaktionen laufen vollkommen unbewusst ab. Die Betroffenen merken nur, dass sie sich verwirrt, zornig, angstvoll, deprimiert und ungeliebt fühlen. So ist es verständlich, dass sie ihren Partner für ihr Unglück verantwortlich machen. *Sie selbst* haben sich schließlich nicht verändert - sie sind immer noch so, wie sie vorher waren! Also muss es der Partner sein, der sich plötzlich gewandelt hat.

Die Waffen der Liebe

In ihrer Verzweiflung wenden die Partner in einem Machtkampf nun eine negative Strategie und Taktik an, um ihren Partner zu einem liebevolleren Verhalten zu zwingen. Sie beginnen ihre Liebe zu rationieren und gehen emotional auf Distanz. Sie werden leicht reizbar und überkritisch. Sie greifen ihren Partner an und überschütten ihn mit Vorwürfen: „Warum hast du nicht ...?" Oder „Warum musst du immer ...?" Oder „Warum kannst du nie ...?" Sie werfen mit Vorwürfen um sich, im verzweifelten Bemühen, ihren Partner dazu zu bringen, ihnen gegenüber wieder liebevoll und verständnisvoll zu sein - und die positiven Eigenschaften zu zeigen, die sie in ihrer Imago gespeichert haben. Sie glauben, wenn ihr Partner schmerzlich und mit Nachdruck erfährt, wie sehr sie sich das wünschen, wird er wieder so liebevoll zu ihnen sein wie zuvor.

Was bringt Menschen dazu zu glauben, ihr Partner könnte durch Verletzungen zu einem liebevollen Verhalten bewegt werden? Warum sprechen sie ihr Anliegen nicht klar und deutlich aus, warum fassen sie ihren Wunsch nach mehr Aufmerksamkeit, Zuwendung, Sex oder mehr Freiraum nicht einfach in Worte? Ich stellte diese Frage eines Tages bei einem Paar-Workshop. Es war keine rhetorische Frage, ich wusste nämlich selbst keine Antwort darauf. Kurz davor hatte ich über kleine Kinder gesprochen, die auf unangenehme Situationen instinktiv mit lautem Schreien reagieren. Und plötzlich wusste ich die Antwort: unser Altes Gehirn war wieder einmal „schuld" daran. Als Babys haben wir unsere Mütter nicht angelächelt, wenn wir dringende Bedürfnisse hatten, wir suchten für unsere Wut oder Verzweiflung auch keine erklärenden Worte. Im Gegenteil, wir öffneten einfach den Mund und schrieen, und zwar so laut wie nur möglich. Wir brauchten auch nicht lange, um herauszufinden, dass eine Reaktion umso schneller erfolgte, je lauter wir brüllten. Der Erfolg dieser Taktik „prägte" sich in unserem Gedächtnis als sichere Methode ein, die Umwelt auf unsere Bedürfnisse aufmerksam zu machen, etwa nach dem Motto: „Bist du frustriert, so provoziere einfach die Menschen um dich herum. Benimm dich möglichst schlecht, dann wird gleich jemand kommen und dir helfen."

Diese elementare Methode, unser Unbehagen zu signalisieren, ist charakteristisch für die meisten Paare, die einen Machtkampf eröffnet haben. Ein Beispiel ist mir allerdings besonders deutlich in Erinnerung geblieben. Vor einigen Jahren kam ein Ehepaar zu mir, das bereits seit 25 Jahren verheiratet war. Der Ehemann war der Überzeugung, seine Frau sei nicht nur selbstsüchtig, sondern auch rachsüchtig. „Niemals denkt sie an mich", beklagte er sich und zählte viele Begebenheiten auf, wo seine Frau ihn nicht beachtet hatte. Während seiner Ausführungen saß seine Frau stumm auf ihrem Stuhl und schüttelte verzweifelt den Kopf. Als er fertig war, sah sie mich ernst an und sagte mit fester Stimme: „Bitte glauben Sie mir, ich mache alles, was ich kann, um ihn zufriedenzustellen. Ich verbringe Zeit mit ihm, wenn er möchte, ich gebe ihm Freiraum, wenn er es möchte. Ich habe sogar Skifahren gelernt, weil ich dachte, es würde ihn freuen, das gemeinsam zu tun - dabei hasse ich die Kälte! Aber es scheint nichts zu geben, womit ich ihn glücklich machen kann."

Um in diese festgefahrene Beziehung wieder etwas Dynamik zu bringen, bat ich den Ehemann, seine Frau um etwas Bestimmtes zu bitten, das sie tun könnte, damit er sich besser fühlen würde - eine konkrete, gut umsetzbare und messbare Aktivität, die ihm das Gefühl geben würde, geliebt zu sein. Er stotterte, versuchte sich herauszureden und meinte schließlich großspurig: „Wenn sie nach 25 Jahren Ehe immer noch nicht weiß, was ich mir wünsche, dann hat sie eben nie aufgepasst! Sie interessiert sich einfach nicht genug für mich."

Dieser Mann hielt, wie die meisten von uns, gewissermaßen an einer primitiven Überzeugung fest. Als kleines Kind war er in seiner Wiege gelegen und hatte seine Mutter als riesengroßes Wesen wahrgenommen, das sich über ihn gebeugt und versucht hatte, alle seine Bedürfnisse zu erraten und zu erfüllen. Er war gefüttert, angezogen, gebadet und umsorgt worden, obwohl er keines dieser Bedürfnisse benennen hatte können. In dieser nonverbalen Phase hatte er eine entscheidende Lektion gelernt: andere Menschen müssen sich um mich kümmern, sie müssen herausfinden, was ich will, und brauche und sollen es mir geben, ohne dass ich mehr tun muss, als einfach loszuschreien. Dieses Arrangement hatte zwar recht gut funktioniert, als er noch klein gewesen war - doch für Erwachsene ist das Leben nicht ganz so einfach. Seine Frau war schließlich nicht seine aufopfernde Mutter, die über seiner Wiege wachte. Sie war ein erwachsener Mensch, genauso wie er, und hatte, was ihm bisher noch nie bewusst geworden war, eigene Wünsche, Bedürfnisse und Erwartungen. Sie war zwar ehrlich bereit ihn glücklich zu machen, aber sie wusste einfach nicht wie. Sie konnte nur raten: „Ist es das, was du dir wünscht? Oder jenes?"

Teilen sich Paare nicht gegenseitig mit, was sie brauchen und was sie sich wünschen, kritisieren sie einander ununterbrochen, weil der andere verständlicherweise immer wieder falsch tippt, so verwundert es kaum, dass das Klima in ihrer Partnerschaft abkühlt und dass Liebe und guter Wille allmählich verschwinden. Stattdessen füllt die kühle Berechnung des Machtkampfes die entstandene Leere und jeder versucht den anderen dazu zu zwingen, seine Bedürfnisse zu erfüllen. Verständlicherweise reagiert der Partner auf Zwang wieder mit Ablehnung - aber dennoch stellen sie den Kampf nicht ein. Wie ist das möglich? Unbewusst fürchten sie sterben zu müssen, wenn ihre Bedürfnisse nicht endlich Erfüllung finden. Freud nannte das den „Wiederholungszwang", die Tendenz des Menschen, auch Verhaltensweisen, die nicht zielführend sind, wieder und wieder anzuwenden.

Manche Paare bleiben in dieser feindseligen Phase einfach stecken. Sie verfeinern ständig ihre Taktik, die Schutzmuster des Partners zu durchlöchern und schließlich seine Psyche zu zerstören. Mit alarmierender Häufigkeit entlädt sich dieser Zorn in gewalttätigem Verhalten.

Die Machtkampf-Phasen

Verstrickt in einen derartigen Machtkampf, erscheint unser Leben sehr bedrückend. Wir verlieren die Orientierung. Wir können nicht mehr sagen, wann und wie es begonnen hat und wie es weitergehen soll. Nur aus der Distanz kann man beobachten, dass jeder Machtkampf einen bestimmten Verlauf nimmt, ähnlich wie auch ein Trauerprozess bestimmten Phasen folgt, die wissenschaftlich dokumentiert sind. Der Unterschied besteht darin, dass hier nicht der Tod eines nahe stehenden Menschen betrauert wird, sondern der Tod der Illusion der romantischen Liebe.

Am Anfang steht der Schock, der furchtbare Moment der Wahrheit, wo ein erschreckender Gedanke in unser Bewusstsein dringt: „Das ist nicht mehr derselbe Mensch, den ich geheiratet habe!" Wir erkennen mit einem Mal, dass unsere Partnerschaft eine Fortsetzung der Einsamkeit und der Verletzungen unserer Kindheit sein könnte und die erhoffte Heilung könnte ausbleiben.

Nach dem ersten Schock folgt die Phase der Verleugnung. Die Enttäuschung ist so groß, dass Sie der Wahrheit nicht ins Auge blicken möchten. Sie versuchen Ihr Bestes, um die negativen Eigenschaften Ihres Partners in einem positiven Licht zu sehen. Doch im Laufe der Zeit können Sie nicht länger leugnen und fühlen sich getäuscht. Entweder hat sich der Partner seit Beginn Ihrer Liebesbeziehung dramatisch geändert oder sein Charakter ist anders, als er damals vortäuschte. Ihr Schmerz bemisst sich danach, wie groß die Diskrepanz zwischen der ursprünglichen, positiven Phantasievorstellung von Ihrem Partner und der sich jetzt langsam abzeichnenden Realität ist. Die Phase der Niedergeschlagenheit hat begonnen.

Wenn Sie weiter durchhalten, verliert die Auseinandersetzung an Schärfe und Sie erreichen eine weitere Phase: die Phase des Verhandelns. „Wenn du aufhörst zu trinken, werde ich wieder mehr Lust auf Sex haben." Oder „Wenn du mich eine Woche zum Segeln fahren lässt, werde ich danach mehr mit den Kindern unternehmen." Paartherapeuten können diese Phase des Machtkampfes unbeabsichtigt noch verlängern, wenn sie den Partnern empfehlen, verschiedenste Vereinbarungen zu treffen, ohne die wirklichen Ursachen der Schwierigkeiten zu bearbeiten.

Die letzte Phase dieses Machtkampfes ist die Phase der Verzweiflung. Wenn Paare dieses abschließende Stadium erreichen, besteht kaum noch Hoffnung für sie, in dieser Partnerschaft die Liebe und Erfüllung zu finden, die sie sich erträumt hatten. Der Schmerz dauert nun einfach schon zu lange an. Jetzt zieht ungefähr die Hälfte der Paare die Konsequenzen und reicht die Scheidung ein. Diejenigen, die verheiratet bleiben, stellen sich darauf ein, in einer so genannten „Parallel-Ehe“ nebeneinander her zu leben, das heißt, sie versuchen Ablenkung, Erfüllung und Glück außerhalb der Partnerschaft zu finden. Nur wenige, vielleicht fünf Prozent aller Paare, finden einen Weg, diesen Machtkampf aufzulösen und fortan zu einer glücklichen und erfüllenden Partnerschaft beizutragen.

All unseren Lesern zuliebe möchte ich nun noch einmal in aller Kürze die wichtigsten Punkte der ersten fünf Kapitel zusammenfassen. Es gibt zwei grundlegende Motive, die uns bei der Partnerwahl leiten. Erstens soll unser Partner sowohl negative als auch positive Charakterzüge der primären Bezugspersonen aus unserer Kindheit mitbringen. Und zweitens soll ein potenzieller Partner auch die positiven Eigenschaften kompensieren, die uns in unserer frühen Kindheit abhanden gekommen sind. Zu Beginn unserer Partnerschaft vertreten wir die unbewusste Annahme, dass unser Partner eine Art Ersatzelternteil sein wird und uns für alle Entbehrungen unserer Kindheit entschädigen wird. Wir werden Heilung erfahren, wenn es uns nur gelingt eine enge, dauerhafte Bindung herzustellen.

Nach einer gewissen Zeit jedoch wird uns bewusst, dass diese Strategie nicht aufgeht. Wir lieben einander, aber unsere ursprüngliche Ganzheit können wir dennoch nicht wiederfinden. Wir schließen daraus, dass unser Partner offensichtlich nicht bereit ist, unsere tiefen Bedürfnisse zu erfüllen. Unser Partner müsste inzwischen genau wissen, was wir wollen, wann wir es wollen und wie wir es wollen, doch aus unerfindlichen Gründen verweigert er es uns. Wir werden zornig und beginnen, die negativen Seiten an unserem Partner zu entdecken. Wir verlagern das Problem, indem wir unsere eigenen, verdrängten Eigenschaften auf unseren Partner projizieren. Während sich die Situation immer weiter verschlechtert, glauben wir, die beste Methode, unseren Partner dazu zu bewegen unsere Bedürfnisse endlich zu erfüllen, sei, laut und verzweifelt loszubrüllen, so wie damals, als wir noch in der Wiege lagen. Halten wir nur lange genug durch und ist unser Geschrei unüberhörbar, so wird unser Partner hoffentlich zu unserer Rettung kommen. Der Grund für die Heftigkeit des Machtkampfes liegt darin, dass wir unbewusst spüren, dass sich eine große Angst in uns ausbreitet, wenn es uns nicht gelingt unseren Partner zu verlocken, zu zwingen oder zu verführen, uns zu schenken, was wir so nötig brauchen. Diese Angst ist größer als jede andere Angst, die wir kennen - denn es ist jene Todesangst, die wir als Babys verspürt haben, wenn wir uns im Stich gelassen fühlten.

Ein interessanter Aspekt, den ich dieser Kurzversion noch beifügen möchte, ist die Tatsache, dass im Grunde nur ein geringer Unterschied zwischen der Phase der romantischen Liebe und der Phase des Machtkampfes besteht. Auf den ersten Blick scheinen es zwei völlig unterschiedliche Welten zu sein. Aus der innigen Liebe eines Paares entwickelt sich tiefer Hass, aus einem herzensguten Umgang miteinander ergeben sich nun Kampfhandlungen. Doch es ist wichtig zu erkennen, dass die tiefer liegenden Themen sich nicht verändert haben. Beide Partner möchten ihre ursprüngliche Ganzheit wiederherstellen und halten an ihrem Glauben fest, dass ihr Partner die Macht hat, ihnen Heilung und seelische Ganzheit zu schenken. Es gibt nur einen bedeutsamen Unterschied. Im Machtkampf unterstellen wir unserem Partner, er würde uns seine heilende Liebe absichtlich vorenthalten. Deshalb verändern wir unsere Taktik. Wir beginnen entweder unseren Partner zu verletzen, oder wir wählen das gegenteilige Muster und entziehen dem Partner unsere Nähe und Zuwendung, in der Hoffnung, seine Liebe auf diese Weise erzwingen zu können.

Wie können wir einen Ausweg aus diesem beängstigenden Labyrinth finden? Was kommt nach dem Machtkampf? Im nächsten Kapitel „Bewusstwerdung“ werden wir eine neue Art der Beziehung, die „bewusste Partnerschaft“, vorstellen und zeigen, wie Partner in einer Liebesbeziehung beginnen können, einander Heilung und Erfüllung für die große unerfüllte Sehnsucht ihrer Kindheit zu schenken.

Teil II

Die bewusste Partnerschaft

6
Bewusstwerdung

Es gibt kaum eine Ehe,
die sich reibungslos und ohne Krisen weiterentwickeln würde.
Bewusstwerdung ist immer ein schmerzlicher Prozess.
C. G. Jung

In den ersten fünf Kapiteln dieses Buches könnte der Eindruck entstanden sein, dass unser Altes Gehirn für die meisten unserer Beziehungsprobleme verantwortlich ist. Unser Altes Gehirn verleitet uns einen Partner auszuwählen, der unseren Eltern ähnelt. Das Alte Gehirn hilft uns auch unsere Schutzmuster zu entwickeln und löst Projektionen, Übertragungen und Introjektionen (die unbewusste Übernahme von Werten und Normen) aus, die unsere eigene Wirklichkeit und die Wirklichkeit unseres Partners verzerren. Und schließlich aktiviert das Alte Gehirn auch unsere kindlichen Reaktionen auf Frustrationen, was jedoch zu immer größerer Entfremdung der Partner führt.

Das Alte Gehirn spielt jedoch auch eine positive Rolle in jeder Partnerschaft. Sind auch manche seiner Strategien blockierend und kontraproduktiv, so möchte es doch in erster Linie für unsere Sicherheit sorgen. Unser unbewusstes Bestreben, die Verletzungen unserer Kindheit heilen zu wollen, bringt unser spirituelles Potenzial ans Licht und schenkt uns die Chance, zu liebesfähigen und ausbalancierten Persönlichkeiten zu werden. Machen uns unsere Projektionen und Übertragungen zeitweilig auch blind für die Wirklichkeit unseres Partners, binden sie uns gleichzeitig an ihn, und das ermöglicht uns, als Persönlichkeit zu wachsen und uns weiterzuentwickeln.

Der problematische Aspekt des Alten Gehirns ist seine Orientierungslosigkeit. Es ähnelt einem alten, blinden Tier, das versucht, den Weg zu einem Wasserloch zu finden. Um die unersetzlichen und sinnvollen Absichten des Alten Gehirns auch tatsächlich realisieren zu können, ist die Hilfe und die Unterstützung unseres Neuen Gehirns erforderlich. Dieser Teil unseres Gehirns, der Entscheidungen trifft, der für unsere Willenskraft zuständig ist, der weiß, dass unsere Partner nicht unsere Eltern sind und dass „Heute“ nicht mit „Immer“ gleichzusetzen ist, ebenso wenig wie das „Gestern“ dem „Heute“ gleicht. Es ist überaus wichtig, die rationalen Fähigkeiten, die wir in anderen Bereichen unseres Lebens so wirkungsvoll einsetzen, auch für unsere Liebesbeziehung zu nützen. Wenn es uns gelingt, eine Allianz zwischen dem mächtigen, instinktgesteuerten Alten Gehirn und den kognitiven und differenzierenden Fähigkeiten des Neuen Gehirns herzustellen, können wir unsere unbewussten Absichten erkennen. Wenn die Instinkte unseres Alten Gehirns und der Verstand unseres Neuen Gehirns gemeinsame Sache machen, so können wir Schritt für Schritt unsere

Frustrationen und den Machtkampf hinter uns lassen.

Wenn Altes und Neues Gehirn einander ergänzen

Würden Liebesbeziehungen anders aussehen, wenn unser Neues Gehirn sich aktiver beteiligte? Um das zu illustrieren, möchte ich eine Alltagssituation beschreiben, wie wir alle sie kennen. Wie könnte sich diese Situation entwickeln, wenn die Partner unbewusst aufeinander reagieren, wenn also die impulsiven Reaktionen des Alte Gehirns in der Partnerschaft dominieren, und wie andererseits, wenn die Partner einen bewussten Umgang miteinander pflegen und das Alte Gehirn durch rationales Denken gebremst und in gute Bahnen gelenkt wird.

Stellen Sie sich bitte vor, Sie sitzen gerade gemütlich beim Frühstück, und plötzlich wirft Ihr Partner Ihnen vor, Sie ließen immer das Toastbrot anbrennen. Ihr Altes Gehirn möchte Sie, wie immer, beschützen und sendet sofort die entsprechenden Signale: kämpfen oder fliehen. Ihm ist es gleichgültig, ob die Person, die Sie kritisiert, Ihr Partner oder ein Fremder ist. Das Alte Gehirn hat nur wahrgenommen, dass man Sie angreift. Gelingt es Ihnen nun nicht, diese automatische Reaktion zu unterbrechen, werden Sie umgehend kontern: „Möglich, dass mir das Toastbrot angebrannt ist, aber du hast den Honig auf den Tisch gekleckert!“ Oder Sie entscheiden sich, Ihrem Fluchtimpuls nachzugeben. Sie verlassen den Raum oder vergraben sich hinter der Tageszeitung. Je nachdem welche angebotene Variante des Alten Gehirns Sie zur Problembewältigung auswählen, wird Ihr Partner sich entweder angegriffen oder verlassen fühlen. Höchstwahrscheinlich wird er zu einem Gegenschlag ausholen. Damit ist ein Perpetuum mobile in Gang gesetzt, und die gemütliche Atmosphäre des gemeinsamen Frühstücks ist zerstört.

In dieser Situation könnte das Neue Gehirn sehr hilfreich intervenieren und uns ermöglichen, eine weniger provozierende Antwort zu finden. Eine Option besteht darin (in einem späteren Kapitel werden wir noch andere Beispiele und Optionen zeigen), die Aussage Ihres Partners mit neutralen Worten zu wiederholen und seinen Ärger wegen des Toastbrotes gelten zu lassen, anstatt sich zu verteidigen. Sie könnten zum Beispiel antworten: „Du bist verärgert, dass ich das Toastbrot habe anbrennen lassen!“ Vielleicht wird Ihr Partner Ihnen dann antworten: „Ja, ich bin es leid, wie in diesem Haushalt ständig Nahrungsmittel verschwendet werden. Du könntest das nächste Mal wirklich sorgfältiger damit umgehen!“ Immer noch in Kontakt mit Ihrem reflektierenden Neuen Gehirn könnten Sie wiederum ohne jeden Gegenangriff antworten: „Du hast Recht. Es ist schade Nahrungsmittel zu verschwenden. Ich werde gleich morgen ein Verlängerungskabel besorgen und den Toaster hier ins Esszimmer bringen, wo wir ihn besser im Auge behalten können.“ Ihr Partner wird durch Ihre rationale Argumentation entwaffnet sein, sich beruhigen und wieder verständnisvoller reagieren. „Eine gute Idee! Danke, dass du nicht wütend geworden bist. Ich bin heute ziemlich unter Druck, weil ich dringend etwas im Büro erledigen muss und nicht sicher bin, ob ich das heute schaffen werde." Da Sie bereit waren, seinen Ärger auf kreative Art zu beantworten, sind Sie plötzlich zu einem vertrauenswürdigen Partner anstatt zu einem Gegner geworden.

Haben Sie erst einmal Übung und Erfahrung darin erlangt, auf Kritik anders zu reagieren als mit Gegenangriff oder Flucht, so werden Sie eine wichtige Erfahrung machen: *In den meisten Interaktionen mit Ihrem Partner ist es weitaus besser und sicherer, wenn Sie so weit als möglich auf einen Gegenangriff verzichten, da Ihr Partner so zu einem Verbündeten anstatt zu einem Gegner wird.* Verlassen Sie sich bewusst auf Ihr Neues Gehirn, denn es kann sehr wohl unterscheiden zwischen einem verbalen Angriff aufgrund von angebranntem Toastbrot und einem Angriff mit dem Brotmesser. So werden Sie mit der Zeit lernen, Ihre instinktgebundenen Kampf- und Fluchtreaktionen aufzugeben. Paradoxerweise können Sie jenes Ziel, das durch den Kampf- oder Fluchtreflex angestrebt wurde, nämlich das Ziel, sicher und unverletzt zu bleiben, auf diese Weise sogar besser erreichen.

Dieses Beispiel zeigt, dass es sich empfiehlt, auf die Fähigkeiten des Neuen Gehirns, flexibel zu reagieren und gut zu differenzieren, zu vertrauen. So können Sie auch Ihre unbewussten Ziele gut erreichen. Lassen Sie uns nun einen größeren Bezugsrahmen wählen und einen Einblick in das Konzept der „bewussten Partnerschaft" nehmen. Ich möchte die bewusste Partnerschaft als jene Form der Partnerschaft definieren, in der die größten seelischen und geistigen Entwicklungsmöglichkeiten gegeben sind. In dieser Art von Partnerschaft handeln die Partner so bewusst wie nur möglich und kooperieren mit den elementaren Bedürfnissen unseres Unterbewusstseins, mit unserem Bedürfnis nach Sicherheit, nach Heilung und nach dem Wiederfinden unserer ursprünglichen Ganzheit

Was macht nun den Unterschied zwischen „bewusstem" und „unbewusstem" Verhalten aus? Die folgenden zehn Punkte inkludieren die entscheidenden theoretischen und praktischen Aspekte einer bewussten Lebenshaltung und Partnerschaft.

Zehn Charakteristika einer bewussten Partnerschaft

1. *Sie erkennen, dass Ihre Liebesbeziehung einen tieferen Sinn und ein verborgenes Ziel hat - die Heilung Ihrer Kindheitswunden.* Statt sich auf oberflächliche Wünsche und Bedürfnisse zu konzentrieren, machen Sie sich mit den tiefer liegenden unerfüllten Bedürfnissen aus der Kindheit vertraut. Wenn Sie Ihre Partnerschaft mit Röntgenblick durchleuchten, werden Ihre alltäglichen Interaktionen eine tiefere Bedeutung erlangen. Aspekte Ihrer Beziehung, die bisher nur Ratlosigkeit erzeugt haben, erhalten eine neue Deutung. Gleichzeitig haben Sie nun das Gefühl, die Dinge besser steuern zu können.

2. *Ihr Bild Ihres Partners wird um vieles realistischer werden.* Seit Beginn Ihrer Beziehung ließen Sie das Bild Ihres Partners mit dem Ihrer Eltern verschmelzen. Später projizierten Sie auch Ihre eigenen, negativen Eigenschaften auf Ihren Partner, wodurch sein Bild noch stärker verfälscht wurde. Wenn Sie nun an einer bewussten Partnerschaft arbeiten, so verabschieden Sie sich Schritt für Schritt von dieser Illusion und haben den Mut die Wirklichkeit so zu erkennen, wie sie ist. Sie sehen Ihren Partner nun nicht mehr als übermenschlichen Retter an, sondern als ein ebenfalls verwundetes, menschliches Wesen, das so wie Sie nach Heilung strebt.

3. *Sie übernehmen die Verantwortung dafür, Ihrem Partner Ihre Wünsche und Bedürfnisse mitzuteilen.* In einer unbewussten Partnerschaft klammern Sie sich an den kindlichen Glauben, Ihr Partner könne Ihre Bedürfnisse selbständig und intuitiv erfassen. In einer bewussten Partnerschaft akzeptieren Sie den Umstand, dass es unerlässlich ist, eine gute und klare Kommunikation zu pflegen, um einander wirklich verstehen zu können.

4. *Die Interaktionen mit Ihrem Partner sind reflektiert und absichtsvoll.* In der unbewussten Partnerschaft handeln Sie meist spontan und ohne lange nachzudenken. So lassen Sie zu, dass Ihr Altes Gehirn mit impulsiven Reaktionen Ihr Verhalten steuert. In einer bewussten Partnerschaft dagegen lernen und trainieren Sie, konstruktiver zu handeln.

5. *Sie achten und schätzen die Wünsche und Bedürfnisse Ihres Partners ebenso wie Ihre eigenen.* In einer unbewussten Partnerschaft gehen Sie von der unausgesprochenen Annahme aus, Ihr Partner müsse auf fast magische Art und Weise Ihre Bedürfnisse erraten können. In einer bewussten Partnerschaft geben Sie diese narzisstische Sichtweise auf und zeigen stattdessen mehr und mehr die Bereitschaft, die wahren Bedürfnisse Ihres Partners zu erfüllen.

6. *Sie umarmen auch die Schattenseiten Ihrer Persönlichkeit.* In einer bewussten Partnerschaft können Sie offen eingestehen, dass Sie Schwächen und Schattenseiten haben wie jeder andere Mensch auch. Wenn Sie selbst die Verantwortung für Ihre Schattenseiten übernehmen, so verringert sich Ihre Tendenz, diese abgespaltenen Persönlichkeitsanteile auf Ihren Partner zu projizieren, wodurch in Ihrer Partnerschaft die Feindseligkeiten deutlich abnehmen werden.

7. *Sie lernen einen neuen Weg, wie Ihre elementare Sehnsucht und Ihre Kindheitsbedürfnisse Erfüllung finden können.* Während eines Machtkampfes versuchen Sie, Ihren Partner durch gutes Zureden, durch Moralpredigten oder durch Beschimpfungen dazu zu bewegen, Ihre Kindheitssehnsucht zu erfüllen. Gelingt es Ihnen, dieses Stadium zu überwinden, werden Sie erfahren, dass Ihr Partner Ihnen

tatsächlich schenken kann, was Sie so sehr brauchen - doch erst, wenn Sie Ihre kontraproduktive Taktik aufgeben.

8. *Sie beginnen, in sich selbst die Stärken und Fähigkeiten zu suchen, die Sie bisher in Ihrer Persönlichkeit vermissten.* Ein Grund, warum Sie ausgerechnet von diesem Partner angezogen wurden, war doch, dass er Stärken und Fähigkeiten hatte, die Ihnen abzugehen schienen. So lebten Sie in der Illusion, nur im Zusammensein mit diesem Partner könnten Sie Ihre Ganzheit wiederfinden. In einer bewussten Partnerschaft lernen Sie, dass Sie sich nur dann wieder ganz fühlen werden, wenn Sie die verborgenen („verlorenen") Eigenschaften in sich selbst wieder entdecken und lebendig werden lassen.

9. *Sie können wieder bewusst wahrnehmen, dass Sie Ihre Liebe fließen lassen möchten, Ihre ursprüngliche Ganzheit wiederfinden und in Einheit mit dem ganzen Universum leben möchten.* Als ein Teil Ihrer von Gott gegebenen Natur erhielten Sie die Fähigkeit, bedingungslos lieben zu können und sich in Einklang mit Ihrer Umgebung zu fühlen. Im Laufe Ihrer Sozialisation und durch unzureichendes Verhalten Ihrer Eltern haben Sie diese elementaren Fähigkeiten zumeist verloren. In einer bewussten Partnerschaft können Sie Ihr ursprüngliches Wesen wiederentdecken.

10. *Sie stellen sich darauf ein, dass es Mühe bedeutet, an einer dauerhaften Liebesbeziehung zu arbeiten.* In einer unbewussten Partnerschaft wird oft angenommen, es käme nur darauf an, den richtigen Partner auszuwählen und der Rest ergäbe sich von selbst. In einer bewussten Partnerschaft erkennen Sie mehr und mehr, dass es nicht darum geht, den richtigen Partner *zu finden*, sondern der richtige Partner *zu werden*. Während Sie Ihre Liebesbeziehung etwas nüchterner und realistischer wahrnehmen, erkennen Sie, dass eine gute Partnerschaft echte Bereitschaft und Disziplin erfordert und den Mut zu wachsen und sich zu verändern. Eine glückliche Liebesbeziehung ist die Frucht harter Arbeit.

Wir wollen uns nun noch näher mit dem zehnten Punkt beschäftigen, mit jenen Schwierigkeiten, die überwunden werden müssen, um in einer bewussten Partnerschaft leben zu können. Denn keiner der anderen neun Punkte kann Früchte bringen, wenn es uns nicht gelingt, zuerst unsere Bereitschaft zu kultivieren, uns zu ändern und uns weiterzuentwickeln.

Ein Liebender werden

Es ist nur allzu verständlich, dass wir alle am liebsten wie Kinder leben möchten. Es ist mühsam, eine Kuh auf die Weide zu führen und sie zu melken. Viel lieber möchten wir uns an den gedeckten Tisch setzen und dort ein Glas frischen Kakao serviert bekommen. Wir möchten nicht zuerst Setzlinge pflanzen, sie hegen und pflegen, und viel später erst Früchte ernten. In unserer Partnerschaft trifft das in ganz besonderem Maße zu. Wir möchten keinen mühevollen Beitrag dazu leisten, dass unsere Bedürfnisse erfüllt werden können. Wir möchten uns in „Superman“ oder „Superwoman“ verlieben, um dann glücklich bis ans Ende unserer Tage leben zu können. Der psychologische Fachausdruck „Externalisation“ beschreibt die Tendenz, die Ursachen aller unserer Frustrationen und ebenso die Lösungen für alle unsere Probleme außerhalb von uns selbst zu suchen. Das ist die Quelle für sehr viel Unglück in unserer Welt.

Ich erinnere mich noch gut an einen meiner Klienten, den ich Walter nennen möchte. Er kam mit hängenden Schultern und einem sehr traurigen Gesichtsausdruck zur Therapie.

„Was ist los, Walter?“, fragte ich ihn. „Sie sehen heute so unglücklich aus.“

„Harville“, sagte er zu mir, während er sich in einen Stuhl fallen ließ, „ich bin so unglücklich, weil ich keinen einzigen Freund habe.“

Ich reagierte verständnisvoll. „Das muss Sie sehr traurig stimmen. Die Welt ist wirklich einsam ohne Freunde.“

„Ja. Es gelingt mir einfach nicht ... wie soll ich es sagen ... es gibt einfach keine Freunde in meinem Leben. Ich suche und suche und finde keine.“

In einem verdrießlichen und klagenden Ton steigerte er sich immer weiter hinein in sein Selbstmitleid und ich musste mich bemühen den Ärger zurückzuhalten, den sein regressives, kindliches Verhalten in mir auslöste. Er hatte sich in einer Weltsicht verfangen, die etwa so aussah: draußen auf der Straße müssten Menschen umherlaufen auf deren Stirn „Walters Freund“ gestempelt war, und seine Aufgabe bestünde nun einfach darin, diese Menschen zu finden.

„Walter“, meinte ich seufzend. „Verstehen Sie nicht, warum Sie keine Freunde haben?“

Er richtete sich abrupt auf. „Nein! Erklären Sie es mir doch bitte.“

„Der Grund, warum Sie keine Freunde haben, ist, dass keine Freunde dort draußen herumlaufen.“

Wiederum ließ Walter den Kopf hängen.

Ich blieb unerbittlich. „Es stimmt. Es gibt keine Freunde dort draußen. Was Sie sich wünschen, existiert einfach nicht.“ Ich ließ ihn noch einige Sekunden in seiner traurigen Stimmung sitzen. Dann lehnte ich mich in meinem Stuhl nach vorne und sagte zu ihm: „Walter, hören Sie mir bitte gut zu! Alle Menschen auf dieser Welt sind *Fremde*. Wollen Sie einen Freund finden, müssen Sie jemand zu Ihrem Freund machen.“

Walter wollte einfach nicht glauben, dass die Pflege einer guten Freundschaft Zeit und Energie erforderte. Obwohl er in seinem Beruf verantwortungsvoll und voller Engagement war, hielt er doch an seiner kindlichen Vorstellung fest, er müsse nur die richtige Person treffen, schon wäre eine Freundschaft entstanden. Da er sich nie bewusst gemacht hatte, dass eine Freundschaft langsam entsteht und Zeit braucht, dass sie Nachdenken über den anderen Menschen, Einfühlungsvermögen und sehr viel Geduld erfordert, war er auf sein einsames Leben beschränkt.

Diese passive Haltung, die Walter Freundschaften gegenüber entwickelt hatte, war in seinem Liebesleben noch viel stärker ausgeprägt: Er konnte einfach nicht die richtige Partnerin finden. Nachdem er sich von einer sehr schmerzhaften Scheidung (in einem erbitterten Rechtsstreit hatte seine Frau das Sorgerecht für ihren Sohn erhalten) erholt hatte, suchte er nun verzweifelt nach einer neuen Geliebten.

Seine Partnerschaft hatte besonders darunter gelitten, dass er von vorgefassten Meinungen und Vorstellungen ausging und nie von seinen Gefühlen. Er versteckte seine große Verletzlichkeit hinter seiner intellektuellen Fassade, die jedoch jede wirkliche Nähe verhinderte. Sechs Monate lang war er zu einer Gruppentherapie gekommen und in jeder Sitzung hörte er von der Gruppe das, was er schon von seiner Frau kannte: Er behielte seine Gefühle für sich und wirke emotional distanziert. Eines Abends schließlich gelang es einer der Gruppenteilnehmerinnen, Walter aus seinem emotionalen Schneckenhaus herauszuholen. „Wenn du über deinen Schmerz sprichst, kann ich überhaupt keine schmerzlichen Gefühle wahrnehmen", sagte sie zu ihm. „Umarmst du mich, kann ich einfach keine Umarmung fühlen." Walter merkte plötzlich, dass seine Ex-Frau mit ihren Vorwürfen vielleicht doch nicht ganz falsch gelegen hatte. „Ich dachte immer, sie wolle mich nur ärgern und wäre einfach überkritisch", gab er zu. „Niemals habe ich daran gedacht, dass auch ich noch umlernen müsse und etwas Wichtiges über mich erfahren hätte, wenn ich nur einmal richtig zugehört hätte."

Nachdem Walter diese Erkenntnis verarbeitet hatte, war er viel motivierter im therapeutischen Prozess. Er setzte sich mit seiner chronischen Abwehrhaltung auseinander. Als er in emotionaler Hinsicht schon sehr viel lebendiger geworden war, konnte er eine erfüllende Partnerschaft mit einer neuen Freundin eingehen. In seiner letzten Therapiestunde bei mir teilte er mir sein Fazit mit: „Wissen Sie, ich brauchte zwei Jahre, um eine einfache Tatsache verstehen zu können. Will man eine gute Beziehung erreichen, muss man bereit sein sich weiterzuentwickeln und zu verändern. Hätte ich diese Erkenntnis vor zehn Jahren schon gehabt, würde ich wahrscheinlich heute noch mit meiner Frau und meinem Sohn zusammenleben."

Es ist nicht allein Walters Schuld, dass er glaubte, eine Partnerschaft solle vor allem „einfach und unproblematisch" sein. Es liegt in der menschlichen Natur ein Leben ohne Anstrengungen zu bevorzugen. Als wir kleine Kinder waren, reagierten wir äußerst unwillig, wenn wir nicht sofort bekamen, was wir wollten. Wurden unsere Wünsche erfüllt, so waren wir zufrieden. Aus Tausenden dieser frühen Interaktionen leiteten wir unsere Weltvorstellungen ab, an denen wir nun festhalten, selbst wenn sie unsere Partnerschaft gefährden. Wir lernen nur sehr langsam, dass wir, um geliebt zu werden, zuerst selbst lieben müssen. Damit meine ich nicht die romantischen Dinge - Blumen schenken, Liebesbriefe schreiben oder neue Liebestechniken erlernen -, wenngleich das zu einer glücklichen Liebesbeziehung großteils dazugehört. Um wirklich ein „Liebender" zu werden, müssen wir unbewusst blockierende und kontraproduktive Einstellungen und Verhaltensweisen, wie ich in den ersten fünf Kapiteln beschrieben habe, aufgeben und sie durch konstruktivere Wege ersetzen. Wir müssen zweifellos unsere Ansichten verändern - unsere Ansichten über Liebesbeziehungen, über unseren Partner, über unsere Eltern und letztlich auch über uns selbst.

Die Angst vor Veränderungen

Das Haupthindernis, eine erfüllende Partnerschaft zu erreichen, liegt zumeist in unserer Angst vor Veränderung. Diese Angst ist tief in der menschlichen Natur verankert. Sogar positive Veränderungen, etwa eine Beförderung, der Umzug in ein neues Haus oder eine Ferienreise können Angst in uns auslösen. Alles, was uns aus unserer gewohnten Bahn wirft, und sei es auch ein Fortschritt, alarmiert unser Altes Gehirn. Es möchte uns darauf aufmerksam machen, dass wir dabei sind neues Gelände zu betreten, das weder gesichert noch ausreichend überprüft ist, sodass hinter jeder Ecke Gefahren lauern könnten.

Selbst bei ganz kleinen Kindern zeigt sich schon der Wunsch an Gewohntem festhalten zu wollen. Unsere Tochter Leah war zweieinhalb Jahre alt, als ihr jüngerer Bruder Hunter der Wiege entwachsen war. Helen und ich beschlossen, es sei nun an der Zeit, Leah in ein Kinderbett zu legen, damit das Baby das Gitterbettchen haben könne. Das Kinderbett hatte zwar auch eine Art Geländer, aber es war nur so hoch, damit Leah seitlich nicht hinausfallen konnte, und am Fußende war keine Begrenzung mehr angebracht. Früh am Morgen erwachte Leah in ihrem neuen Bett und wir hörten sie wie immer rufen: „Papi, Papi, Mami, Mami!" Ich ging zu ihr ins Zimmer und fand sie im Bett kniend, ihre kleine Hand um die Geländerstange geklammert. Sie rief: „Papi, Papi, ich kann nicht heraus!" So hatte sie immer in ihrem alten Gitterbett gerufen. Ich war sehr erstaunt über ihre Hilflosigkeit. Sehr leicht hätte sie einfach über die niedrige Stange klettern oder am Fußende des Bettes heraussteigen können. „Leah", sagte ich mit Nachdruck, „du kannst aus deinem neuen Bett ganz allein herauskommen!"

„Ich kann nicht!", sagte sie und schob ihre Unterlippe vor. „Ich kann da nicht heraus!"

„Leah, sieh her, hier ist doch gar kein Geländer!" Sie blieb wie angewurzelt auf ihrem Platz sitzen. Schließlich musste ich in ihr Bett hineinkriechen, um ihr zu demonstrieren, dass man aus diesem Bett ganz leicht heraussteigen konnte. Durch mein Beispiel ermutigt gelang es auch ihr, ihren Widerstand gegen die Veränderung zu überwinden und aus dem Bett herauszuklettern.

Ein noch dramatischeres Beispiel für das Gefühl des „Gelähmt-Seins" angesichts einer neuen Situation sah ich in den Abendnachrichten. Ein Fernsehsender hatte einen Bericht über einen kleinen Jungen gedreht, der ohne ausreichende Immunabwehr geboren worden war und vom Augenblick seiner Geburt an in einem Plastikzelt leben musste, abgeschirmt von allen gefährlichen Keimen. Seine Mutter und sein Vater liebten ihn sehr und besuchten ihn jeden Tag, blieben jedoch immer durch die Plastikhaut von ihm getrennt. Sie konnten ihn nur berühren, indem sie mit ihren Händen in lange, in die Zeltwand integrierte Handschuhe schlüpften.

Kurz nach seinem fünften Geburtstag erhielt er eine Knochenmarktransplantation, die erfolgreich verlief, und seine Ärzte entschieden nach zahlreichen Tests, dass er nun auch außerhalb seines Zeltes überleben könne. Am vorherbestimmten Tag wurde das Zelt geöffnet und man forderte ihn auf herauszukriechen. Seine überglücklichen Eltern hielten ihre Arme für ihn auf. Zum ersten Mal in seinem Leben würden sie ihn streicheln und küssen können. Doch zur allgemeinen Überraschung blieb der Junge im hintersten Winkel seines Plastikzeltes sitzen. Seine Eltern riefen seinen Namen, doch er rührte sich nicht von der Stelle. Schließlich kroch sein Vater in das Zelt hinein und trug seinen Sohn auf seinen Armen heraus in das Krankenzimmer. Als der kleine Junge sich in dem Raum umsah, begann er zu weinen. Sein ganzes bisheriges Leben hatte er in dem kleinen Zelt verbracht, sodass ihm das Zimmer nun riesengroß erscheinen musste. Seine Eltern streichelten ihn, um ihn zu trösten, doch er war diesen körperlichen Kontakt so wenig gewöhnt, dass er sich abwandte.

Einige Tage später wurde noch einmal eine Szene aufgenommen, die deutlich zeigte, dass sich der Junge inzwischen immer mehr an sein Leben außerhalb des Zeltes gewöhnt hatte. Doch am ersten Tag seiner Befreiung war offensichtlich geworden, dass seine Angst vor dem Neuen stärker war als sein Wunsch, die Welt zu entdecken.

Der kleine Junge hatte fünf Jahre in seinem Zelt gelebt. Die Paare, die zu mir kommen, leben oft seit zwei, zehn, zwanzig, manche sogar seit vierzig Jahren in einer restriktiven, ihre persönliche Weiterentwicklung hemmenden Beziehung. Nachdem sie so viele Jahre in ihre gewohnten Verhaltensmuster investiert haben, erscheint es nur natürlich, dass sie gegenüber Veränderungen zuerst abwehrend reagieren. Trotzdem möchte ich diese Paare ermutigen, nicht nur ihre Angst zu überwinden und neue Beziehungsmuster auszuprobieren, sondern sich auch der Angst und dem Schmerz zu stellen, die sie Jahrzehnte lang in sich trugen - und die die eigentliche Ursache für das Leid und die Kränkungen in ihrer Partnerschaft sind.

Das gelobte Land

Einige wertvolle Erkenntnisse für die schwierige Aufgabe eine bewusste Partnerschaft zu gestalten lassen sich aus der Erzählung von Moses und dem Gelobten Land ableiten, die ich als Parabel für die menschliche Psyche ansehe. Hier finden Sie eine stark gekürzte Version dieser Erzählung.

Vor vielen Jahrhunderten lebte der große Stamm der Israeliten in der Nähe des Mittelmeeres. Eine Dürreperiode kam über das Land und um überleben zu können, wanderten die Israeliten nach Ägypten aus, das damals berühmt für seinen Nahrungsreichtum war. Doch um zu essen, mussten sie sich versklaven lassen, wurden sehr schlecht behandelt und mussten hart arbeiten. Nachdem sie 400 Jahre in dieser kümmerlichen Existenz zugebracht hatten, erschien ein Mann namens Moses und sprach zu ihnen: „Ihr lasst euch hier schlecht behandeln, führt ein beklagenswertes Leben und seid mit Tätigkeiten befasst, die euch nicht weiterbringen werden. Ihr habt vergessen, wer ihr seid. Ihr seid keine ägyptischen Sklaven, sondern ihr seid Gottes Kinder. Der Gott aller Götter ist euer Schöpfer und ihr sein auserwähltes Volk!"

Die Israeliten erinnerten sich an ihre Vergangenheit und wurden sich plötzlich ihrer Gefangenschaft in Ägypten bewusst. Sie wurden unruhig und unglücklich - fast so wie Ehepaare, die zu mir in die Beratung kommen.

Geleitet von der Vision des Gelobten Landes folgten die Israeliten Moses. Doch sie waren auf die Härten der Reise nicht vorbereitet und besaßen auch nur wenig Vertrauen in den Schutz Gottes. Als sie das erste Hindernis erreichten, das Rote Meer, beklagten sie sich bitterlich bei Moses: „Du hast uns aus unseren schützenden Hütten geholt und uns ein besseres Leben versprochen. Jetzt stehen wir vor diesem gewaltigen Hindernis - einem riesengroßes Meer! Hast du uns in die Wüste geführt, damit wir hier sterben? Was sollen wir jetzt tun?"

Moses wusste selbst nicht genau, wie es nun weitergehen könne, doch er war überzeugt, dass sein Glaube ihm den Weg weisen würde. Während er noch grübelte, erschien plötzlich eine große Staubwolke am Horizont. Sehr zum Schrecken der Israeliten wurden sie von Tausenden ägyptischen Soldaten verfolgt, die in beängstigendem Tempo näher kamen, um sie zurückzuholen.

In diesem Augenblick hob Moses seine Hand und ein starker Ostwind teilte plötzlich auf wunderbare Weise das Rote Meer. Gebannt verfolgten die Israeliten dieses Wunder, fassten wieder Mut, warfen noch einen letzten Blick zurück auf die Ägypter und folgten Moses auf dem Weg, der sich zwischen den Fluten zeigte. Nachdem sie das Meer sicher passiert hatten, hob Moses noch einmal seine Hand, die Wellen schlugen wieder zusammen und ertränkten die ägyptischen Soldaten bis auf den letzten Mann.

Den Israeliten blieb nicht viel Zeit, sich ihrer sicheren Überquerung des Roten Meeres zu freuen, denn jetzt sahen sie, dass sich vor ihnen eine weite Wüste ausbreitete. Wiederum empörten sie sich und riefen Moses zu: „Du hast unser sicheres Leben zerstört! Du hast uns überredet, diese beschwerliche Reise auf uns zu nehmen. Fast hätten uns die Ägypter wieder gefangen, fast wären wir im Roten Meer ertrunken! Nun sind wir in Gefahr zu verdursten!"

Doch es blieb ihnen gar nichts anderes übrig, als ihre Reise fortzusetzen. Sie zogen mehrere Monate durch das fremde Land, am Tage von einer Wolkensäule geleitet, nachts von einer Säule aus Feuer. Sie mussten viele Strapazen auf sich nehmen, doch Gott erleichterte ihre Reise, indem er Wunder vollbrachte. Endlich hatten sie die Wüste durchquert. Gleich hinter der nächsten Bergkette sollte das Gelobte Land liegen, sagte ihnen Moses. Doch als ihre Kundschafter zurückkehrten, brachten sie schlechte Neuigkeiten mit. „Es fließen wirklich Milch und Honig im Gelobten Land, doch es ist schon besetzt! Die Kanaaniter wohnen dort, riesige Menschen, unglaublich groß!“ Wiederum schrie die versammelte Menge auf und sie beklagten ihr Los, das sie aus ihrer Sicherheit und Bequemlichkeit in Ägypten fortgeholt hatte.

Da sprach Gott selbst zu ihnen: „Da ihr keinen Glauben habt und euch immer wieder an Ägypten erinnert, müsst ihr 40 Jahre lang in der Wüste umherwandern, bis eine neue Generation herangewachsen ist, die sich nicht mehr an das Leben in Ägypten erinnert. Dann erst dürft ihr in das Gelobte Land!“ Weitere 40 Jahre lang mussten die Israeliten in der Wüste bleiben. Kinder wurden geboren und alte Menschen starben. Schließlich fand sich ein neuer Anführer, der den Stamm der Israeliten zum Kampf gegen die Kanaaniter führte.

Was sagt uns diese Geschichte im Hinblick auf die Situation vieler Paare? Es ist eine Tatsache, dass die meisten von uns wie Schlafwandler durch ihr Leben gehen und in der Beziehung zu ihrem Partner immer dieselben, unerfreulichen Spielchen spielen. Wie die Israeliten, die 400 Jahre lang in der Sklaverei in Ägypten gelebt hatten, haben auch wir vergessen, wer wir ursprünglich waren. Der Dichter William Wordsworth prägte die folgenden Worte: „Wir kamen zur Welt als Abglanz Gottes, doch schnell ist unser Glanz erloschen, und wir verlieren die Tatsache aus den Augen, dass wir ganzheitliche, spirituelle Wesen sind“. So führen wir ein verarmtes, eintöniges, unbefriedigendes Leben und wollen die Schuld daran auf unseren Partner schieben.

Aus dem Schicksal der Israeliten können wir weiters ableiten, dass auch wir häufig Gefangene unserer Angst vor Veränderungen sind. Fordere ich Partner auf, neue Verhaltensweisen zu riskieren, reagieren sie oft mit Ärger. Einer ihrer inneren Anteile würde es eher vorziehen, sich scheiden zu lassen, die Familie zu zerstören und ihren Besitz aufzuteilen, als zu riskieren, es einmal auf eine andere Art miteinander zu versuchen. Sie ähneln den Israeliten, die vor dem Roten Meer stehen und zittern, obwohl ihnen ein Weg offen steht. In schwierigen Phasen erscheinen ihnen ihre emotionalen Probleme wie Horden ägyptischer Soldaten oder wie die übermächtigen Kanaaniter, die das Gelobte Land besetzt halten. Nur ist bei ihnen der Feind keine Bedrohung von außen - es sind vielmehr die verdrängten und verleugneten Anteile ihrer eigenen Persönlichkeit, die nun an die Oberfläche drängen.

Die Quintessenz der Geschichte vom Auszug der Israeliten aus Ägypten ist, dass uns das Schöne im Leben nicht ohne eigene Anstrengungen und Opfer zuteil wird. So wie die Israeliten wünschen, dass das Gelobte Land dem Paradies gleichen möge, Gottes Geschenk an Adam und Eva, so denken wir, die Heirat erlöse uns für immer von allen Problemen und Nöten. Wir möchten wie im Märchen leben, wo die schöne Prinzessin und der hübsche Prinz glücklich bis ans Ende ihrer Tage sind. Doch die Israeliten durften das Gelobte Land erst betreten, als sie es als Chance begriffen, ein neues Leben zu führen. Ebenso können wir unsere unbewussten Wünsche nur befriedigen, wenn wir die Partnerschaft als Möglichkeit für Veränderungen und persönliche

Weiterentwicklung ansehen.

Weitere inhaltliche Schwerpunkte dieses Buches

Mit diesem Kapitel ist ein Wendepunkt dieses Buches erreicht. Bisher habe ich die unbewusste Partnerschaft beschrieben, eine Art von Partnerschaft, die von den impulsiven Reaktionen des Alten Gehirns charakterisiert wird. Im weiteren Verlauf dieses Buches möchte ich versuchen zu beschreiben, wie auch Sie mehr Bewusstheit, Veränderung und Wachstum in Ihre Partnerschaft integrieren können. Hier ein kurzer Überblick, was Sie in diesem Buch noch erwartet. Kapitel 7 beschäftigt sich mit dem altmodischen Begriff des Versprechens und erläutert, warum diese freiwillige Bereitschaft, das Versprechen zusammenzubleiben, die notwendige Vorbedingung für seelisches Wachstum darstellt. In Kapitel 8 werden Sie sehen, wie Sie Ihre Partnerschaft in eine Art Sicherheitszone verwandeln können - eine sichere und geschützte Umgebung, die die Intimität der Verliebtheit neu entfacht. Kapitel 9 wird Ihnen einige Möglichkeiten aufzeigen, wie Sie neue Informationen über sich selbst und über Ihren Partner erhalten können. In Kapitel 10 wird die nur scheinbar paradoxe Idee erklärt, dass die einzige Möglichkeit, die eigenen Kindheitsbedürfnisse erfüllt zu bekommen, darin besteht sich zu bemühen, die Bedürfnisse des Partners zu erfüllen. In Kapitel 11 werden Sie neue Wege und Möglichkeiten kennen lernen, wie Sie mit Ärger umgehen können, ohne Ihre Beziehung zu belasten. Kapitel 12 gibt die Ergebnisse eines Interviews mit zwei Paaren wieder, die auf dem besten Wege zu einer bewussten Partnerschaft sind. In Teil III dieses Buches finden Sie die bereits angekündigten Übungen, die Sie dabei unterstützen, die theoretischen Erkenntnisse in konkretes Verhalten umzusetzen. (Es ist allerdings wichtig, dass Sie die Teile I und II vorher zu Ende lesen. Sie können nämlich weitaus mehr von diesen Übungen profitieren, wenn Sie zuvor die Imago-Theorie in ihrer Gesamtheit auf sich wirken lassen konnten.)

7

Verlässlich füreinander da sein

Das Wunderbare an einer guten Ehe ist,
dass wir verbündet
durch unser weiteres Leben gehen.
Denis de Rougemont

Wenn Paare zu ihrem ersten Termin in meine Praxis kommen, weiß ich kaum etwas über sie. Das einzige, was ich meist sagen kann, ist, dass sie sich in einem Machtkampf befinden. Sie stecken gewissermaßen fest und das verursacht einen großen Leidensdruck. Vielleicht sind sie erst seit kurzem verheiratet und haben gerade mit Bestürzung realisiert, dass ihr Partner sich plötzlich anders verhält als der, den sie zu heiraten geglaubt haben. Vielleicht sind sie auch ein Paar in der Lebensmitte, das sich redlich bemüht, die beruflichen Herausforderungen, die Kinder im Teenageralter und ihre Partnerschaft unter einen Hut zu bringen, jedoch durch ständige Reibereien und Kämpfe überfordert ist. Oder vielleicht sind sie ein älteres Paar, das nichts mehr füreinander empfindet und sich auf eine einvernehmliche Scheidung einigen möchte. Welche Gründe auch immer Paare zu mir führen, ich kann stets davon ausgehen, dass sie die Phase der romantischen Liebe bereits hinter sich gelassen haben und nun mit Konflikten beschäftigt sind. Sie haben das Gefühl, dass sie etwas Wichtiges verloren haben, das sie gerne wiederfinden würden - sie wissen jedoch nicht, wie.

Früher versuchte ich, wie die meisten meiner Kollegen, den Machtkampf dieser Paare näher zu beleuchten. In den ersten Sitzungen versuchte ich mit dem Paar gemeinsam zu erarbeiten, ob ihr Hauptproblem im Bereich der Kommunikation, der Sexualität, des Geldes, der Erziehung, der Rollenbilder oder in Alkohol- oder Drogenproblemen lag. Im Laufe der darauf folgenden Monate versuchte ich dann, ihnen neue Einsichten im Bereich dieser Probleme zu ermöglichen. Ein wichtiger Teil des therapeutischen Prozesses bestand darin, die Partner zu lehren, wie sie einander ihre Gefühle besser mitteilen konnten: „Bitte sagen Sie Mary, wie Sie sich gefühlt haben, als sie das sagte." Oder „Bitte blicken Sie George an und erklären Sie ihm, warum Sie bei Ihrem letzten Telefongespräch einfach aufgehängt haben." Am Ende jeder Sitzung half ich ihnen, eine gegenseitige Vereinbarung auszuhandeln, in der ein konkreter Verbesserungsvorsatz festgehalten wurde. George könnte beispielsweise zustimmen, Mary jeden Tag ein Kompliment zu machen, und Mary könnte sich bereit erklären, ihren Ärger in Worte zu fassen, anstatt sich schweigend zurückzuziehen. Dieser Beratungsansatz war problemorientiert, auf die Lösung von Konflikten und das Aushandeln von Vereinbarungen ausgerichtet. Viele Therapeuten wenden ähnliche Vorgangsweisen noch heute an.

In diesen Sitzungen lernten die Paare viel übereinander und verbesserten ihre Kommunikation. Doch zu meiner Enttäuschung gelang es nur sehr wenigen Paaren, den Machtkampf hinter sich zu lassen. Sie diskutierten nun nicht mehr über jene Themen, derentwegen sie zur Therapie gekommen waren, sie diskutierten nun darüber, wer die Vereinbarung zuerst gebrochen hatte. Manchmal hatte es den Anschein, dass meine Aufgabe als Therapeut hauptsächlich darin bestand, ihre Konflikte auf eine formelle Ebene zu heben und zu dokumentieren.

In meiner beruflichen Supervision vertraute ich meinem Supervisor meine Enttäuschung an. Warum machten meine Paare so wenig Fortschritte? Es schien, als lieferte ich den Paaren nur neue Munition, um weiter kämpfen zu können. Mein Supervisor lächelte wissend und meinte, ich sollte mich besser abgrenzen von meinem persönlichen Wunsch, dass meine Klienten sich ändern sollten. Wenn sie sich wirklich ändern wollten, so versicherte er mir, dann würden sie sich ändern. Möglicherweise verwechselte ich meine eigenen Ziele mit ihren Zielen. Er machte mich darauf aufmerksam, dass meine Rolle als Therapeut darin bestünde, den Paaren eine bessere Kommunikationstechnik und Problemeinsicht zu vermitteln und den Rest ihrer Eigenverantwortung zu überlassen.

Es dauerte noch Jahre, bis ich erkannte, dass eine gute Paartherapie sich nicht ausschließlich mit oberflächlichen Problemen wie Geld, Rollenerwartungen und sexuellen Fragen befassen konnte. Hinter diesen sichtbaren Problemen versteckte sich nämlich meist ein weitaus wichtigeres Thema. Eine Klientin sagte einmal zu mir: „Mein Mann und ich hatten ein viel tieferes Problem, das keiner der Therapeuten, die wir aufsuchten, erkannte. Wir konnten es selbst nicht in Worte fassen und die Therapeuten konnten es nicht wahrnehmen. Es war jedoch die Quelle all unserer anderen Konflikte."

Dieses „Kernproblem", das meine Klientin meinte, ist etwas, mit dem die meisten Paare, die zur Paartherapie kommen, im Tiefsten beschäftigt sind. Viele Menschen haben in ihrer Kindheit erlebt, dass ihre Verbundenheit zu einem Menschen „abgerissen" ist. Damit meine ich, dass es ihrer primären Bezugsperson nicht gelungen ist, manche grundlegenden Bedürfnisse zu erfüllen, vor allem das Bedürfnis nach Sicherheit und einer sicheren Eltern-Kind-Beziehung. Viele Jahre später erleben sie unter Umständen ein ähnliches Abreißen der Beziehung zu einem Liebespartner, wenn eine Liebesbeziehung zu zerbrechen droht. Sie spüren keine Verbundenheit mehr zu ihrem Partner und da auch der Partner in seiner Kindheit ähnliche Erfahrungen gemacht hat, beginnen beide einander zu kritisieren, anstatt Freunde und Vertraute zu sein. Auch bessere Kommunikationsmethoden und Vereinbarungen können nicht die ersehnte Brücke herstellen, die einen Weg eröffnet, um wieder eine tiefe Verbundenheit fühlen zu können.

Langsam erkannte ich, dass ich mich dem Bereich der Paartherapie auf neue Weise annähern musste. Ich beschäftigte mich intensiv damit und eines Tages erinnerte ich mich an die Worte von Harry Stack Sullivan, einem Psychiater, der in den Fünfzigerjahren das Werk *Die interpersonale Theorie der Psychiatrie* geschrieben hatte. Darin hatte Stack Sullivan hervorgehoben, „es habe weniger Auswirkungen, was in einem Individuum vorgehe, wäre aber umso wichtiger, was zwischen zwei Individuen vorging." Ich tauschte mich mit meiner Frau Helen darüber aus und sie erinnerte mich an Martin Buber, einen jüdischen Mystiker und Theologen, der eine ähnliche Philosophie entwickelt hatte. In seinem berühmten Buch *Ich und Du*, das er im selben Jahrzehnt geschrieben hatte wie Stack Sullivan *seine Theorien*, prägte Buber den Begriff der „Ich-Du"-Beziehung. Er machte stets deutlich, dass sein Interesse weniger dem „Ich" oder dem „Du" galt, als vielmehr dem Bindestrich zwischen den beiden Worten. Er nannte ihn den „heiligen Zwischenraum". Buber erklärt, dass „alles wahre Leben Begegnung" sei.

Ich sinnierte über Stack Sullivan und Buber und langsam ging mir ein Licht auf. In meiner Arbeit mit Paaren war es wichtig, meine Aufmerksamkeit von der Art des Konfliktes wegzulenken und auf die *Qualität der Beziehung* zwischen den beiden Individuen zu richten. Nur dann würde ich ihnen helfen können, eine sichere und stabile Bindung aufzubauen. Erst wenn sie sich in ihrer Partnerschaft wirklich sicher fühlten, konnte der Verlust der Verbundenheit, den sie Jahrzehnte zuvor mit ihren primären Bezugspersonen erlebt hatten, mit der Zeit zu heilen beginnen.

Ausgehend von diesen neuen Erkenntnissen begann ich intensiver mit Paaren zu arbeiten und befasste mich dabei weniger mit den oberflächlichen Faktoren. Ich konzentrierte mich weitaus mehr auf den Verlust der Verbundenheit zwischen den Partnern. Wenn Menschen einsahen, dass sie von ihrem Partner nicht erwarten konnten, dass er alle ihre Bedürfnisse erfüllte und sich stattdessen darauf konzentrierten, was *sie selbst* in die Partnerschaft einbringen konnten, machten sie bald deutliche Fortschritte.

Es braucht eine Entscheidung

Als ich Paare nun vor dem Hintergrund dieses neuen Beziehungsparadigmas betrachtete, erkannte ich rasch, dass einer der wichtigsten ersten Schritte darin bestand, beide Partner darum zu bitten, sich für den Therapieprozess zu entscheiden. Eine der ersten Regeln bestand darin, dass sie damit einverstanden sein mussten, mindestens zwölf aufeinanderfolgende Therapiesitzungen zu absolvieren. Abgesehen von unvorhersehbaren Notfällen erwartete ich von ihnen, dass sie es sich so einrichten konnten, zu jeder Sitzung zu erscheinen. Der Grund dafür, dass ich zwölf Sitzungen vorschrieb, war, dass ich aus meiner persönlichen Erfahrung und aus Statistiken wusste, dass die Mehrheit aller Paare nach der vierten Sitzung die Therapie abbrach. Dies ist interessanterweise meist jener Zeitpunkt, an dem unbewusste Themen auftreten, die innere Ängste hervorrufen. Eine bewährte Methode Ängste zu reduzieren ist, wie wir wissen, das Verleugnen. Einige Paare reagierten auf ihre Ängste, indem sie erklärten, dass die Therapie die Dinge nur noch verschlimmere, und beendeten sie. Andere behaupteten, dass sie einfach keine Zeit mehr dafür erübrigen konnten, zu den vereinbarten Sitzungen zu erscheinen. Fordert man die Bereitschaft für zwölf Sitzungen im Vorhinein ein, so ist es möglich Ängste und innere Abwehr zu überwinden. Dennoch bedeutet dies keineswegs, dass zwölf Sitzungen für alle Paare ausreichend sind. Paare, die sehr tief in ihre Konflikte verwickelt waren, arbeiteten oft ein Jahr oder länger mit mir. Aber bei zwölf Sitzungen hatte ich zumindest die Gewissheit, dass die beiden Partner lange genug mit mir arbeiteten, um ihren anfänglichen Widerstand zu überwinden, ihre Ängste zu bearbeiten und wirklich in einen Therapieprozess einzusteigen.

Wenn Sie sich mit den Übungen in Teil III dieses Buches beschäftigen, kann es vorkommen, dass Sie in ähnlicher Weise Widerstand gegen manche Übungen verspüren werden. Andere Übungen wiederum werden Ihnen leicht fallen und sogar Freude bereiten. Und einige Übungen werden Ihnen zu neuen Einsichten verhelfen und eine Herausforderung für Wachstum und Veränderung sein. Wenn Sie bei den für Sie persönlich herausfordernden Übungen angelangt sind, werden Sie die Versuchung spüren, das Buch wegzulegen oder die Übungsanleitung abzuändern. Genau dann haben Sie jenen Punkt erreicht, wo es besonders wichtig ist, sich aus ganzem Herzen für einen Entwicklungsprozess zu entscheiden. Sie werden sehen, dass es Ihnen viel leichter fallen wird, Ihren inneren Widerstand zu überwinden, wenn Sie sich gleich zu Beginn aus voller Überzeugung dafür entscheiden, die Übungen auch zu Ende zu bringen und sich genau an die Übungsanleitungen zu halten.

Mein zweiter Schritt besteht darin, Paare zu unterstützen und zu begleiten, eine Vision für ihre Partnerschaft zu entwickeln. Ich möchte mir nicht anhören, womit sie in ihrer aktuellen Partnerschaft unzufrieden sind, sondern ich möchte hören, wie sie sich ihre ideale Partnerschaft vorstellen. Wie würde die Beziehung ihrer Träume aussehen? Indem ein Paar eine Vision formuliert, zieht es seine Energie von der Beschäftigung mit den Enttäuschungen der Vergangenheit ab und lenkt die Energie in Richtung einer vielversprechenden Zukunft. Diese Vision zu verwirklichen ist das Ziel der Therapie.

Überraschenderweise fällt es Paaren in den allermeisten Fällen leicht, eine solche Vision zu entwickeln, selbst wenn sie in großen Schwierigkeiten stecken. Am Anfang bitte ich beide, möglichst viele positive Aussagen aufzuschreiben, die mit dem Wort „wir" beginnen, und zu beschreiben, welche Art von Partnerschaft sie sich wünschen würden. Alle Aussagen sollen in der Gegenwart formuliert sein, so, als wäre die Zukunft bereits erreicht. Hier einige Beispiele dafür: „Wir verbringen gerne Zeit miteinander" Oder „Wir sind finanziell abgesichert" Oder „Wir haben regelmäßig miteinander Spaß." In einer einzigen Therapiesitzung kann jeder der beiden Partner seine persönliche Vision entwickeln und anschließend können sie Gemeinsamkeiten finden und daraus eine gemeinsame Zielvision erstellen. Sobald ein Paar seine gemeinsame Vision definiert hat, bitte ich es, diese Vision täglich wie eine Meditation zu lesen. Durch die fortwährende Wiederholung wird die Vision Schritt für Schritt vom Unterbewusstsein aufgenommen.

Für die Dauer des Therapieprozesses zusammenbleiben

Sobald ein Paar eine gemeinsame Vision erstellt hat, meist in der zweiten oder dritten Sitzung, bitte ich es, sich ein zweites Mal zu entscheiden, nämlich dazu, die ersten zwölf Wochen ihrer Therapie zusammenzubleiben. Der Grund dafür ist einleuchtend: Eine Paartherapie ist nicht möglich, wenn es keine Partnerschaft gibt, an der man arbeiten kann. Das Paar verspricht, sich während der nächsten drei Monate nicht zu trennen, was auch so genannte „katastrophale Ausgänge" aus der Partnerschaft, wie Selbstmord, Mord oder Geisteskrankheit betrifft. (Trennung oder Scheidung sind die am häufigsten gewählten Ausgänge, um eine Partnerschaft zu beenden, aber gar nicht wenige Paare haben auch den Eindruck, sie könnten verrückt werden, und manche Paare befürchten sogar gewalttätige Lösungen.) Die Entscheidung, diese vier Ausgänge zu schließen (auszuschließen), nenne ich „Entscheidung, für die Dauer des Therapieprozesses zusammenzubleiben" - Näheres dazu finden Sie in Teil III dieses Buches in Übung 9.

Nähe- und Distanzbedürfnisse

Die Partner einer Liebesbeziehung zeigen meist gegensätzliche Reaktionen auf die Entscheidung, zwölf Wochen miteinander zur Therapie zu kommen. Normalerweise fühlt ein Partner sich erleichtert und der andere bedroht. Jener, der sich erleichtert fühlt, ist meist der, der aus seiner Kindheit ein starkes, unerfülltes Bedürfnis nach Nähe und Verbundenheit mitgebracht hat. Jener hingegen, der sich bedroht fühlt, ist meist der Partner, dessen Bedürfnis nach ausreichend Freiraum nicht erfüllt wurde. Der Partner mit dem übergroßen Nähebedürfnis verspürt Erleichterung, weil die Garantie für ein Andauern der Partnerschaft für zumindest drei Monate seine bewusste und unbewusste Angst vor dem Verlassenwerden verringert (für diesen Partner ist diese Angst ein ständiger Begleiter, sie steigert sich jedoch deutlich bei Beziehungsproblemen). Die Entscheidung zusammenzubleiben ist für den Partner mit dem großen Distanzbedürfnis bedrängend, weil dadurch die elementaren Ausgänge geschlossen werden, was seine archaische Angst aktiviert, absorbiert oder erdrückt zu werden. Die Entscheidung, für die Zeit des Therapieprozesses zusammenzubleiben, führt daher meist dazu, dass die Angst des einen Partners geringer und die Angst des anderen Partners stärker wird.

So versuche ich für die Gültigkeitsdauer dieser Entscheidung die Ängste jenes Klienten zu lindern, der sich gefangen fühlt. Ich erinnere ihn daran, dass die Vereinbarung nur für drei Monate gilt und es ihm nach Ablauf dieser Zeit freisteht, andere

Entscheidungen zu treffen. Die meisten Menschen kommen damit zurecht, weil es sich um einen begrenzten Zeitrahmen handelt. Darüber hinaus erkläre ich diesem Partner, dass die Entscheidung, für eine gewisse Zeit zusammenzubleiben, ihren Partner weniger klammernd und bedrängend sein lässt. „Einer der Gründe, warum Ihr Partner nicht mehr so stark wie bisher das Bedürfnis haben wird, sich an Sie zu klammern", so erkläre ich dem Partner mit dem Distanzbedürfnis, „ist, dass Sie emotional verfügbar sind. Wenn Sie zusammenbleiben und an Ihrer Partnerschaft arbeiten, wird sich die Angst vor dem Verlassenwerden langsam verringern." Paradoxerweise kann die Entscheidung, für die nächsten drei Monate in der Beziehung zu verbleiben, sich so auswirken, dass dieser Partner mehr Freiraum erfährt als jemals zuvor.

Wenn ein Paar sich entscheidet, für eine gewisse Zeit zusammenzubleiben, dann ist oft ein faszinierender Einblick in die Komplexität der Dynamik des Strebens nach Nähe oder Distanz möglich. Sehr oft stoßen zwei Partner einer Liebesbeziehung gegen eine unsichtbare Grenze, wenn sie versuchen, ihre gegensätzlichen Bedürfnisse nach Freiraum und Verbundenheit zu befriedigen. Normalerweise konzentriert sich jedes Individuum auf eines dieser Bedürfnisse. Ein Partner gibt sich für gewöhnlich größte Mühe, Erfüllung für seine starke Sehnsucht nach Verbundenheit zu finden, der andere zieht sich gewohnheitsmäßig zurück, aufgrund seines starken Bedürfnisses nach Freiraum und Autonomie. Manche Paare bleiben während ihrer ganzen Partnerschaft in diesen Tanz verwickelt.

Andere Paare erleben eine verblüffende Rollenumkehr. Aus unterschiedlichsten Gründen beginnt sich jener Partner, der immer Liebe und Nähe suchte, zurückzuziehen. Der andere dreht sich überrascht um: „Wo ist denn mein klammernder Partner geblieben?" So entdeckt der auf Autonomie bedachte Partner seinerseits sein Bedürfnis nach Nähe. Die Rollen wurden getauscht, der Magnetismus der beiden Pole hat sich geändert. Nun bedrängt der Partner mit dem ursprünglich größeren Distanzbedürfnis jenen Partner mit dem ursprünglich größeren Nähebedürfnis. Es scheint einen unausgesprochenen, unbewussten Deal zu geben, eine gewisse Distanz aufrecht zu erhalten. Wenn eine Person das geheiligte Territorium der anderen Person betritt, zieht die andere sich zurück. Wie bei zwei magnetischen Polen mit gleicher Anziehungskraft gibt es ein unsichtbares Kraftfeld, das das Paar in einer gewissen Distanz hält. In ihrer Partnerschaft ist noch zu wenig Sicherheit vorhanden, dass sie sich wohl fühlen könnten, wenn sie enger miteinander verbunden wären.

Alltägliche Beziehungs-Ausgänge

Ein Paar, mit dem ich arbeitete, beherrschte dieses Spiel meisterhaft. Sylvia und Ricardo benützten so viele Ausgänge, dass sie kaum noch Zeit miteinander verbrachten - ein Beweis, wie erfolgreich sie voneinander Abstand hielten, war der Umstand, dass sie seit drei Jahren keinen Sex mehr miteinander gehabt hatten. Alltägliche Beziehungs-Ausgänge kann man oft gar nicht leicht erkennen; nichtsdestoweniger können sie aus der Beziehung enorm viel Energie und Nähe abziehen.

Ich gab Sylvia und Ricardo nun die Aufgabe, einen Tag miteinander zu verbringen und etwas zu unternehmen, das ihnen beiden Freude machen würde. Sie einigten sich, am darauf folgenden Tag, einem Samstag, einen Ausflug aufs Land zu machen und am Abend miteinander essen zu gehen.

Am nächsten Morgen, als sie das Haus verlassen wollten, schlug Silvia vor, einen gemeinsamen Freund zum Ausflug einzuladen. Sie begründete ihren Wunsch damit, dass sie diesen Freund schon lange nicht mehr gesehen hatten und dass er Wanderungen sehr schätzte. Ricardo wandte ein, dass diese Idee nicht ganz ihrer Aufgabe entsprach, einen Tag zu zweit miteinander zu verbringen. Warum musste Sylvia immer alle Dinge miteinander verquicken? Nachdem sie eine Stunde lang hitzig diskutiert hatten, gab Ricardo nach. Silvia rief den Freund an und jener meinte, er würde sehr gerne mitkommen. Während sie nun auf ihn warten mussten, räumte Silvia noch ein wenig auf und las die Zeitung, während Ricardo im Arbeitszimmer verschwand und einen Stoß Rechnungen durcharbeitete.

Schließlich kam der Freund und der Ausflug aufs Land konnte beginnen. Während der Autofahrt saßen beide Männer vorne, sie hatten ja die längeren Beine und brauchten mehr Fußraum, während Sylvia auf einem der Rücksitze ein Buch las. Während der Wanderung sprach immer einer der beiden Partner mit dem Freund, während der andere hinterhertrottete.

Als sie nach Hause zurückgekehrt waren, verabschiedete sich der Freund. Sylvia und Ricardo überlegten nun, welches Restaurant sie besuchen wollten. Sie entschieden sich für eines mit Live-Musik. Dort angekommen schlug Ricardo vor, einen Tisch nahe der Band zu wählen, um die Musik richtig genießen zu können. Sie bestellte ein Abendessen und versuchten miteinander zu reden, erkannten aber bald, dass die Musik einfach zu laut dafür war. Um 8 Uhr abends verließen sie das Lokal, damit sie rechtzeitig wieder daheim wären, um ihre Lieblingsshow im Fernsehen nicht zu versäumen. Daheim angekommen mixten sie sich ein paar Drinks und nahmen sie mit zum Fernsehapparat. Silvia ging um 23 Uhr zu Bett (nachdem sie Ricardo wie gewohnt ermahnt hatte, nicht zu viel zu trinken). Ricardo blieb bis zum frühen Morgen vor dem Bildschirm sitzen, nippte glücklich an seinem Whisky und sah sich verschiedenste Programme an. Mit beeindruckender Geschicklichkeit hatten es die beiden geschafft, einen ganzen Tag miteinander zu verbringen, ohne auch nur einen einzigen Moment der Nähe oder Intimität zu erleben. Obwohl es ihnen nicht bewusst war, lebten sie im Zustand einer unsichtbaren Scheidung.

Die unsichtbare Scheidung

Bis zu einem gewissen Grade leben alle Ehepaare, die in einen Machtkampf verstrickt sind, nach demselben Muster: Sie haben ihr Leben so strukturiert, dass Intimität fast unmöglich geworden ist. Dabei sind sie oft äußerst erfindungsreich. Oft stelle ich meinen Klienten die einfache Frage: „Was unternimmt Ihr Partner, um Nähe zu vermeiden?" So konnte ich schon eine wahre Sammlung mit über 100 verschiedenen Möglichkeiten zusammenstellen. Hier nur einige Beispiele aus der langen Liste: die Partner lesen Romane, verschwinden in die Garage, telefonieren stundenlang, polieren das Auto, sind dauernd mit den Kindern beschäftigt, hocken unaufhörlich beim Computer, übernehmen jedes nur mögliche Ehrenamt in Kirche oder Schule, sitzen jede freie Minute im Segelboot, hocken immer bei ihrer Mutter, haben eine Affäre, vermeiden den Augenkontakt, lernen die Tageszeitung auswendig, schlafen auf der Couch ein anstatt im gemeinsamen Bett, verbringen jede freie Minute im Fitnesscenter, kommen immer zu spät heim zum Abendessen, haben beim Sex heimliche Phantasien, fühlen sich ständig krank oder müde, lehnen Körperkontakt ab, trinken jeden Abend vier Whiskys, treffen sich mit ihrer Tarock- oder Pokerrunde, erzählen Lügengeschichten, haben keine Lust auf Sex, haben Sex ohne Gefühle, leben praktisch auf dem Tennisplatz, leiden unter Bulimie, joggen jeden Tag 15 Kilometer, gehen jedes Wochenende zum Angeln, lieben Shopping über alles, nehmen sich eine eigene Wohnung, hängen ihren Tagträumen nach, verweigern jedes Gespräch, rauchen Marihuana, spielen bis 2 Uhr morgens Videospiele, werkeln immer im Haus herum, masturbieren, spielen Gitarre, führen getrennte Bankkonten ein, brechen ständig Streit vom Zaun, lesen Illustrierte, lösen Kreuzworträtsel, wollen auf keinen Fall heiraten, gehen in Kneipen …

Die Tatsache, dass so viele Paare ihre Partnerschaft mit derartigen Beziehungs-Ausgängen regelrecht durchlöchern, lässt eine wichtige Frage aufkommen: Was ist der Grund dafür, dass die meisten Paare sich mit so viel Energie und Aufwand ihrer Nähe und Intimität zu entziehen versuchen? Es gibt zwei Antworten auf diese Frage, zwei gute Gründe für dieses Verhalten: Wut und Angst. Warum Wut? Während der Phase der romantischen Liebe fällt es Menschen leichter, Nähe und Intimität miteinander zu genießen, da sie noch denken und hoffen, alle ihre Bedürfnisse könnten nun Erfüllung finden. Ihr Partner scheint ihnen Mutter und Vater, Arzt und Therapeut in einer Person zu sein. Monate oder Jahre später müssen sie feststellen, dass ihr Partner in erster Linie seine eigene Heilung anzustreben versucht, und so fühlen sie sich getäuscht und werden wütend. Eine stillschweigend vorausgesetzte Vereinbarung wird nicht eingehalten. Aus Rache wird nun eine emotionale Barrikade errichtet. Im Grunde wollen die Partner damit sagen: „Ich bin wütend auf dich, weil du meine Bedürfnisse nicht erfüllst!" Systematisch versuchen sie nun, ihre Freude und Erfüllung außerhalb dieser Beziehung zu finden. Wie eine hungrige Kuh, die sich ihren Hals verrenkt, nur um das scheinbar viel grünere Gras außerhalb ihrer Weide zu fressen, suchen sie ihre Anerkennung woanders. Der Ehemann, der bis spät abends im Büro bleibt, obwohl er seine Arbeit auch rascher erledigen könnte, und die Ehefrau, die ihren Kindern daheim Geschichte um Geschichte vorliest: beide sind bemüht, jene tiefere Erfüllung, die sie in ihrer Beziehung nicht mehr finden können, auf andere Art zu finden.

Paare vermeiden Nähe und Intimität vor allem aus Angst, denn sie befürchten, wieder auf ähnliche Weise verletzt zu werden wie in ihrer Kindheit. Auf einer unbewussten Ebene nehmen sie nun ihren Partner als Feind wahr. Jeder Mensch, sei es der Partner, ein Freund oder eine Freundin, jeder, von dem unser Altes Gehirn sich anfänglich erhofft, Heilung für unsere unerfüllten Kindheitsbedürfnisse zu erfahren und von dem wir enttäuscht werden, wird vom Alten Gehirn fortan als Quelle der Angst eingestuft. Und mit Angst assoziieren wir umgehend auch die Todesangst, die wir als kleine Kinder hatten, wenn wir befürchteten verlassen worden zu sein. Wenn unser Partner uns keine seelische Wärme mehr schenkt und unsere elementaren Bedürfnisse nicht stillen kann, empfindet ein Teil unseres Ichs Todesangst. Wenn zu dieser unerfüllten Sehnsucht noch verbale oder sogar körperliche Attacken hinzukommen, wird der Partner als übermächtiger Feind wahrgenommen. Der unbewusste Grund, aus dem heraus viele Menschen jede Nähe zu ihrem Partner vermeiden, liegt nicht darin, dass andere Dinge erfüllender wären, sondern dass die Nähe ihres Partners Todesängste in ihnen auslösen würde. So bietet sich hier nicht die Metapher einer Kuh an, die außerhalb ihrer Weide saftigeres Gras erblickt, sondern das Bild vom Lamm, das in höchster Angst vor dem übermächtigen Löwen flieht.

Zumeist bleibt diese Angst unbewusst. Paare nehmen nur wahr, dass ihre Zweisamkeit unbehagliche Gefühle auslöst und wenden sich deshalb verstärkt der Gesellschaft anderer Menschen oder verschiedensten Aktivitäten zu. Manchmal kann diese Angst aber auch offen zutage treten. Eine Klientin berichtete mir, dass sie sich ausschließlich während der Stunde ihrer Paartherapie in meiner Praxis in der Gegenwart ihres Ehemannes wirklich sicher fühle. Zwar hatte er sie niemals geschlagen, doch ihre Beziehung war so konfliktbeladen, dass sie ständig unter Angst litt.

Ausgänge schließen

Was kann man sich unter „Ausgängen" vorstellen und warum ist es so wichtig, sie nach und nach wieder zu schließen? Ausgänge sind der Versuch, unsere Gefühle durch andere Beschäftigungen zu kompensieren, anstatt sie in Worte zu fassen. Es ist beispielsweise leichter, am Abend lange in der Arbeit zu bleiben, als meinem Partner einzugestehen, dass mich ein beklemmendes Gefühl überfällt, wenn ich nach der Arbeit heimkomme. Es gibt einen gut nachvollziehbaren Grund wegzubleiben: ich möchte nicht niedergeschlagen sein. Es würde sehr viel Mut erfordern, meinem Partner ehrlich zu sagen, wie es mir in seiner Gegenwart geht. Es ist weitaus leichter, lange in der Arbeit zu bleiben und so die seelischen Schmerzen meines Beziehungsdramas zu vermeiden.

Um eine erfüllende Liebesbeziehung haben zu können, ist es wichtig, dass beide Partner ihre Energie zurück in die Partnerschaft bringen. Andernfalls ist es äußerst schwierig herauszufinden, was in einer Partnerschaft falsch läuft, wenn die Partner auf Distanz voneinander sind und sich mit anderen Dingen beschäftigen. Und was noch wichtiger ist, zwei Liebespartner können keine neue Verbundenheit miteinander aufbauen, wenn sie nicht körperlich und emotional erreichbar füreinander sind.

Um Paaren in dieser Situation helfen zu können, sich einander wieder anzunähern, vertraue ich dem „Prinzip der kleinen Schritte". Dieses Prinzip haben Sie in Ihrem eigenen Leben vermutlich bereits ausprobiert. Es ist wesentlich leichter, ein diffiziles Projekt zu meistern, wenn Sie es in kleine, überschaubare Aufgaben unterteilen. Diese Aufgaben können Sie dann nach ihrem Schwierigkeitsgrad ordnen und die einfacheren zuerst in Angriff nehmen. Das Prinzip der kleinen Schritte lässt das ganze Projekt realistischer erscheinen.

Die zahlreichen Übungen in Teil III sind eine sehr positiver Weg, Ihre Ausgänge Schritt für Schritt wieder zu schließen. Dies ist ein längerer Prozess und keine einmalige Sache. Es erfordert vor allem, mit Ihrem Partner über Ihre Gefühle zu sprechen, anstatt sich durch andere Dinge davon ablenken zu lassen. Hier ist ein Beispiel, wie das möglich sein kann.

Ein Mann und eine Frau fühlen sich in einer unbefriedigenden Partnerschaft gefangen. Um die Leere in ihrer Partnerschaft ertragen zu können, haben sie ihr Leben mit Ersatz-Aktivitäten angefüllt. Sehen wir uns zuerst die Beziehungs-Ausgänge der Frau an. Neben ihren beruflichen Herausforderungen und der Sorge für die beiden Kinder führt sie auch ein engagiertes Sozialleben, ist Mitglied des Gemeinderates, besucht begeistert das Fitnesscenter, nimmt jede Woche zwei Musikstunden und liest leidenschaftlich gern Science-Fiction-Romane. All diese Aktivitäten helfen ihr, ihre seelische Einsamkeit und Verzweiflung nicht zu spüren, aber sie ziehen auch viel Energie aus ihrer Partnerschaft ab.

Würde diese Frau sich nun dafür entscheiden, einige ihrer Aktivitäten aufzugeben, müsste sie zuerst einmal feststellen, welche davon sie ganz persönlich als Ausgänge benützt. Wie die meisten Menschen könnte sie wahrscheinlich für alle Aktivitäten wichtige Begründungen angeben. Wenn Sie bei der Übung „Beziehungs-Ausgänge schließen" in Teil III angelangt sind, wird Sie vielleicht ein ähnlich ratloses Gefühl überkommen. Welcher Punkt ist einer meiner ganz persönlichen Beziehungs-Ausgänge, welcher hingegen stellt für mich ein wichtiges Engagement oder eine wertvolle Art des seelischen und körperlichen Auftankens dar? Um das herausfinden zu können, stellen Sie sich selbst die folgende Frage: „Stürze ich mich in erster Linie deshalb in diese oder jene Aktivität, um gemeinsame Zeit mit meinem Partner zu vermeiden?" Die meisten Menschen können gut beurteilen, ob das jeweils zutrifft oder nicht. Wenn die Antwort „Ja" lautet, ist eine Aktivität als Beziehungs-Ausgang anzusehen und es wäre gut, diesen Ausgang gemeinsam mit Ihrem Partner zu besprechen und zu bearbeiten.

Nehmen wir an, die Frau hätte sich mit dieser Frage beschäftigt und einige Aktivitäten herausgefunden, bei denen sie auch bereit dazu ist, sie einzuschränken oder ganz aufzugeben. Nun würde sie sie ordnen und jene Aktivitäten auswählen, bei denen ihr das am leichtesten fiele. Vielleicht würde sie denken, dass sie zu zwei Änderungen bereit wäre: nur dreimal anstatt wie bisher fünfmal pro Woche Joggen zu gehen und ihre geliebten Science-Fiction-Romane in der Mittagspause zu lesen und nicht am Abend, wenn sie Zeit mit ihrem Mann verbringen könnte. Vielleicht käme sie auch zu dem Entschluss, es sei zwar schwierig, aber nicht undenkbar, eine Nachfolgerin für ihre Funktion im Gemeinderat zu finden. Andere Veränderungen würden ihr als unrealistisch erscheinen, aber die beiden genannten würden schon einige zusätzliche Stunden pro Woche bedeuten, die sie ihrer Partnerschaft widmen könnte. Das wäre ein wertvoller Beginn. Eventuelle weitere Veränderungen könnten später in Betracht gezogen werden.

So könnte diese Frau einige ihrer Ausgänge schließen und währenddessen könnte auch ihr Mann einen ähnlichen Prozess durchleben. Auch er würde seine Aktivitäten durchsehen, seine Ausgänge herausfinden, seine Partnerin um ein Gespräch darüber bitten und ein systematisches Programm zur schrittweisen Schließung dieser Ausgänge erstellen. In der Folge würden die beiden bedeutend mehr Zeit miteinander verbringen.

Es erscheint mir wichtig, noch öfter zu betonen, dass die Bereitschaft und die Entscheidung einen Ausgang zu schließen kein Einmalereignis sein kann. Dies ist vielmehr ein Prozess, der einen längeren Zeitrahmen erfordert, oft viele Monate. Einer der Gründe dafür ist, dass es viel Zeit und intensive seelische Arbeit braucht, wenn Partner ihre persönlichen Beziehungs-Ausgänge erkennen und die tiefer liegenden Gründe dafür erarbeiten möchten. Es erfordert einiges an Mut, dies mit seinem Partner zu besprechen. Sobald die Partner solche Gespräche führen können, wird es paradoxerweise um vieles leichter, einen Ausgang seltener zu benützen oder schließlich ganz zu schließen. Offen miteinander über die Ausgänge zu sprechen lässt ein Gefühl tiefer Verbundenheit zwischen den beiden entstehen, das ihr Bedürfnis nach Distanz deutlich verringert.

Der beste Weg für Paare, sich miteinander darüber auszutauschen, welche Ausgänge sie schließen möchten, ist der Imago-Dialog. (Vergleichen Sie dazu bitte die Abschnitte in Kapitel 9, in denen der Imago-Dialog vorgestellt wird.) Der Dialog könnte folgendermaßen beginnen: „Ein Ausgang, den ich verwende, um Nähe mit dir zu vermeiden, ist …“ (dass ich oft über Selbstmord nachdenke; dass ich mir in Gedanken vorstelle, mit einem anderen Partner Sex zu haben, wenn wir miteinander schlafen.) „Ich mache das, weil ich ...“ (Angst habe, dass du mir nie schenken kannst, was ich so sehr brauchen würde; du dich sehr passiv verhältst, wenn wir miteinander schlafen ...) Setzen Sie den Dialog fort, bis Sie alle Gefühle im Zusammenhang mit einem Ausgang zum Ausdruck gebracht haben. Der andere Partner macht dasselbe, solange, bis alle beide ihre bisher unausgesprochenen Gefühle in Worte fassen und den Partner um eine Verhaltensänderung bitten konnten. Wenn Paare sich dafür immer wieder Zeit nehmen, müssen sie sich nicht mehr durch andere Beschäftigungen von ihren Gefühlen ablenken und ein Gefühl tiefer Verbundenheit stellt sich ein.

Jedes Paar reagiert anders auf diese intensive Begegnung miteinander. Manche Paare genießen die neue Verbundenheit. Andere meinen, dass eine Entscheidung über das Schließen von Ausgängen ihnen weniger Chancen lässt, schmerzlichen Situationen aus dem Weg zu gehen. Das ist zwar keineswegs angenehm, nichtsdestoweniger ist diese Übung ein wertvoller Lernschritt für sie. Sie beginnen zu verstehen, warum sie einander aus dem Weg gegangen sind, und das ist ein wichtiger erster Schritt in der Therapie.

Bis dass der Tod uns scheidet ...

Begleite ich Paare durch diese verschiedenen Stufen der Selbstverpflichtung - durch das Versprechen, dass sie erstens zu mindestens zwölf Sitzungen erscheinen, zweitens eine gemeinsame Beziehungsvision entwickeln, drittens für diese Zeit zusammenbleiben und viertens Schritt für Schritt ihre Ausgänge verschließen - teile ich ihnen mit, dass diese einzelnen Vereinbarungen im schönsten Fall zu einer weitreichenden Entscheidung führen können: zu dem Entschluss, ihr ganzes weiteres Leben miteinander verbringen zu wollen. Obwohl eine derartige Entscheidung sicher nicht zu Beginn einer Therapie getroffen werden kann, möchte ich doch, dass die Paare wissen, dass sie die größten Chancen haben, ein Maximum an persönlichem und spirituellem Wachstum zu erlangen, wenn sie nicht nur drei Monate, drei Jahre oder drei Jahrzehnte zusammenbleiben, sondern ihr ganzes Leben lang verlässlich füreinander da sind. Unsere unerfüllten Kindheitsbedürfnisse sind keine Aufgabe, die im Schnellverfahren bearbeitet werden kann. Sie dringen nur sehr langsam an die Oberfläche, die weniger tiefgehenden in der Regel zuerst. Manchmal meldet sich ein Problem mehrfach, bevor es überhaupt als wichtiges Thema identifiziert werden kann. Manchmal ist ein Problem so verschüttet, dass es nur durch eine Krise oder die Anforderungen einer bestimmten Lebensphase ans Tageslicht gelangt. Im Grunde brauchen Paare ein Leben lang, um die Wunden und Defizite ihrer Kindheit weitgehend gemeinsam heilen zu können.

In einer Gesellschaft, in der es ganz normal ist, Lebensabschnittspartner zu haben, ist der Lebensentwurf einer dauerhaften Verpflichtung etwas altmodisch geworden. In den fünfziger Jahren stellte man noch die Frage: „Kann diese Ehe gerettet werden?", heute lautet die Frage eher: „*Soll* diese Ehe gerettet werden?" Millionen von Menschen entscheiden sich heute für ein Abbrechen einer Beziehung. Paradoxerweise sieht man heute in der Scheidung eher die Möglichkeit zu persönlicher Weiterentwicklung. Nicht *innerhalb* der Ehe, so meint diese sehr verbreitete Auffassung, können wir wachsen und uns verändern, sondern erst, wenn wir uns getrennt haben. Viele

Menschen sind der Ansicht, dass die destruktiven Mechanismen nach einer Trennung viel besser erkannt werden und in der folgenden Beziehung vermieden werden können. Doch ohne die unbewussten Motive zu verstehen, die dysfunktionales Verhalten hervorgerufen haben, und ohne zu lernen, wie es möglich wäre, dass Partner einander Heilung für ihre unerfüllten Kindheitsbedürfnisse schenken, droht die nächste Partnerschaft ebenfalls an den Klippen tiefer Enttäuschungen zu zerschellen.

Es ist merkwürdig: je mehr Helen und ich uns mit der psychologischen Dynamik von Liebesbeziehungen beschäftigen, desto mehr erkennen wir die Gültigkeit der traditionellen Konzepte. Wir glauben, dass Paare, die einander versprochen haben, auf Dauer zusammenzubleiben, mit ganzer Kraft ihr Bestes tun sollten, um das Versprechen „... bis dass der Tod uns scheidet" zu erfüllen, und zwar weniger aus moralischen als vielmehr aus psychologischen Gründen. Treue und das Einhalten unserer Versprechen sind offensichtlich die Lebensbedingungen, die uns ausreichend seelische Sicherheit schenken, um unbewusste Themen ans Licht zu holen und Heilung für unsere Kindheitsverletzungen zu erfahren - und das ist schließlich der unbewusste Grund, warum wir einander lieben und unser Leben gemeinsam verbringen möchten.

In Teil III werden Sie die Möglichkeit haben, Ihre Entscheidung füreinander zu festigen und einen Prozess von persönlichem Wachstum und Veränderung einzuleiten. Wir schlagen einen Zeitraum von zehn Wochen für diese 18 Übungen vor. Investieren Sie zehn Wochen Ihres Lebens, dann können Sie vermutlich bereits erleben, wie die Vision Ihrer Partnerschaft beginnt Wirklichkeit zu werden. Wenn Sie mehr Zeit brauchen, dann geben Sie sich mehr Zeit. Es lohnt sich, der Liebe eine Chance zu geben, gleichgültig, wie viel Zeit dafür erforderlich ist.

8
Eine Atmosphäre der Sicherheit schaffen

Wahre Liebe heißt,
den zu lieben, mit dem ich mich unglücklich fühle.
Søren Kierkegaard

Hat ein Paar sich entschieden zusammenzubleiben und an seiner Beziehung zu arbeiten, so macht es Sinn ihm zu helfen, nicht länger Feinde zu sein, sondern zu Verbündeten zu werden. Es wäre vergebens, zwei Menschen motivieren zu wollen sich miteinander seelisch und geistig weiterzuentwickeln, solange sie wütend aufeinander sind. Sie würden ihre Zeit damit verschwenden einander aufs Glatteis zu führen oder Fallen zu stellen. Sichere und effektive Fortschritte in die Richtung der Vision ihrer Partnerschaft können sie nur machen, wenn sie zu Freunden werden und einander wahrhaft unterstützen.

Wie aber sollte das gelingen? Wie kann ein Machtkampf beendet werden, wenn die grundlegenden Probleme vorerst nicht gelöst werden können? Liebe und Einfühlungsvermögen sind noch Vision, sind das Ziel dieses Entwicklungsprozesses, wie können sie da schon zu Beginn vorausgesetzt werden?

Eine Lösung für dieses Dilemma fand ich im Verlauf meines Studiums der Verhaltenswissenschaften. Ich lernte, dass ich beeinflussen konnte, wie sich ein Ehepaar gegenseitig wahrnimmt, wenn ich ihm half, die Bedingungen der Phase der romantischen Liebe künstlich zu rekonstruieren. Behandeln zwei Menschen einander wieder so, als stünden sie am Anfang ihrer Beziehung, so nehmen sie den Partner wieder als Quelle der Freude und angenehmer Gefühle wahr und sind bereit, sich intensiv in einen Therapieprozess einzubringen.

Einsichten und Verhaltensänderungen

Vor Jahren noch war ich ein erklärter Gegner dieser Art direktiver Einflussnahme auf das Verhalten meiner Klienten. Da ich aus der Richtung der Psychoanalytik kam, hatte ich gelernt, die Hauptaufgabe des Therapeuten bestünde darin, emotionale Blockaden bei seinem Klienten zu lösen. Konnte der Klient eine Verbindung herstellen zwischen seinen aktuellen Gefühlen dem Partner gegenüber und seinen unerfüllten Sehnsüchten und Bedürfnissen aus der Kindheit, so würde ihn das fast automatisch in die Lage versetzen, seine Beziehungen rational und auf erwachsene Art zu gestalten.

Dieses Gedankenmodell basiert auf der Grundannahme, dass ein Arzt nur die richtige Medizin verschreiben muss, um eine Krankheit zum Verschwinden zu bringen. Da die meisten heutigen Ansätze der Psychotherapie sich aus der Psychoanalyse heraus entwickelten, die selbst wiederum im medizinischen Denken des 19. Jahrhunderts verwurzelt ist, erstaunt es kaum, dass dieses Gedankenmodell überholt scheint. Das jahrelange therapeutische Arbeiten mit Paaren bestärkte Helen und mich darin, dass die Krankheitsmetapher für die Paartherapie ungeeignet ist. Behandelt ein Arzt eine Krankheit, aktiviert der Körper des Patienten ein Heilungspotenzial, da er auf eine Art von genetischer Programmierung zurückgreifen kann. Jede Körperzelle, es sei denn, sie wäre verletzt oder zerstört, enthält alle erforderlichen Informationen, die sie braucht, um gesund funktionieren zu können. Es gibt jedoch keinen genetischen Code, der für eine erfolgreiche Partnerschaft verantwortlich wäre. Dauerhafte Liebesbeziehungen sind ein soziales und kulturelles Konzept, das weit über biologische Faktoren hinausgeht. Da die Menschen keine automatische Programmierung besitzen, keine inneren Anleitungen haben, verstricken sie sich selbst nach Monaten oder Jahren einer erfolgreichen Eigentherapie in unglückliche Beziehungen. Zwar können ihre emotionalen Blockaden gelöst werden und sie gewinnen viele Einsichten in die Hintergründe ihrer Schwierigkeiten, dennoch klammern sie sich an ihre gewohnten Verhaltensweisen.

Wie so viele Paartherapeuten kam ich zu dem Schluss, dass ich eine aktive Rolle übernehmen musste, wenn ich Paaren wirklich helfen wollte ihre Beziehung neu zu gestalten. Die Einsicht in Kindheitsverwundungen ist ein entscheidendes Ziel jeder Therapie, doch sie allein reicht nicht aus. Die Menschen müssen gleichzeitig lernen, ihre kontraproduktiven Verhaltensweisen abzulegen und sie durch wirksamere zu ersetzen.

Liebevolles Verhalten

Der verhaltenstherapeutische Ansatz erwies sich als besonders hilfreich, um die Liebesfähigkeit und Verständigungsbereitschaft eines Paares wiederherzustellen. Der Psychologe Richard Stuart stellt in seinem Buch *Hilfe für Paare - Ein Verhaltensansatz zur Ehetherapie* eine Übung vor, die es Paaren ermöglicht, wieder liebevolle Gefühle füreinander zu empfinden, indem sie einfach wieder liebevolles Verhalten zeigen. Diese Übung heißt „Liebevolle Tage“. Beide Partner werden aufgefordert, eine Liste mit konkreten, positiven Verhaltensweisen zusammenzustellen, mit deren Hilfe sie einander Freude bereiten können. So könnte etwa ein Mann aufschreiben: „Ich würde mir wünschen, dass du meine Schultern 15 Minuten lang massierst, während wir fernsehen.“ Oder die Frau: „Es würde mir Freude machen, wenn du mir am Sonntag das Frühstück ans Bett bringst.“ Beide sichern einander eine bestimmte Anzahl liebevoller Handlungen pro Tag zu, gleichgültig, wie sie gerade aufeinander zu sprechen sind. Stuart fand heraus, dass sich als Folge dieses Experiments „die alltäglichen Interaktionen der Paare signifikant veränderten, und zwar schon in den ersten sieben Tagen der Therapie. Das erwies sich als sehr gute Grundlage, um weitere Veränderungsvorschläge zu erarbeiten."

Um herauszufinden, ob dieser verhaltenstherapeutische Ansatz tatsächlich praktikabel war, entschied ich mich, ihn bei Harriet und Dennis Johnson anzuwenden. Ich wählte sie aus, weil sie unglücklich in ihrer Beziehung waren, wie alle Paare, die zu mir kamen. Harriet lebte in der ständigen Angst, Dennis könnte sie verlassen. Um sein Interesse an ihr zu erhalten, flirtete sie mit anderen Männern. Zu ihrer großen Enttäuschung reagierte er auf ihr Verhalten so, wie er immer reagierte - mit stoischer Zurückhaltung. Während einer Sitzung meinte er, er versuche dadurch lediglich sich darauf vorzubereiten, dass Harriet ihn eines Tages wegen einer Affäre mit einem anderen Mann verlassen würde. Seine stoische Haltung brachte seine Frau zur Verzweiflung, da ihr Interesse darauf abzielte, seine Abwehrmauer zu durchbrechen und ihn zu einem aktiveren Verhalten ihr gegenüber zu motivieren. Bei den seltenen Gelegenheiten, wo sie ihn erfolgreich aus der Reserve locken konnte, reagierte er typisch für Menschen mit verstärktem Distanzbedürfnis und verließ das Haus. Die meisten ihrer Zerwürfnisse endeten damit, dass Dennis Zuflucht in seinem Auto suchte und irgendwohin fuhr, wo er sich sicher fühlen konnte.

Um eine gute Basis für diese Übung zu legen, befragte ich Harriet und Dennis, wie sie in der ersten Zeit ihrer Liebe miteinander umgegangen waren. Während ich ihnen zuhörte, hatte ich das merkwürdige Gefühl, sie erzählten nicht mehr über Harriet und Dennis, sondern über zwei Unbekannte. Denn ich konnte mir einfach nicht vorstellen, wie diese beiden, die hier vor mir saßen, Sonntagsausflüge auf ihren Rädern unternommen hatten, vorzeitig ihre Büros verlassen hatten, um miteinander ins Kino zu gehen oder einander zwei- bis dreimal täglich angerufen hatten.

„Was würde geschehen", fragte ich sie, nachdem ich mich von meinem Staunen erholt hatte, „wenn Sie einfach anfingen, wieder solche Aktivitäten zu unternehmen? Wie wäre es, wenn Sie noch einmal so lebten wie am Anfang Ihrer Beziehung?" Beide sahen mich höchst erstaunt an.

„Ich denke, dass ich mich nicht gut dabei fühlen würde", meinte Dennis nach einer kurzen Denkpause. „Ich mag mich nicht anders geben, als ich mich fühle! Es käme mir so ... unehrlich vor. Ich empfinde Harriet gegenüber nicht mehr das gleiche wie damals, warum also sollte ich mich verstellen?"

Harriet stimmte ihm zu. „Es käme mir wie Schauspielerei vor", sagte sie, „wir sind zwar nicht mehr glücklich miteinander, doch wir versuchen zumindest ehrlich zu sein."

Nachdem ich ihnen erklärt hatte, dass diese Übung sie möglicherweise aus ihrer Sackgasse herausführen könnte, überwanden sie ihren anfänglichen Widerstand und stimmten einem Versuch zu. Ich erklärte ihnen die Übung detailliert. Sie sollten nach Hause gehen, auflisten, was sie zu Beginn ihrer Partnerschaft alles füreinander getan hatten und einander gegenseitig täglich drei bis fünf dieser liebevollen Gesten zum Geschenk machen. Diese Verhaltensweisen sollten Geschenke sein. Dennis und Harriet sollten sie als Gelegenheiten ansehen, einander zu verwöhnen, nicht als

Bestechungsversuche. Und besonders wichtig war es, dass sie nicht mitzählen oder gegenüberstellen sollten. Jeder von beiden sollte sich nur auf das Geben konzentrieren. Sie verließen meine Praxis und versprachen, sich wirklich ehrlich mit dieser Übung auseinanderzusetzen.

Zu Beginn der nächsten Stunde berichtete Dennis über den bisherigen Erfolg des Experiments. „Ich denke, Sie haben da wirklich einen guten Einfall gehabt, Harville", meinte er. „Wir taten, was Sie uns auftrugen, und heute bin ich bereits wesentlich hoffnungsvoller, was unsere Partnerschaft betrifft, als letzte Woche."

Ich bat ihn, mehr zu erzählen.

„Am Tag nach unserem Termin bei Ihnen fuhr ich gerade besonders deprimiert in der Gegend herum", gestand Dennis ein, „doch ich dachte, es könne ja zumindest nicht schaden zu tun, was wir uns vorgenommen hatten. So fuhr ich zu einem Blumenladen, um ein paar Blumen für Harriet zu kaufen. Das hatte sie sich auf ihrer Liste gewünscht. Ich biss die Zähne zusammen und suchte Margariten aus, denn das waren immer ihre Lieblingsblumen gewesen. Der Verkäufer fragte mich, ob ich noch eine Grußkarte beifügen wolle, und ich dachte, warum eigentlich nicht? Ich erinnere mich noch daran, dass ich dachte: ›Wir zahlen Dr. Hendrix so viel Geld, damit unsere Ehe besser wird, da möchte ich diese Übung auch konsequent durchführen‹. Als ich nach Hause kam, schrieb ich auf die Karte ›Ich liebe Dich.‹ " Er unterbrach seine Erzählung für einen Augenblick. „Und was mich wirklich überraschte, war das Gefühl der Liebe, das ich empfand, als ich Harriet die Blumen überreichte."

„Als ich die Karte las", warf Harriet ein, „spürte ich Tränen in meinen Augen. Es war schon so lange her, dass er mir gesagt hatte, er liebe mich." Sie berichtete weiter von den anderen liebevollen Gesten dieser Woche. Sie hatte ihm sein Lieblingsessen gekocht. Er hatte zugestimmt, sich beim Schlafen wieder aneinander zu kuscheln, statt ihr den Rücken zuzudrehen. Sie hatte Stricknadeln und Garn hervorgeholt und angefangen, ihm einen Pullover zu stricken. Während sie diese Erlebnisse berichteten, schien kaum noch Spannung zwischen ihnen zu bestehen. Als sie die Praxis verließen, sah ich, wie Dennis Harriet in den Mantel half, worauf sie lächelte und sagte: „Danke, mein Liebling." Es war nur eine kleine Geste, doch dieses liebevolle Geben und Nehmen hatte in ihrer Beziehung lange Zeit völlig gefehlt.

Ich bat sie, mit dieser Übung fortzufahren, und in jeder Sitzung ließen sich neue kleine Fortschritte in ihrer Beziehung feststellen. Sie behandelten einander nicht nur freundlicher, sondern wurden auch offener für die tiefer liegenden Themen und Probleme, die zu bearbeiten waren. Sie verbrachten weniger Zeit damit, sich über den jeweils anderen zu beklagen, und widmeten sich stattdessen verstärkt der Beschäftigung mit ihren Kindheitserinnerungen, die in erster Linie ausschlaggebend für ihre Probleme gewesen waren.

Da diese Übung von Richard Stuart sich als äußerst geeignet und hilfreich für Dennis und Harriet erwiesen hatte, nahm ich sie als Grundlage für eine eigene, erweiterte Version, die ich „Wiederverlieben in der Partnerschaft" nannte. Sie eignet sich sehr gut, einen konfliktfreien Austausch zwischen den Ehepartnern zu ermöglichen, wie sie es am Anfang ihrer Beziehung erlebt hatten. Ich stellte diese Übung auch anderen Klienten vor und fast ohne Ausnahme begannen alle Paare, mehrmals am Tag liebevolle Verhaltensweisen füreinander zu zeigen, fühlten sich wieder sicherer und erlebten ihre Beziehung als deutlich liebevoller. Gleichzeitig festigte sich das emotionale Band zwischen ihnen und sie erzielten in der Therapie erstaunliche Fortschritte.

In Teil III werde ich die Einzelheiten der Übung „Wiederverlieben in der Partnerschaft" näher erläutern. Wenn Sie diese Anleitungen beherzigen, werden Sie bald eine Verbesserung der Atmosphäre Ihrer Partnerschaft erleben können. Der Sinn dieser Übung besteht nicht darin, tiefer liegende Probleme zu lösen, sondern wieder eine Atmosphäre der Sicherheit und Freude in ihrer Partnerschaft zu schaffen, sodass wieder mehr Nähe möglich ist.

Warum diese Übung effektiv ist

Warum ist diese einfache Übung derart effektiv? Offensichtlich beginnt unser Altes Gehirn durch die tägliche Wiederholung dieser Übung unseren Partner als Menschen wahrzunehmen, der uns liebevoll behandelt. Schmerzliche, frühere Erfahrungen werden nun durch positive Handlungen überdeckt und unser Partner wird nicht länger als bedrohlich eingestuft, löst keine „Todesängste" mehr aus in uns, sondern wird zur Quelle der Lebensfreude. Damit ist der Weg zu mehr Nähe offen, die nur in einer Atmosphäre der Freude und der Sicherheit möglich ist.

Doch es gibt noch subtilere Gründe, warum diese Übung so erstaunliche Wirkung zeigt. Einmal wird so der kindliche Glaube der meisten Menschen aufgehoben, der Partner könne ihre Gedanken lesen. Während der ersten Phase der Liebesbeziehung unterliegen die meisten Menschen dem Irrtum, ihr Partner wisse genau, was ihnen fehlt. Verfehlt jedoch der Partner einige dieser Bedürfnisse, unterstellen sie ihm gleich böse Absichten. Jetzt möchten auch sie ihm etwas vorenthalten. Die Übung „Wiederverlieben in der Partnerschaft" verhindert eine derartige Abwärtsspirale, da beide Partner einander mitteilen, was ihnen Freude macht, ohne weiterhin auf Telepathie zu hoffen.

Gleichzeitig wird die Aug-um-Aug- beziehungsweise Zahn-um-Zahn-Mentalität des Machtkampfes abgebaut. Lassen sich Paare auf die Übung „Wiederverlieben in der Partnerschaft" ein, so werden sie darin angeleitet, einander bedingungslos liebevolle Verhaltensweisen zu zeigen. Sie schenken ihrem Partner so viele Liebesbeweise, wie sie sich vorgenommen haben, gleichgültig, wie der Partner sich benimmt. Das verhindert jede Art von Berechnung: „Ich mache das für dich, dafür erwarte ich mir jenes ..." Viele Partnerschaften erinnern an einen Börsenmarkt, dessen Währung „liebevolles Verhalten" heißt. Doch unser Altes Gehirn kann mit dieser Art von Liebe nur wenig anfangen. Massiert John Marthas Schultern, weil er hofft, so ihre Zustimmung zu bekommen, den ganzen Tag zum Fischen gehen zu können, wird eine eingebaute Sicherung Martha warnen: „Sei vorsichtig! Er will dich nur bestechen! Freue dich gar nicht erst über dieses Geschenk, denn du musst ohnehin dafür zahlen." Das Alte Gehirn kann nur jene Art von Liebe annehmen, die ihm signalisiert: „Ich massiere deine Schultern, weil ich weiß, dass du das gern magst." Liebe muss den Charakter eines Geschenkes haben.

Das Bedürfnis beschenkt zu werden ist ein Überbleibsel aus unserer Kindheit. Als Kinder wurden wir geliebt, ohne eine Gegenleistung dafür erbringen zu müssen. Zumindest in den ersten Monaten unseres Lebens mussten wir nichts zurückgeben, wenn man uns streichelte, im Arm hielt oder fütterte. Auch als Erwachsene haben wir noch immer einen Teil in uns, der sich nach bedingungsloser Liebe sehnt. Wir möchten geliebt werden ohne eine Gegenleistung erbringen zu müssen. Schenkt unser Partner uns Liebesbeweise, und zwar unabhängig von unseren eigenen Handlungen, wird unser Bedürfnis nach bedingungsloser Liebe erfüllt.

Eine dritte, positive Auswirkung dieser Übung besteht darin, dass Menschen lernen, dass das, was ihnen Freude macht, von ihren individuellen Lebenserfahrungen abhängt und sich deutlich von dem unterscheiden kann, was ihrem Partner Freude bereitet. Das verstärkt das Bewusstsein, dass mein Partner ein eigenständiger, keineswegs mit mir verschmolzener Mensch ist. Sehr oft denken Eheleute nur in den Kategorien ihrer eigenen Vorstellungswelt und sehen nur ihre eigenen Bedürfnisse und Vorlieben, nicht aber jene ihres Partners. Eine meiner Klientinnen hatte sich große Mühe gegeben, für ihren Mann eine überraschende Geburtstagsparty zu arrangieren. Sie hatte alle seine Freunde eingeladen, sein Lieblingsessen gekocht, Schallplatten aus den Sechzigerjahren mit seinen Lieblingsliedern ausgeliehen und Partyspiele arrangiert. Während der Veranstaltung verhielt sich ihr Mann so, wie alle es von ihm erwarteten. Es schien, als würde ihm der ganze Rummel Spaß machen. Doch einige Wochen später, während einer Therapiestunde, fand er den Mut seiner Frau zu sagen, dass er sich in Wahrheit den ganzen Abend über elend gefühlt hatte. „Ich konnte es noch nie leiden, wenn man zu meinem Geburtstag so viel Rummel macht", sagte er nun zu ihr. „Ich dachte, du weißt das. Besonders an meinem 40. Geburtstag. Ich hätte viel lieber einen ruhigen Abend mit dir und den Kindern verbracht. Vielleicht ein selbst gebackener Kuchen und einige Geschenke. *Du* bist doch diejenige, die große Feiern liebt!"

Seine Frau hatte sich an die goldene Regel „Behandle andere so, wie du selbst gern behandelt werden möchtest" gehalten, und zwar allzu wörtlich. Ohne nachzudenken hatte sie eine Party nach ihrem Geschmack organisiert, jedoch nicht nach seinem. Die Übung „Wiederverlieben in der Partnerschaft" umgeht dieses Problem, da beide Partner für die Bedürfnisse des jeweils anderen sensibilisiert werden, und zwar nach dem Motto „Behandle andere so, *wie sie gern behandelt werden möchten*". So können bisher zufällige Liebesbeweise immer bewusster und zielgerichteter geschenkt werden, um die einzigartigen Bedürfnisse des Partners zu erfüllen.

Wenn Paare einander bewusst und gezielt Liebesbeweise schenken, so verbessert sich ihr Beziehungsklima nicht nur offensichtlich, sondern auch alte Wunden können geheilt werden. Ich kann das aus eigener Erfahrung bestätigen. Meine Frau Helen und ich geben uns wirklich Mühe, die gleichen Übungen durchzuführen, die ich auch meinen Klienten vorschlage, und gerade die Übung „Wiederverlieben in der Partnerschaft" haben wir so oft durchgeführt, dass sie zu einem festen Bestandteil unserer Ehe geworden ist. Heute schenken wir einander manche Liebesbeweise ganz ohne darüber nachzudenken. So schlägt Helen zum Beispiel jeden Abend das Bett für mich auf. Dahinter steht eine Erfahrung, die ich vor 40 Jahren machte. Nach dem Tod meiner Mutter hatte mich meine Schwester Maize Lee in ihr Haus aufgenommen. Sie war zu der Zeit erst 18 Jahre alt und jung verheiratet. Doch sie sorgte äußerst liebevoll für mich. Eine der fürsorglichen Gesten, die mich damals besonders berührten, war, dass sie sich jeden Abend Zeit nahm, in mein Zimmer zu gehen, mein Bett aufzuschlagen und mir ein Glas Orangensaft oder Milch auf den Nachttisch zu stellen. Auch heute noch, wenn Helen mein Bett für mich aufschlägt, erinnere ich mich an Maize Lee und das, was sie damals für mich getan hat, und ich fühle mich geliebt. Tief in mir symbolisiert diese Geste das innere Band, das zwischen Eltern und ihrem Kind bestehen kann. Ich fühle mich sicher und die Verletzungen meiner Kindheit können verheilen, weil meine Partnerschaft zu einem Raum der Liebe und Sicherheit für mich wird.

Überraschungen

Nachdem ich schon vielen Ehepaaren die Übung „Wiederverlieben in der Partnerschaft" erklärt hatte, stellte ich ein interessantes Phänomen fest: der positive Effekt schien nach einigen Monaten nachzulassen. Zwar befolgten die Ehepaare meine Instruktionen, doch erlebten sie nach einer gewissen Zeit nicht mehr die gleiche Freude an den liebevollen Verhaltensweisen wie zu Beginn. So kam ich auf den Gedanken, dass ich in die Übung das Konzept von unregelmäßig angewendeten „Verstärkern" (in unserem Fall Liebesbeweisen) einbauen könnte Die Anwendung von so genannten „intermittierenden Verstärkern", einem Grundprinzip der Verhaltenswissenschaft, beruht auf der Erkenntnis, dass auch der beste Stimulus an Wirksamkeit verliert, wenn er mit vorhersagbarer Regelmäßigkeit wiederholt wird. Zufallsbelohnungen schaffen hingegen ein Klima der Überraschung und der Vorfreude und verstärken den Effekt dieser Stimuli deutlich. Dieser Sachverhalt war von den Wissenschaftern rein zufällig entdeckt worden, als sie mit Versuchstieren im Labor trainierten, die auf entsprechende Belohnungen hin reagieren sollten. Eines Tages funktionierte der Apparat, der die Belohnungen spendete, nicht wie vorgesehen, und die Tiere erhielten für ihre Anstrengungen keine Belohnung. Am nächsten Tag war der Apparat wieder repariert und der normale Ablauf garantiert. Sehr zur Überraschung der Trainer waren die Tiere deutlich motivierter als zuvor. Wenn die Belohnungen nach einem unberechenbaren Zeitplan erfolgten, stieg ihre Leistungsbereitschaft entscheidend.

Dass das Phänomen des Zufallsprinzips Gültigkeit hat, kann im täglichen Leben gut beobachtet werden. Die meisten Paare überreichen einander zu bestimmten Gelegenheiten Geschenke, etwa zum Geburtstag oder zu Weihnachten. Diese Geschenke gehören schon dermaßen zur Routine, dass man sie oft als selbstverständlich hinnimmt. Selbst wenn man sich darüber freut, hat ein Geschenk nicht die gleiche emotionale Bedeutung wie eines, das spontan und überraschend kommt. Die Verhaltenswissenschaft argumentiert, dass Routine-Geschenke nicht als aufregend erlebt werden, weil „das psychische und neurologische System der Menschen durch die Vorhersehbarkeit und Repetition von freudigen Eindrücken desensibilisiert wurde". Dasselbe trifft auch auf die Übung „Wiederverlieben in der Partnerschaft" zu. Tritt ein Gewöhnungseffekt ein, schenken Partner einander beispielsweise jeden Abend eine angenehme Rückenmassage oder jeden Sonntag einen Blumenstrauß, so nimmt das Ausmaß der Freude deutlich ab. Von Zeit zu Zeit muss es einen Überraschungseffekt geben, um das Interesse und die Freude aneinander lebendig zu erhalten.

Um das Element der Spannung in die Übung „Wiederverlieben in der Partnerschaft" einzubauen, entwickelte ich das Konzept der so genannten „Überraschungsliste". Diese Liste enthält einerseits die Wünsche meines Partners, andererseits auch meine eigenen Ideen hinsichtlich Überraschungen, über die er/sie sich freuen könnte. So führt jeder Partner eine Liste und versucht, sich gut in die Wünsche und Träume des anderen einzufühlen. Eine Frau, die beiläufig erzählt, ein Kleid in einem bestimmten Geschäft habe ihr gut gefallen, wird sich überaus freuen, wenn sie besagtes Kleid in ihrem Kleiderschrank vorfindet, noch dazu in der richtigen Größe. Ein Mann, der zufällig erwähnt, dass ein bestimmtes Musical ihn interessiert, wird sich über ein kleines Briefchen seiner Frau mit zwei beigelegten Eintrittskarten für dieses Musical ebenso freuen. Wenn Partner einander nicht nur routinemäßig Freude bereiten (entsprechend ihrer „Liste für liebevolle Verhaltensweisen"), sondern einander von Zeit zu Zeit auch überraschen (entsprechend ihrer „Überraschungsliste"), so kann ihre Beziehung deutlich an Lebendigkeit und Glücksgefühlen gewinnen.

Aktivitäten, die Spaß und Freude machen (High Energy Fun)

Im Laufe der Jahre erweiterte ich die Übung „Wiederverlieben in der Partnerschaft" noch mehr. Ich bat die Paare, „High Energy Fun" in ihr Leben zu integrieren. Das bedeutet, sich gemeinsame Aktivitäten vorzunehmen, die beiden Partnern viel Spaß machen und ihre Lebensenergie steigern, ihnen sozusagen ein gemeinsames High-Gefühl schenken. Hierbei kann es sich um Dinge handeln wie Herumbalgen, Kitzeln, gegenseitige Massage, gemeinsames Duschen, Hüpfen oder Tanzen und ähnliches mehr. Wettbewerbsorientierte Sportarten wie Tennis sind nur insoweit geeignet, als sie keine Spannung oder Konkurrenz zwischen den Partnern hervorrufen.

Eine dritte Liste mit Aktivitäten, die Spaß und Freude machen zu erstellen, hielt ich deshalb für wichtig, weil ich beobachtet hatte, dass Paare einander überwiegend „vernünftige und seriöse" Überraschungen und Liebesbeweise schenkten. Sie hatten einfach vergessen, wie schön es sein kann Spaß miteinander zu haben. Die Analyse ihrer Listen verdeutlichte die Tendenz, dass die meisten Paare nur etwa zehn Minuten in der Woche etwas Vergnügliches miteinander erlebten, miteinander spielten oder lachten. Ich erkannte, wie wichtig es wäre, diese Statistik zu verbessern. Ich wusste, dass Paare, die wirklich Spaß miteinander haben, fröhlich und ausgelassen sein können, einander wieder als Quelle der Freude und Sicherheit wahrnehmen und dass dies ihre emotionale Bindung intensiviert. Registriert das Alte Gehirn ein Fließen von positiver Energie, so nimmt es jene Person, von der die positive Energie ausgeht, als Quelle von Lebensfreude und Sicherheit wahr. Dadurch können beide Partner sich auf einer tieferen, unbewussten Ebene immer mehr aufeinander einlassen.

Die Angst vor der Freude

Zu den liebevollen Verhaltensweisen waren nun einerseits Überraschungen und andererseits Aktivitäten, die Spaß und Freude bereiten, hinzugekommen. Nun hatten Paare endlich effektive Werkzeuge zur Verfügung, um sich auf positive Ansätze für ihre Beziehungsarbeit stützen zu können. Wie jede Übung, die auf persönliches Wachstum ausgerichtet ist, löste diese einfache Übung jedoch auch einigen Widerstand aus. Widerstand und Abwehrreaktionen sind einfach zu erwarten. Wenn Partner seit fünf Jahren erbitterte Gegner sind, wird es ihnen verständlicherweise seltsam erscheinen, plötzlich wieder Liebesbriefchen zu schreiben. Die Übung „Wiederverlieben in der Partnerschaft" wird ihnen gekünstelt und aufgesetzt erscheinen (was in gewisser Hinsicht tatsächlich der Fall ist) und das Alte Gehirn nimmt jedes Verhalten, das nicht routinemäßig und habituell abläuft, vorerst als unnatürlich wahr. Die einzige Möglichkeit, diesen automatischen Widerstand gegenüber Neuerungen zu überwinden, besteht in der ständigen Wiederholung des neuen Verhaltens, bis es ebenso vertraut und sicher wie das alte erscheint.

Auf einer sehr viel tieferen Ebene gibt es allerdings eine Form des Widerstands im Zusammenhang mit dieser Übung, die paradox wirkt - die *Angst* vor der Freude. In unserem bewussten Denken unternehmen wir große Anstrengungen, um glücklich leben zu können. Warum sollten wir uns da vor Freude fürchten? Um diese Reaktion einigermaßen nachvollziehen zu können, müssen wir uns daran erinnern, dass es ein wunderbares Gefühl ist, unsere volle Lebendigkeit zu spüren. Als wir noch jung waren, schien unsere Lebensenergie grenzenlos zu sein, und wir erlebten intensive Freude. Unsere Bezugspersonen beschnitten unsere Vitalität, um unsere Sicherheit zu gewährleisten und um uns gemäß der gesellschaftlichen Normen zu erziehen: „Mädchen toben nicht so herum." Oder „Hüpfe bitte nicht auf der Couch!" Oder „Sei vorsichtig! Es ist gefährlich, so hoch hinaufzuklettern. Bitte komm wieder vom Baum herunter!" Oder „Du machst zu viel Lärm, sei bitte leise!" Wir wurden auch deshalb eingeschränkt, weil manche unserer Handlungen die verdrängten Persönlichkeitsanteile unserer Bezugspersonen ans Licht zu holen drohten. Sie hatten schon lange verlernt, wie es war, im See zu tauchen, einen Hügel hinunterzurollen, den Gehsteig entlang zu hüpfen oder ihrer Freude lautstark Ausdruck zu verleihen. Während uns auf diese Weise Beschränkungen auferlegt wurden, die manchmal sogar mit Strafen verbunden waren, verknüpften wir in unserem Gehirn Freude mit Schmerz. Fühlten wir uns manchmal so richtig fröhlich oder waren voller Begeisterung, so wurden wir entweder ignoriert, ermahnt oder sogar bestraft. Auf einer unbewussten Ebene konnte dieses innere Unbehagen sogar Todesangst bei uns hervorrufen. Schließlich lernten wir, unsere Freude einzuschränken, um unsere Angst zu verringern. Gleichzeitig lernten wir, dass es gefährlich sein konnte, sich durch und durch lebendig zu fühlen.

Mit der merkwürdigen Logik von Kindern gaben wir jedoch weder unseren Eltern noch der Gesellschaft die Schuld daran, dass wir lernen mussten, Lebensfreude mit Schmerz gleichzusetzen. Wir nahmen es als schicksalhaft gegeben an und dachten: „Meine Eltern beschränken meine Lebensfreude, also scheine ich sie einfach nicht zu verdienen." In gewisser Weise war es einfacher zu glauben, wir hätten es nicht verdient, wirklich glücklich zu sein, als zu glauben, unsere Eltern wären nicht dazu in der Lage gewesen, unsere Bedürfnisse zu erfüllen oder hätten sie mit Absicht nicht erfüllt. Nach und nach entwickelten wir eine automatische Abwehr gegen Glücksgefühle.

Wenn Menschen unter besonders repressiven Bedingungen aufwachsen mussten, fällt ihnen die Übung „Wiederverlieben in der Partnerschaft" oft besonders schwer. Es macht ihnen Schwierigkeiten, um liebevolle Verhaltensweisen zu bitten, und manchmal sabotieren sie regelrecht die Anstrengungen ihres Partners, der ihnen etwas Gutes tun will. So setzte etwa einer meiner Klienten, ein Mann mit besonders schwach entwickeltem Selbstwertgefühl, auf seine Liste, er wünsche, seine Frau würde ihm jeden Tag ein Kompliment machen. Seiner Frau fiel diese Bitte nicht schwer, da sie viele bewundernswerte Seiten an ihm erkannte. Doch jedes Mal, wenn sie ihm etwas Nettes sagen wollte, widersprach er ihr oder wertete ihre Aussage ab. Sagte sie etwa: „Ich mochte die Art, wie du gestern Abend mit unserem Sohn Robbie geredet hast!", so machte er das Kompliment durch Selbstkritik zunichte: „Ja, ich sollte viel häufiger so mit ihm reden. Ich verbringe einfach viel zu wenig Zeit mit ihm." Er verkehrte die positive Aussage seiner Frau ins Gegenteil. Er konnte es einfach nicht ertragen, etwas Gutes über sich zu hören. Ein Lob schien unvereinbar mit seinem negativen Selbstbild. Sein Widerstand und seine Überzeugung, an seiner negativen Erwartungshaltung festzuhalten, war so stark, dass ich mit ihm üben musste, wie er auf die Komplimente seiner Frau reagieren könnte, etwa mit der standardisierten Antwort „Ich danke dir", zu der er nichts weiter hinzufügen durfte.

Ein weiterer Klient entwickelte eine andere Art des Widerstands gegen diese Übung: er schien einfach die Instruktionen nicht verstehen zu können. „Dr. Hendrix", sagte er zu mir, nachdem wir schon die zweite Sitzung damit zugebracht hatten diese Übung zu erläutern, „ich verstehe einfach nicht, was Sie von mir wollen. Was soll ich tun?" Ich erklärte zum wiederholten Male die Anleitung für diese Übung, um sicherzugehen, dass er sie auch wirklich verstehen konnte. Ich wusste jedoch gleichzeitig, dass sein angebliches Nichtverstehen nur kaschieren sollte, dass er sich außerstande fühlte, für sich selbst um etwas Schönes zu bitten. Damit er diese emotionale Blockade überwinden konnte, erklärte ich ihm, es sähe nur auf den ersten Blick so aus, dass er selbst davon profitiere, sich etwas Schönes von seiner Frau zu wünschen. Genau genommen sei es auch ein Weg für seine Frau, ein liebevollerer Mensch zu werden - was auch stimmte. Kaum erschien diese Übung nicht mehr in einem selbstbezogenen Bezugsrahmen, verstand mein Klient schnell, was von ihm erwartet wurde. Es gelang ihm, eine Art Abkommen mit seinem inneren Dämon zu schließen, der ihm immer wieder einflüsterte, er sei es nicht wert geliebt zu werden. Er nahm einen Stift und erstellte in wenigen Minuten eine Liste mit 26 Dingen, die er sich von seiner Frau wünschte.

Besonders Menschen, die sich stets von ihrer Umgebung distanzieren, erleben diese Übung als schwierig. Sie möchten zwar kooperativ in der Therapie sein, doch es fällt ihnen einfach nichts ein, was ihre Partner für sie tun könnten. Sie scheinen weder Wünsche noch Bedürfnisse zu haben. In Wirklichkeit verstecken sie sich hinter einem Schutzschild, das sie als kleine Kinder errichteten, um sich vor ihren bedrängenden Eltern zu schützen. Sie lernten sehr früh in ihrem Leben, dass die einzige Möglichkeit Autonomie zu erlangen darin bestand, ihre Gedanken und Gefühle für sich zu behalten. Enthielten sie ihren Eltern wichtige Informationen vor, waren diese weniger in der Lage, Grenzüberschreitungen vorzunehmen oder in ihre persönliche Sphäre einzudringen. Eine Folge dieses Schutzmusters ist jedoch, dass Menschen mit verstärktem Distanzbedürfnis ihre Gefühle letztlich auch vor sich selbst verstecken. Es ist offenbar am sichersten, seine Gefühle gar nicht erst kennen zu lernen.

Sehr oft wiederholen „Distanzierer" ihre Kindheitssituation durch die Heirat mit Menschen, die ein unerfülltes Nähebedürfnis haben. So setzt sich der Konflikt ihrer Kindheit fort - nicht als nutzlose Neuaufführung vergangener Situationen oder als neurotischer Versuch, sich neuerlich Schmerzen zuzufügen, sondern als unbewusste Handlung, die die Erfüllung ihrer fundamentalen menschlichen Bedürfnisse anstrebt. Wenn ein Paar die Übung „Wiederverlieben in der Partnerschaft" macht und einer der Partner distanziert sich, der andere sucht sehr stark dessen Nähe, so ist es vorprogrammiert, dass sie in einen Zwiespalt geraten. Der eine Partner wird sich quälen, auch nur ein oder zwei Bedürfnisse aufzuschreiben, während der andere sofort eine ganze Liste von „Ich wünsche ..." bereit hat. Oberflächlich betrachtet erscheint der Partner mit dem verstärkten Distanzbedürfnis als ein selbstgenügsamer Mensch, der Partner mit dem verstärkten Nähebedürfnis hingegen als fast unersättlich. Doch im Grunde werden beide von dem gleichen Bedürfnis geleitet, geliebt und versorgt zu werden. Der eine steht nur in sehr viel besserem Kontakt mit seinen Gefühlen als der andere.

Gleichgültig, was der aktuelle Anlass eines Klienten ist, Widerstand gegen diese Übung zu empfinden, lautet meine Anleitung immer gleich: „Bitte führen Sie diese Übung genau so durch, wie sie Ihnen angegeben wurde. Selbst wenn Sie Angst verspüren, versuchen Sie sie bitte durchzuhalten und investieren Sie noch mehr Energie, um sie zu einem guten Ende zu bringen. Schließlich wird Ihre Angst abnehmen." Wenn Sie diese Übung oft anwenden, wird sich das Alte Gehirn an die neue Realität gewöhnen. Menschen mit schwach entwickeltem Selbstwertgefühl können nach und nach eine positive Identität aufbauen. Der „Distanzierer" wird erleben, dass das Äußern von kleinen Wünschen seine Unabhängigkeit nicht gefährdet. Die Angst vor dem neuen Verhalten wird mehr und mehr von der Freude überdeckt, die diese Versuche mit sich bringen, und schließlich assoziieren wir sie mit Lebensfreude und Sicherheit. Einander liebevolle Verhaltensweisen zu schenken ist ein sehr schöner und verlässlicher Weg zu persönlichem Wachstum.

Einsicht und Verhaltensänderung

Gerade die Übung „Wiederverlieben in der Partnerschaft" sowie einige andere Übungen, die ich Ihnen in den folgenden Kapiteln vorstellen möchte, haben meine Überzeugung bestärkt, dass Erkenntnis und tatsächliche Verhaltensänderungen zu mächtigen Verbündeten werden können. Es reicht nicht aus, die unbewussten Zusammenhänge zu verstehen, die einer Partnerschaft zugrunde liegen. Erkenntnisse allein können Kindheitsverletzungen nicht heilen. Es genügt auch nicht, neue Verhaltensweisen in eine Partnerschaft zu integrieren, ohne dass die Partner die wahren Ursachen, die ein bestimmtes Verhalten bedingen, verstehen. In beiden Fällen werden diese Paare nur begrenzte, positive Effekte erleben können. Meine Erfahrungen haben mich gelehrt, dass die effektivste Form der Therapie beide Gedankenansätze miteinander kombiniert. Wenn Sie Ihre unbewussten Beweggründe besser erkennen und Ihre Einsichten in konstruktives Verhalten umsetzen, können Sie eine bewusste und wahrhaft erfüllende Partnerschaft verwirklichen.

9

Sich selbst und den Partner besser kennen lernen

Dann werdet Ihr die Wahrheit kennen
und die Wahrheit wird Euch frei machen.
Johannes 8,32

Niemand von uns wird bestreiten, dass unser Partner verständlicherweise eigene Standpunkte und Perspektiven vertritt, und doch fällt es uns oft schwer, diese Einsicht auch auf einer tieferen, emotionalen Ebene zu akzeptieren. Es wäre uns zweifellos lieber, er oder sie würde die Welt mit unseren Augen sehen. Ist unser Partner anderer Meinung als wir, erliegen wir oft der Versuchung, ihm fehlende Information oder eine verzerrte Sicht der Dinge zu unterstellen. Wie sonst könnte er sich so irren?

Manche Menschen sind besonders stark auf ihre eigene Weltsicht fixiert. So auch Ben, einer meiner Klienten. Ben war hochintelligent und Geschäftsführer einer sehr erfolgreichen Firma. Deshalb war er es gewohnt, seine Umwelt durch seine Intelligenz und Überzeugungskraft zu dominieren. Seine Frau hatte er völlig vereinnahmt. Judy, eine sanfte und gutherzige Frau, saß neben ihm, den Kopf gesenkt, die Schultern nach vorn gezogen, wie ein gescholtenes Kind.

Eine meiner Zielsetzungen während der ersten Therapiestunde bestand darin, Judy so aufzubauen, dass sie ihrem imposanten Ehemann gegenüber eine eigene Meinung vertreten könnte. (In den Lehrbüchern der Psychologie nennt man das „Herstellen der therapeutischen Balance"). Normalerweise brauchte sie nur zwei Sätze zu sagen, schon zweifelte ihr Ehemann diese Äußerung an. „Du lügst! Das stimmt doch überhaupt nicht!", platzte er los, um sich sofort in seine eigene Verteidigungsrede zu stürzen. Sein Fazit war immer das gleiche: „Es handelt sich hier nicht um meine Meinung, Dr. Hendrix. Es ist einfach die Wahrheit." Ich konnte sehen, wie sehr er wirklich davon überzeugt war, sein Standpunkt wäre der einzig nur mögliche, nur er wäre fähig die Realität zu erfassen, so wie sie ist.

Es war sinnlos, ihn auf einer verbalen Ebene von der Begrenztheit seiner Sichtweise überzeugen zu wollen. Die Unterhaltung würde sofort zu einem Streitgespräch werden, und ich hatte keinen Zweifel, wer der Gewinner wäre. Zu Beginn unserer achten Stunde hatte ich plötzlich einen Einfall. Judy hatte gerade gewagt, von ihrem Eindruck bei einem gemeinsamen Essen mit Bens Vater zu berichten. Dieser hatte seinen Sohn durch eine Bemerkung in seinem Stolz verletzt. Judy hatte seine Bemerkung allerdings als konstruktive Kritik wahrgenommen. Ben bestand aber darauf, dass er seinen Vater als verletzend und abschätzig erlebt hatte. „Du irrst dich wieder einmal, Judy!“, warf er ein. „Wie kannst du nur so blind sein?“

An dieser Stelle unterbrach ich ihr Gespräch und bat sie, diesen Streit für kurze Zeit ruhen zu lassen, um einer Tonbandaufnahme mit klassischer Musik zu lauschen, César Francks Violinsonate in A-Dur. Während ich das Band einlegte, bat ich sie, der Musik aufmerksam zu lauschen und sich gleichzeitig auf die Bilder zu konzentrieren, die vor ihrem inneren Auge aufsteigen würden. Beide reagierten erstaunt und ich spürte in Bens Miene deutliche Ungeduld: Wie könnte ein Musikstück ihre Schwierigkeiten lösen? Doch inzwischen vertraute er mir genug und ließ mich die Sitzung leiten. Er vermutete einen Grund für meinen unüblichen Vorschlag.

Wir saßen und lauschten der Musik. Ich hielt das Band nach dem zweiten Satz an, wohl wissend, dass ich mich in ein Minenfeld begab, und ich fragte Judy und Ben, was sie von der Musik hielten.

Ben sprach zuerst: „Was für ein schönes Stück“, sagte er, „so lyrisch. Mir gefiel die Violine im ersten Satz besonders gut.“ Er summte einige Takte und ich war beeindruckt von seiner Fähigkeit, sich an die Noten zu erinnern und sie richtig wiedergeben zu können. Neben seinen vielen anderen Qualitäten schien er auch noch das absolute Gehör zu besitzen. „So eine schöne Melodie“, fuhr er fort. „Ich weiß nicht warum, doch plötzlich hatte ich die Vision eines Ozeans. Es gab Stellen, die mich an Debussy erinnerten. Wenn auch Franck weniger impressionistisch ist, ist er doch ebenso einfühlsam. Vielleicht liegt es an der französischen Tradition.“

Jetzt wandte ich mich an Judy.

„Das ist interessant“, sagte sie mit so leiser Stimme, dass ich sie kaum verstehen konnte. „Ich habe diese Musik ganz anders empfunden.“ Sie verkroch sich noch tiefer in ihren Lederstuhl und verstummte. Wie könnte sie auch mit der ausgefeilten, gebildeten Kritik ihres Ehemannes mithalten.

„Sagen Sie mir, was Sie in der Musik gesehen haben, Judy!“ Ich hakte einfach nach. „Ich möchte wissen, was Sie denken.“

„Gut“, meinte sie, sich räuspernd, „mir erschien die Musik stürmisch, besonders das Klavier. Bei den Klavierakkorden sah ich plötzlich Sturmwolken aufziehen, spürte starken Wind und sah, wie der Himmel sich verdunkelte.“

„Liebling, wie kommst du nur auf die Idee, darin etwas Dramatisches erkennen zu wollen!“ Ben kommentierte ihre Stellungnahme sofort in einem gönnerhaften Ton, den er speziell für seine Frau anschlug. „Ich bin fast eingeschlafen. Es wirkte so beruhigend. Höre doch das nächste Mal besser zu, Judy, und du wirst sehen, was ich meine. Es handelt sich hier um eines der gefühlvollsten Stücke, die je geschrieben wurden. Meinen Sie nicht auch, Dr. Hendrix?“ (Wie so viele meiner Klienten versuchte auch er einen großen Teil seiner Zeit den Therapeuten auf seine Seite zu ziehen.)

„Ja, Ben, ich finde es auch gefühlvoll“, bestätigte ich ihn. „Ich spürte die Sanftheit dieser Musik, so romantisch und so beruhigend.“ Dann wandte ich mich an Judy. „Doch Ihnen kann ich ebenso zustimmen, Judy. Es gibt Teile, die wirklich Dramatik und Leidenschaft ausdrücken. Ich denke, ich stimme Ihnen beiden zu." Ben begann mit seinen Fingern auf die Armlehne zu trommeln.

„Ich habe eine Idee", sagte ich, „warum hören Sie sich die Musik nicht noch einmal an, um zu sehen, ob es vielleicht doch Hinweise auf den Standpunkt Ihres Partners gibt? Ben, ich möchte, dass Sie besonders auf die dramatischen Stellen achten, und Judy, versuchen Sie doch bitte einmal auf die leichten, poetischen Momente zu hören."

Ich startete die Sonate erneut und wiederum hörten sie der Musik zu. Anschließend fragte ich sie nach ihrer Meinung. Jetzt hatten beide in diesem Werk Aspekte entdeckt, die ihnen vorher entgangen waren. Ben traf eine interessante Feststellung. Beim ersten Anhören hatte er sich instinktiv von der Geige anziehen lassen. Diesmal war er bemüht, besonders auf das Klavier zu achten, und es wurde ihm bewusst, warum sie die Sonate beim ersten Mal so unterschiedlich wahrgenommen hatten. „Es gibt wirklich sehr viel Anspannung in dieser Musik", räumte er ein, „besonders im Klavierpart, bei den Akkordzerlegungen am Anfang des zweiten Satzes. Beim ersten Anhören habe ich diese schöne Stelle überhaupt nicht wahrgenommen. Ich war einfach abgelenkt. Jetzt kann ich verstehen, warum jemand diese Musik als stürmisch erlebt." Auch Judy war es mittlerweile gelungen, Bens Eindruck nachvollziehen zu können. Dieses Mal hatte sie die Musik nicht als derartig dramatisch empfunden. „Es gibt wirklich sehr schöne, ruhige Stellen", meinte sie. „Eigentlich ist der ganze erste Satz eher verhalten."

Während beide sich um den Standpunkt des anderen bemühten, war ihnen zugleich bewusst geworden, dass Musik vielfältiger sein kann, als sie zuerst gedacht hatten. Es gab eher heitere Passagen, aber auch dramatische. Das Stück war komplex und vielschichtig.

„Mich würde interessieren, wie die Orchestermitglieder dieses Stück wahrnehmen", meinte Ben, „oder ein Musikwissenschafter. Ich denke, jeder könnte einen anderen Aspekt betonen. Der Interpretation dieser Sonate wäre noch vieles hinzuzufügen."

Ich war sehr zufrieden mit dem Verlauf ihrer Therapiestunde. Mein Experiment hatte sich ausgezahlt. „Das war es, was ich Ihnen beiden zeigen wollte", sagte ich. „Das ist der springende Punkt, auf den ich mit dieser Übung hinaus wollte. Wenn es Ihnen gelingt, auch andere Themen auf die gleiche, offene Art zu betrachten, werden Sie zwei Dinge erkennen: erstens, dass Ihr Partner ebenfalls wichtige Aspekte erkennt, und zweitens, dass die Wirklichkeit weitaus komplexer und vielschichtiger ist, als jeder von Ihnen allein realisieren kann. Wir alle können nur Momentaufnahmen der Welt aufnehmen und versuchen, uns der Wahrheit anzunähern. Doch etwas ist sicher. Gelingt es Ihnen, den Standpunkt Ihres Partners zu akzeptieren und ihn als Bereicherung Ihres eigenen zu sehen, werden Sie beide die Welt differenzierter und klarer wahrnehmen können."

Ausgehend von dieser neuen, kooperativen Atmosphäre leitete ich Judy und Ben noch einmal zurück zur Reflexion des Gesprächs mit Bens Vater. Ben konnte schließlich erkennen, dass sein Vater möglicherweise wirklich eine gute Absicht gehabt haben könnte. Vielleicht hatte Ben diesen Aspekt ebenso ausgeblendet wie den Klavierpart bei der Sonate. Und Judy konnte sich nun viel besser in die bereits seit langem bestehende Spannung zwischen Ben und seinem Vater einfühlen und nachvollziehen, warum ihr Mann so verletzt reagiert hatte. Plötzlich konnten beide, Judy und Ben, ihre Perspektive deutlich erweitern.

Neue Möglichkeiten der Erkenntnis

Können wir die Begrenztheit unserer eigenen Sichtweise akzeptieren und gleichzeitig empfänglicher für den Standpunkt unseres Partners werden, so werden sich für uns ganz neue Welten eröffnen. Statt einen abweichenden Standpunkt zu bekämpfen, können wir ihn als Bereicherung erleben: „Was siehst du, was ich nicht sehen kann?" Oder „Was hast du gelernt, was ich noch lernen muss?" Unsere Partnerschaft bietet uns die Möglichkeit, unsere begrenzte Realitätswahrnehmung fortwährend anhand der Perspektive einer anderen Person überprüfen zu können. Beide Perspektiven enthalten zweifellos einen wahren Kern, der Einblicke in bisher Verborgenes ermöglicht und somit neue Chancen eröffnet, unserer seelischen Ganzheit näher zu kommen. Wenn Sie so immer mehr Einsichten dazu gewinnen, wird Ihre Liebesbeziehung realistischer. Die Liebe bleibt keine romantische Illusion, sondern beruht auf wachsenden Erkenntnissen über sich selbst und über Ihren Partner.

In Kapitel 6 haben wir einige konkrete Bereiche angesprochen, in denen Sie Ihre Erkenntnisse erweitern können. Sie haben die Chance, die unbewussten Ziele und Hoffnungen bewusster zu erkennen, die jeder von Ihnen in die Partnerschaft mitgebracht hat, ebenso wie Ihre verleugneten Persönlichkeitsmerkmale und die innere Welt Ihres Partners kennen zu lernen und das Heilungspotenzial Ihrer Partnerschaft. Wie Sie in diesem kurzen Beispiel von Judy und Ben sehen konnten, hängt die Möglichkeit unsere Erkenntnisse zu erweitern in erster Linie von unserer Bereitschaft ab, den Standpunkt unseres Partners wertschätzen zu können und daraus zu lernen. Sind beide Partner bereit, ihre persönliche Weltsicht zu erweitern, so können alltäglichen Erlebnisse zu einer wahren Fundgrube an neuen Erkenntnissen werden.

Besonders wertvoll in dieser Hinsicht kann die Analyse der ausgesprochenen, aber ebenso der unausgesprochenen Kritik unseres Partners sein. „Du kommst immer so spät nach Hause!" Oder „Ich kann mich einfach nicht an dich anlehnen." Oder „Warum denkst du nie an mich?" Oder „Du bist so egoistisch!" Sagen wir diese Dinge, sind wir von ihrer Richtigkeit überzeugt. Doch oft erzählen sie in Wahrheit mehr über uns selbst und bestimmte Anteile unserer Persönlichkeit.

Lassen Sie uns einen Blick auf die Erfahrungen einiger Paare werfen, um zu sehen, wie aufschlussreich ständige emotionale Vorwürfe sein können. Stellen wir uns eine Frau vor, die ständig an ihrem Mann kritisiert, dass er desorganisiert sei: „Immer bist du so schlecht vorbereitet! Niemals kann ich mich wirklich auf dich verlassen." Der Mann bittet sie um konkrete Beispiele und sie antwortet: „Du bist unfähig eine Reise zu planen. Immer vergisst du die wichtigsten Sachen, wenn wir zelten gehen. Du vergisst die Geburtstage der Kinder. Und wenn du einmal kochst, ist die Küche hinterher völlig verwüstet." Es überrascht uns nicht, wenn ihr Mann automatisch kontert, indem er alles ableugnet: „Das stimmt nicht! Du übertreibst. *Du* bist noch weniger gut organisiert, als ich es je sein werde!"

Wie kann nun dieser Schlagabtausch in einen sinnvollen Dialog verwandelt werden? Zuerst einmal würde der Mann wirklich etwas über sich erfahren, wenn er die Kritik seiner Frau annehmen könnte. Die meisten Menschen sind zu wahren Experten geworden, was die Schwachstellen ihrer Partner betrifft. Leider werden diese Informationen in Form einer offenen Anklage vorgebracht, wodurch lediglich die Schutzmuster des anderen geweckt werden. Könnte sich der Mann überwinden, seine Schutzreaktion wegzulassen, könnte er feststellen, dass es in seinem Leben tatsächlich einige Bereiche gibt, in denen er nicht sonderlich gut organisiert ist. Der Schmerz, den dieser Vorwurf auslöst, beruht ja gerade auf seiner Richtigkeit. Könnte er die Wahrheit in den Aussagen seiner Frau erkennen, könnte er sich eines wichtigen verleugneten Charaktermerkmals wieder bewusst werden. Dann brauchte er diese Eigenschaft nicht auf seine Frau zu projizieren, sondern könnte dieses Thema für sich bearbeiten, sich verändern und weiterentwickeln.

Es gibt einige allgemeine Prinzipien hinsichtlich der verborgenen Informationen, die in jeder Kritik enthalten sind:

Prinzip 1: Die meisten der kritischen Bemerkungen Ihres Partners enthalten einiges, was tatsächlich zutrifft.

Was könnte ein Paar aus dem oben erwähnten Schlagabtausch noch lernen? Wäre diese Frau aufgeschlossen, könnte sie wertvolle Hinweise auf ihre eigenen Kindheitsverletzungen erhalten. Dazu sollte sie folgendermaßen vorgehen: zuerst ihre Kritik auf ein Stück Papier schreiben. („Du bist immer so unordentlich!") Anschließend könnte sie folgende Fragen beantworten:

- Wie fühle ich mich, wenn mein Partner so handelt?
- Welche Gedanken kommen mir, wenn er so handelt?
- Welche tieferen Gefühle könnten diesen Gedanken und Empfindungen zugrunde liegen?
- Hatte ich diese Gedanken und Gefühle auch als Kind?

Durch diesen einfachen, analytischen Vorgang könnte sie für sich herausfinden, ob das Verhalten ihres Ehemannes eigene, starke Kindheitserlebnisse wiederbelebt. Lassen Sie uns einmal annehmen, die Eltern dieser Frau waren immer schlecht organisiert und hatten wenig Zeit, auf ihre Wünsche und Bedürfnisse einzugehen. Wenn ihr

Ehemann nun ein ähnliches Verhalten zeigt, so überrascht es nicht, dass sie neuerlich die gleichen Ängste erlebt, die sie damals als Kind erlebte. Hinter der Kritik an ihrem Ehemann versteckt sich daher eine Klage aus ihrer Kindheit: „Warum kümmert sich niemand um mich?"

Das leitet über zum zweiten Prinzip:

Prinzip 2: Hinter emotional vorgebrachter und oft wiederholter Kritik an Ihrem Partner verstecken sich Ihre eigenen unerfüllten Kindheitsbedürfnisse.

Aus einer Kritik an unserem Partner können wir noch weitere Erkenntnisse gewinnen, wenn wir bereit dazu sind, uns mit unserem Innenleben wirklich zu beschäftigen. Die Kritik der genannten Frau an ihrem Partner kann viel über sie selbst aussagen. Während sie das mangelnde Organisationstalent ihres Mannes beklagt, ist sie vielleicht selbst ebenso schlecht organisiert. Um das herauszufinden, könnte sie sich folgende Frage stellen: „Inwieweit trifft dieser Vorwurf, den ich meinem Mann mache, auch auf mich selbst zu?" Sie sollte dabei bedenken, dass die Art, wie sich ihre eigene mangelnde Organisationsfähigkeit äußert, sich von der ihres Mannes sehr unterscheiden kann. Vielleicht ist ihre Küche immer tadellos in Ordnung und sie plant jeden Urlaub wie ein Profi - Bereiche, in denen ihr Mann Schwierigkeiten hat -, doch es fällt ihr sehr schwer Prioritäten in ihrem Beruf zu setzen und sie hat Probleme bei der Einteilung des Haushaltsbudgets. Mit dieser neuen Einsicht könnte sie unter Umständen erkennen, ob sie versucht, einen ihrer eigenen negativen Charakterzüge zu verleugnen, indem sie ihn externalisiert, auf ihren Partner projiziert und dann kritisiert. Würde sie diese Tatsache erkennen, stünden ihr ausreichend Informationen zur Verfügung, um eigene negative Charaktermerkmale von denen ihres Partners zu trennen. „Ich bin auf meine Art desorganisiert, er auf seine." Im psychologischen Fachausdruck heißt das seine Projektionen zurückzunehmen. Jesus formulierte diesen Zusammenhang poetischer: „Nimm den Balken aus deinem Auge, damit du den Splitter im Auge deines Bruders sehen kannst!"

Damit sind wir beim dritten Prinzip angelangt:

Prinzip 3: Eine emotionale, oft wiederholte Kritik an Ihrem Partner könnte eine zutreffende Beschreibung eines Ihrer verleugneten Selbstanteile sein.

Wenn eine häufig vorgebrachte Kritik an unserem Partner kein Teil unseres Verleugneten Selbst ist, kann es auch möglich sein, dass es ein Teil unseres Verlorenen Selbst ist, jener Eigenschaften, die wir im Rahmen unserer Erziehung „aus den Augen verloren" haben, weil wir sie uns abgewöhnen mussten. Findet die Frau heraus, dass sie tatsächlich in allen Lebensbereichen perfekt organisiert ist, könnte ihre Kritik an ihrem Ehemann auch als Hinweis darauf verstanden werden, dass sie vielleicht das unbewusste Bedürfnis hat, *weniger* organisiert zu leben - entspannter, flexibler und spontaner. Wirft sie ihm nun seine Sorglosigkeit vor, beneidet sie ihn vielleicht insgeheim um diese Freiheit. Wirft ein Partner dem anderen vor, er/sie sei zu energisch, zu sexy, zu verspielt oder arbeitssüchtig, so benennt er damit sehr oft unterentwickelte oder verdrängte Bereiche seiner eigenen Psyche. Jetzt haben wir das vierte und letzte Prinzip erarbeitet:

Prinzip 4: Manches an Ihrer Kritik an Ihrem Partner kann Ihnen helfen, Ihr Verlorenes Selbst wiederzufinden.

Im nächsten Kapitel möchte ich Ihnen anhand der Übung „Bitte um Verhaltensänderung" zeigen, welche Erkenntnisse Sie aus Ihrer gegenseitigen Kritik gewinnen können und wie Sie sie in einen effektiven, das Persönlichkeitswachstum fördernden Prozess verwandeln können.

Die innere Welt unseres Partners kennen lernen

Wenn wir über jene kritischen Bemerkungen reflektieren, die wir unserem Partner vorwerfen, können wir sehr wichtige Informationen über uns selbst erhalten. Wie aber können wir wissen, was in der inneren Welt *unseres Partners* vor sich geht? Die Antwort lautet: durch bessere Kommunikationskanäle. Im Laufe Ihrer Beziehung hat Ihr Partner Ihnen in vielen tausenden Stunden Einblicke in seine Gedanken, Gefühle und Wünsche gewährt, von denen Sie jedoch nur einen Bruchteil bewusst registrierten. Soll unser Verständnis für die subjektive Realität unseres Partners verbessert werden, müssen wir einander besser zuhören und effektiver kommunizieren lernen.

Wir müssen uns dazu Kenntnisse der Semantik aneignen. Die Semantik ist die Wissenschaft von der Bedeutung der sprachlichen Ausdrücke. Zwar sprechen Sie und Ihr Partner vermutlich die gleiche Sprache, doch haben die Worte, die Sie verwenden, oft verschiedene Bedeutung für Sie. Jeder ist in einer anderen Umgebung aufgewachsen und bringt unterschiedliche Lebenserfahrungen sowie unterschiedliche Erinnerungen mit. An einem trivialen Beispiel lässt sich das gut aufzeigen. Der Satz „Wir spielen Tennis" kann in zwei Familien etwas ganz Unterschiedliches bedeuten. In Familie A versteht man darunter die allgemein akzeptierte, wenn auch nie explizit ausgesprochene Definition: „Holen wir uns schnell irgendeinen alten Tennisschläger aus der Garage, der gerade herumliegt, und schlagen wir im Park den Ball so lange über das Netz, bis wir keine Lust mehr haben. Regeln sind gleichgültig, wichtig sind Spaß und Bewegung." In Familie B jedoch heißt „Wir spielen Tennis" Folgendes: „Wir reservieren einen Hallenplatz, packen unsere teuren Tennisschläger ein, fahren mit dem BMW zum Tennisclub und spielen verbissen so viele Tennismatches, bis einer als deutlicher Sieger hervorgeht." Mark, der in Familie A aufgewachsen ist, reagiert verständlicherweise befremdet auf das ehrgeizige, auf Sieg bedachte Tennisspiel seiner

Frau Susan, die in Familie B aufgewachsen ist.

Ein komplexeres Beispiel kann der Satz „Reden wir doch darüber" sein. Susan und Mark verbinden ganz unterschiedliche Erfahrungen damit und messen diesen Worten unterschiedliche Bedeutung bei. In Susans Familie bedeutete „Reden wir doch darüber", dass alle Erwachsenen sich um einen Tisch herum versammelten und ruhig und besonnen alle verschiedenen Gesichtspunkte eines Problems durchgingen, bis eine Einigung erzielt werden konnte. In Marks Familie bedeutete derselbe Satz, dass man kurz über ein Problem sprach, es dann aber ruhen ließ. Dahinter steht die Philosophie, dass auch die schwierigsten Probleme sich mit der Zeit von selbst lösen. Bittet Susan nun Mark, über die schlechten Schulnoten ihres Sohnes „zu reden", und Mark steuert, wie er es gewohnt ist, einige Bemerkungen bei, wendet sich dann aber wieder dem Fernsehen zu, so wird Susan wütend. Mark ist erstaunt, dass sie zur Tür hinausläuft und einige Stunden nicht zurückkehrt. Was hat er nur falsch gemacht? Mark hat vorausgesetzt, dass er und Susan die gleiche Sprache sprechen.

Verleugnen

Neben dem Problem der unterschiedlichen Auffassung mancher Worte und Redewendungen gibt es auch andere Hindernisse, die eine effektive Kommunikation blockieren. Der bekannteste Mechanismus ist vielleicht das Leugnen: Sie wollen oder können einfach nicht glauben, was Ihr Partner sagt. Ich erinnere mich hier an ein Beispiel. Joseph und Amira besuchten einen meiner Wochenend-Workshops. Joseph ist 40 und Journalist, Amira erst 25 und Schauspielerin. Beide sind sehr attraktiv und lebenstüchtig. Samstagabend, ungefähr in der Hälfte des Workshops, kommt plötzlich die Hauptursache ihres Konflikts ans Licht. Während eines Gesprächs erklärt Joseph, dass er sich sehnlichst Kinder wünscht. „Ich bin beinahe alt genug, um Großvater zu sein, und bin immer noch nicht Vater geworden", klagt er. Amira will jedoch noch warten. Gerade entwickelt sich ihre Karriere in eine gute Richtung, deshalb will sie jetzt noch keine Babypause einlegen, sondern erst mit etwa 35 Jahren. Sie betont, sie habe Joseph schon vor ihrer Heirat sehr deutlich mitgeteilt, dass sie erst in vielen Jahren eine Familie gründen wolle. „Ich wusste es doch damals schon genau und habe es ihm einige Male gesagt. Doch er hörte mir einfach nicht zu. Vielleicht hätte ich ein T-Shirt tragen sollen, auf dem mit großen Buchstaben zu lesen ist: *Ich bin noch nicht bereit Kinder zu haben!*" Joseph gibt zu, dass Amira ihren Standpunkt tatsächlich sehr deutlich gemacht hat, aber er hatte sich eingeredet, Amira meine nicht ganz ernst, was sie sage. „Ich dachte, sie macht sich selbst etwas vor. Wie kann eine kleine Rolle in einer Seifenoper ihr nur so wichtig sein, wichtiger als eigene Kinder?" Die Befriedigung seines dringenden Kinderwunsches erschien ihm vorrangig, sodass er einfach die Prioritäten seiner Frau ignorierte.

Wir alle kennen diese so genannten „heißen Eisen" in unserer Partnerschaft, wo unsere Erwartungen an unseren Partner mit der Realität kollidieren. Verhält unser Partner sich abweichend von dem Bild, das wir uns von ihm gemacht haben, so verwenden wir ein ganzes Waffenarsenal, um unsere Illusion zu verteidigen. Wir können ihn verurteilen: „Du bist ein schlechter (undankbarer, unsensibler, langweiliger, dummer, schrecklicher, uninformierter, derber, uneinsichtiger ...) Mensch, weil du diese oder jene Meinung vertrittst." Wir können ihn erziehen, nach dem Motto: „Eigentlich ist das doch gar nicht deine Meinung. In Wirklichkeit denkst du ..." Wir können ihn auch bedrohen: „Wenn du dich nicht änderst, werde ich ..." Wir können ihn ignorieren: „Ja, ja, sehr interessant! Aber wie ich schon sagte, ..." Oder wir können sein Verhalten analysieren: „Der Grund für deine inakzeptablen Gedanken und Gefühle liegt darin, dass deine Mutter damals ..." In allen diesen Antworten versuchen wir, das Selbstwertgefühl unseres Partners herabzusetzen und es durch unsere eigenen, primär unseren Interessen dienenden Illusionen zu ersetzen. Leider vollzog sich in der Kindheit unseres Partners genau das gleiche Muster. Auf viele verschiedene Arten erklärten ihm seine Bezugspersonen: „Nur einige deiner Gefühle sind wirklich ernst zu nehmen. Nur ein Teil deiner Gefühle und deines Benehmens sind hier zugelassen!" Statt unserem Partner zu helfen, diese emotionalen Wunden zu heilen, fügen wir noch weitere Verletzungen hinzu.

Der Imago-Dialog

Um dieser Tragik zu entkommen, müssen wir auf eine neue Weise miteinander reden lernen. Sie werden bald sehen, dass es auch eine neue Art des Verstehens ist. Gemeinsam mit Helen und meinen Imago-Kollegen entwickelte ich eine Übung, die wir „Imago-Dialog" nennen. Der Imago-Dialog umfasst vier Schritte: Spiegeln, Zusammenfassen, Geltenlassen und Einfühlen.

Für die Entwicklung einer bewussten Partnerschaft spielt er in mehrfacher Hinsicht eine bedeutende Rolle. Erstens werden Sie sich in einem Imago-Dialog ganz auf das konzentrieren können, was Ihr Partner Ihnen sagen möchte. Die meisten von uns hören im Grunde nie wirklich zu, wenn ihnen jemand etwas mitteilen möchte. Anstatt genau hinzuhören, bearbeiten wir im Geiste bereits die Reaktionen, die seine Worte in uns selbst auslösen: „Mein Partner hat soeben gesagt, dass er getrennt von mir Urlaub machen möchte. Was meint er damit? Möchte er mich nicht mehr in seiner Nähe haben? Wird er womöglich jemand anderen kennen lernen?" In gewissem Sinne hören Sie nur Ihre eigenen Reaktionen, die durch die Worte Ihres Partners geweckt werden. Wenn Sie sich aber auf Ihre eigenen Reaktionen konzentrieren anstatt auf die Worte Ihres Partners, so spürt Ihr Partner, dass Sie nicht in Verbindung zu ihm stehen. Zweitens werden Sie, wenn Sie konzentriert zuhören und bei Ihrem Partner nachfragen, was seine Worte für ihn selbst bedeuten, erkennen können, dass Sie mit einem Menschen zusammenleben, dessen innere Erfahrungswelt sich von Ihrer deutlich unterscheidet. Diese Erkenntnis nennt man „Differenzieren" und sie ist eine entscheidende Vorbedingung für eine Partnerschaft, in der man sich sicher fühlen und wahre Nähe mit dem Partner genießen kann. In der Natur können wir vieles entdecken, was einander ähnelt - die vielen Blätter eines Baumes beispielsweise. Und doch gibt es nie zwei Blätter, die wirklich ident sind. Unsere Natur liebt Unterschiede. Wenn Sie der Meinung sind, dass Ihr Partner und Sie ident sind, dann verneinen Sie im Grunde die Existenz Ihres Partners. In einer gesunden Partnerschaft erkennen Sie, dass der Mensch, mit dem Sie zusammen leben, keineswegs eine Erweiterung von Ihnen selbst ist. Ihr Partner ist ein einzigartiges Individuum, dessen Standpunkte dieselbe Gültigkeit haben wie die Ihren. Die Hauptursache für Partnerschaftskonflikte besteht darin, dass wir die eigenständige, von uns getrennte Existenz unseres Partners oft nicht anerkennen.

Wenn Sie regelmäßig mit Ihrem Partner Imago-Dialoge führen, kann eine tiefe emotionale Bindung wachsen, ganz besonders, wenn Sie gerade Konflikte miteinander haben. Wenn Sie die Struktur des Imago-Dialogs nützen, wächst das Gefühl jener Sicherheit, das für eine dauerhafte Beziehung unerlässlich ist. Denn wenn Sie sich sicher fühlen, können Sie Ihre Schutzmuster langsam ablegen. So werden Sie Selbstanteile kennen lernen, die Sie seit Ihrer Kindheit aus den Augen verloren hatten. Nun fühlen Sie sich sicher genug und haben ausreichend Vertrauen zu Ihrem Partner, um sie zum Ausdruck zu bringen: „Ich bin tatsächlich ein musikalischer Mensch." Oder „Ich bin im Grunde meines Wesens ein friedliebender Mensch." Wenn Sie solche Einsichten in Worte fassen, können sie in den Teppich Ihres Lebens eingewoben werden. So kommen Sie Ihrer ursprünglichen Ganzheit wieder näher. Diese Erfahrung kann sogar die Grenzen Ihrer Person überschreiten und Ihnen das Gefühl der Einheit mit dem Universum schenken. Wenn der Imago-Dialog Ihnen und Ihrem Partner hilft, diese Ebene zu erreichen, kann er zu einer spirituellen Erfahrung werden. Durch das Erleben einer tiefen Verbundenheit in Ihrer eigenen Partnerschaft öffnet sich auch der Weg zur Einheit mit dem gesamten Universum.

Die vier Schritte des Imago-Dialogs

Sehen wir uns die vier Schritte des Imago-Dialogs näher an. Den ersten Schritt bezeichnen wir als Spiegeln. Hat einer von Ihnen dem anderen etwas Wichtiges mitzuteilen, gilt als erste Regel, es als „Ich-Botschaft" zu formulieren. Zum Beispiel: „Es macht mir überhaupt keinen Spaß für dich zu kochen, wenn es dir offensichtlich gleichgültig ist, welche Mühe ich mir damit gegeben habe." Dann sollte Ihr Partner Ihre Aussage in seinen eigenen Worten wiederholen und dabei fragen, ob die Botschaft bei ihm richtig angekommen ist. „Ich höre, du sagst, es macht dir überhaupt keinen Spaß für mich zu kochen, wenn es mir gleichgültig ist, welche Mühe du dir damit gegeben hast. Habe ich dich gehört?" Dieser Prozess dauert so lange, bis Sie das Gefühl haben, dass das, was Sie Ihrem Partner mitteilen möchten, wirklich bei ihm angekommen ist.

So wie viele andere „Werkzeuge", die wir in der Imago-Paartherapie einsetzen, geht auch das Spiegeln darauf zurück, dass Helen und ich es in unserer eigenen Partnerschaft angewendet haben. Am Tag vor unserer Hochzeit hatten Helen und ich eine ernste Auseinandersetzung. Wir waren zwar nicht böse aufeinander, aber jeder von uns wollte seine Überzeugung durchsetzen. Plötzlich unterbrach Helen das Gespräch und sagte: „Stopp! Wir hören einander ja gar nicht zu! Ich habe eine Idee: wechseln wir uns doch mit dem Reden und Zuhören ab. Du kannst reden und ich höre nur zu. Dann wiederhole ich, was ich gehört habe, und anschließend können wir die Rollen tauschten. Ich werde reden und du wirst mir zuhören." Ich war damit einverstanden und wir hatten schließlich einen sehr guten Austausch miteinander. Noch selten hatten wir uns einander so nahe gefühlt.

Der Wert des Zuhörens war mir natürlich vertraut. Als Therapeut war ich es gewohnt, allen meinen Klienten mit größter Aufmerksamkeit zuzuhören. Ich ermutigte meine Paare immer wieder, einander aufmerksam zuzuhören. Spiegeln hatte ich immer als Möglichkeit angesehen, wie Partner einander besser verstehen und bestimmte Probleme effektiv lösen konnten. Bis zu jener Erfahrung mit Helen am Tag vor unserer Hochzeit war mir aber noch nicht aufgefallen, dass das Spiegeln auch eine heilsame Wirkung haben kann. Es kann das Gefühl der Verbundenheit bei einem Paar stärken und deren besonderen Wert spürbar machen.

Nach einigen Jahren erweiterte ich den Abschnitt des Spiegelns. Wenn der zuhörende Partner (Empfänger) gehört hatte, was der sprechende Partner (Sender) vermitteln wollte, leitete ich den Empfänger an, weiter nachzufragen: „Gibt es noch mehr dazu?" Das eröffnete dem Sender die Chance, noch mehr zu diesem Thema hinzuzufügen. Zum Beispiel: „Ich brauche fast eine Stunde, um das Essen zu kochen, und ich gebe mir ehrlich Mühe, damit es lecker und schön hergerichtet ist. Ich bin wirklich enttäuscht, wenn du es dann ohne irgendein Wort des Dankes isst." Der Sender kann noch mehr dazu sagen, solange, bis er das Gefühl hat, alles gesagt zu haben, was ihm wichtig ist.

Aus meiner Arbeit mit Paaren weiß ich, dass genau dieses Nachfragen („Gibt es noch mehr dazu?") im Rahmen des Imago-Dialogs der Schlüssel zum Erfolg ist. Wenn Sie Ihren Partner ermutigen, noch mehr zu einem Thema zu sagen, vermitteln Sie ihm dadurch, dass seine innere Erfahrungswelt Ihnen wichtig ist. Das stärkt das Gefühl der Verbundenheit zwischen Ihnen. Auch in anderer Hinsicht profitieren Sie vom Nachfragen, denn so erhalten Sie zusätzliche Informationen von Ihrem Partner und können seinen Standpunkt umfassender verstehen. Ihr Partner wiederum wird die Erfahrung machen, dass die Ermutigung ihm helfen kann, neue Gedanken und Gefühle zu erkennen, die er selbst bisher noch nicht in Worte fassen konnte. Etwas laut auszusprechen hilft Ihrem Partner, es in seine Persönlichkeit zu integrieren und so seine ursprüngliche Ganzheit wieder zu finden.

Obwohl das Spiegeln an sich relativ unkompliziert ist, unterscheidet es sich doch deutlich vom normalen Ablauf von Gesprächen, wo oft das Phänomen zweier nebeneinander ablaufender Monologe beobachtet werden kann. Die alten Gewohnheiten zu durchbrechen erfordert einiges an Übung. Hier nun ein Beispiel der vielfach auftretenden Probleme beim Spiegeln - und gleichzeitig ein gutes Beispiel für zwei parallel laufende Monologe. Der folgende Dialog fand bei einem Imago-Workshop statt. Ich hatte ein Paar gebeten, nach vorne zu kommen und vor der ganzen Gruppe über ihre heiklen Punkte zu sprechen, so, als wären sie zu Hause. Greg und Sheila, ein junges Paar, das erst seit einigen Monaten zusammenlebte, meldete sich freiwillig. Greg begann den Dialog.

GREG: Sheila, es stört mich wirklich, dass du rauchst, und ich würde mir wünschen, dass du mehr Rücksicht auf mich nimmst und nicht in meiner Nähe rauchst.

Da ich Sheila und Greg die Methode des Spiegelns noch nicht vorgestellt hatte, reagierte Sheila wie gewohnt und begann automatisch damit sich zu verteidigen.

SHEILA: Du wusstest, dass ich rauche, als du mich gefragt hast, ob wir zusammenziehen wollen. Du hattest diese Tatsache zu Beginn akzeptiert. Warum kritisierst du mich nun ständig? Du solltest mich so nehmen, wie ich bin. Du weißt, dass ich versuche weniger zu rauchen.

Greg verstärkte ebenfalls automatisch den kritischen Unterton in seinen Worten. Das Gespräch begann einem Tennis-Match zu ähneln.

GREG: Ich erkenne dein Bemühen, weniger zu rauchen, wirklich an. Interessant ist jedoch, dass du hier im Speisesaal das Schild „Rauchen verboten“ beachtet hast, meinen Wunsch jedoch immer übersiehst. Ich finde es zu Hause wirklich störend, wenn es überall nach Zigaretten riecht.

SHEILA: Hier bin ich schließlich nicht zu Hause! Aber in meinen eigenen vier Wänden werde ich wohl noch das Recht haben zu rauchen.

Den letzten Satz sagte Sheila mit Nachdruck und die Gruppe applaudierte ihr. Das Tennismatch schien beendet zu sein. Jetzt musste ich eingreifen.

HENDRIX: Ich möchte Ihnen beiden gerne einen Vorschlag machen. Bleiben wir bei diesem Thema und sehen wir, ob wir aus dieser Konfrontation ein Gespräch machen können, das Ihre Verbundenheit stärkt. Greg, könnten Sie bitte Ihre Anfangsbemerkung noch einmal wiederholen?

GREG: Ich finde es wirklich schön, dass wir zusammengezogen sind, doch ich wusste vorher nicht, wie schwierig es für mich werden würde, dein Rauchen zu akzeptieren.

HENDRIX: Gut. Jetzt möchte ich, dass Sie Ihre Aussage ein wenig vereinfachen, sodass man sie leichter verstehen kann.

GREG: Lassen Sie mich überlegen ... Dein Rauchen stört mich. Ich dachte zuerst, es würde mir nichts ausmachen, aber nun ist es ein Problem für mich.

HENDRIX: Nun zu Ihnen, Sheila. Ich möchte, dass Sie Gregs Aussage einfach wiederholen, dass Sie versuchen, seine Gefühle und Gedanken zu spiegeln, ohne ihn zu kritisieren oder sich selbst zu verteidigen. Und dann möchte ich, dass Sie Greg fragen, ob Sie ihn korrekt gehört haben.

SHEILA: Es tut mir wirklich leid, dass dich mein Rauchen stört ...

HENDRIX: Nein, Sheila, sie sollen sich nicht entschuldigen. Versuchen Sie bitte zurückzuspiegeln, was Greg gesagt hat, und zeigen sie ihm, dass Sie Verständnis für ihn haben und seine Gefühle annehmen können.

SHEILA: Könnte er es bitte noch einmal wiederholen?

GREG: Dein Rauchen stört mich. Ich dachte zuerst, es würde mir nichts ausmachen, aber nun ist es ein Problem für mich.

HENDRIX: Nun versuchen Sie bitte, diese beiden Sätze mit Wärme und Entgegenkommen zurückzuspiegeln

SHEILA: Ich glaube, es ist einfacher für mich, mit dem Rauchen aufzuhören. *(Gelächter seitens der Gruppe)*

HENDRIX: Atmen Sie tief durch und machen Sie sich bewusst, dass eine Ihrer Verhaltensweisen Greg Unbehagen verursacht. Statt es als Kritik zu interpretieren, versuchen Sie bitte herauszuhören, wie es Greg damit geht. Ob es gerechtfertigt ist oder nicht, es belastet ihn, wenn Sie rauchen, und Sie mögen ihn schließlich gern. Ich weiß, es ist nicht einfach, vor so vielen Menschen darüber zu reden, und ich weiß auch, dass Sie dieses Thema wirklich berührt.

SHEILA: Vielleicht könnten wir ...

HENDRIX: Nein, Sheila, Sie brauchen das Problem hier nicht zu lösen. Bitte wiederholen Sie einfach Gregs Aussage und seine Gefühle, sodass er merkt, dass Sie verstehen, wie er sich fühlt.

SHEILA: *(nimmt einen tiefen Atemzug)* Gut. Ich denke, ich schaffe es jetzt. Ich höre, du sagst, dass mein Rauchen dich stört. Du dachtest zuerst, es würde dir nichts ausmachen, aber nun ist es ein Problem für dich. Habe ich dich gehört?

HENDRIX: Sehr gut. Ich konnte Gregs Sorge in Ihrer Stimme mitschwingen hören. Sind Sie auch dieser Ansicht, Greg? Hat Sheila gehört, was Sie ihr sagen wollten?

GREG: Ja, genau so fühle ich mich. *(Ich konnte beobachten, wie seine Gesichtsmuskeln sich entspannten.)* Jetzt bin ich wirklich erleichtert. Zum ersten Mal hat Sheila mir wirklich zugehört.

Wie Gregs Reaktion zeigt, ist es ein mehr als befriedigendes Gefühl für uns zu erfahren, dass ein anderer Mensch uns richtig zuhört, und wir sicher sein können, dass das, was wir gesendet haben, auch exakt angekommen ist. Dieses Phänomen kommt in den meisten Partnerschaften nur selten oder gar nicht vor. Wenn ich den Imago-Dialog bei einem Workshop vorstelle, bitte ich die Paare, das Senden und Empfangen von einfachen Mitteilungen in ihrem Zimmer zu üben. Wenn sie in die Gruppe zurückkehren, berichten sie meist, es wäre eine ganz neue und sehr wertvolle Erfahrung für sie gewesen. Die volle Aufmerksamkeit ihres Partners genießen zu können ist ein ungewohnter Luxus.

Zusammenfassen

Wenn unser Partner gesendet hat, was er sagen wollte, und nach unserer Frage „Gibt es noch mehr dazu?" nichts mehr hinzufügen möchte, empfiehlt es sich sehr, noch einmal das Wichtigste dessen, was der Sender uns sagen will, zusammenzufassen. Der Sender hört dabei schweigend aber aufmerksam zu, denn am Ende der Zusammenfassung hat er die Möglichkeit, etwas zu ergänzen oder ihm mehr Nachdruck zu verleihen. Nach der Zusammenfassung fragt der Empfänger: „Habe ich alles gehört?" Der Sender kann mit „Ja" antworten oder er erwidert: „Du hast sehr viel gehört. Was mir auch noch wichtig ist, ist, dass ..." Die Zusammenfassung des Empfängers wird nicht gespiegelt, die neuen, ergänzenden Worte des Senders jedoch schon. Am Ende des Schrittes Zusammenfassen kann der Sender sicher sein, dass alles, was ihm wichtig ist, beim Empfänger so angekommen ist, wie es seine Absicht war.

Geltenlassen

Nachdem sich Paare mit den Schritten des Spiegelns und Zusammenfassens vertraut gemacht haben, ermutige ich sie dazu, den dritten Schritt - das Geltenlassen - in Angriff zu nehmen. Dieser Teil des Imago-Dialogs hilft beiden Partnern, die innere Logik bzw. die jeweils eigene Wahrheit des anderen zu verstehen. Im Grunde sagen sie nun zueinander: „Ich verstehe, was du sagst, und es macht Sinn für mich, dass du so denkst."

Meine erste und unauslöschliche Begegnung mit der Kraft des Geltenlassens hatte ich als junger Seelsorger. 1960 hatte man mich nach Louisville in Kentucky geschickt, wo ich in einer Nervenklinik in der Abteilung für Schizophrene seelsorgerisch tätig sein sollte. Ich hatte noch keine entsprechende Ausbildung dafür. Man hatte mir nur gesagt: „Gehen Sie hinein und versuchen Sie, so gut es Ihnen gelingt, Beziehungen zu den Patienten aufzubauen!" Im weiteren Verlauf meiner Arbeit dort konnte ich auch Supervision in Anspruch nehmen, doch in den ersten Wochen hatte ich nur die Wahl zu schwimmen oder unterzugehen. Einer der ersten Patienten, die ich kennen lernen wollte, war ein Mann, den ich hier Leonard nennen möchte. Ich erinnere mich noch gut daran, dass Leonard ein starker Raucher war. Ich konnte ihn immer nur hinter einem Rauchschleier sehen. Aber der Grund dafür, dass ich mich nach so vielen Jahren noch immer gut an ihn erinnern kann, ist, dass er sich für Jesus hielt.

„Hallo, Leonard“, begrüßte ich ihn, als ich ihn das erste Mal besuchte. „Ich heiße Harville.“

„Ich bin Jesus“, antwortete er mir und zog dabei an seiner unvermeidlichen Zigarette. „Und nicht Leonard.“

Ich versuchte, mir mein Erstaunen nicht anmerken zu lassen. „Oh, ich studiere Theologie. Ich habe eine bestimmte Vorstellung von Jesus, aber ich freue mich, Sie kennen zu lernen.“

Während der nächsten Tage entwickelte sich zwischen Leonard und mir eine Beziehung, vor allem, weil mich sein unerschütterlicher Glaube, er sei Jesus, sehr faszinierte. Ich versuchte nicht mehr, ihm das auszureden, weil ich schnell erkannt hatte, dass es sinnlos gewesen wäre. Ich hatte seine innere Logik - seine persönliche Wahrheit - akzeptiert. Nach und nach fühlte sich Leonard in meiner Gegenwart sicherer und begann mir zu erzählen, was die Stimmen in seinem Kopf wieder zu ihm gesagt hätten. Als ich genau verstanden hatte, was die Stimmen zu ihm gesagt hatten, und dass sie für ihn genauso real waren wie meine Stimme, verstand ich auch, warum Leonard sich für Jesus hielt. Natürlich *wusste ich, dass er nicht Jesus war*, doch ich konnte erkennen, *warum er dachte, er sei Jesus*. Innerhalb seiner persönlichen Wahrheit fand ich es nachvollziehbar.

Eines Tages schließlich beschloss ich, Leonard als Jesus anzusprechen. Das erschien mir nicht als Gotteslästerung. Es war eine Art Respektsbezeugung meinerseits. Warum sollte ich sein Leben noch schwieriger machen, wenn er innerlich zerrissen war? Wenn *er* glaubte, er sei Jesus, würde ich dieses Stück des Weges mit ihm gehen. An diesem Morgen ging ich zu ihm und begrüßte ihn mit den Worten: „Guten Morgen, Jesus.“ Zu meiner großen Überraschung antwortete er: „Ich bin doch nicht Jesus. Ich bin Leonard.“ Verdutzt sah ich ihn an und meinte: „Aber Sie sagen mir doch seit Wochen, Sie seien Jesus!“

„Ja“, bestätigte er mir, „aber die Stimmen in meinem Kopf sagen mir nun, dass es bei Ihnen nicht nötig sei, Jesus zu sein.“

Ich hatte seine Überzeugung gelten lassen und dadurch gelang ihm ein wesentlicher Schritt in Richtung Heilung.

Vom Spiegeln übergehen zum Geltenlassen

Als ich vor vielen Jahren begann Paartherapie anzubieten, bestand die Kommunikationsübung nur aus Spiegeln. Ich leitete die Partner nicht an, einen Schritt weiterzugehen und die innere Wahrheit ihres Partners gelten zu lassen. Mit der Zeit erkannte ich immer mehr, wie entscheidend dieser Punkt für einen erfolgreichen Verlauf der Therapie war. Ich erinnere mich noch gut, wann ich das erste Mal ein Paar bat, den Schritt des Geltenlassens auszuprobieren. Die beiden Partner, wir wollen sie hier Rita und Doug nennen, waren so um die 40 Jahre alt. Rita war Lehrerin, und, wenn ich mich recht erinnere, arbeitete Doug als Versicherungsvertreter. Ihre Hauptschwierigkeit bestand darin, dass sie sich emotional nicht näher kommen konnten. Wenn Rita versuchte, mit ihrem Mann über etwas zu reden, das ihr sehr wichtig war, antwortete Doug kurz und ohne besonderes Interesse und entzog sich ihr. Der Grund dafür war, so erfuhr ich später, dass er oft nicht einverstanden mit ihr war und es vorzog zu schweigen, um sie nicht ständig kritisieren zu müssen. Auf seine persönliche Art versuchte er, ihrer Beziehung dadurch etwas Gutes zu tun. Dass Doug einfach nicht antwortete, brachte Rita verständlicherweise oft in Rage. Um irgendeine Art von Kontakt zu Doug aufzubauen, erhob sie ihre Stimme und übertrieb ihre Aussagen so, dass er antworten musste. Noch heute habe ich die beiden genau vor Augen. Rita provozierte mit ihren Worten und Doug begann flach zu atmen. Sein Gesicht wurde rot. Dann verschränkte er die Arme vor der Brust und lehnte sich weit nach hinten, möglichst weit weg von ihr. Wenn Rita ihn lange genug herausforderte, reagierte er schließlich. Unglücklicherweise war seine Antwort, wenn sie endlich kam, wenig einfühlsam und fachte ihr Feuer nur noch mehr an.

Damit die beiden dieses destruktive Muster hinter sich lassen konnten, erklärte ich ihnen die Methode des Spiegelns. Das half ihnen sehr, denn so verlangsamte Rita ihren Redefluss und Doug musste in Kontakt mit ihr bleiben. Doch Spiegeln allein brachte nicht den erhofften Erfolg, wie ich es sonst gewohnt war. Zwar hatte sich ihre Art der Kommunikation dramatisch verbessert, dennoch schienen sie einander nicht näher kommen zu können. Ratlos wandte ich mich eines Tages an Rita und fragte sie: „Wünschen Sie sich etwas von Doug, das er Ihnen vorenthält?“ Ritas Antwort kam sofort: „Ich möchte, dass er mir sagt, dass es Sinn macht, was ich ihm sagen will. Dass ich nicht verrückt bin!“ Da ging mir ein Licht auf. Rita wollte nicht „nur“ gehört werden. Sie wünschte sich, dass Doug es auch gelten ließe, was sie sagte. Sie wollte von ihm hören, dass ihre Ansichten Sinn machten. Ich wandte mich an Doug und fragte ihn, ob er bereit sei, bei dieser Übung noch einen Schritt weiterzugehen. Sobald er Rita korrekt gespiegelt hätte, möge er ihr auch sagen, dass ihr Standpunkt Sinn mache. Doug dachte lange nach und meinte dann: „Aber was ist, wenn das, was sie sagt, *für mich keinen Sinn* macht?“ Ich erklärte ihm, er brauche Rita nicht zuzustimmen oder ihren Standpunkt zu übernehmen, wenn er ihre Meinung gelten ließe; er brauche nur einen Augenblick lang seine Sicht der Dinge nicht als einzige Möglichkeit ansehen und sich Mühe geben, Ritas Sichtweise nachzuvollziehen. Doug überlegte und meinte dann, er wolle es versuchen.

Rita äußerte eine Meinung - ich erinnere mich nicht mehr, was sie genau sagte - und Doug wiederholte ihre Aussage. Doch statt auf meine Intervention zu warten, mit der ich den nächsten Schritt erklären wollte, platzte Rita heraus: „Stimmst du mir zu,

Doug?"

Doug durchschaute das Manöver. „Nein", sagte er ruhig und freundlich. „Ich stimme dir *nicht* zu."

Rita blieb hartnäckig: „Kannst du mich verstehen? *Macht es Sinn* für dich, was ich sage? Oder denkst du, ich sei verrückt?"

„Nein, ich halte dich nicht für verrückt", antwortete Doug. „Doch ich kann dir wirklich nicht zustimmen!"

Rita sprang aus ihrem Stuhl und packte Doug am Arm: „Aber es *macht Sinn* für dich, was ich sage?"

„Ja, wenn ich es von deinem Standpunkt aus betrachte, dann macht es Sinn. Aber ich sehe die Dinge anders!"

Ich werde nie vergessen, wie Rita darauf reagierte. Sie sank vor Doug in die Knie und begann zu weinen: „Das ist genau das, was ich immer von dir hören wollte! Niemals zuvor hat jemand das zu mir gesagt! Ich bin also nicht verrückt! Es macht Sinn, was ich sage!"

Endlich hatte jemand ihre persönliche Wahrheit bestätigt.

Auch heute staune ich noch oft darüber, wie kämpferisch jeder von uns seinen Standpunkt verteidigt. Es muss mit unserer Angst zusammenhängen, uns selbst zu verlieren. Wenn ich den Standpunkt des anderen akzeptiere, dann muss ich meinen aufgeben. Wenn ich deine Erfahrung nachvollziehe, dann entwerte ich meine eigene Erfahrung. Wenn das, was du sagst, zutrifft, dann *muss* das, was ich sage, falsch sein. Es gibt nur einen Mittelpunkt des Universums und das bin ich. Doch wenn es mir gelingt, den Mut aufzubringen, meine Weltsicht auch nur für einen kleinen Moment zu relativieren und mich dafür auf die Sichtweise eines anderen Menschen einzulassen, dann geschieht etwas Unerwartetes. Zuerst einmal fühlen sich die Menschen in meiner Nähe sicherer. Da ich deine Sicht der Dinge plötzlich nicht mehr in Frage stelle, kannst du deine Schutzmuster langsam ablegen. Gleichzeitig bist du nun eher bereit, dich auf meine Sicht der Dinge einzulassen. Da ich meine zentralistische Position aufgegeben habe, bist du ebenfalls eher bereit, deine aufzugeben. Zu unserem gemeinsamen Erstaunen senkt sich eine Art Zugbrücke an rostigen Ketten herunter und wir können endlich aufeinander zugehen.

Einfühlen

Der vierte Schritt des Imago-Dialogs ist das empathische Einfühlen. Es macht Sinn, dass nach dem Geltenlassen das Einfühlen folgt. Wenn Sie Ihrem Partner aufmerksam zuhören und sich darum bemühen, das, was er Ihnen mitteilen will, in seiner Gesamtheit zu erfassen und die Logik dahinter zu erkennen, so sind Sie bereit, auch die Gefühle hinter den Gedanken Ihres Partners anzuerkennen und darauf reagieren zu können. Zuerst ist es wichtig, sich diese Gefühle selbst vorzustellen. Wenn Ihr Partner seine Gefühle durch seine Worte zum Ausdruck bringen kann, durch seine Mimik oder seinen Tonfall, so wird es Ihnen nicht schwerfallen, sie intuitiv zu erfassen. Wenn die Gefühle Ihres Partners weniger offensichtlich sind, müssen Sie sie sich selbst ausmalen. In beiden Fällen ist es wichtig zu überprüfen, ob Sie die Gefühle Ihres Partners richtig wahrgenommen haben. „Du sagst, ich hätte dich vernachlässigt. Ich stelle mir vor, du könntest dich deshalb verletzt fühlen. Ist es das, was du fühlst?" Wenn Sie die Richtigkeit Ihrer Vermutungen überprüfen, so zeigt das Wertschätzung für die Realität Ihres Partners und stärkt Ihre emotionale Präsenz - ein wichtiger Bestandteil heilsamer Erfahrungen. Wenn Sie Ihren Partner bitten zu bestätigen, ob das stimmt, was Sie vermuten, so erlebt Ihr Partner, dass Sie sich in ihn einfühlen. Er wird denken: „Mein Partner/Meine Partnerin begegnet mir mit großer Wertschätzung. Es interessiert ihn/sie, wie es mir wirklich geht."

Für manche Menschen ist es wichtiger, dass ihr Partner ihre Gedankengänge gelten lässt, für andere ist es wichtiger, dass er ihre Gefühle gelten lässt. Und für wieder andere ist empathisches Einfühlen der Schlüssel zu ihrem persönlichen Heilungsprozess. Wenn es jemanden gibt, der ihre unzensurierten Gefühle annehmen kann, fühlen sie sich endlich geliebt und können ihre persönliche Ganzheit wiedererlangen. Ich sage es gar nicht gerne, weil es den gängigen Stereotypen der beiden Geschlechter entspricht, aber Frauen schätzen empathisches Einfühlen mehr als Männer, zumindest zu Beginn ihres Weges mit der Imago-Theorie. Wenn man es näher betrachtet, scheint das auch plausibel. In unserer Kultur, wie in fast allen anderen Kulturen auch, ist es Frauen eher erlaubt ihre Gefühle zu zeigen als Männern. Wenn sich das inzwischen auch ein wenig zu verändern scheint, glauben viele Männer immer noch, es sei unmännlich, ihre Ängste oder Schwächen einzugestehen. Wenn es uns Männern nun schwerfällt, anderen gegenüber unsere Gefühle zu beschreiben, sollte man von uns auch nicht verlangen, dass wir uns darüber freuen, wenn unsere Partnerin uns Empathie entgegenbringt, falls uns versehentlich eine Gefühlsregung auskommt. Es wäre uns lieber, sie würde diesen Lapsus einfach ignorieren und weiterhin von unserer Rationalität beeindruckt sein.

Viele Frauen machen die gegenteilige Erfahrung. Ihre Emotionalität ist gesellschaftlich akzeptiert, aber sie leben mit Männern zusammen, die keinen Zugang mehr zu ihren Gefühlen haben. Ihr Partner ist nicht dazu in der Lage, sich empathisch einzufühlen, und sehr oft leugnet er, dass er überhaupt Gefühle hat. „Warum kannst du nicht rational argumentieren?" Oder „Warum kannst du nicht so sein wie ich?"

Wenn es nun einem Paar gelingt, alle vier Schritte des Imago-Dialogs zu gehen, zu spiegeln, zusammenzufassen was der Partner sagt, seine Worte gelten zu lassen und sich in ihn einzufühlen, so werden diese geschlechtsspezifischen Unterschiede an Bedeutung verlieren. Ein Mann, der bisher seine Gefühle stark unterdrückte, kann mit der Zeit einen ebenso guten Zugang zu ihnen finden wie seine Frau. Denn wenn wir soweit kommen, dass wir die Gefühle des Partners akzeptieren und verstehen können, dann erleben wir auch unsere eigenen Gefühle als weniger bedrohlich. Gleichzeitig kann eine Frau, die bisher äußerst emotional reagierte, mit der Zeit etwas ruhiger und rationaler werden. Es ist schließlich nicht mehr nötig, derart zu übertreiben, um ihren stoischen Partner aus der Reserve zu locken. Sie kann ihre Gefühle ruhiger und überlegter zum Ausdruck bringen. Das gilt besonders für Wutgefühle. Es überrascht mich immer wieder, wie schnell die Wut verraucht, wenn sie ernst genommen und akzeptiert wird.

Wie Sie sich vorstellen können, hängt es von der jeweiligen Situation ab, wie sehr Sie sich überwinden müssen, um sich in Ihren Partner einzufühlen. Es ist sehr leicht Einfühlungsvermögen zu beweisen, wenn es sich um ein Ereignis handelt, auf das beide Partner in ähnlicher Weise reagieren. Nehmen wir an, Sie hätten gerade ein Erdbeben erlebt. Sie haben dieses Naturereignis ohne schlimme Verletzungen überstanden und finden Ihr Haus noch heil vor. Doch es liegen einige Minuten großer Angst hinter Ihnen, Sie haben Todesangst ausgestanden. „Ich hatte so viel Angst!", sagt Ihr Partner zu Ihnen. Sie antworten ihm sofort: „Ich weiß, was du meinst. Mir ging es genauso!" Weil Sie beide dieselbe Situation erlebt und auf dieselbe Weise reagiert haben, brauchen Sie sich nicht anzustrengen, zu „dehnen", um den anderen zu verstehen. Was er fühlt, das fühlen auch Sie. Sie reagieren auf dieselbe Art und Weise.

In vielen Situationen stellt es eine größere Herausforderung dar sich einzufühlen. Es erfordert die Fähigkeit, die Erfahrungen unseres Partners nachzuvollziehen, auch wenn wir selbst ganz andere Erfahrungen gemacht haben. Nehmen wir an, Ihr Partner hätte ein Erdbeben erlebt, Sie selbst aber waren tausend Kilometer entfernt auf einer Geschäftsreise. Ihr Partner ruft Sie an und berichtet Ihnen von seinem furchtbaren Erlebnis: „Ich habe Todesängste ausgestanden!" Auch wenn Sie dieses Erdbeben nicht miterlebt haben, gelingt es Ihnen vermutlich gut, sich in Ihren Partner hineinzudenken. „Das kann ich mir gut vorstellen!", werden Sie wohl sagen, ohne auch nur einen Augenblick zu zögern.

Probleme ergeben sich jedoch dann, wenn Menschen auf gleichartige Situationen unterschiedlich reagieren. Ihr Partner hat beispielsweise Flugangst, Sie hingegen können während des Abhebens oder Landens seelenruhig schlafen. Es wird Ihnen relativ schwerfallen, sich in Ihren Partner einzufühlen, weil Ihnen diese Erfahrung fremd ist. „Atme tief ein und aus", raten Sie ihm. „Denk an etwas anderes und dieses Angstgefühl wird bald verschwinden." Eigentlich hoffen vor allem *Sie*, dass es bald verschwindet, nicht wahr? Sie würden die Gefühle Ihres Partners lieber verändern, als sich in ihn einzufühlen.

Die schwierigste Situation von allen ist jedoch dann gegeben, wenn Ihr Partner wirklich wütend wird und Sie die Ursache dafür zu sein scheinen. „Ich bin echt wütend auf dich, weil du Janice erlaubt hast ins Kino zu gehen, während ich ihr doch gesagt habe, sie müsse ihr Zimmer aufräumen! Immer untergräbst du meinen Erziehungsstil!" Oder „Es war total erniedrigend für mich zusehen zu müssen, wie du mit Paul geflirtet hast, und das vor allen unseren Freunden! Du weißt, wie eifersüchtig ich immer werde!" Instinktiv werden Sie sich verteidigen und einen Gegenangriff starten.

Nichts liegt Ihnen in einem solchen Moment ferner, als sich in Ihren Partner einzufühlen. Es erfordert unglaublich viel Disziplin, Übung und emotionale Reife.

Die Verantwortlichkeit des Senders

Als ich den Imago-Dialog entwickelt hatte und Paare anleitete, auf diese Weise miteinander zu kommunizieren, achtete ich nicht sonderlich auf die Verantwortlichkeit jener Person, die die Botschaft sendete. Ich dachte, der Sender sollte die uneingeschränkte Möglichkeit haben, seine Gedanken und Gefühle zum Ausdruck zu bringen, und ich ermutigte den Empfänger zurückzuspiegeln, was er gehört hatte, ohne darauf zu reagieren. Als später auch Therapeuten und Workshop-Presenter den Imago-Dialog von mir übernahmen, erklärten sie mir, dass die meisten ihrer Paare große Schwierigkeiten damit hätten Überreaktionen zu vermeiden.

Meine Kollegen experimentierten mit verschiedenen Anleitungen für den Sender und den Empfänger. Sie entwickelten ein Konzept, das sich „Verantwortlichkeit des Senders" nennt. Das bedeutete, dass der Sender einige Regeln zu beachten hatte, damit die Botschaft vom Empfänger leichter gehört werden konnte. Die erste Regel lautete, frustrierende Aussagen dürfen nur in Form von „Ich-Botschaften" vorgebracht werden. Anstatt dem Partner an den Kopf zu werfen: „Du hast mich so blamiert, als du das zu unserem Nachbarn gesagt hast!", sagen Sie bitte: „Ich fühlte mich so blamiert, als du das zu unserem Nachbarn gesagt hast." Die zweite Regel lautet, dass der Sender nie den Charakter seines Partners kritisieren soll, sondern nur dessen Verhaltensweisen. Zum Beispiel nicht: „Du kommst immer zu spät, du hast absolut kein Verantwortungsgefühl!", sondern stattdessen: „Wenn du zu spät kommst, bin ich enttäuscht und bekomme Angst." Sie können weiters die Intensität Ihrer Gefühle etwas verringern, damit Ihr Partner sich sicher genug fühlt, um sich zu entspannen und zuzuhören. Ihr Ziel besteht schließlich nicht darin, Ihren Partner zu verwunden, sondern die Verbundenheit zwischen Ihnen zu stärken.

Wir erkannten, dass es genauso wichtig ist, ein verantwortungsvoller Sender zu sein wie ein guter Zuhörer. Wenn beide Seiten lernen miteinander zu reden, ohne dass ihre innere Verbundenheit verloren geht, so haben sie eines der effektivsten Werkzeuge in Händen, um eine sichere, liebevolle und dauerhafte Partnerschaft zu gestalten.

Ungewohntes erscheint mühevoll

So hilfreich der Imago-Dialog auch sein mag, die meisten Menschen reagieren darauf mit: „Müssen wir wirklich alle diese Schritte durchgehen, wenn wir einander etwas Bedeutsames mitteilen wollen?" Die Antwort auf diese Frage lautet: „Nein". Wenn Sie nur einen Weg für effektive Kommunikation suchen, dann mag das Spiegeln allein ausreichen. Aber wenn Sie über die Kommunikation hinaus zu wahrer *Intimität und Einheit* gelangen wollen, dann ist es wichtig, alle Schritte zu gehen. Keineswegs will ich leugnen, dass der Imago-Dialog zeitaufwendig ist und die Kommunikation anfänglich etwas gekünstelt erscheinen kann. Es wird Zeiten geben, wo Sie dagegen rebellieren und wieder in Ihre alten Gewohnheiten zurückfallen werden. Das erinnert mich an den 17-jährigen Sohn eines meiner Freunde, der ein ungewöhnlich begabter Baseballspieler ist. Er spielte so gut, dass ein exzellenter Verein ihm ein Angebot unterbreitet hatte, obwohl er seine Schulausbildung noch gar nicht abgeschlossen hatte. Doch zur großen Enttäuschung dieses Jungen erwartete der neue Trainer ganz andere Spielbewegungen von ihm. Er sollte durch bestimmte Übungen einzelne Muskeln aufbauen, andere dehnen, gleichzeitig hundert Mal am Tag den Ball auf eine neue, ungewohnte Art und Weise werfen und schlagen. Manchmal war er den Tränen nahe und hatte das Gefühl, er müsse alles verlernen, was er bisher über Baseball gewusst hatte.

So ist es auch mit dem Imago-Dialog. Jeder von uns muss sich von alten, zutiefst eingefahrenen Verhaltensweisen trennen und eine sehr strukturierte Art der Kommunikation aufnehmen. Sie kann sich unnatürlich anfühlen. Doch wenn sich die ersten Erfolge einstellen, wird der Widerstand abnehmen. Nach und nach - es kann schon Jahre dauern - können Sie Ihre Beziehung so weit verändern, dass Sie den Imago-Dialog nicht mehr explizit anwenden müssen. Denn dann ist es für Sie bereits ganz normal geworden, miteinander wirklich zu kommunizieren, anstatt aneinander vorbeizureden.

Phantasiereisen

Wenn Paare erst einmal vertraut sind mit dem Imago-Dialog, zeige ich ihnen eine gute Möglichkeit, mehr über ihre Kindheit zu erkennen, und zwar im Rahmen einer so genannten Phantasiereise. Dies ist eine gelenkte Visualisierungsübung, mit deren Hilfe Partner ihre Kindheitsverletzungen besser erkennen können. Nach dieser Übung können die Partner einander unter Anwendung des Imago-Dialogs erzählen, was sie beobachten konnten. So können Partner einander so sehen lernen, wie sie wirklich sind, als verwundete Wesen auf der Suche nach ihrer ursprünglichen Ganzheit.

Vor Beginn der Phantasiereise bitte ich die Paare, ihre Augen zu schließen und sich zu entspannen. Sehr oft lasse ich auch beruhigende Musik spielen, die den Entspannungsprozess fördert. Fühlen die Teilnehmer sich entspannt, bitte ich sie, sich an ihr Elternhaus zurückzuerinnern, an die früheste Umgebung, an die sie sich erinnern können. Nimmt die Vision erkennbare Gestalt an, führe ich sie weiter und sage ihnen, sie seien nun kleine Kinder, die durch diese Wohnung oder dieses Haus gehen, auf der Suche nach den Menschen, die für sie sorgen. Zuerst treffen sie ihre Mutter oder eine andere wichtige weibliche Bezugsperson der ersten Jahre ihrer Kindheit. Ich sage ihnen, sie seien plötzlich mit magischen Kräften ausgestattet und könnten diesen Menschen jetzt deutlich mit allen seinen negativen und positiven Eigenschaften sehen. Ich bitte sie, sich diese Charakterzüge zu merken und sich dann vorzustellen, wie sie ihrer Mutter sagen, was sie sich immer von ihr gewünscht, aber nie bekommen haben.

Auf die gleiche Weise lasse ich sie mit ihrem Vater zusammentreffen oder mit jener männlichen Bezugsperson, die den stärksten Einfluss auf ihre frühen Kindheitsjahre hatte. Haben sie schließlich so viele Eindrücke von diesen Menschen gesammelt wie nur möglich, führe ich sie langsam wieder in die Realität zurück und bitte sie, ihre Augen zu öffnen und diese Eindrücke schriftlich festzuhalten.

Ich bin immer wieder überrascht, wie viele Einzelheiten aus dieser relativ einfachen Übung gewonnen werden können. So nahm zum Beispiel ein junger Mann an dieser Übung teil und erkannte zum ersten Mal in seinem Leben, wie einsam und verlassen er sich als Kind gefühlt hatte. Nie hatte er dieses Wissen an sich herankommen lassen, weil es ihm unlogisch erschienen war. Wie hatte er sich in einem Haushalt mit vier Kindern, einem Vater, der Pastor war, und einer Mutter, die eine hingebungsvolle Hausfrau war, nur einsam fühlen können? In seiner Phantasie hatte dieser junge Mann nun das Haus seiner Kindheit aufgesucht und war herumgeirrt, ohne jemanden zu finden. Als er nach langer Suche seine Mutter endlich traf, war seine erste Frage: „Warum seid ihr immer so beschäftigt? Könnt ihr nicht sehen, dass ich euch brauche?" Jetzt erst konnte er seine chronische Depression verstehen. Bis zu diesem Augenblick war seine ständige Traurigkeit ein Rätsel für ihn gewesen.

Nach dieser Phantasiereise stehen uns ausreichend Einsichten zur Verfügung, um unsere eigene Imago konstruieren zu können - das innere Bild vom anderen Geschlecht, das unsere Partnerwahl steuert. Wir nehmen die positiven und die negativen Charaktereigenschaften aller für uns wichtigen Bezugspersonen unserer Kindheit zusammen, wobei jene Eigenschaften, die am deutlichsten zu erkennen sind, besonders wichtig sind. Diese Eigenschaften beeinflussen dann unsere Partnerwahl.

Haben die Partner das getan, bitte ich sie, einander an ihren Erfahrungen teilhaben zu lassen. Ich fordere sie auf, einander sehr aufmerksam zuzuhören, die Erzählungen ihres Partners auf keinen Fall zu interpretieren, ihnen nichts hinzuzufügen, sie nicht mit ihren eigenen Erfahrungen zu vergleichen und sie auch nicht zu analysieren. Es ist nur erlaubt sie zu spiegeln, um zu überprüfen, ob sie sie wirklich verstanden haben. Durch diese Übungen werden beide in die Lage versetzt, hinter dem neurotischen, irritierenden oder zwanghaften Verhalten des Partners die Verletzungen zu sehen, für die er Heilung sucht. Damit sind die richtigen Voraussetzungen für eine Atmosphäre des Mitgefühls und der Unterstützung geschaffen.

Der Eltern-Kind-Dialog

Seit die erste Ausgabe dieses Buches erschienen ist, haben viele Imago-Workshop-Presenter bedeutende Beiträge zum Inhalt der Imago-Workshops und der Imago-Beziehungstheorie geleistet. Maya Kohlmann, eine Master Trainerin, entwickelte eine neue Übung, die „Eltern-Kind-Dialog“ heißt. Diese Übung folgt im Workshop der Übung „Phantasiereise“. Die Partner können darin ihre Erinnerungen an die Kindheit vertiefen und ihre Einfühlsamkeit stärken. Die beiden Partner sitzen einander gegenüber, sodass sie sich in die Augen blicken können. Einer der Partner übernimmt die Rolle einer frühen Bezugsperson des anderen Partners. Der andere erinnert sich zurück an die Zeit, als er noch ein kleines Kind war, und versetzt sich ganz in diese Rolle. Jener Partner, der die Rolle der Bezugsperson spielt, stellt einige Fragen, wie zum Beispiel: „Erzähle mir, wie es ist, mit mir zu leben.“ Das „Kind“ erzählt. Nachdem die Bezugsperson das Kind einfühlsam gespiegelt hat, fragt sie: „Was ist dein tiefster Schmerz mit mir?“ Die Bezugsperson fragt voll Wärme und Einfühlsamkeit: „Was brauchst du von mir am dringendsten, was ich dir nicht gebe?“ Normalerweise sagt das Kind etwas Ähnliches wie: „Ich brauche von dir, dass du für mich da bist und mir zuhörst, wenn ich rede.“ Der Partner, der die Rolle der Bezugsperson gespielt hat, schließt die Übung ab, indem er sagt: „Ich möchte dir immer geben, was du brauchst. Danke, dass du mir von deinem Schmerz erzählt und mir gesagt hast, was du von mir brauchst.“ Dann tauschen sie die Rollen und wiederholen die Übung.

Diese Übung hat eine starke Wirkung auf beide Partner. Jener Partner, der die Rolle des Kindes spielt, kann sich noch tiefer an die Verletzungen seiner Kindheit erinnern als bei anderen Übungen. Jener Partner, der die Rolle der Bezugsperson übernimmt, gewinnt noch mehr Einblick in die Verletzlichkeit seines Partners. Das Spannendste an dieser Übung ist die einfühlsame Reaktion des zuhörenden Partners, die sich deutlich vom verletzenden Verhalten der tatsächlichen Bezugsperson unterscheidet, sodass die Wunde des „Kindes“ zu heilen beginnen kann. Wäre es der realen Bezugsperson damals gelungen so zu handeln, wären die Kindheitswunden nicht entstanden.

Was mich am meisten am Eltern-Kind-Dialog fasziniert, ist, dass jener Partner, der zuhört, wenn der andere in seine Kindheitserinnerungen zurückgeht und über seinen Schmerz erzählt, meist erkennt, dass auch er das Kind in seinem Partner auf ähnliche Weise verletzt und unwissentlich seine Wunden erneut aktiviert hat. Die Struktur dieser Übung erfordert jedoch keine Entschuldigung dafür. Wenn das „Kind“ in einer abschließenden Aussage sagt, was es von seiner Bezugsperson braucht, gewinnt der zuhörende Partner ganz neue Einsichten, wie er seinem Partner helfen kann seine Wunden zu heilen. Der Eltern-Kind-Dialog ist ein indirekter Weg zu lernen, wie wir einander Heilung schenken können.

10 Unsere persönlichen Wachstumschancen erkennen

Eines der tiefen Geheimnisse des Lebens
besteht darin, dass nur das, was wir für andere tun,
es wirklich wert ist, getan zu werden.
Lewis Carroll

Bis jetzt habe ich in diesem Buch die grundlegenden, ersten Schritte dargelegt, die für eine bewusste Partnerschaft erforderlich sind. Ich sprach darüber, wie wir unsere Ausgänge schließen können, um mehr Energie für unsere Beziehung zu gewinnen. Ich habe ausgeführt, wie die angenehmen Seiten einer Beziehung wieder in den Vordergrund gerückt werden können, um wieder größere Nähe und Intimität zu erleben. Gleichzeitig habe ich verschiedene Wege aufgezeigt, wie wir mehr Einsichten über uns selbst und unseren Partner gewinnen können. An dieser Stelle möchte ich nun auf die Heilung unserer Kindheitsverletzungen eingehen. Ich möchte aufzeigen, wie diese chronischen Frustrationen umgewandelt und für unsere persönliche Weiterentwicklung genützt werden können. Im nächsten Kapitel möchte ich auf die Möglichkeiten eingehen, die tieferen Ursachen von explosiven Konflikten zu bearbeiten und aus unserer Partnerschaft zu verbannen.

Hat ein Paar einige Wochen lang die Übung „Wiederverlieben in der Partnerschaft" durchgeführt, wie sie in Kapitel 8 beschrieben ist, wird es erleben, wie seine positiven Gefühle wieder erwachen und beide Partner sich wieder tief miteinander verbunden fühlen. Doch gerade wenn die Partner sich auf gegenseitige Unterstützung und Nähe einlassen, tritt oft ein entmutigendes Paradoxon auf: jene Konflikte, deretwegen sie therapeutische Unterstützung suchten, kommen wieder an die Oberfläche. Wieder lasten ihre Konfliktthemen und die grundsätzlichen Unvereinbarkeiten auf ihnen. Es sieht fast so aus, also ob die Übung „Wiederverlieben in der Partnerschaft" die romantische Liebe wieder erweckt hätte, um sie erneut in einen Machtkampf übergehen zu lassen.

Der Grund dafür, dass die liebevolle Stimmung trotz vieler liebevoller Verhaltensweisen und Überraschungen für den Partner nicht andauert, liegt darin, dass wir unbewusst immer stärker den Eindruck haben und die Hoffnung entwickeln, unser Partner sei derjenige, der „alles besitze, ein Idealpartner, der mir auf magische Weise meine verlorene Ganzheit wieder schenken kann". Sobald die Wut und der Machtkampf für kurze Zeit unterbrochen werden, werden sofort wieder hoffnungsfroh die alten Errettungsphantasien auf den Partner projiziert. Erneut müssen die Partner zu ihrer Enttäuschung feststellen, dass der andere weder ausreichend motiviert noch überhaupt in der Lage ist, ihre tiefen, unerfüllten Bedürfnisse zu erfüllen. Die meisten Menschen finden sich in der Situation, dass ihr Partner ihnen gerade das, was sie sich am meisten von ihm wünschen, am wenigsten geben kann.

Wie könnte man diese paradoxe Situation lösen? In meinen Anfangsjahren als Paartherapeut habe ich mich unablässig mit dieser Frage auseinandergesetzt. Nehmen wir einmal die folgenden beiden Tatsachen her: einerseits gehen wir jede unserer Beziehungen mit allen Verletzungen ein, die wir in der Kindheit erlebt haben, und andererseits haben wir uns, ohne uns dessen bewusst zu sein, einen Partner ausgesucht, der unseren frühen Bezugspersonen ähnelt, jenen Menschen, die uns verletzt haben. Es scheint, dass wir in unserer Partnerschaft unser Schicksal nur wiederholen, nicht jedoch zum Guten wenden können.

Vor Jahren noch blieb die Diskussion bei meinen Vorträgen bei dieser pessimistischen Betrachtungsweise stecken. Während eines Vortrages, als ich gerade darüber sprach, dass wir uns meist einen Partner aussuchen, der unsere Bedürfnisse nicht erfüllen kann, meldete sich eine Dame aus dem Publikum und meinte: „Dr. Hendrix, vielleicht wäre es eine Chance, nicht wieder auf die gleiche Art verletzt zu werden, wenn wir einen Partner wählen, der *keine* Anziehungskraft auf uns ausübt. So könnten wir doch sicher sein, nicht an Partner zu geraten, die die Fehler unserer Eltern nur wiederholen." Das Publikum lachte, doch zu der damaligen Zeit wusste auch ich keine bessere Lösung. Eine Partnerschaft, die durch Horoskope, Verkuppeln oder durch Computersysteme von Partnervermittlungsagenturen zustande kam, schien bessere Erfolgsaussichten zu haben, als eine, die durch unsere unbewusst gesteuerte Partnerwahl zustande kam. Unsere fatale Neigung, einen Partner auszuwählen, der unseren frühen Bezugspersonen ähnelt, schien unsere Partnerschaft von Anfang an zum Scheitern zu verurteilen. Mein einziger Rat war damals, sich so weit wie möglich über die eigenen, verborgenen Gefühle bewusst zu werden und gleichzeitig die nüchterne Realität anzunehmen. Bewusstes Wahrnehmen, Einsicht, Verständnis und gegenseitiges Annehmen - das war der einzige Trost, den ich damals geben konnte.

Auch ich selbst erhielt den gleichen Rat von meinem Therapeuten: „Sie müssen einfach die Tatsache akzeptieren, Harville, dass Ihre Mutter für Sie keine Kraft mehr übrig hatte", sagte er zu mir, „und Ihre Frau kann Ihnen nicht das geben, was Sie sich wünschen. Sie kann diese frühen Jahre nicht ausgleichen. Sie müssen verzichten lernen." Mit anderen Worten hieß das: „Du hast es damals nicht bekommen und du wirst es auch jetzt nicht bekommen! Werde endlich erwachsen und führe dein Leben, so gut du kannst!" Ich bemühte mich wirklich, seinen Rat zu beherzigen, doch gleichzeitig spürte ich tief in mir, dass ich diese Verletzungen einfach nicht vergessen konnte. Ein Teil von mir wusste, dass auch ich ein unabweisbares Recht auf ein sicheres und liebevolles Aufwachsen gehabt hätte. Und wenn ich den Blick auf meine Klienten richtete, erkannte ich, dass sie unablässig an ihren Bedürfnissen festhielten. Vielleicht gelang es ihnen, sie zu unterdrücken oder zu verleugnen; vielleicht konnten sie sie auf andere projizieren. Doch es gelang keinem von ihnen, ihre unerfüllten Kindheitsbedürfnisse loszulassen. Es musste einfach einen anderen und besseren Weg geben - und so blieb ich weiter auf der Suche.

Weshalb Selbstliebe nicht hilft

Schließlich wechselte ich meinen Therapeuten und fand einen anderen mit einem optimistischeren Ansatz. Er glaubte, dass es uns möglich sei, unsere Kindheitswunden durch verstärkte Selbstliebe auszugleichen. Eine seiner Methoden, mit der er mir helfen wollte, meine ständige Sehnsucht versorgt zu werden, zu bearbeiten, war, dass er mich die Küchenszene, von der ich bereits erzählt habe, visualisieren ließ. Er führte mich in eine tiefe Entspannung und sagte zu mir: „Harville, stellen Sie sich vor, wie Sie als kleiner Junge versuchen, die Aufmerksamkeit Ihrer Mutter zu erregen. Sie steht am Herd und dreht Ihnen den Rücken zu. Stellen Sie sich vor, Sie möchten in den Arm genommen werden. Rufen Sie sie! Sehen Sie, wie sie zu Ihnen kommt und Sie lächelnd aufhebt! Jetzt hält sie Sie ganz fest. Sehen Sie doch den kleinen Jungen! Er steht gerade vor Ihnen und möchte umarmt werden. Nehmen Sie ihn in Ihre Arme, streicheln Sie ihn und lassen Sie ihn Ihre ganze Liebe spüren. Und nun nehmen Sie diesen kleinen Jungen in Ihr Herz auf. Ein überglücklicher, kleiner Junge zieht nun in Ihr Inneres ein."

Er war der Überzeugung, wenn es mir nur gelang, ein lebensechtes, inneres Bild zu erschaffen und so zu spüren, wie meine Mutter mich geliebt hatte, so könne dieses innere Bild nach und nach meine große Sehnsucht nach Mutterliebe stillen. Sein Ansatz schien zu wirken, aber nur kurzfristig. Nach jeder Sitzung fühlte ich mich weniger allein und stärker geliebt. Doch allmählich verschwand dieses Gefühl wieder und die innere Leere stellte sich wieder ein.

Der Grund, warum diese Methode nicht funktionieren konnte, liegt in einem Sabotageakt unseres Alten Gehirns. Als kleine Kinder waren wir nicht in der Lage, unsere physischen und emotionalen Bedürfnisse selbst zu befriedigen. Wir erlebten Schmerz und Freude immer als von außen verursacht. Gab man uns das Fläschchen oder die Brust, wurde unser Hunger gestillt. Wurden wir gestreichelt, fühlten wir uns getröstet. Ließ man uns in unserer Wiege schreien, wurden wir zornig oder bekamen Angst. Obwohl wir älter wurden, blieb unser Altes Gehirn bei dieser passiven Weltsicht: Gute Gefühle, ebenso wie schlechte, werden durch die Handlungen anderer Menschen verursacht. Wir können uns nicht selbst versorgen. Andere müssen es für uns tun. Jener Teil von mir, der verwundet war, konnte die Liebe, die aus mir selbst kam, nicht annehmen, weil ich nicht wusste, wie man Selbstliebe annimmt. Anderen Menschen geht es genauso wie mir. Heilung kann ich nicht in mir selbst finden. Sie ist ein Geschenk von anderen, die mir Gutes tun und mir Liebe und Geborgenheit schenken. Aber damals erkannte ich diese elementare Wahrheit noch nicht.

Die Grenzen der Freundschaft

Nach und nach gelangte ich zu der Überzeugung, dass die heilende Kraft von außen kommen musste. Doch musste sie wirklich von unserem Partner kommen? Könnte es nicht auch einem nahen Freund oder einer lieben Freundin gelingen uns zu heilen? Während ich mich mit dieser Frage beschäftigte, leitete ich einige therapeutische Gruppen und konnte das heilende Potenzial von Freundschaften gut beobachten. Gerade in Therapiegruppen entwickeln sich oft sehr enge Bindungen und ich unterstütze diese liebevollen und helfenden Beziehungen. So versuchte ich in einer solchen Gruppensitzung Mary, die mit einer neurotischen, distanzierten Mutter aufgewachsen war, mit Susan zusammenzubringen, einer überaus mütterlichen Frau. Mary erlebte die von mir angeleitete Übung zwar als angenehm, jedoch nicht als zutiefst heilsam. Ich bat Susan, sie auf ihrem Schoß sitzen zu lassen, sie zu streicheln und ausweinen zu lassen. „Ich habe dieses Streicheln sehr genossen", sagte Mary mir später, „doch Susan ist nicht die richtige Person. Tief in mir spüre ich, dass es jemand anderer sein müsste, der mich streichelt!"

Nach zahlreichen Experimenten wie diesem zog ich für mich den Schluss, dass die Liebe, die wir suchen, nicht von einer beliebigen Person kommen kann, der wir in einer sicheren, nahen Beziehung begegnen, *sondern von jemandem, der unserer Imago entspricht*, von einem Menschen, der unseren Eltern so sehr ähnelt, dass er in unserem Unterbewusstsein mit ihnen verschmilzt. Nur auf diesem Wege scheinen wir unsere Kindheitsverletzungen heilen zu können. Das Streicheln und die Zuwendung anderer Menschen können uns gut tun, doch die Wirkung bleibt eine vorübergehende. Man könnte eine Parallele zum Unterschied zwischen Zucker und Süßstoff ziehen. Unsere Geschmacksnerven lassen sich vorübergehend täuschen, doch unser Körper wird nicht wirklich genährt. Ebenso suchen wir immer noch nach der Liebe unserer ersten Bezugspersonen oder der Menschen, *die ihnen so ähneln, dass sie auf einer unbewussten Ebene mit ihnen verschmelzen.*

Doch so stand ich wieder vor dem ursprünglichen Dilemma: *Wie kann uns unser Partner Heilung schenken, wenn er doch die gleichen negativen Charaktereigenschaften aufweist wie unsere primären Bezugspersonen?* Ist nicht gerade unser Partner der ungeeignetste Kandidat, um unsere emotionalen Verletzungen heilen zu können? Wenn die Tochter eines distanzierten, selbstbezogenen Vaters unbewusst einen Workaholic als Partner wählt, wie kann sie in dieser Partnerschaft endlich Erfüllung für ihr Bedürfnis nach Nähe und Intimität finden? Heiratet der Sohn einer zu Depressionen neigenden, ihre Sexualität verdrängenden Mutter eine depressive, frigide Frau, wie kann er zu seiner Sinnlichkeit und Freude zurückfinden? Zieht ein Mädchen, dessen Vater sehr jung starb, nun mit einem Mann zusammen, der sich weigert sie zu heiraten, wie kann sie sich da sicher und geliebt fühlen?

Allmählich formte sich in meinem Kopf eine mögliche Antwort auf diese Fragen heraus, in meinen Augen die einzig logische Erklärung. Damit Menschen Heilung finden konnten, schlussfolgerte ich, *müssen sich ihre Partner verändern*. Der Workaholic muss einen Teil seiner Energie wieder auf seine Frau umlenken. Die depressive und frigide Frau muss ihre Sinnlichkeit und Vitalität zurückerobern. Der Distanzierer muss seine Abwehrmauer stückweise aufgeben, um mehr Nähe zuzulassen. Dann, und nur dann, können sie ihrem Partner geben, was er braucht und wonach er sich sein ganzes Leben lang gesehnt hat.

Damals begann ich, den Prozess der Partnerwahl mit anderen Augen zu sehen: Wenn es stimmt, dass unserem Partner gerade das am schwersten fällt, was wir am meisten von ihm brauchen, so ist das genau jener Bereich, in dem unser Partner sich weiterentwickeln kann! Verweigerten Marys Eltern ihr liebevolle Zuwendungen, vor allem physischer Art, so findet sie in George einen Mann, für den körperliche Nähe ebenfalls belastend scheint. Marys unerfüllte Kindheitsbedürfnisse passen fast „ideal“ zu Georges Unfähigkeit, sie erfüllen zu können. Doch könnte George über sich selbst hinauswachsen und seine Abwehr gegen Zärtlichkeit überwinden, um Marys Bedürfnisse zu erfüllen, so würde einerseits Mary die körperliche Zuwendung bekommen, nach der sie sich so sehnt, aber andererseits auch George langsam wieder in Kontakt mit seiner eigenen Sinnlichkeit kommen. *Mit anderen Worten, die Anstrengungen, unseren Partner zu heilen, helfen uns dabei, wichtige eigene Anteile wieder zu entwickeln.* Der unbewusste Auswahlprozess hat also zwei Menschen zusammengebracht, die einander entweder sehr verletzen oder aber heilen können, abhängig von ihrer jeweiligen Bereitschaft sich zu ändern und weiterzuentwickeln.

Von der Theorie zur Praxis

Ich begann mich auf die Frage zu konzentrieren, wie es möglich wäre, das heilende Potenzial einer Partnerschaft zur Anwendung zu bringen und in die Realität umzusetzen. Der springende Punkt daran lautete: Wie ist es möglich Menschen dazu zu bewegen, ihre eigenen Begrenzungen zu überwinden, damit sie den Bedürfnissen ihres Partners besser nachkommen können? Vermutlich würden die meisten Menschen einen inneren Widerstand dagegen verspüren, sich nur ihrem Partner zuliebe für persönliche Veränderungen zu öffnen. Eigenmotivation ist immer die bessere Variante. Aber es könnte eine vielversprechende Aussicht sein, so dachte ich, jene Selbstanteile wiederzufinden, die wir während unserer Kindheit verloren haben. So entstand in mir die Hoffnung, dass diese positive Aussicht Menschen ermutigen und motivieren könnte, zu einer Quelle der Heilung für ihren Partner zu werden.

Ich entwickelte eine Übung, die ich „Bitte um Verhaltensänderung“ nannte. Sie enthält einige Elemente, die der Übung „Wiederverlieben in der Partnerschaft“ ähneln.

Einer der beiden Partner wird angeleitet, einige Bitten zu formulieren, und der andere Partner darf frei entscheiden, welche dieser Bitten er erfüllen will und welche ihn zurzeit noch überfordern. Bei dieser Übung soll es sich jedoch um echte Verhaltensänderungen handeln und nicht nur um liebevolle Gesten. Die geäußerten Bitten berühren nämlich fast immer einen der Konfliktpunkte einer Beziehung. Ein Partner könnte beispielsweise den anderen auffordern selbstsicherer zu werden, verständnisvoller oder ermutigender. Das bedeutet, sein Partner ist aufgefordert, seine am deutlichsten ausgeprägten negativen Charaktereigenschaften zu überwinden.

Wie bei der Übung „Wiederverlieben in der Partnerschaft" sollen anfänglich allgemein formulierte Sehnsüchte und Wünsche in konkrete, messbare und realisierbare Bitten umgewandelt werden, sonst hätte der Partner nicht ausreichend Orientierung, um sich wirklich ändern zu können, und es wäre sehr viel Raum für Missverständnisse und Ausweichmanöver gegeben. Wie bei der Übung „Wiederverlieben in der Partnerschaft" liegt auch bei der Übung „Bitte um Verhaltensänderung" die Betonung primär auf dem Wort „Bitte". Die Erfüllung dieser Bitte wäre ein Geschenk - das erwünschte Verhalten darf keinesfalls zum Verhandlungsgegenstand werden, sonst würde unser Unterbewusstsein jede Verhaltensänderung sofort torpedieren. Damit ist eine sehr wichtige Voraussetzung angesprochen. Versucht einer der Partner eine kleine Änderung umzusetzen und erwartet im Gegenzug sofort ein merkbares Bemühen des anderen ("Ich werde versuchen, weniger dominant zu sein, wenn du dir mehr Zeit für mich nimmst"), so würde der Entwicklungsprozess unter Umständen einen neuen Machtkampf auslösen. Die alten Feindseligkeiten würden wieder aufflackern und die Heilungschance wäre vertan.

Die Partner müssen lernen, wie sie ihre persönlichen Begrenzungen überwinden und ihre Liebesfähigkeit steigern können, nicht, weil sie hoffen zur Belohnung mehr geliebt zu werden, sondern weil ihr Partner es verdient geliebt zu werden. Das Unterbewusstsein nimmt nur bedingungslose Geschenke an. Es ist nicht an Abmachungen irgendwelcher Art interessiert.

Nachdem ich einen allgemeinen Bezugsrahmen für diese Übung entwickelt hatte, begann ich die Details genauer auszuarbeiten. Wie konnten die Menschen nun erkennen, welche Bitten sie ihrem Partner sagen sollten? Es fällt zumeist leicht, sich zu beschweren und Kritik zu äußern, es ist aber deutlich schwieriger, positiv und konkret auszudrücken, was man vom Partner erwartet. Wie kann man Bitten formulieren, wenn die positiven Visionen im Unterbewusstsein eingeschlossen sind? Würde es nicht Monate oder sogar Jahre intensiver Therapie brauchen, um solche Visionen zu erkennen und in Worte fassen zu können?

Glücklicherweise gibt es eine einfachere Lösung, nämlich genauer zu betrachten, welche Punkte wir immer wieder an unserem Partner kritisieren. Wie wir schon im vorangegangenen Kapitel sehen konnten, ist es sehr gut möglich, ein präzises Bild dessen zu erhalten, was jemand in seiner Kindheit am meisten vermisst hat, wenn man seine sich ständig wiederholenden Vorwürfe analysiert. Es fehlen zwar die konkreten

Details der Kindheitserfahrungen, aber wenn man nur ein wenig in die Tiefe schürft, lässt sich viel Aufschlussreiches erkennen. In vielen Monaten oder Jahren, die die Partner schon miteinander verbracht haben, konnten sie kleinere, nebensächliche Konfliktpunkte vermutlich abtragen. Übrig geblieben ist die steinige Wüste ihrer fundamentalen Bedürfnisse: „Nie hilfst du mir ...!" Oder „Immer behandelst du mich wie ...!" Oder „Könntest du endlich einmal ...!". Hinter solchen Vorwürfen verbergen sich jene große Sehnsucht und jene tiefen Wünsche, die in ihrer Kindheit nicht erfüllt werden konnten, wie Zuwendung, Anerkennung, Schutz, Unabhängigkeit, ... und eine verlässliche Eltern-Kind-Beziehung. Um Bitten an unseren Partner richten zu können, müssen wir jene Sehnsucht finden, die sich hinter unserer chronischen Frustration versteckt. Wir müssen das Gefühl der Enttäuschung loslassen und uns ganz darauf konzentrieren zu erkennen, welcher Wunsch sich dahinter verbergen könnte. In einem zweiten Schritt werden diese allgemein formulierten Wünsche schließlich in konkrete Verhaltensweisen umgewandelt, die gut realisierbar sind. Einige Imago-Therapeuten haben erkannt, dass diese Bitten bestimmten Kriterien entsprechen sollen. Es ist wichtig, dass jede einzelne Bitte **s**pezifisch, **m**essbar, **a**usschlaggebend (für die Heilung), **r**epetitiv (wiederholbar) und **t**erminisiert (auf einen bestimmten Zeitraum bezogen) ist - sie soll „SMART" sein, was in etwa „klug formuliert" bedeutet. Konkrete und positiv formulierte Bitten stellen die besten Wachstumschancen für Ihre Paarbeziehung dar.

Persönliche Wachstumschancen erkennen

Im Folgenden möchte ich an einem Beispiel aus einem meiner Workshops zeigen, wie die Übung „Bitte um Verhaltensänderung" funktioniert. Am Anfang des Workshops bat ich die Teilnehmer, dass einer von ihnen eine typische Kritik an seinem Partner äußern möge. Eine Frau namens Melanie, eine hübsche Frau in einem bunten Sommerkleid, hob die Hand. Ihre Kritik an ihrem Mann klang anfänglich noch oberflächlich. „Stewart ist so vergesslich", sagte sie. „Es wird immer schlimmer. Immer wieder ermahne ich ihn sich die Dinge besser zu merken. Er sollte wirklich einen Kurs für Gedächtnistraining besuchen."

Stewart, ein Mann mit Oberlippenbart und dem Aussehen eines Professors, saß neben Melanie und begann prompt sich zu verteidigen. „Melanie", meinte er leicht genervt, „du weißt, ich bin Rechtsanwalt. Ich muss tausende Seiten juristischer Fachliteratur kennen. Ich habe ein ausgezeichnetes Gedächtnis!"

Bevor Melanie ihre Kritik wiederholen konnte, bat ich sie zu erklären, was sie denn an Stewarts angeblicher Vergesslichkeit so störe? In welchen Situationen würde sie sich am meisten darüber ärgern?

Sie dachte einen Augenblick lang nach: „Ich glaube, wenn er wieder einmal vergisst etwas zu tun, worum ich ihn gebeten habe. Letzte Woche vergaß er, dass wir uns zum

Essen verabredet hatten. Auf einer Party vor einigen Tagen vergaß er mich seinen Freunden vorzustellen. Ich stand da und fühlte mich wie eine Idiotin!"

Ich leitete Melanie an, indem ich einen Satzanfang vorgab: „Und als Stewart das tat, fühlte ich (mich) ..." Ich versuchte Melanie zu helfen, tiefer liegende Gefühle wie Trauer, Zorn oder Angst zu erkennen, die ihrer Frustration zugrunde liegen könnten. Ich wollte sie darin unterstützen, die große Sehnsucht zu erkennen, die sich in ihrer Kritik verstecken könnte - so wie ich es zuvor in der Theorie erklärt hatte. Zuallererst war es wichtig, dass Melanie erkannte, welches Gefühl sie am häufigsten hatte, und dann die Angst erkannte, die sich dahinter verbarg. „Als Stewart das tat, fühlte ich mich ungeliebt. Ich habe dann den Eindruck, er interessiert sich nicht für mich. Ich fühle mich zutiefst abgelehnt." Nun gab ich Melanie einen weiteren Satzanfang vor und bat sie den Satz zu ergänzen, damit sie einen Bezug zu den Gefühlen ihrer Kindheit herstellen konnte: „Und dieses Gefühl erinnert mich an meine Kindheit, ..." Melanie ergänzte: „ ... wo mein Vater nie Zeit für mich hatte. Er war ständig mit seinen eigenen Dingen beschäftigt und vergaß oft, zu einem Sportwettkampf zusehen zu kommen, wo ich mein Bestes gab." Ich gab einen dritten Satzanfang vor: „Und mein tiefster Schmerz mit meinem Vater ist ..." Melanie ergänzte: „ ... dass er mich nicht zu lieben scheint, dass ich einfach unwichtig für ihn bin."

Ich wandte mich an Stewart und bat ihn alles zu spiegeln, was Melanie gerade gesagt hatte, und zwar in Form von „zusammenfassendem Spiegeln". Mit ein wenig Unterstützung gelang es Stewart, Folgendes zusammenzufassen: „Ich habe gehört, du bist frustriert, dass ich so ein schlechtes Gedächtnis habe. Ich vergesse, worum du mich bittest, ich beachte dich bei Partys nicht, und das erinnert dich daran, dass dein Vater ständig mit anderen Dingen beschäftigt war, sodass du dich zutiefst abgelehnt fühltest und Angst hattest, er würde dich nicht lieben. Habe ich alles gehört?" Mit Tränen in den Augen und sehr erstaunt darüber, dass Stewart sich alles so gut gemerkt hatte, antwortete Melanie: „Ja, du hast alles gehört."

Ich bat Stewart, ob er Melanies Kindheitserfahrungen gelten lassen und sich in sie einfühlen könne, indem er sich vorstellte, wie Melanie sich als Kind gefühlt haben könnte. Zuerst erschien ihm das schwierig und er benötigte ein wenig Hilfestellung, aber dann sagt er: „Melanie, ich habe gehört, dass dein Vater oft sehr beschäftigt war und sogar vergessen hat, zu deinen Sportwettkämpfen zusehen zu kommen. Ich verstehe dich und es macht Sinn, dass es dich an die Vergesslichkeit deines Vaters erinnert, wenn ich Dinge vergesse, um die du mich bittest. Und es macht auch Sinn für mich, dass dich das verletzt und dir das Gefühl gibt abgelehnt zu sein."

Und dann zeigte Stewart ganz spontan seine Einfühlsamkeit: „Ich kann mir vorstellen, dass du dich ärgerst, wenn ich Dinge vergesse. Ist es das, was du fühlst?" Melanie nickte mit Tränen in den Augen und sagte, das sei das erste Mal, dass sie sich angehört fühlte und spüren konnte, dass sie für Stewart wichtig war.

Nun bat ich Melanie zu sagen, was ihr helfen könne, ihre Enttäuschung, ihre Angst und ihren Schmerz zu überwinden. Ich bat sie, ihre „umfassende Sehnsucht" zum Ausdruck zu bringen, und zwar mit Hilfe der Worte „immer" und „nie". In unserem Unterbewusstsein sind unsere Wünsche grenzenlos. Wir wollen alles, und zwar für immer. Ich habe erkannt, wie wichtig es ist, dass wir unsere „umfassende Sehnsucht" in Worte fassen. Obwohl wir im rationalen Denken erkennen, dass es nicht möglich ist, alles immer zu haben, helfen diese beiden Worte sehr, uns ganz auf das Kindheitsbedürfnis zu konzentrieren, das sich hinter unserer Frustration verbirgt. Für mich selbst wusste ich natürlich, dass ich Melanie anschießend darum bitten würde, diese Sehnsucht in kleine Häppchen zu unterteilen - in kleine, überschaubare und gut zu bewältigende Schritte.

„Meine tiefste Sehnsucht ist es", begann Melanie, „zu wissen, dass ich immer, immer, immer wichtig für dich bin, dass du nie, nie, nie auf etwas vergisst, worum ich dich sehr bitte und dass ich dir immer, immer, immer wichtiger bin als deine Arbeit." Zu Beginn hatte Stewart Melanie sehr liebevoll angeblickt - nun sah er ein wenig überfordert aus.

„Ich möchte Sie nun bitten, Melanie", fuhr ich fort, „dass Sie einige konkrete Verhaltensweisen aufschreiben, die Ihnen das Gefühl geben würden, dass Stewart sich für Sie interessiert, Sie liebt und unterstützt. Könnten Sie Stewart einige konkrete Vorschläge machen, wie er zu einer positiven Kraft in Ihrem Leben werden könnte?

Melanie war einverstanden damit.

Als nächstes gab ich Melanie, Stewart und den anderen Teilnehmern detaillierte Anleitungen für die Übung „Bitte um Verhaltensänderung". Ich erklärte, dass der Partner um Verhaltensweisen bitten könnte, die für sie vielleicht äußerst schwierig umzusetzen sind, weil dies in ihrer Kindheit nicht erlaubt war. Verständlicherweise könnten sie einigen Widerstand gegen manche Bitten verspüren, andere könnten ihnen sogar unerfüllbar erscheinen. Ich fuhr fort: „Wenn Sie sich ‚dehnen' und Ihrem Partner schenken, was er sich von Ihnen wünscht, so wird das einen Ihrer Persönlichkeitsanteile aktivieren, von dem Sie in Ihrer Kindheit abgeschnitten wurden und den Sie nun wiederfinden können. Die Sehnsucht Ihres Partners ist eine Einladung und Chance für Sie, seelisch zu wachsen und Ihre ursprüngliche Ganzheit wiederzufinden."

Dann bat ich die Workshopteilnehmer, sich auf ihre Zimmer zurückzuziehen. Meine Anleitung für sie lautete, jeweils eine chronische Kritik an ihrem Partner zu finden, sowie den Wunsch zu entdecken, der sich dahinter verbarg, und mit einer Aufstellung konkreter und realisierbarer Verhaltensweisen zurückzukommen, durch die ihre eigenen Wünsche und Sehnsüchte erfüllt werden könnten. Beide Partner sollten dann die Liste des jeweils anderen ansehen und die Punkte nach ihrem Schwierigkeitsgrad ordnen. Ich sagte ihnen weiters, dass sie nicht verpflichtet wären, die Bitten zu erfüllen - sie sollten sie nur einmal anhören. Das Ziel dieser Übung sei es, dem Partner entsprechende Möglichkeiten zu offenbaren, falls er freiwillig und aus eigener Motivation neue Verhaltensweisen ausprobieren wolle. Auch der kleinste Hinweis auf einen verpflichtenden Charakter oder feste Erwartungen würde diese Übung auf die Ebene des Verhandelns reduzieren und so das Risiko in sich bergen, dass dieses Experiment negative Gefühle auslösen und so sein Ziel nicht erreichen würde.

Als die Gruppe sich wieder versammelt hatte, teilte Melanie den anderen offenherzig ihre Punkte mit. Sie war meiner Anleitung gefolgt und hatte ihre Bitten SMART formuliert (Spezifisch, messbar, ausschlaggebend, repetitiv und terminisiert):

„Ich wünsche mir, dass du dir während der nächsten vier Wochen an jeweils einem Abend Zeit nimmst, um mit mir auszugehen. Und ich wünsche mir, dass du im Laufe jedes dieser gemeinsamen Abende dreimal ‚Ich liebe dich' zu mir sagst."

„Ich wünsche mir, dass du mich deinen Freunden vorstellst, wenn ich dich am nächsten Dienstag vom Büro abhole. Ich wünsche mir, dass du mir während der nächsten drei Monate jedes Mal, wenn ich dich abhole, einen anderen Freund vorstellst."

„Ich wünsche mir, dass du mir zu meinem nächsten Geburtstag ein Geschenk bringst, das du selbst gekauft und in Geschenkpapier eingepackt hast. Und ich wünsche mir, dass du mir an meinem Geburtstag dreimal für jeweils eine Minute in die Augen schaust und dabei zu mir sagst: ‚Du bist der wichtigste Mensch in meinem Leben.'"

„Ich möchte, dass du mich während der nächsten drei Wochen einmal am Tag anrufst, um mit mir zu plaudern."

„Ich wünsche mir, dass du mir während der nächsten zwei Monate, wenn wir zum Essen ausgehen, im Restaurant behilflich bist, meinen Mantel aus- und später wieder anzuziehen und dass du dich über den Tisch beugst, um mich zu küssen."

„Ich wünsche mir, dass du während der nächsten zwei Monate am Wochenende das Büro vergisst und dich deiner Familie widmest."

„Ich wünsche mir, dass du mich während der nächsten vier Wochen anrufst, wenn du mehr als 15 Minuten zu spät zum Abendessen kommst."

„Ich wünsche mir, dass du für die nächsten drei Monate dein eigenes Schlafzimmer aufgibst, so dass wir jede Nacht im gleichen Bett schlafen können."

Nach meinen Anweisungen wiederholte Stewart Melanies Bitten noch einmal, ordnete sie nach ihrem Schwierigkeitsgrad und suchte eine davon aus, von der er dachte, er könne sie relativ leicht erfüllen. Er verkündete der Gruppe, er werde noch am selben Abend Melanie im Restaurant in den Mantel helfen. Es bestand ein auffallender Kontrast zwischen seiner schnippischen Antwort auf Melanies Klage über sein schlechtes Gedächtnis zu Beginn unserer Gruppensitzung und seiner nunmehr freudigen Bereitschaft, auf ihre Bitten einzugehen. Da er verstanden hatte, dass diese Verhaltensweisen ein ungestilltes Bedürfnis aus Melanies Kindheit betrafen, er selbst sie nach seiner Schwierigkeitsschätzung einstufen durfte und es ihm überlassen blieb, ob er sie erfüllen wollte oder nicht, erschien es ihm leicht, manche von Melanies Bitten zu erfüllen.

Ein Zeichen dafür, dass Melanies Liste auch Dinge enthielt, die ganz direkt Stewarts persönliches Wachstumspotenzial berührten, war die Tatsache, dass einige der Bitten ihm sehr schwierig erschienen. Der Gedanke, sein eigenes Schlafzimmer aufgeben zu müssen, war ihm besonders unangenehm. „Ich genieße diese Zeit sehr, in der ich für mich alleine bin", meinte er. „Es würde mir wirklich schwerfallen, darauf zu verzichten. Ich bin jetzt noch nicht bereit dazu." Es überraschte mich nicht, dass es sich dabei um Melanies wichtigsten Wunsch handelte. *Der größte Wunsch des einen Partners entspricht oft dem heftigsten Widerstand des anderen.* „Ich habe nicht das Gefühl verheiratet zu sein, wenn wir nicht im gleichen Zimmer schlafen", sagte sie. „Ich habe mich immer in den Schlaf geweint, seit du aus unserem gemeinsamen Schlafzimmer ausgezogen bist. Ich mag es überhaupt nicht!" Ich erinnerte Melanie daran, dass ihre Bitten wichtige Erkenntnismöglichkeiten für ihren Ehemann enthielten, ihn allerdings auf keinen Fall verpflichten dürften - die einzig legitime Vorgangsweise in der Partnerschaft sei die, den anderen über die eigenen Bedürfnisse zu informieren. Was selbstverständlich erlaubt war, war, das eigene Verhalten freiwillig so zu verändern, dass die Bedürfnisse des Partners erfüllt werden.

Die positive Dynamik persönlicher Veränderung

Nachdem wir Melanies Liste durchgegangen waren, zeigte uns Stewart seinerseits seine Wunschliste. Auch er hatte einige chronische Klagen benannt, seine dahinter versteckten Wünsche herausgearbeitet und sie zu realisierbaren Verhaltensweisen umformuliert. Sein Hauptvorwurf an Melanie war, sie sei überkritisch. Er hatte den Eindruck gewonnen, sie würde ständig an ihm herumnörgeln. Er erlebte ihre Haltung deshalb als besonders belastend, weil schon seine Eltern so kritisch gewesen waren. „Hier zeigt sich", sagte er mit einem Lächeln und einem Seitenblick auf mich, „dass es kein Zufall ist, dass ich gerade Melanie geheiratet habe."

Eine seiner speziellen Bitten an Melanie war, sie möge ihn einmal am Tag loben. Melanie räumte ein, dass sie an manchen Tagen sicher Schwierigkeiten damit haben werde. „Ich habe nicht den Eindruck, dass ich übertrieben kritisch bin", sagte sie in ernstem Ton, „ich denke, er handelt einfach oft unbedacht. Das Grundproblem ist nicht meine Einstellung, sondern sein Verhalten!" Der wahre Grund jedoch, warum es ihr schwerfiel Stewart zu loben, war, dass sie nicht erkennen konnte, dass Stewarts Bitte gerechtfertigt war. Sie sah sich selbst als realistischen Menschen an, der Stewarts Charakter gut einschätzen konnte, jedoch keineswegs als Dauernörglerin. Stewart hatte genau auf eines ihrer verleugneten, negativen Persönlichkeitsmerkmale hingewiesen und ins Schwarze getroffen.

Der große Vorteil der Übung „Bitte um Verhaltensänderung" besteht darin, dass Melanie Stewarts Einschätzung ihrer Person nicht zustimmen muss, um den Heilungsprozess in Gang zu bringen. Sie sollte ihm nur einmal am Tag etwas Nettes sagen.

Würde sie damit beginnen, würden ihr auch seine positiven Eigenschaften deutlicher bewusst werden, und im Laufe der Zeit würde sie erkennen, wie sehr sie sich in die Rolle der Nörglerin eingelebt hatte. Im Endeffekt könnten dadurch beide Partner sehr von dieser Übung profitieren. Stewart könnte endlich die Anerkennung erhalten, die er verdient hatte, und Melanie könnte eines ihrer bisher verdrängten Persönlichkeitsmerkmale erkennen und akzeptieren, um es dann zu verändern. Durch denselben Prozess, der ihrem Partner Heilung schenkte, hätte auch Melanie die Chance, zu einem liebevolleren Menschen zu werden und ihre ursprüngliche Ganzheit wiederzufinden.

Halten Paare sorgfältig und konsequent einige Monate lang an dieser Übung fest, werden sie eine weitere positive Entwicklung feststellen können: *Die Liebe, die sie dem anderen geben, heilt gleichzeitig ihre eigenen Wunden*. Wunden, von denen sie noch nicht einmal wussten, dass sie existierten. Stewart und Melanie arbeiteten noch mehr als ein Jahr lang mit mir in der Therapie an ihren Problemen. Sechs Monate nach dem Workshop war Stewart bereit, seinen Widerstand gegen ein gemeinsames Schlafzimmer aufzugeben. Ihm gefiel die Idee zwar immer noch nicht sonderlich gut, doch er hatte erkannt, wie wichtig es für Melanie war, und so willigte er in eine vierwöchige Probezeit ein.

In der ersten Woche fiel ihm das Einschlafen sehr schwer und er bereute sein Zugeständnis ein wenig. In seinem eigenen Schlafzimmer konnte er das Fenster öffnen und frische Luft hereinlassen, wann immer er wollte, nachts das Licht anknipsen und lesen, wenn er einmal nicht schlafen konnte. Nun fühlte er sich wie in einer Falle.

Nach der zweiten Woche hatte er sich daran gewöhnt und konnte wieder gut schlafen, doch er hatte noch immer den Eindruck, er müsse sich zu etwas zwingen. In der dritten Woche wurde ihm bewusst, dass er eine große Belohnung dafür erhielt. Zum ersten war Melanie viel glücklicher. Zum zweiten liebten sie sich auch wesentlich häufiger. Es fällt leichter spontan zu reagieren, wenn wir nicht immer zuvor Verabredungen treffen müssen. In der vierten und letzten Woche der Probezeit hatte Stewart den Eindruck gewonnen, er könne mit diesem neuen Arrangement gut leben. „Ich habe mich daran gewöhnt, dass Melanie neben mir schläft", gab er zu, „ich denke, ich bin doch nicht der Einsiedler, für den ich mich hielt."

Melanies und Stewarts Beziehung verbesserte sich stetig und mehrere Monate später berichtete Melanie, dass die Dinge zwischen ihnen beiden sich so gut entwickelt hätten, dass sie gar nicht mehr darauf angewiesen war, dass Stewart neben ihr im Doppelbett schlief. „Ich weiß, wie sehr du dein eigenes Schlafzimmer liebst", sagte sie. „Ich hätte es zwar lieber, wenn du bei mir bleibst, doch inzwischen kann ich auch damit leben, wenn du in einem anderen Zimmer schläfst." Durch die Übung „Bitte um Verhaltensänderung" hatte Stewart gelernt, ihr ausreichend Bestätigung zu geben und ihr zu zeigen, wie sehr er sie liebte und schätzte, sodass die Erfüllung dieser konkreten Bitte nicht mehr so entscheidend für Melanie war. Doch sehr zu ihrer Überraschung wollte jetzt Stewart nichts mehr von getrennten Schlafzimmern hören. „Ich würde mich einsam fühlen in meinem Zimmer", sagte er. „Ich wüsste gar nicht mehr, was ich mit mir selbst anfangen sollte."

Wie war das nur möglich? Irgendwann im Laufe der Probezeit, während der Stewart auf Melanies Wunsch nach mehr Nähe und Intimität eingegangen war, hatte er sein bisher verborgenes persönliches Bedürfnis nach Nähe entdeckt. In unseren Gesprächen hatte ich erfahren, dass es Stewarts Eltern schwergefallen war, ihm ihre Liebe durch Zärtlichkeiten oder Worte zu zeigen. Stewart hatte bisher gedacht, dass diese Art von Liebesbeweisen auch nicht so wichtig für ihn gewesen wäre. „Ich wusste, dass sie mich liebten", erklärte er, „sie zeigten es nur auf andere Art und Weise." Seine Reaktion auf ihre mangelnden Liebesbeweise bestand darin, ganz darauf zu verzichten. „Ich erinnere mich daran, dass ich bei anderen Kindern zu Besuch war, deren Eltern viel liebevoller mit ihnen umgingen. Die Mutter eines Freundes drückte mich sogar einmal an sich und küsste mich. Dabei fühlte ich mich jedoch sehr unwohl. Ich war ganz an den Umgangsstil meiner Eltern gewöhnt."

Als er und Melanie frisch verheiratet waren, war Stewart besonders von ihrer warmherzigen Art eingenommen, doch im Laufe der Zeit wurde ihr ständiges Bedürfnis nach Nähe zu einer Belastung für ihn. Er zog sich zurück, wie er es schon als Kind getan hatte, mit seiner typischen Reaktion gegenüber Erwachsenen, die ihm zu nahe kamen. Doch jetzt, da er seine eigenen Schwierigkeiten besser verstehen konnte, gelang es ihm, seinen anfänglichen Widerstand zu überwinden und auf Melanies Nähebedürfnis angemessen zu reagieren. Im Verlauf dieser Entwicklung hatte er seinen eigenen, bisher unterdrückten Wunsch nach Nähe und Zärtlichkeit erkannt und war jetzt viel besser in der Lage, Erfüllung dieses bisher unbewussten Bedürfnisses zuzulassen.

In meiner Arbeit mit Paaren bin ich schon sehr oft Zeuge eines beidseitigen Heilungsprozesses geworden, sodass ich jetzt mit Überzeugung sagen kann, dass die meisten Ehepartner fast identische Bedürfnisse haben. Doch was bei dem einen offen liegt, ist bei dem anderen verdrängt. Ist der Partner mit den verdrängten Bedürfnissen in der Lage, seinen Widerstand aufzugeben, und gelingt es ihm, die Bedürfnisse des anderen Partners zu erfüllen, interpretiert ein Teil des Unterbewusstseins das liebevolle Verhalten als an sich selbst gerichtet. Selbstliebe wird erst möglich durch die Liebe zu einem anderen Menschen.

Wollen wir verstehen, warum die menschliche Psyche auf diese Art funktioniert, müssen wir uns an die Beschreibung des menschlichen Gehirns erinnern. Das Alte Gehirn weiß nichts von der äußeren Welt. Es reagiert nur auf die Botschaften, die vom Neokortex übermittelt werden. Ohne direkte eigene Anbindung an die Außenwelt denkt das Alte Gehirn, dass alles Verhalten nach innen zielt. Gelingt es Ihnen nun, Ihrem Partner gegenüber liebevoller und großzügiger zu handeln, interpretiert das Alte Gehirn, dass diese Liebe eigentlich auf die eigene Person gerichtet sei.

Belohnungen und Widerstände

Zusammenfassend lässt sich sagen, dass Melanie und Stewart in dreierlei Hinsicht aus der Übung „Bitte um Verhaltensänderung" profitieren konnten:

1. Der Partner, der um Verhaltensänderungen bat, konnte Heilung für elementare Kindheitsbedürfnisse finden.
2. Der Partner, der sich selbst veränderte, gewann Anteile seines Verlorenen Selbst zurück.
3. Der Partner, der sich selbst veränderte, konnte auch Heilung für seine eigenen, unterdrückten Bedürfnisse finden, die identisch mit denen seines Partners waren.

Durch diese Veränderungen entwickelten beide Partner äußerst positive Empfindungen für einander. Beide, Melanie und Stewart, erlebten erfreut, dass ihre grundlegendsten Bedürfnisse erfüllt werden konnten. Ihre Liebe zu ihrem Partner intensivierte sich deutlich, weil sie erleben konnten, dass ihr Partner ihnen half, der Erfüllung *ihrer tiefsten Sehnsucht* näher zu kommen. Beide waren bereit sich zu „dehnen", ihre anfänglichen Widerstände zu überwinden und positivere, liebevollere Verhaltensweisen anzunehmen. Durch diesen Prozess, ihre persönlichen Bedürfnisse zu definieren, einen Zusammenhang zu ihrer Kindheit herzustellen und diese Bedürfnisse in konkrete, positiv formulierte Bitten umzuwandeln, gelang es ihnen, in ihrer Partnerschaft über sich selbst hinauszuwachsen.

Widerstand

Dieser wohltuende Veränderungsprozess geht selten oder nie ohne Widerstände ab. Eine der Freudschen Einsichten war, dass es keinen Wunsch gibt, ohne die gleichzeitige Angst, er könne Wirklichkeit werden. Behandelt Ihr Partner Sie plötzlich so, wie Sie es sich immer gewünscht haben, ist es möglich, dass gleichzeitig mit dem Gefühl der Freude auch Angst empfunden wird. Einerseits gefällt uns, was der Partner uns schenken möchte, doch es gibt immer noch einen Teil in uns, der denkt, wir hätten das doch nicht verdient. Eher werden wir von Gedanken bedrängt, das Annehmen dieses neuen, positiven Verhaltens würde ein mächtiges Tabu verletzen. Ich habe diesen Zusammenhang schon weiter oben angedeutet, doch hier, bei der Übung „Bitte um Verhaltensänderung" wird der Widerstand sich meist noch stärker melden.

Ein Beispiel kann die Dynamik dieses Widerstands beleuchten. Lassen Sie uns einmal annehmen, Sie wuchsen bei Eltern auf, die sehr schnell auf Ihre Fehler zeigten. In dem vergeblichen Versuch, Sie dadurch zu Erfolgen zu motivieren, unterstrichen sie diese Fehler geradezu und betonten jedes Versagen. Sie handelten in der Annahme, dass Sie motiviert wären, Ihre Fehler zu korrigieren, sobald Sie sie erkennen konnten.

Doch das einzige, was Ihre Eltern damit erreichten, war es, Ihr Selbstbewusstsein zu untergraben. Und selbst wenn Sie es in einem bestimmten Bereich schafften, sich von diesem negativen Einfluss zu befreien, und selbstsicherer wurden, bremste man Sie sofort wieder ein: „Gib nicht so an!“ Zwar verletzte Sie dieses Verhalten, aber als Kind standen Ihnen wenige Auswahlmöglichkeiten zur Verfügung. Sie mussten sich Ihren Eltern fügen. Jede andere Reaktion schien Ihr Überleben zu gefährden. Als Sie einen Partner suchten, wählten Sie unbewusst jemanden aus, der das destruktive Verhalten Ihrer Eltern fortsetzte. Wieder waren Sie zur Zielscheibe von Kritik geworden, und zwar sowohl aus dem Außen als auch seitens Ihrer eigenen, inneren Stimme.

Lassen Sie uns weiter annehmen, aus verschiedenen Gründen behandelt Ihr Partner Sie plötzlich liebevoller. Zuerst blühen Sie regelrecht auf, wenn sich die Dinge endlich zum Guten wenden. Doch nach und nach meldet sich eine innere Stimme: „Du kannst wohl nicht ernsthaft glauben, dass dich jemand wirklich respektiert! Das ist einfach nicht erlaubt. Dein Schicksal liegt in den Händen anderer Menschen und sie werden es nicht zulassen, dass du zu einem glücklichen Menschen wirst, dessen ganze Persönlichkeit ausbalanciert ist!“ Um diese Stimme zum Schweigen zu bringen, sabotieren Sie selbst die liebevollen Handlungen Ihres Partners. Vielleicht zetteln Sie einen Streit an oder ziehen einfach seine gute Absicht in Zweifel. So paradox es klingen mag, es ist durchaus möglich, Liebe und Zuwendung, nach der wir uns so sehr sehnen, unmöglich zu machen. Warum tun wir das? Auf einer unbewussten Ebene fühlt es sich zu gefährlich an, die Liebe Ihres Partners anzunehmen, denn das widerspricht der Meinung Ihrer Eltern, dass Sie in gewisser Hinsicht ihre Liebe nicht verdient hatten. Nun entsteht die unbewusste und aus Ihrer Zeit als Säugling stammende Angst verlassen zu werden und in Todesgefahr zu geraten. Nicht der Loyalität zu Ihren Eltern zu entsprechen scheint unbewusst die Angst vor diesem Risiko auszulösen. Ihr Altes Gehirn stuft es offenbar als sicherer ein, sich von der Liebe Ihres Partners abzuwenden, als die Ablehnung Ihrer Eltern zu riskieren.

Dass Menschen Liebe oft nicht annehmen können, ist weiter verbreitet, als man denken würde. Das beginnt dort, wo Menschen Wertschätzung und Komplimente nicht annehmen können, und kann soweit gehen, dass Menschen keine echte Nähe mit einem Partner erleben können. Eine gut geeignete Methode, diese Angst zu überwinden, besteht darin, den hier angesprochenen Prozess durchzuhalten. Ich bitte daher meine Klienten immer, mit der Übung „Bitte um Verhaltensänderung“ nicht eher aufzuhören, als bis sie mit diesen Ängsten gut umgehen können. Wenn sie sich ausreichend Zeit lassen, erkennen sie, dass diese Tabus, die ihre eigene Weiterentwicklung verhindern, Geister aus der Vergangenheit sind, die in ihrem heutigen Leben keinen Platz mehr haben.

Ich habe einmal mit einem Mann zusammengearbeitet, der wirklich über sich selbst hinauswachsen und erstaunliche Verhaltensänderungen erreichen konnte. Auf die Bitte seiner Frau, mehr Zeit für sie und die Kinder zu erübrigen, gelang es ihm, seine Prioritäten zu verändern. Er brachte am Wochenende keine Arbeit mehr nach Hause mit und konnte jeden Abend um sechs zum Abendessen bei ihnen sein. Doch als seine Frau ihn bat, seine Vaterrolle aktiver wahrzunehmen, entwickelte er plötzlich starken Widerstand. Eines Tages kam er zu mir in die Praxis und explodierte förmlich: „Harville, wenn ich noch eine Sache mehr ändere, werde ich aufhören zu existieren! Ich bin dann nicht mehr ich selbst. Es wird der Tod meiner Persönlichkeit sein."

Die Veränderungen, die seine Partnerin von ihm erbeten hatte, ließen ihn befürchten, dass sein Ich, mit dem er vertraut war, zu verschwinden drohte. Der ständig gehetzte, erfolgreiche Manager sollte plötzlich ein entspannter, fürsorglicher Vater werden. Auf einer unbewussten Ebene identifizierte er diese Veränderung mit seinem „Tod". Ich bestätigte ihm, dass es von Zeit zu Zeit sicherlich Ängste auslösen würde, wenn er sich veränderte, doch sterben würde er keineswegs. Er würde nicht verschwinden, da er selbst und seine Persönlichkeit viel mehr waren als sein Verhalten war, seine Werte und Glaubensgrundsätze. Eher war es so, dass er seine ursprüngliche Ganzheit wiederfinden könne, wenn es ihm gelänge, einige seiner persönlichen Begrenzungen zu überwinden - er könne wieder zu dem spirituellen und liebesfähigen Wesen werden, das er als Kind gewesen war. Er wäre dann in der Lage, die zärtlichen, fürsorglichen Seiten seiner Persönlichkeit zu entwickeln, die aufgrund seiner Karrierebestrebungen bisher vernachlässigt worden waren. Seine Familie würde davon profitieren und gleichzeitig könne er zu einem Menschen reifen, dessen Persönlichkeit ausgewogen und in Balance wäre.

Um ihm zu helfen, seine Todesangst zu überwinden, riet ich ihm, gerade jene Verhaltensweisen fortzusetzen, die Angst in ihm hervorriefen. „Zuerst werden Sie denken, dass Sie wirklich sterben müssen", sagte ich zu ihm. „Eine innere Stimme wird Sie warnen, ›Halt! Es ist genug! Ich werde sterben!‹ Doch wenn Sie sich weiter verändern, wird Ihr Altes Gehirn sich daran gewöhnen, und diese Stimme wird verstummen. ›Ich werde sterben ... ich werde sterben ... ich werde sterben ... ich werde *nicht* sterben!‹ Schließlich wird diese Todesangst kein hemmender Faktor mehr bei Ihrem Versuch sein, sich persönlich weiterzuentwickeln."

Agape

Wenn die Übung „Bitte um Verhaltensänderung" (die im Detail in Teil III dieses Buches erläutert wird) erst einmal zu einem integralen Bestandteil Ihrer Beziehung geworden ist, wird die heilende Kraft der Liebesbeziehung nicht mehr ausschließlich eine unbewusste Erwartung sein, sondern zur alltäglichen, bewusst nachvollziehbaren Erfahrung werden. Eine liebevolle Partnerschaft kann Ihr verborgenes Bedürfnis erfüllen, Heilung zu finden und Ihre ursprüngliche Ganzheit wiederzuerlangen. Aber das kann nicht so vonstattengehen, wie Sie es sich vielleicht wünschen - einfach, automatisch, ohne dass Sie selbst definieren müssen, was Sie eigentlich wollen, ohne darum bitten zu müssen und ohne selbst ebenfalls einen großen Einsatz dafür zu leisten. Sie müssen die Aktivität Ihres Alten Gehirns verändern, hin zu einem bewussten, gesteuerten Stil des Verhaltens und der Interaktion mit anderen. Sie müssen aufhören zu erwarten, dass die Außenwelt von sich aus Ihre Sehnsucht erfüllt, und die Verantwortung für Ihren eigenen Heilungsprozess selbst übernehmen. Der sicherste Weg dazu ist, sich auf die Heilung Ihres Partners zu konzentrieren. Erst wenn es Ihnen gelingt, Ihre Energien von sich selbst abzuziehen und sie auf Ihren Partner zu richten, kann der tiefe, psychologische und spirituelle Heilungsprozess beginnen.

Wenn es Ihnen gelingt, Bitten an Ihren Partner zu richten, anstatt ihm Vorwürfe zu machen, wenn Sie lernen, konstruktiv mit Kritik und Konflikten umzugehen, dann haben Sie eine neue Stufe auf Ihrem Weg zu einer bewussten Partnerschaft erreicht. Sie haben die Phase des Machtkampfes hinter sich gelassen und neue Erkenntnisse sowie echte Veränderungen erreicht. Ihre Beziehung wird auf gegenseitiger Liebe und Sorge für den Partner aufbauen, was sich am Besten mit dem griechischen Wort „Agape" umschreiben lässt. Agape bezeichnet eine über sich selbst hinauswachsende Liebe, die unsere stärkste Lebenskraft ist und die uns zu anderen Menschen hinführt. Wenn wir diese Liebe, die uns über uns selbst hinauswachsen lässt, immer wieder in unserem Leben verwirklichen, wird der Schmerz der Vergangenheit langsam abnehmen. Sie und Ihr Partner werden wieder spüren können, wie es sich anfühlt, Ihre ursprüngliche Ganzheit wiederzuerlangen.

11
Einen heiligen Raum für uns schaffen

Bevor du etwas sagst, stelle dir selbst drei Fragen:
Ist es nötig? Ist es wahr? Ist es gut, das zu sagen?
Shirdi Sai Baba

Immer wieder betone ich, welch entscheidende Rolle eine Atmosphäre der Sicherheit in einer dauerhaften Liebesbeziehung spielt. Zwei Menschen können keine leidenschaftlichen Freunde sein, wenn sie sich in der Gegenwart des jeweils anderen nicht sicher fühlen. Paare müssen sich körperlich, aber auch in emotionaler Hinsicht, sicher fühlen. Ohne eine Atmosphäre der Sicherheit können sie nicht erzählen, was sie auf dem Herzen haben, nicht die ganze Bandbreite ihrer Gefühle zum Ausdruck bringen oder zeigen, wer sie wirklich sind. Sie können ihre Rüstung nicht ablegen und wahre Verbundenheit aufbauen, selbst wenn sie sich mit ganzer Kraft darum bemühen. Wir Menschen sind nun einmal so. Gefahr aktiviert stets unsere Schutzmuster.

Für die Imago-Paartherapie entwickelte ich von Anfang an vier Übungen, die bereits in den vergangenen Kapiteln vorgestellt wurden, mit deren Hilfe Paare eine Atmosphäre der Sicherheit erreichen können. Ich möchte diese Übungen hier noch einmal nennen: Erstens jene Ausgänge schließen, die Intimität vermeiden, zweitens zu den liebevollen Verhaltensweisen der Phase der romantischen Liebe zurückkehren, drittens den Imago-Dialog anwenden, um das gegenseitige Verständnis und Einfühlungsvermögen zu vertiefen, und viertens unseren Ärger auflösen, indem wir Kritik in respektvolle Bitten umwandeln. Diese Übungen helfen Paaren, ihr Vertrauen und ihren guten Willen zu stärken und mehr Freude miteinander zu erleben.

Zusätzlich zu diesen elementaren Übungen haben Helen und ich viele Jahre lang versucht Möglichkeiten zu finden, wie Paare mit ihren intensiven Gefühlen von Ärger und Wut umgehen könnten, mit ihren Gefühlsausbrüchen, die typischerweise durch Kindheitsverletzungen und Enttäuschungen ausgelöst werden. Wenn Menschen ihren Partner mit diesem archaischen Ärger bombardieren, wird die Partnerschaft zum Kriegsgebiet. Wenn sie andererseits ihren Ärger *unterdrücken*, setzen sie ihre Partnerschaft aufs Spiel. Wenn Menschen diesen entscheidenden Anteil ihres Selbst verleugnen, dämpfen sie auch ihre Lebenskraft und ihre Liebesfähigkeit. Um ihre Partnerschaft zu einem sicheren Hafen zu machen, müssen Paare einen Weg finden, mit ihrem Ärger *umgehen* zu lernen - einen Weg, der sie einander näher bringt und das Gefühl der Verbundenheit stärkt.

Meine eigene Geschichte

Ich kenne die destruktive Kraft unterdrückter Gefühle aus eigener Erfahrung. Während der ersten 33 Jahre meines Lebens litt ich an subklinischen Depressionen und meine Gefühllosigkeit war auch der Hauptgrund für das Scheitern meiner ersten Ehe. Ich war deprimiert, weil ich den Zugang zu meinen Gefühlen des Schmerzes und der Wut über den Tod meiner Eltern verloren hatte. Wenn ich mich nun zurückerinnere, wundert es mich selbst, dass ich im Alter von sechs Jahren, als ich Vollwaise wurde, auf seelischer Ebene nicht zu leiden schien. Mein Vater war gestorben, als ich erst 18 Monate alt gewesen war, und an seinen Tod kann ich mich nicht mehr erinnern. Meine Mutter starb fünf Jahre später an einem Schlaganfall. Angeblich zeigte ich keine Reaktion darauf. Ich weinte nicht einmal. Ich erinnere mich noch daran, dass meine älteren Geschwister mich zur Seite nahmen und lobten, dass ich so ein „tapferer, kleiner Junge" sei. In meiner kindlichen Naivität leitete ich aus diesem Kompliment eine Verhaltensaufforderung ab: „Ich werde geliebt, wenn ich meinen Schmerz verleugne."

Diese Lektion habe ich sehr gut gelernt. Auch als Jugendlicher blickte ich auf meine Kindheit zurück und sah den frühen Tod meiner Eltern als segensreich für mich an, weil ich dadurch die Farm und die bäuerliche Umgebung verlassen hatte und bei meinen Schwestern in der Stadt leben konnte, wo ich eine viel bessere Schulausbildung erhielt. Diese Sichtweise erfüllte eine wichtige Funktion. Ich konnte erfolgreich den Schmerz des Verlassen-Seins unterdrücken, betrachtete mich selbst als glücklichen Menschen und nicht als armen Waisenjungen, und verschwendete kaum Zeit damit, mich selbst zu bemitleiden. Ich nahm immer größere Herausforderungen an und hatte meist auch Erfolg. Mein Leben verlief in guten Bahnen.

Jahrzehnte später ließen diese verdrängten Gefühle jedoch meine erste Ehe zu einem Fiasko werden. Ich hatte den Zugang zu meinem seelischen Schmerz ganz verloren und hatte dadurch auch einen Teil meiner Lebendigkeit eingebüßt. Unbewusst erwartete ich von meiner Frau, dass sie mir das schenkte, was ich vermisste. Ich war völlig ausgehungert nach emotionalem und körperlichem Kontakt, aber sie konnte mir einfach nie genug geben - zum Teil aufgrund von Defiziten aus ihrer eigenen Kindheit, zum Teil, weil sie mich als distanziert, kalt, fordernd und bedürftig erlebte. Es war ein richtiger Teufelskreis. Je mehr ich mir wünschte, desto mehr enthielt sie es mir vor.

Einer der aufschlussreichsten Momente in unserer Partnerschaft war der Tag, nachdem der Vater meiner Ex-Frau gestorben war. Wir waren allein in unserem Schlafzimmer und der Schmerz über ihren Vater überwältigte sie - sie weinte und weinte. Ich hatte meine Arme um sie gelegt, aber mein Körper war verkrampft und unnachgiebig. In meiner Umarmung lag keinerlei Wärme. In meinem Inneren tobte ein heftiger Konflikt. In meinem Kopf wusste ich, dass es ihr zustand, über den Tod ihres Vaters zu weinen, und ich wollte sie trösten. Ein anderer Teil von mir war jedoch kalt und ohne jede Einfühlsamkeit. Dieser Teil dachte: „Was für ein Theater! Ich habe beide Eltern verloren, als ich noch ein kleiner Junge war, und *ich* habe damals keine einzige Träne geweint. Warum muss sie nur so emotional reagieren?" Muster, die wir uns früh in unserem Leben aneignen, sind meist sehr stark.

Einige Jahre später, mit 33, suchte ich zum ersten Mal einen Therapeuten auf - und zwar nicht, weil ich dachte, ich hätte persönliche Probleme, sondern weil es im Rahmen meiner psychotherapeutischen Ausbildung vorgeschrieben war. In einer der ersten Sitzungen bat mich der Therapeut von meinen Eltern zu erzählen. Ich sagte, sie wären beide gestorben, als ich noch sehr jung war, doch eigentlich hätte dieses Unglück sehr viel Gutes für mein Leben bewirkt. Da meine Eltern gestorben waren, war ich zu meinen Schwestern übersiedelt und hatte dort eine weitaus bessere Ausbildung erhalten, als dies in South-Georgia möglich gewesen wäre, und so weiter.

„Erzählen Sie mir bitte vom Tod Ihrer Mutter", sagte der Therapeut zu mir und unterbrach meine autobiografischen Ausführungen.

Ich setzte an ihm zu erzählen, wie sie gestorben war, aber plötzlich war meine Kehle wie zugeschnürt.

„Erzählen Sie mir von ihrer Beerdigung", meinte er weiter.

Wieder versuchte ich zu sprechen. Aber wieder brachte ich kein Wort heraus. Zu meiner großen Verwunderung brach ich dann in Tränen aus. Ich begann zu schluchzen und konnte kaum mehr aufhören damit. Ich war ein erwachsener Mann, aber ich heulte wie ein sechsjähriger Junge. Nach einigen Minuten sagte mein Therapeut mit mitfühlendem Blick: „Harville, nun haben Sie den ersten Schritt gesetzt, um den Tod Ihrer Mutter zu betrauern."

An diesem denkwürdigen Tag begann ich, meinen Schmerz und meine Angst zu spüren - nicht nur die Schmerzen der Vergangenheit, sondern auch die Schmerzen der Gegenwart. Meine Ängste lösten sich nach und nach. Ich konnte mich in andere Menschen einfühlen. Wenn meine Bedürfnisse oder Wünsche nicht erfüllt wurden, konnte ich darauf mit angemessener Traurigkeit oder mit Ärger reagieren - anstatt mit blinder Wut oder mit Depressionen. Ich hatte wieder Zugang zur ganzen Bandbreite meiner Gefühle gefunden und begann, mich wieder in jeder Hinsicht lebendig zu fühlen. Ich war mit meinem eigenen Ich wieder in Kontakt gekommen, ich erkannte, wer ich war und wo ich gewesen war. Ich konnte wieder dem Rhythmus meines eigenen Herzens folgen.

Eine Übung, die ihr Ziel verfehlte

In der Erstausgabe dieses Buches, die im Jahre 1988 veröffentlicht wurde, fand sich eine Übung, die dazu gedacht war Paaren zu helfen, ihren verdrängten Schmerz und ihre Wut zum Ausdruck zu bringen. Diese Übung nannte ich „Full Container Exercise" (im Deutschen wurde sie „Wut-Container", „Container-Übung" oder „Wut-Auffang-Übung" bezeichnet.) Sie basierte auf dem psychodynamischen Modell, welches die

Persönlichkeit eines Menschen als Container ansieht, der mit aufgestauten Emotionen gefüllt ist. Nach diesem Ansatz hilft das Herauslassen von Emotionen, Menschen von ihrer Wut und ihrer Depression zu befreien, damit sie ein glücklicheres Leben führen können.

Ich konnte mich mit dieser Theorie identifizieren und leitete daraus eine neue Übung für Paare ab. Zuerst bat ich sie, sich einander gegenüber hinzusetzen. Wir vereinbarten, welcher Partner der Sender und welcher Partner der Empfänger sein sollte. Dann bat ich den Sender, eine chronische Frustration zu nennen, die die Partnerschaft der beiden belastete: „Du kommst immer zu spät." Oder „Du hörst mir nie zu." Oder „Du hilfst mir nie im Haushalt." Oder „Du willst immer nur Geld von mir." Oder „Du nimmst mich überhaupt nicht ernst." Als nächstes bat ich den Sender, darüber nachzudenken, ob eine Verbindung zwischen dieser Frustration und einer schmerzlichen Kindheitserfahrung bestehen könnte. Wenn die Verbindung hergestellt war, ermutigte ich den Sender, diese Frustration zum Ausdruck zu bringen und den Ärger dabei so zu steigern, dass er in einem Zornausbruch gipfelte. Um die Psyche des Empfängers zu schützen, bat ich ihn oder sie sich vorzustellen, dass er oder sie hinter einem Plexiglasschutz säße, an dem der Ärger abprallen konnte und der ihn vor dem Angriff bewahren würde. „Dieser Ärger gilt nicht Ihnen", so erklärte ich dem Empfänger. „Er wurzelt tief in der Kindheit Ihres Partners." Wenn der Ausbruch vorbei war, half ich dem Paar, mit der auslösenden Frustration umgehen zu lernen, indem sie die so genannte „Dehnungsübung" anwendeten.

Vor einigen Jahren betrachtete ich die Übung „Wut-Container" als eine der vorrangigen Methoden der Imago-Paartherapie. Mit der Zeit aber beobachtete ich, dass die Ergebnisse unterschiedlich waren. Der abschließende Teil dieser Übung, die Dehnungsübung, funktionierte immer. Der Anfangsteil allerdings, der Gefühlsausbruch, hatte nicht die beabsichtigte Wirkung, sondern oft den *gegenteiligen* Effekt. Manche Paare verwickelten sich noch tiefer in ihre Konflikte. Eines Tages fand ich Literatur von anderen Therapeuten, die meine Beobachtungen bestätigten. So kam ich ganz davon ab, die Übung „Wut-Container" in meinen Workshops und Therapiesitzungen anzuwenden, und entfernte sie auch aus dem Übungsteil dieser überarbeiteten Ausgabe von *So viel Liebe wie Du brauchst*. Wenn zwei Liebespartner einander gegenseitig ihre Wut an den Kopf werfen - selbst wenn es im klar definierten und strukturierten Rahmen einer Übung und unter sorgfältiger Beobachtung eines Therapeuten stattfindet -, so kann das mehr Schaden als Nutzen verursachen. Dies war ein klares Beispiel dafür, dass die Realität der Theorie nicht Recht gab.

Warum Wut immer neue Wut erzeugt

Was war falsch an dieser Übung? Erstens fühlten sich manche Empfänger noch immer durch den Wutausbruch bedroht, gleichgültig wie sehr sie sich bemühten, das

Gewitter an sich abprallen zu lassen. Das Alte Gehirn des Empfängers konnte oft nicht verstehen, dass die Wut des Partners Teil einer therapeutischen Übung war. Wenn der Empfänger sich aber unbewusst bedroht fühlte, dann fiel es ihm äußerst schwer, sich in den Sender einzufühlen. Vielleicht konnte er die Gefühle des Partners spiegeln und die richtigen Worte dabei finden („Es tut mir leid, dass es dir so schlecht geht"), aber seine primäre Instinktreaktion bestand dennoch darin, den Angriff oder die Ablehnung abzuwehren.

Diese Übung erzeugte auch ein weiteres Problem. Jener Partner, der seinem Ärger Luft machte, fühlte sich manchmal nach dieser Übung tagelang noch wütender als zuvor. Eine Übung, die dazu gedacht war, aufgestaute Wut *loszuwerden*, schien die Wirkung zu haben, neue Wut zu *erzeugen*.

Langsam verstand ich, warum Helen seit neuestem Bücher über Hirnforschung las. Dieser Bereich faszinierte sie, weil er zum Teil auch ein neues Licht auf die Dynamik von Paarbeziehungen warf. Helen erkannte, dass das Gehirn eines erwachsenen Menschen weitaus anpassungsfähiger war, als wir ursprünglich angenommen hatten. Das verunsicherte mich und so begann ich, mich selbst mit Fachliteratur in dieser Richtung zu beschäftigen. Ich erkannte, dass Wissenschafter schon seit Jahrzehnten beobachteten, dass das Gehirn eines jungen Menschen weitgehend durch seine Erfahrungen beeinflusst wird. Wenn Nervenverbindungen nicht stimuliert werden, trocknen sie aus. Wenn ein Kind jedoch neue Erfahrungen macht, so entstehen neue Nervenbahnen. Diese Plastizität führt dazu, dass Kinder ein sehr effizientes und anpassungsfähiges Gehirn haben, das bereit ist für alles, was im Leben auf sie zukommt.

Früher einmal glaubten Wissenschafter, dass das menschliche Gehirn unveränderbar sei und sich nicht durch neue Erfahrungen beeinflussen ließe. Die einzige Veränderung im Gehirn eines Erwachsenen, so glaubte man, sei das Absterben von Neuronen bei fortschreitendem Alter. Diese simple Sicht des Erwachsenengehirns wurde nun dank hochkomplizierter Geräte, die die physischen Veränderungen der Gehirnaktivität darstellen konnten, widerlegt. Diese Darstellungen zeigten ganz deutlich, dass alles, was Erwachsene tun, denken und fühlen, die physische Struktur ihres Gehirns verändert. Selbst wenn das Gehirn eines Erwachsenen nicht derart anpassungsfähig ist wie das eines Kindes, bleibt es ganz offensichtlich ein stark reagierendes Organ.

Einige Studien haben belegt, dass Erwachsene, die sich sehr mit einer besonderen Aufgabe beschäftigen, neue Nervenzellen für diese Aufgabe ausbilden. Das menschliche Gehirn verhält sich wie ein Militärkommandant, der neue Truppen rekrutiert, wenn sie gebraucht werden. In einer dieser Studien wiesen Wissenschafter der Harvard Universität Testpersonen an, eine einfache Klavierübung im Zeitraum einer Woche zwei Stunden täglich zu üben. Nach jeder Übungseinheit fotografierten die Neuro-Wissenschafter das Gehirn der Freiwilligen, sodass sie die Größe jenes Bereiches messen konnten, der für die Beweglichkeit der Finger zuständig war. Ab dem fünften

Tag konnten sie ein signifikantes Ansteigen der Größe und Aktivität dieses Bereiches feststellen. Es stimmt offensichtlich, dass „Übung den Meister macht", denn das Wiederholen einer Aktivität signalisiert den Neuronen, dass sie aktiv werden sollen.

Erstaunlicherweise entdeckten die Wissenschafter auch, dass dieselbe Gehirnerweiterung stattfand, wenn Menschen sich auch nur *vorstellten*, eine bestimmte Aktivität zu tun. Als Erweiterung des Klavierexperimentes bat das Team der Harvard Universität eine andere Gruppe von Testpersonen sich vorzustellen, dass Sie ein einfaches Musikstück spielten. Sie hatten aber kein Klavier zur Verfügung. Sie wurden gebeten, ihre Hände und auch ihre Finger ruhig zu halten. Auch das Gehirn dieser Testpersonen wurde am Ende der Woche gescannt und die Wissenschafter stellten zu ihrem Erstaunen fest, dass die virtuellen Klavierspieler in gleicher Weise ihre Nervenbahnen erweitert hatten wie jene Menschen, die tatsächlich Klavier gespielt hatten. Sie hatten entdeckt, dass mentales Training und unsere Vorstellungskraft buchstäblich neue Bahnen im Gehirn schaffen können.

Für die Arbeit mit meinen Paaren interessierte mich besonders, dass das Verändern der Gedanken tatsächlich das menschliche Gehirn verändern kann. In der Verhaltenstherapie werden Menschen trainiert, ihr rationales Gehirn einzusetzen, um Gedanken und Glaubenssätze zu hinterfragen, die Depressionen auslösen können. Eine Testperson könnte beispielsweise folgenden, irrationalen Gedanken denken: „Ich habe zahlreiche Freunde und Familienmitglieder angerufen und nur ein einziger hat mich zurückgerufen. Niemand liebt mich mehr." Entgegen jeder Logik gibt es auch noch eine Steigerung: „Wenn mich niemand mehr liebt, bin ich ganz verlassen und werde sterben". Der emotionale Teil des Gehirns reagiert auf diese deprimierenden Gedanken, als wären sie real, und die Testperson fühlt sich abgelehnt, einsam und niedergeschlagen.

Wenn Menschen die Absurdität dieser Art des pessimistischen Denkens erkennen, können sie beginnen rationaler zu denken: „Es hat niemand zurückgerufen. Das bedeutet jedoch nicht, dass mich niemand mag. Vielleicht sind alle Angerufenen gerade mit etwas beschäftigt oder weggefahren." Wenn wir es verhindern Weltuntergangsstimmung aufkommen zu lassen, dann können wir auch deprimierende Gefühle vermeiden.

Die heutige Forschung zeigt, dass Verhaltenstherapie bei Depressionen ebenso gut wirkt wie Antidepressiva. Gehirn-Scans können erklären, warum das so ist. Wenn Menschen ihre rationalen Gedanken verwenden, um Depressionen zu bekämpfen, dann beruhigt sich jener Teil des Gehirns, der mit Zweifeln und zwanghaftem Denken verknüpft ist. Auf einem Computerbild erscheint dieser Bereich dunkel und zeigt an, dass hier weniger Sauerstoff aufgenommen wird. Dieser ruhige Zustand erweitert sich während einer Mentalübung. Das Gehirn von Menschen, die verhaltenstherapeutisch üben, löst weitaus weniger deprimierende oder wütende Gedanken aus. Wieder einmal konnte bewiesen werden, dass das Denken allein die Physiologie des menschlichen Gehirns verändern kann. Unser Geist ist stärker als unsere grauen Zellen.

Die Wiege

Die Gesamtheit dieser neuen Erkenntnisse über die Veränderbarkeit des erwachsenen, menschlichen Gehirns und meiner eigenen Beobachtungen von Paaren sowie die Beobachtungen anderer Imago-Therapeuten haben zu einer Veränderung der Imago-Therapie geführt. Meine Kollegen und ich selbst sind ganz davon abgegangen, Paare zu ermutigen, einander mit ihrem archaischen Zorn zu konfrontieren. Die neuesten Forschungen zeigen ja, dass die Beschäftigung mit Wut das Potenzial besitzt, die Wut noch zu steigern, anstatt sie aufzulösen. Früher dachte ich, dass das Herauslassen von Wut ähnlich sei wie das Wegpusten des Schaums von einem Glas Bier - ein paar Mal pusten und schon ist die Sache erledigt. Leider ist es jedoch so, als würde man in ein Feuer pusten - je mehr man bläst, desto heller lodert es auf. Auf der physiologischen Ebene bedeutet das regelmäßige Ausdrücken seiner Wut, dass jener Teil des Gehirns sich ausweitet, der die negativen Gefühle beherbergt. Wie man in den Wald hineinruft, so schallt es zurück. Wenn wir der Wut so viel Raum in unserem Gehirn zugestehen, werden zornige Reaktionen zu einem konditionierten Verhalten.

Eine weitere Tatsache des menschlichen Gehirns ist, dass das Unterbewusstsein jede Wut als gefährlich für das eigene Selbst einstuft. Unser Unterbewusstsein kann nicht erkennen, ob die Wut gegen die eigene Person oder gegen jemand anderen gerichtet ist. Die neuesten neurowissenschaftlichen Studien beschreiben das Phänomen der so genannten Spiegelneuronen. Das bedeutet, wenn wir einander gegenübersitzen und Neuronen im Gehirn eines Menschen aktiv sind, dann sind identische Neuronen in unserem eigenen Gehirn aktiv. Wenn ein anderer Mensch ärgerlich ist, werden wir selbst ärgerlich. Mit anderen Worten, was wir erleben, das fühlen wir auch selbst.

Wir ermutigen Paare nun, einander ihre Gefühle mitzuteilen, die sie in ihrer Kindheit erfahren haben, wie Schmerz, Angst und Traurigkeit, jedoch die Wut wegzulassen. Diese Emotionen verstecken sich meist hinter der Wut und wir haben herausgefunden, dass das Ausdrücken dieser Emotionen einem aufnahmebereiten Partner gegenüber die Feindseligkeit auflöst, ohne sie zu verstärken. Wenn Partner einander ihre Kindheitsverletzungen anvertrauen, dann vertiefen sie ihr Verständnis für die Vergangenheit ihres Partners. Sie erfahren auch eine neue Einfühlsamkeit für das Leid ihres Partners. In der Folge beginnen sie den anderen als „verletzten" Menschen wahrzunehmen und nicht mehr als „schlechten" Menschen. Durch diese spezielle Linse können sie sehen, dass die meisten ihrer Paarkonflikte dem Schmerz der Kindheit entstammen und keinerlei böse Absicht dahinter steckt.

Eine der Übungen, die wir verwenden, um dem Partner unsere Kindheitserfahrungen anzuvertrauen, heißt „Die Wiege". Anders als beim „Wut-Container" ermöglicht diese Übung verdrängte Gefühle wahrzunehmen, ohne negative Gefühle zu erzeugen. Die Idee für diese spezielle Übung hatte ich bei einem Spaziergang. Plötzlich ertappte ich mich dabei, in die Auslage eines Buchgeschäftes zu blicken - das ist einfach eine Gewohnheit von mir - und in dieser Auslage sah ich ein Buch zum Thema Erziehung, dessen Titel das Wort „wiegen“ enthielt. Auf dem Buchcover sah man eine Frau, die ein Kind auf dem Schoß hielt und zärtlich wiegte, und das Kind barg sein Gesicht an ihrem Herzen. Viele Mütter halten ihre Babys ganz instinktiv in dieser Stellung. Es scheint sehr tröstlich für Kinder zu sein so gehalten zu werden, vielleicht weil der Herzschlag ihrer Mutter und die Umarmung und Nähe sie an ihre Zeit im Bauch der Mutter erinnert. Ich ließ dieses Bild auf mich wirken und stellte mir plötzlich vor, wie es wäre, wenn Partner einander auf diese Weise hielten und einander ihre frühen Kindheitserfahrungen anvertrauten. Ich hatte das instinktive Gefühl, dass diese ursprüngliche Halteposition eine Flut von Emotionen auslösen könnte.

Als ich nach Hause kam und Helen meinen Einfall erzählte, erinnerte sie mich daran, dass sie früher mit einer Therapiemethode gearbeitet hatte, bei welcher der Therapeut (anstelle der Eltern) den Klienten umarmt und tröstet. Aufbauend auf dieser Erfahrung entwickelten wir eine ähnliche Halte-Übung. Wir nannten sie „Die Wiege“. Statt des Therapeuten leiten wir natürlich die Partner an, einander abwechselnd zu halten, damit die Erfahrung des „Bondings“ (tiefer Verbundenheit) zwischen den Partnern stattfinden konnte und nicht zwischen Klienten und Therapeuten. Wir baten einen Partner, eine bequeme Sitzposition einzunehmen, seinen Partner auf den Schoß zu nehmen und seinen Kopf an die Stelle des Herzens zu legen. In dieser Haltung erzählen die Partner einander schmerzliche Kindheitserfahrungen, während sie zärtlich gehalten werden und voller Wärme einander alle ihre Worte spiegeln.

Wir beschlossen, mit dieser Übung beim nächsten Paar-Workshop zu experimentieren. Ein älteres Ehepaar, John und Vivian, meldete sich freiwillig, um Versuchskaninchen zu sein. Ich leitete John an sich hinzusetzen, gegen eine Wand zu lehnen und seine Frau Vivian in seinen Armen zu halten wie ein kleines Kind, den Kopf an sein Herz gelegt. Als nächstes bat ich John seine Frau einzuladen, Erinnerungen aus ihrer Kindheit zu erzählen. Um ihre Erinnerungen zum Fließen zu bringen, schlug ich vor, dass er ermutigende Töne von sich gab und zurückspiegelte, was sie sagte. Wenn sie einen Gedanken oder ein Gefühl zum Ausdruck gebracht hatte, sollte er sagen: „Erzähl mir mehr darüber.“

Nach wenigen Momenten überwanden John und Vivian ihr anfängliches Unbehagen und begannen meine Anleitungen umzusetzen. Vivian sprach sehr leise, sodass das Meiste, was sie sagen wollte, nur John hören konnte. John beugte sich über sie und hörte aufmerksam zu. Sie murmelten einige Minuten lang, dann begann Vivian plötzlich zu weinen. John hielt sie noch fester und begann sie sanft zu wiegen. Auch seine Augen hatten sich mit Tränen gefüllt.

Diese Erfahrung war sehr stark für unser Paar. Johns Mitgefühl für Vivians Schmerz war für jeden im Raum offensichtlich nachvollziehbar. Etwas später bat ich die beiden die Rollen zu tauschen, sodass Vivian nun ihren Mann in den Armen hielt und John erfahren konnte, wie es war, sich sicher, geborgen und zärtlich angenommen zu fühlen, als er aus seiner eigenen Kindheit erzählte. Als die beiden ihre Erfahrungen der Gruppe mitteilten, sagten sie, dass sie viel Neues über die innere Welt ihres Partners erfahren hatten und sich sehr tief in den anderen eingefühlt hatten. So wie viele Paare entdeckten sie, dass viele ihrer Kindheitsverletzungen einander ähnelten, sie aber gelernt hatten, auf unterschiedliche Weise damit umzugehen. Der unbewusste Plan, der sie zueinander geführt hatte, enthüllte sich langsam und ihre Kindheitswunden konnten in diesem Prozess zu heilen beginnen.

In der Übung „Die Wiege" können Paare jene Antwort finden, nach der sie sich ihr Leben lang gesehnt haben. Ihr Altes Gehirn nimmt den Partner als Ersatzmutter oder Ersatzvater wahr. Der Unterschied besteht nun darin, dass der neue Elternteil ein einfühlsamer Elternteil ist: Er schenkt Annahme, Geborgenheit, Ruhe, Aufmerksamkeit und bewertet nicht. Schmerz aus der Vergangenheit kann nun in der Gegenwart geheilt werden, wenn wir erfahren, wie aufmerksam und einfühlsam unser Liebespartner ist.

Keine Kritik mehr am Partner

Als wir die Übung „Wut-Container" aus der Imago-Paartherapie ausschlossen und stattdessen die neue Übung „Die Wiege" aufnahmen, machten die meisten Paare viel raschere Fortschritte. Ihre Konflikte wurden nebensächlich und ihre gegenseitige Wertschätzung stieg beeindruckend. Aber es gab hier noch mehr zu tun.

Wir erkannten, dass Paare eine wesentlich glücklichere Beziehung entwickeln konnten, wenn sie alle offensichtlichen Formen der Negativität, wie Ärger, Vorwürfe und Kritik, verbannten und ebenso subtilere Formen, wie die so genannte „konstruktive Kritik", Unaufmerksamkeit, Verachtung, Bestrafung durch Schweigen oder ein gelangweilter oder abfälliger Unterton in der Stimme. Im Idealfall würde das Verzichten auf all diese Formen der Negativität sogar unsere negativen Gedanken verdrängen. Da wir alle eine innere Radaranlage besitzen, durch die wir auch nonverbale Signale unseres Partners erkennen, können wir die feinen Veränderungen in seiner Haltung und seinem Gesichtsausdruck wahrnehmen, die seine negativen Gedanken begleiten. Eine vollständige Veränderung kann erst dann erreicht werden, wenn auch dieser fast unmerkliche Aspekt der Negativität überwunden werden kann.

Denken Sie bitte daran, dass es nicht das Ziel ist, die *Gefühle* hinter unseren negativen Gedanken und Verhaltensweisen zu verdrängen - das würde unsere aufgestauten Emotionen nur verstärken - sondern sie ans Licht zu holen und als das zu erkennen, was sie wirklich sind: Ein Warnsignal, dass es einen Aspekt in der Partnerschaft gibt, der Arbeit erfordert. Und wie Sie bereits in den vorherigen Kapiteln erfahren haben, besteht der beste Zugang ein Beziehungsproblem zu lösen darin, Ihren eigenen Beitrag dazu anzusehen: „Hier stehe ich und habe kritische Gedanken über meinen Partner. Was sagt das in erster Linie über mich selbst aus? Was mache ich oder unterlasse ich, was meine negative Einstellung verstärkt?"

Diese Aufgabe erscheint als große Herausforderung, ist aber äußerst lohnend. Wenn die Negativität verschwindet, wird eine Menge guten Willens diese Lücke wieder füllen. Ohne bewusste Anstrengung werden Sie bemerken, wie Sie plötzlich die guten Eigenschaften Ihres Partners erkennen, die Sie in der ersten Zeit Ihrer Verliebtheit deutlich erfahren haben. Nun aber haben Sie jene Erkenntnisse und Werkzeuge, um diese Sichtweise auf Dauer aufrechterhalten zu können. Gleichzeitig wird der Partner auch *Sie* in einem viel positiveren Licht sehen und Sie werden beide in dieser Wärme aufblühen. Schließlich wird ein heiliger Raum Sie beide umgeben, den Sie beide schützen und intensivieren wollen. Wenn Konflikte gelöst werden, ist eine weit tiefere Verbundenheit möglich und die Leidenschaft kann wieder lebendig werden.

Was alles fällt unter Kritik?

Ich möchte hier kurz einhalten und genauer beschreiben, was ich unter Kritik verstehe. Kritik ist jeder Gedanke, jedes Wort, jedes Verhalten, mit dem wir unserem Partner mitteilen: „Du bist nicht okay, solange du denkst, was du denkst, oder tust, was du tust." Genau genommen verurteilt man damit die Andersartigkeit des Partners. Manchmal fühlen wir uns bemüßigt unseren Partner abzulehnen, sobald er etwas tut oder sagt, was uns nicht ins Konzept passt. Aber in den meisten Fällen macht er nichts anderes, als authentisch er selbst zu sein. Von unserem Standpunkt aus jedoch gefährdet er das Bild, das wir uns von ihm zurechtgelegt haben, oder er wird einer Erwartung nicht gerecht, die wir stillschweigend an ihn gestellt haben.

Oft zeigt sich Kritik in einer Partnerschaft dadurch, dass wir die Realität nicht wahrhaben wollen: „Ich kann gar nicht glauben, dass du zu so etwas imstande bist!" Oder „Wie konntest du nur so etwas tun?" Oder „Das ist ja was völlig Neues!" Oder „So etwas hast du überhaupt noch nie gesagt!" Oder „Das kannst du doch nicht ernst meinen!" Oder „So kenne ich dich gar nicht!" Langsam erkennen wir, dass unser Partner ein eigenständiges Individuum ist mit seinen eigenen Sehnsüchten und Bedürfnissen, und wir fühlen uns bedroht. Das Leugnen ist ein verzweifelter Versuch, an unseren Illusionen festzuhalten: „Sag bitte, dass es nicht so ist!"

Wenn unser Partner sich dann noch weiter von unserem auf ihn projizierten Bild entfernt, fahren wir mit noch schwereren Geschützen auf, eines nach dem anderen: in unserem Arsenal finden sich Vorwürfe, Kritik, Einmischung, Ablehnung, und, als letztes, die Verurteilung. Zuerst appellieren wir an sein Schamgefühl: „Was glaubst du eigentlich, wie es mir dabei geht?" Oder „Du solltest dich was schämen, meine Freunde so zu behandeln!" Damit wollen wir genau genommen erreichen, dass unser Partner sich dafür schämt, dass er so ist, wie er ist.

Dann kommen direkte Schuldzuweisungen: „Du warst wie immer zu spät und das brachte mich wieder einmal zur Weißglut. Da darfst du dich nicht wundern, dass ich nicht mehr mit dir geredet habe." Oder „Wenn du nicht immer gleich explodieren würdest, hätten wir die ganze Sache schon längst vergessen." Mit derartigen Schuldzuweisungen bürden wir die gesamte Last unserer Frustrationen unserem Partner auf.

Als nächstes kritisieren wir dann nicht nur das Verhalten, sondern generell die Charakterzüge unseres Partners: „Du hast so wenig Einfühlungsvermögen!" Oder „Du bist nicht vertrauenswürdig!" Oder „Immer denkst du nur an dich!" Damit versuchen wir nicht nur, unseren Partner als die Wurzel allen Übels und aller unser Frustrationen zu sehen, sondern ihn überhaupt als einen *schlechten* Menschen hinzustellen.

Ein noch subtilerer und umso teuflischerer Plan ist dann, sich in die Psyche unseres Partners „einzuschleichen" und so zu tun, als hätten wir einen übernatürlichen, psychologischen Röntgenblick: „Das denkst du doch nicht *wirklich*." Oder „Ich kann dir sagen, warum du so schlecht gelaunt bist - du machst dir viel zu viele Gedanken wegen deines Jobs." Oder „Wenn du nur einmal auf mich hören würdest, könnte ich dir genau sagen, was du tun musst."

Das letzte Geschütz ist verbaler Absolutismus: „Du hörst ja *nie* auf mich!" Oder *„Immer* darf ich die Drecksarbeit machen." Oder „Du wirst dich *niemals* ändern!" Oder *„Jedes Mal*, wenn ich einen kleinen Vorschlag mache, gehst du gleich hoch."

Kein Wunder, dass unser Partner depressiv wird, erst spät von der Arbeit heimkommt, zuviel trinkt, keine Lust zum Sex hat oder die halbe Nacht alleine aufbleibt. An unserer Seite ist kein sicherer Ort für ihn. Er/Sie wurde von uns zerfetzt, zerstückelt und weggeworfen. Dies kommt einer emotionalen Auslöschung gleich, es ist nichts anderes als ein Ausdruck von Verachtung. In einem derart vergifteten Umfeld kann niemand gesund werden oder gar wachsen. Um die Liebe, die wir brauchen, zu bekommen, müssen wir alle Formen von Negativität verbannen.

Es gibt noch einen weiteren, wichtigen Grund aller Negativität abzuschwören: alle negative Energie, die wir auf den Partner richten, kommt wie ein Bumerang zu uns zurück und schadet uns gleichfalls. Dies beruht auf der Tatsache, dass die entwicklungsgeschichtlich ältesten Teile unseres Gehirns kaum unterscheiden können, ob Aggression von uns auf andere gerichtet ist oder umgekehrt. Das wird von mehreren Studien bestätigt, welche folgendes Phänomen aufgezeigt haben: wenn ein Mensch einen anderen anschreit, steigt in jenem das Stresshormon Cortisol merkbar an. Dies war natürlich zu erwarten. Faszinierenderweise ist aber ein derartiger Cortisolanstieg auch im Körper des Schreienden nachweisbar! Man kann daher sagen, dass Negativität, die auf andere abzielt, auch eine Form von Selbstzerstörung darstellt.

Auf Entzug sein

Die Eliminierung aller Negativität aus unserer Beziehung war die letzte Hürde für Helen und mich. Erst als dies geschehen war, hatten wir endlich die Form von Partnerschaft erreicht, von der wir ein Leben lang geträumt hatten: eine Partnerschaft, die sicher, vertraut und leidenschaftlich war. Für uns ging dies in zwei Phasen vor sich: die erste war, die Oberhand über unsere kleinen Machtkämpfe zu gewinnen. Man sollte annehmen, dass es zwischen zwei Therapeuten gar keine Machtkämpfe gäbe, aber dem war keineswegs so. So wie viele LeserInnen dieses Buches hatten sowohl Helen als auch ich eine eher schwierige Kindheit. Dazu kommt, dass wir beide ziemlich starke und hoch motivierte Persönlichkeiten sind, und beide „gesegnet" mit einer ordentlichen Portion von Perfektionismus. Und, als ob das nicht genug wäre, haben wir sehr ausgeprägte Meinungen über so ziemlich alles, und natürlich glauben wir beide grundsätzlich, dass wir „Recht" haben. Es dauerte erschreckend lange, bis uns klar wurde, dass wir entweder ein Leben lang „Recht" haben, oder eine Beziehung führen können, aber nicht beides. An unseren stärksten Tagen lieferten wir uns Schreiduelle, die denen unserer Klienten um nichts nachstanden.

Im Laufe vieler Jahre bewältigten wir den Großteil unserer Probleme mithilfe der Übungen in diesem Buch. Wir übten uns im Imago-Dialog und wendeten ihn recht erfolgreich in unserer Beziehung, aber auch im Umgang mit unseren Kindern an. Noch immer staunten wir über seine Kraft, Konflikte zu lösen und gegenseitiges Verständnis zu erlangen. Wir wurden immer aufmerksamere Partner und drückten unsere Liebe und Dankbarkeit vermehrt durch nette Worte, Notizen, kleine Geschenke und liebevolle Gesten aus. Im Lauf der Zeit lernten wir auch, als Geschäftspartner harmonisch zusammenzuarbeiten. Die meiste Zeit empfanden wir tiefe Liebe und Sympathie füreinander. Aber es fehlte noch etwas. Noch immer lag eine gewisse Spannung in irgendeiner Form vor.

Schuld daran war, wie uns schlussendlich klar wurde, dass wir noch immer zuließen, dass Negativität unser harmonisches Band einreißen konnte. Dazu brauchte es nicht viel. Eine kritische Bemerkung, Ungeduld, der falsche Tonfall - und schon kam es zu lauten Streitereien. Und jedes Mal, wenn wir in diese Negativität verfielen, spürten wir beide einen stechenden Schmerz. Negativität hat uns noch nie zum Ziel gebracht. Sie machte alles immer nur schlechter. Wenn wir uns dann etwas erholt hatten, erkannten wir, dass es nun Stunden oder gar Tage dauern würde, bis wir uns wieder zueinander hingezogen fühlen würden. Und es wurde uns klar, dass jede Negativität zwischen uns unklug, verletzend und kontraproduktiv war. Wir waren uns einig, dass der einzige Ausweg nur die endgültige Verbannung von Negativität in all ihren Formen sein kann. Wir verordneten uns einen Radikalentzug.

Um unsere Entscheidung zu bekräftigen, stellten wir folgende Regel auf: wer auch immer eine negative Bemerkung oder ein verletzendes Verhalten an den Tag legte, musste dies durch drei positive Äußerungen über den Partner gutmachen: „Ich schätze es, dass du gestern Abend so eine aufmerksame Zuhörerin warst - und das, obwohl du schon sehr müde warst." Oder „Du hast mir so ein wertvolles Feedback gegeben, als ich dir meinen Brief an den Vorstand vorlas." Oder „Ich fand es so schön, dass du dir Zeit für einen Spaziergang mit mir genommen hast, obwohl du mit Arbeit eingedeckt warst." Jede positive Bemerkung musste einzigartig und realitätsbezogen sein und wir durften uns dabei nie wiederholen. Ein toller Nebeneffekt war, dass wir dadurch viele großartige Seiten am jeweils anderen bemerkten, die uns im Zorn nie aufgefallen waren.

Diese gegenseitigen Wertschätzungen steigerten das Gefühl der Liebe zwischen uns. Jedes Mal wenn Helen etwas sagte, das sie aufrichtig an mir bewunderte, war ich zutiefst bewegt - und das jedes Mal aufs Neue. Und bei ihr war es nicht anders. Unsere gegenseitige Wertschätzung steigerte sich mit der Zeit zu einem Zustand der „chronischen gegenseitigen Bewunderung".

Endlich schenkten wir einander die Wertschätzung, die wir uns beide gewünscht hatten, und zwar auf Dauer. Mehr noch, es fiel uns immer leichter und leichter. Unsere Beziehung war endlich zu einem „heiligen" Raum geworden, und keiner von uns wollte Ihn wieder zerstören. In alte Verhaltensmuster zurückzuverfallen schien uns beiden undenkbar.

Helen und ich fühlten uns so glücklich über diese Errungenschaft, dass wir beschlossen, zwei Erneuerungszeremonien für unser Eheversprechen abzuhalten. Die erste fand während unseres jährlichen Imago-Kongresses statt. Wir verfassten ein neues, aktualisiertes Eheversprechen, das alles integrierte, das wir in all unseren gemeinsamen Jahren erkannt und erfahren hatten, und rezitierten es feierlich vor allen unseren Kollegen. Zu unserer Freude hoben uns unsere Freunde anschließend auf ihre Schultern und trugen uns singend und tanzend im Kongresssaal herum. Zwei Monate später, am Neujahrsabend, begingen wir eine weitere Zeremonie in der majestätischen Riverside Church in New York, zu deren Gemeinde wir gehörten. Unser Pastor nahm uns im Beisein von über 250 Verwandten und Freunden ein Eheversprechen ab. Im Anschluss daran übersiedelten wir alle in einen Festsaal am Hudson River, wo wir bis lange nach Mitternacht aßen, tranken, tanzten und feierten. Als die Stadt New York ihr mitternächtliches Feuerwerk zündete, fühlten wir uns, als ob es zu unseren Ehren abging. Und wir betrachteten die Tausenden anderen Zuseher am Times Square als weitere Zeugen unseres erneuerten Eheversprechens.

Sam und Amelia

Es dauerte nicht lange, bis Helen und ich alle unsere neuen Erkenntnisse die Negativität betreffend in unsere Therapiesitzungen und Workshops einfließen ließen. Und wir waren freudig überrascht, wie rasch manche Paare ihre Negativität aus ihren Beziehungen verbannten, sogar solche, die schwerwiegende Probleme gehabt hatten. Von einer besonders beeindruckenden Wandlung auf einem kürzlich von Helen und mir gehaltenen, einwöchigen Imago-Seminar möchte ich hier näher berichten, denn die „Geschichte" von Sam und Amelia illustriert auf wunderbare Weise die Heilkraft, die zu wirken beginnt, wenn ein Paar die Negativität in seiner Liebesbeziehung fassen und sie dann völlig zum Verschwinden bringen kann.

Sam und Amelia fielen uns gleich am ersten Tag auf. Während der Gruppentherapie-Einheiten saßen die meisten anderen Paare in einem Halbkreis nebeneinander und viele unterhielten sich während der Pausen entspannt miteinander. Manche der Paare waren auch gar nicht gekommen, um ihre Beziehungen zu retten, sondern eher um sie zu verbessern und warfen einander immer wieder liebevolle Blicke zu. Nicht so Sam und Amelia. Sie redeten überhaupt nur miteinander, wenn es eine Übung erforderte. Ihre Sessel waren stets einen halben Meter voneinander entfernt, um jeden zufälligen physischen Kontakt zu vermeiden. Jedes Mal, wenn ich sie beobachtete, sah ich einen tieftraurigen Ausdruck in Amelias Gesicht und Körperhaltung. Sam starrte ebenfalls mit blassem Gesicht vor sich hin. Zum Essen kamen sie entweder zu verschiedenen Zeiten oder sie setzten sich an verschiedene Tische. Es war offensichtlich, wie nahe sie der Scheidung waren.

Am dritten Tage jedoch, nachdem Helen mit beiden jeweils einzeln gearbeitet hatte, gelang Amelia plötzlich ein grundlegender Durchbruch. Sam und sie arbeiteten gerade an einer Übung, die ihnen helfen sollte, ihre „Ausgänge" zu identifizieren - jene Taktiken, die sie anwendeten, um einander aus dem Weg zu gehen bzw. sich emotional voneinander zu entfernen. Amelia stand plötzlich auf, legte ihren Schreibblock kurz weg und ging zu Helen hinüber. „Gilt ständiges Kritisieren als Ausgang?", fragte sie im Flüsterton. „Kann ich aus einer Beziehung fliehen, indem ich meinen Partner fortwährend kritisiere?" Helen antwortete ihr, dass ständiges Kritisieren sogar eine der bewährtesten Ausgangs-Strategien ist, und dass tiefe innere Verbundenheit unmöglich wird, solange einer oder beide Partner unter ständigem Angriff stehen. Amelia nickte stumm und setzte sich wieder.

Als die Übung vorbei war, machten wir eine kurze Mittagspause. Wir appellierten an alle Paare, eine halbe Stunde dieser Pause dafür zu verwenden, miteinander über jene Ausgänge zu reden, die sie sich gerade bewusst gemacht hatten. Und um das Gespräch möglichst positiv ausfallen zu lassen, schlugen wir dafür die Verwendung des Imago-Dialogs vor.

Als sich die Gruppe am Nachmittag wieder traf, fragte Helen, ob jemand über seine Erkenntnisse aus dieser Übung sprechen wollte. Amelias Hand schoss in die Höhe. „Ich bin am Boden zerstört", flüsterte sie mit zitternder Stimme. Es wurde totenstill im Raum. „Ich stehe vor dem Nichts. Mir ist eben klar geworden, dass ich Sam *immerfort* kritisiere. Ich war zwar schon mehrmals in Therapie und wir waren gemeinsam bei zwei Paartherapeuten, aber nie ist mir das bisher bewusst geworden. Ich fühle mich schrecklich und ich weiß gar nicht, was ich jetzt tun soll. Wenn ich aufhöre, ihn ständig zu kritisieren, bleibt nichts mehr übrig. Ich wüsste gar nicht, was ich ihm dann noch zu sagen hätte. Ich fühle mich, als ob ich gerade in einen Abgrund stürze und weiß gar nicht, wie tief er ist und ob ich jemals wieder landen werde." Wir waren alle wie vom Blitz getroffen. Nur selten machen Teilnehmer derart ehrliche Eingeständnisse vor der ganzen Gruppe.

Helen und ich fragten Sam und Amelia dann, ob sie bereit wären, noch mehr von sich vor der ganzen Gruppe zu erzählen. Beide nickten. Wir stellten also zwei Stühle in die Mitte, die einander zugewandt waren. Als sich Sam und Amelia setzten, holte Amelia tief Luft. Sam nahm ihre beiden Hände und sie blickten einander tief in die Augen. Alle Ausgänge waren plötzlich geschlossen.

Ich kniete mich nieder, um mit ihnen auf Augenhöhe zu sein. „Würdet Ihr uns schildern, wie sich Eure Beziehung im Moment anfühlt?"

Amelia antwortete als Erste: „Mein Kritisieren ist keineswegs subtil. Es ist ganz offensichtlich. Ich steuere direkt auf ihn zu. Sobald Sam irgendetwas tut, wodurch ich mich in meiner Rolle bedroht fühle, lasse ich es ihn wissen. Macht er etwas, das mir gegen den Strich läuft, wie zum Beispiel auf einer Party mit einer anderen Frau zu flirten, kriegt er am Heimweg die volle Ladung ab. Ich schildere ihm dann bis ins kleinste Detail, was er meiner Meinung nach verbrochen hat. Und wenn er sagt: ‚Jetzt übertreibst du aber', dann lege ich noch nach mit: ‚Aber ich hab's genau gesehen! Eine volle Stunde lang! Du hast sie so und so angesehen, hast dies oder jenes zu ihr gesagt. Und du hast sie flüchtig berührt.' Ich steigere mich so hinein, dass ich selbst glaube, alles zu 100 Prozent so gesehen zu haben. Ich dachte, wenn ich es ihm nur stark genug eintrichtere, was für ein schlechter Mensch er sei, wird er es irgendwann einsehen und sich ändern. Und das mache ich nun schon seit 20 Jahren so. Oder noch länger."

„Und? Hat es je funktioniert?", warf ich ein.

„Aber nein, niemals!" Sie lachte sogar kurz angesichts dieser Absurdität.

Dann meldete sich Sam zu Wort: „Wir wären beinahe gar nicht zu diesem Seminar gekommen, weil wir uns ohnehin scheiden lassen wollten. Während des ganzen ersten Tages überlegte ich nur, wo ich am Anfang wohnen soll. Ich dachte gar nicht daran noch irgendetwas zu retten, ich hörte dir und Helen nicht einmal richtig zu. Was sollte ich denn noch lernen? Was gab es noch richtigzustellen? Ich dachte nur fortwährend: ‚Was mache ich überhaupt hier mit dieser Frau? Ich will nur weg.'"

Da fragte ich Sam, wie er sich denn gegen Amelias ständige Kritik verteidigte. Doch Amelia antwortete für ihn.

„Sam ist nicht in die Gegenoffensive gegangen", sagte sie. „Er zog sich einfach nur zurück. Er entfernte sich emotional oder ging in einen anderen Raum. Und ich rannte ihm hinterher, um ihn noch mehr zu kritisieren."

Amelia fuhr mit derselben bewundernswerten Ehrlichkeit fort: „Während dieser letzten zwei Tage konnte ich mich nicht mehr vor der Wahrheit verstecken, dass ich ihn immerzu beschuldige. Das zu verleugnen hätte mir noch mehr Schmerzen gebracht, als ich ohnehin schon fühlte. Ich war am Boden zerstört. Ich war von meiner Selbsterkenntnis derart überwältigt, dass ich gar niemand anderem wirklich zuhören konnte. Und reden konnte ich schon gar nicht. Ich sagte mir: ‚Das ist haargenau, was ich immer mache. Ich beschuldige ihn tagtäglich. Alles will ich unter Kontrolle haben. Ich will Sam so einsperren, dass ich jederzeit genau weiß, was er macht. Ich hab ihm ein kleines Gefängnis geschaffen, damit ich daneben so existieren kann wie bisher.' Aber heute Nachmittag wurde mir plötzlich bewusst, dass ich ihn nicht mehr weiter beherrschen und beschuldigen kann. Ich muss damit aufhören, ich habe keine andere Wahl. Jetzt, wo ich klarer sehen kann, muss ich mit dem dauernden Kritisieren aufhören. Es macht uns beide krank und es bewirkt überhaupt nichts. Es bringt uns das genaue Gegenteil von dem, was wir wollen. Es macht uns nur innerlich kaputt."

Während des Abends und des ganzen nächsten Tages suchten Amelia und Sam noch mehr Unterstützung und Beratung bei Helen. Während der Pausen setzten sich die beiden oft in einer Ecke zusammen, redeten intensiv und machten einen nüchternen und ernsten Eindruck. Ihre Körpersprache war nun das genaue Gegenteil davon, wie sie bei ihrer Ankunft gewesen war. Sie neigten sich zueinander, blickten einander in die Augen und berührten einander ständig. Die Verbindung zwischen ihnen war nun deutlich spürbar.

Am Freitag, dem letzten Seminartag, fragte Amelia, ob sie und Sam noch einmal vor versammelter Gruppe sprechen durften. Etwas Wunderbares hatte sich in der Nacht davor ereignet, das sie uns mitteilen wollten. Sie stellten sich vor unseren Halbkreis und hielten einander an der Hand.

Sam begann: „Wir haben nun schon seit Jahren nicht mehr im selben Bett geschlafen. Wir wollten einander gar nicht nahe sein. Und letzte Nacht, als ich schlaflos in meinem Bett lag, hörte ich, wie Amelia in ihrem Bett tief seufzte."

Amelia setzte fort: „Ich war hellwach und da spürte ich, wie sich negative Gedanken über Sam in mein Bewusstsein einschlichen. Ich wollte das sofort unterbinden, aber es ging nicht. Da wusste ich, wenn ich weiterhin in meinem Bett blieb und dieser negative Zustand anhielt, wäre es mit unserer Ehe endgültig vorbei. Nichts wäre mehr zu retten, wenn ich es nun nicht schaffte, das umzusetzen, was ich im Workshop gelernt hatte. Ich wusste genau, dass ich mich zu Sam legen und mit ihm reden musste. Aber ich war zugleich voll Angst - wenn ich jetzt mein altes, gewohntes Verhalten ablegte, würde nichts mehr so bleiben, wie es war. Ich hatte keine Ahnung, was dann kommen könnte. Aber dann hörte ich im Geiste Harvilles und Helens Worte: ‚Gib jetzt nicht auf. Halte dich einfach an die Struktur des Imago-Dialogs.' Und so stand ich auf, legte mich neben Sam und sagte ihm, dass ich mir einen Dialog wünschte. Er war bereit dazu. Da begann ich, ihm meine Gedanken und Gefühle zu beschreiben. Und er war gegenwärtig. Er hörte mir zu. Er half mir zu sagen, was ich sagen wollte. Er spiegelte alles, was ich sagte. Er war einfach wunderbar zu mir. Und mit einem Mal war all meine Angst einem Gefühl der Ruhe und des inneren Friedens gewichen, und ich empfand auf einmal eine wunderbare Liebe für ihn. Ich hatte ihn so schlecht behandelt und trotzdem war er bereit, mir zuzuhören und mich zu verstehen."

„Es fiel mir eigentlich ganz leicht", sagte Sam dann. „Ich befolgte einfach die einzelnen Schritte des Imago-Dialogs. Und da ich nun wusste, wie ich reagieren soll und was funktionieren würde, fühlte ich mich wesentlich sicherer. Ich konnte mit ihr umgehen. Ich musste mich nicht mehr zurückziehen, ihr nicht mehr ausweichen. Im Geiste hielt ich sie ganz fest und sah das verletzte Kind in ihr."

„Und das war das erste Mal, dass ich einen kleinen Blick auf das gewaltige Potenzial, das in unserer Beziehung steckt, werfen konnte", fuhr Amelia fort. „Einen Blick auf die wirkliche Sicherheit, die sie bietet. Bis dahin dachte ich immer, Sicherheit heißt auf der Hut zu sein. Aber nun weiß ich, nur wenn ich mich Sam gegenüber ehrlich und verletzlich zeige - anstatt kritisch und Besitz ergreifend - können wir eine tiefe Verbundenheit zueinander aufbauen. Zum ersten Mal seit Jahrzehnten fühlen wir uns beide sicher genug, um aufeinander zuzugehen. Wir haben endlich die ‚Brücke' zueinander gefunden."

In nur einer Woche hatten Sam und Amelia den Großteil aller Erkenntnisse und Strategien gesammelt, um ihre Partnerschaft in die richtige Richtung zu lenken. Sie hatten noch immer viel „Beziehungsarbeit" vor sich und hatten sich auch entschlossen, diese mit therapeutischer Begleitung fortzusetzen. Meiner Meinung nach hatten sie die allerwichtigste Verwandlung bereits hinter sich: sie hatten intuitiv verstanden, dass das Anwenden ihrer beiden gegensätzlichen Strategien, erlernte Schutzmuster aus ihrer Kindheit, - das ständige Kritisieren bzw. das ständige Sich-Zurückziehen - ihre Liebe zueinander zerstörte. Sobald Amelia den Mut gefunden hatte, sich das wahre Ausmaß ihrer Negativität einzugestehen, war Sam auch bereit, sie mit offenen Armen aufzunehmen, ihr zu vergeben und sie zu trösten. Zum allerersten Mal fühlte sich Amelia sicher genug, um ihre Waffen niederzulegen.

Neue Dramaturgie für Kernszenen

Die so genannte Kernszene eines Paares zu transformieren ist eine Übung, die eine verlässliche Hilfe darstellt, um die Negativität zu verbannen. Dies ist besonders für Paare wichtig, die einander nicht nur kritisieren oder sich zurückziehen, sondern einander Schreiduelle liefern oder sich in endlose, erschöpfende Wortgefechte verstricken. Solche immer wiederkehrende Szenen nenne ich „Kernszenen", denn sie sind eine Neuinszenierung der zentralen Kindheitsverletzungen beider Partner. Die Schutzmuster, die der eine Partner sich in seiner Kindheit aneignen musste, um in übertragenem Sinne zu „überleben", prallen auf die Schutzmuster des anderen, wodurch es für beide doppelt verletzend wird. Meist führen diese Kernszenen in eine Sackgasse, wodurch der Leidensdruck bei beiden Partnern steigt. Diese verletzenden und sinnlosen Auseinandersetzungen müssen ein Ende haben, sonst kann die Liebe keinen Raum finden.

Ein Ehepaar, Jack und Deborah, stritt sehr häufig miteinander, und das dauerte meist bis in die frühen Morgenstunden. Es handelte sich dabei nicht um explosive Kämpfe, sondern um immer ähnliche, endlose und ermüdende Konfrontationen, die nie zu einer Lösung kamen. Danach fühlten sich beide tagelang erschöpft und deprimiert.

Während einer Therapiesitzung bat ich sie, mir von einigen ihrer letzten Auseinandersetzungen zu erzählen, damit wir herausarbeiten konnten, ob diese einem roten Faden folgten. Jack gelang es rasch zu durchschauen, dass das Wesentliche sich immer wiederholte. Als sie den kleinsten gemeinsamen Nenner ihrer Streitigkeiten erkannten, schüttelten beide fast schmunzelnd den Kopf. Dennoch sagte Jack traurig: „Darauf können wir aber alles andere als stolz sein. Warum tappen wir nur immer wieder in dieselbe Falle? Ich bin es wirklich leid!"

Ihre Kernszene folgte ihrer Beschreibung nach in etwa dem folgenden Muster:

Erster Akt: Abend, gegen 17 Uhr. Jack kommt aus dem Büro und Deborah konfrontiert ihn sofort mit irgendeiner häuslichen Aufgabe, die unbedingt erledigt werden sollte: Ferienplanung, Gartenarbeit, Post beantworten. Jack entgegnet, er würde es sehr gerne erledigen, aber lieber später. Zuerst würde er gerne joggen.

Zweiter Akt: Jack beginnt sein Jogging-Training. Kaum kehrt er zurück, bittet ihn Deborah, nun doch bitte die Aufgabe X zu erledigen. Jack antwortet ihr: „Sicher. Nur zuerst möchte ich duschen!"

Dritter Akt: Jack duscht. Deborah verfolgt ihn bis ins Badezimmer und bedrängt ihn, nun endlich X auszuführen. Jack antwortet: „Sicher, nur zuerst möchte ich noch etwas trinken."

Vierter Akt (der Höhepunkt des Dramas): Jack genehmigt sich mehrere Drinks. Er beginnt sich zu entspannen und ist sehr guter Stimmung. Deborah kommt ins Wohnzimmer, inzwischen regelrecht aufgebracht: „Warum machst du X nicht endlich oder sagst mir gleich, dass du keine Lust dazu hast?", schreit sie los. „Ich kann es einfach nicht ausstehen, wie sehr ich dich immer antreiben muss!" - „ Aber ich *möchte* es doch erledigen", kontert Jack. „Lass mir nur noch ein bisschen Zeit. Gib mir ein wenig Ruhe. Ich bin müde und möchte mich erst einmal entspannen."

Jack fängt ein Kreuzworträtsel an und beachtet seine Frau nicht mehr. „Ich hasse dich", schreit sie auf, „niemals tust du, was du sagst! Nie hörst du mir zu. Ich habe das Gefühl, mit einem Roboter zusammenzuleben! Ich empfinde nichts mehr für dich!" Jack versucht ihren Zorn zu ignorieren, indem er sich noch mehr auf sein Kreuzworträtsel konzentriert. Da es ihm aber nicht gelingt, steht er auf und verlässt das Haus.

Fünfter Akt - Jack kommt viele Stunden später zurück. Er hat viel getrunken. Deborah attackiert ihn noch einmal. Der Streit setzt sich fort. Deborah steigert ihre Kritik mehr und mehr, während Jack versucht, sie zu beruhigen oder sie zu ignorieren. Schließlich fühlen sich beide von diesem Drama erschöpft und gehen ohne Hoffnung auseinander.

Lassen Sie uns diese Szene einmal analysieren. In einem psychologischen Fachbuch würde Jack die Bezeichnung „passiv-aggressiv" erhalten. Er nimmt es Deborah übel, dass sie sein Leben organisieren will, kann dieses Gefühl jedoch nicht direkt ausdrücken. Stattdessen entzieht er sich, indem er joggt, duscht, trinkt, Kreuzworträtsel löst - mit anderen Worten, jeden nur möglichen Ausgang aus der Beziehung benutzt. Deborah könnte man als „aktiv-aggressiv" bezeichnen. „Sie hat einfach einen

Dickschädel", beschreibt Jack seine Frau, nicht ohne Bewunderung. „Sie weiß immer, was sie will, und ist auch imstande, ihren Aggressionen freien Lauf zu lassen." Das unverändert bestehende Schlüsselelement bei ihrer Kernszene ist folgendes: je mehr Deborah Jack unter Druck setzt, desto mehr zieht er sich zurück, und je mehr sich Jack zurückzieht, desto verlassener fühlt sich Deborah. Hinter ihrer Wut aufgrund seines passiven Verhaltens versteckt sich in Wirklichkeit panische Angst. Deborah hat schreckliche Angst alleine zu sein und Jacks Desinteresse lässt in ihr das Gefühl entstehen, nicht mit einem realen Menschen zusammenzuleben, sondern mit einem blassen Geist ohne wirkliche Existenz.

Ich erklärte Deborah und Jack diesen Zusammenhang, damit sie aus dieser Sackgasse wieder herauskommen konnten. Sie müssten einfach ihre Kernszene umschreiben, nicht metaphorisch, sondern ganz real. Sie sollten nach Hause gehen, Stifte und Papier nehmen und ihr persönliches Drama so umformulieren, dass es ein gutes Ende nimmt. Das neue Skript sollten sie wieder und wieder lesen, damit diese neuen Möglichkeiten ihnen genauso vertraut würden wie ihre bisherigen Gewohnheiten. Ich versicherte ihnen, dass sich jede Veränderung vorteilhaft auf ihre Beziehung auswirken würde. Allein schon die Einsicht, dass ihr Streit eine so genannte Kernszene enthielt, wäre ein wichtiger Schritt. Wäre einer von ihnen in der Lage, dem Skript eine neue Zeile hinzuzufügen, könnte sich das alte Schema nicht mehr automatisch durchsetzen, und die Möglichkeit einer neuen Lösung wäre gegeben.

Es gibt verschiedene Möglichkeiten, die Kernszene von Deborah und Jack zu revidieren. Deborah könnte lernen weniger aggressiv zu reagieren, wodurch sie Jacks Bitte nachkäme ihn „in Ruhe zu lassen". Wenn sie eine Bitte geäußert, darauf aber keine Reaktion erhalten hätte, könnte sie einfach aufhören diese Bitte zu äußern. So würde Jacks Bedürfnis nach Rückzug mit der Zeit nachlassen. Das könnte ihm den nötigen inneren Freiraum geben und ihn motivieren, einige Pflichten zu erledigen, bevor er duschen oder Kreuzworträtsel lösen würde.

Das Stück könnte aber auch so umgeschrieben werden, dass Jack seine Position klarer zum Ausdruck bringt: „Nein. Ich möchte das nicht machen. Mir erscheint das nicht so wichtig. Ich habe meine eigenen Pläne." Zuerst wäre Deborah sicher über seine Antwort erstaunt, doch würde Jack weiterhin auf seinen eigenen Prioritäten bestehen, würde sie das vielleicht sogar beeindrucken und zuversichtlich stimmen. Schließlich wünscht sie sich einen Partner, der Unabhängigkeit und Selbstvertrauen beweist und nicht einen Roboter.

Eine Kernszene zu definieren und dann alternative Verhaltensmöglichkeiten aufzuschreiben, kann eine sehr nützliche Vorgangsweise sein. Sind die Paare in der Lage ihren Streit objektiv zu sehen, die Schlüsselelemente ihres Dramas zu erkennen und unterschiedliche Handlungsalternativen zu entwickeln, so setzen sie ihr rationales Neues Gehirn dazu ein, den „Kampf- oder Fluchtimpuls" des Alten Gehirns außer Kraft zu setzen. So werden neue Nervenbahnen gebildet, die ihre Gefühle in eine ruhigere und positive Richtung lenken.

Die Übung „Positives Überfluten“

In den letzten Jahren habe ich eine weitere, entscheidende Übung zur Imago-Paartherapie hinzugefügt. Ihr Ziel besteht wie bei allen Übungen, die ich in diesem Kapitel beschrieben habe, eindeutig darin, dass Paare jegliche Negativität hinter sich lassen und einer Zukunft entgegenblicken können, die gänzlich frei von emotionalen Vergiftungen ist. Diese Übung ist sozusagen das „Finale Grande“, der höchste Ausdruck von Liebe und Respekt zwischen den Partnern. Ich nannte die Übung „Positives Überfluten“.

In ihrer originalen Form beginnt sie damit, dass zwei Liebespartner alles aufschreiben, was sie aneinander wertschätzen. Ihre Liste kann alles beinhalten, was sie an körperlichen und charakterlichen Eigenschaften ihres Partners schätzen. Auch Dank und Anerkennung für liebevolles Verhalten des Partners gehören dazu, ebenso wie allgemeine Wertschätzungen und Worte, die ihre Liebe zum Partner zum Ausdruck bringen. Anschließend überfluten die Partner einander abwechselnd auf diese spezielle Art mit ihrer Liebe.

Der zweite Teil der Übung sieht so aus, dass jeder Partner ein Blatt Papier erhält und aufschreiben darf, welche seiner Eigenschaften er gerne von seinem Partner wertschätzen lassen würde. „Bitte sag mir, dass du es schätzt, wie hart ich für unsere Familie arbeite.“ Oder „Bitte sag mir, dass du es schätzt, wie aufmerksam ich dir zuhöre.“ Oder „Bitte sag mir, dass du meine langen und schön geformten Beine bewunderst.“ Dann tauschen die Partner ihre Listen aus und überfluten einander gegenseitig mit diesen spezifischen Punkten. Man könnte es damit vergleichen, eine Liste mit all ihren Weihnachtswünschen zu erstellen, mit dem Unterschied, dass in diesem Fall alle ihre Wünsche in Erfüllung gehen werden.

Helen und ich wenden die Übung „Positives Überfluten“ regelmäßig an. Obwohl wir diese Übung selbst entwickelt haben und schon tausende Male zugesehen haben, wie Paare sie anwenden, sind wir jedes Mal aufs Neue tief bewegt durch die Intensität der Liebe und Wertschätzung, die wir von einander erhalten. Das schenkt uns das Gefühl zutiefst geliebt zu sein.

Bei unseren Workshops führen alle Paare diese Übung gleichzeitig aus. Ein Partner sitzt auf einem Stuhl, während der andere Partner diesen Stuhl umkreist. Für die erste Minute bitte ich den Sender zu beschreiben, welche körperlichen Eigenschaften seines Partners er besonders liebt - die hübsch geschwungenen Lippen, die seidige Haut, die kecke Nase und so weiter. Für die zweite Minute bitte ich sie, etwas lauter zu sprechen und jene Persönlichkeitsmerkmale zu nennen, die sie an ihrem Partner bewundern - Verlässlichkeit, Ehrlichkeit, Freundlichkeit, Hilfsbereitschaft, Tapferkeit, Intelligenz ... In der dritten Runde bitte ich sie, noch lauter zu sprechen und ihre Dankbarkeit für gemeinsame Erfahrungen auszudrücken - dafür, dass ihr Partner sie gepflegt hat, als sie krank waren; dass er Ketten an den Autoreifen mitten in einem Schneesturm angelegt hat; dafür, dass er zu einer lästigen Familienfeier mitgegangen ist; dafür, dass er sie getröstet hat, als eine nahe stehende Person gestorben ist. Und als Höhepunkt dieser Übung bringt der Sender seine Liebe und Wertschätzung zum Ausdruck, so laut er nur kann: „Ich liebe dich, ich liebe dich, ich liebe dich, du bist die Frau meiner Träume!" Oder „Du bist mein bester Freund und ein umwerfender Liebhaber!" Diese Energie ist ansteckend, die Partner fallen einander glücklich in die Arme, und gar nicht selten fließen Tränen der Rührung.

Zu vielen von uns hat noch nie jemand mit lauter Stimme „Ich liebe dich!" oder „Du bist ein großartiger Mensch!" gesagt. Stattdessen hören wir immer nur: „Sei endlich still!" Oder „Geh weg da!" Oder „Kümmere dich um deine eigenen Sachen." Oder „Du bist ja verrückt!" Diese Übung öffnet endlich unsere Schleusen und überflutet uns mit großer Freude.

12

Porträt zweier Partnerschaften

Was macht eine glückliche Ehe aus?
Diese Frage stellen sich alle ...
Die Antwort liegt meiner Meinung nach darin,
dass die Partner gemeinsam ihre tiefsten, persönlichen Bedürfnisse
erkennen und einander erfüllen.
Pearl S. Buck

Ich begann meine Laufbahn als Prediger, nicht als Therapeut. Schon in sehr frühen Jahren wurde ich in diese Rolle eingeführt. Als Jugendlicher war ich Gemeindemitglied der First Baptist Church in Statesboro, Georgia, und arbeitete in einer Jugendgruppe mit, die Baptist Training Union genannt wurde. Einmal im Jahr veranstaltete unsere Kirche einen Jugendsonntag, der speziell für die jungen Gemeindemitglieder gestaltet war. Als ich 15 wurde, wählte man gerade mich aus, die Ansprache für die eingeladenen Jugendlichen zu halten. Ich erinnere mich noch gut daran, wie ich hinter dem Rednerpult stand, in Anzug und Krawatte, während ich den kalten Schweiß auf meinem Rücken spürte. Ich sah vor mir eine Kirche voller junger Menschen, die von ihren Eltern und Verwandten begleitet worden waren, und irgendwie gelang es mir, meinen Mund zu öffnen und zu reden. Trotz meiner Angst habe ich wohl eine recht gute Ansprache gehalten, da anschließend mehrere Erwachsene auf mich zukamen und meinten: „Harville, du musst Prediger werden!"

Offensichtlich war auch der Pastor unserer Gemeinde, George Lovell, dieser Ansicht, da er mich einige Wochen später in sein Büro rufen ließ. „Harville", meinte er, „es gibt eine kleine Baptistenkirche, 20 Kilometer entfernt von hier. Sie haben ihren Prediger verloren. Sie haben angerufen, ob ich ihnen nicht einen Ersatz für die nächsten Sonntage schicken könnte. Hättest du vielleicht Lust dazu?" Ermutigt von dem vielen Lob für meine kürzliche Ansprache am Jugendsonntag sagte ich zu.

In den nächsten Tagen beschäftigte ich mich mit der Bibel, gestärkt durch das neue Gefühl der Verantwortung, und brütete über einem Buch mit den Reden berühmter Prediger, das Lovell mir gegeben hatte. Am nächsten Sonntag brachten mich meine Schwester und mein Schwager zur Kirche, weil ich selbst noch zu jung für den Führerschein war. Die Hauptbotschaft meiner Predigt war, soweit ich mich erinnere, folgende: „Wir Menschen sind Sünder. Aber Gott liebt uns. Wenn wir uns Gott nähern, können wir gerettet werden. Dies erreichen wir durch ein festes Bekenntnis zu Gott, durch Buße und Beichte, die Taufe, das Gebet und durch ein vorbildliches Leben." Ich glaube, ich warnte auch vor dem, was die Baptisten das „Abfallen vom Glauben" nannten, vor der Gefahr, dass auch überzeugte Christen vom rechten Weg abkommen können.

Auch an den nächsten Sonntagen predigte ich in dieser kleinen Kirche und man berichtete George Lovell, dass ich meine Aufgabe gut bewältigte. Von diesem Zeitpunkt an betrachtete er mich als seinen „Assistenz-Prediger“ und in den nächsten Jahren schickte er meist mich, wenn andere Gemeinden einen Aushilfsprediger benötigten.

Eines Tages sandte er mich in die Pine Street Baptist Church in Guyton, Georgia. Dort predigte ich an vier aufeinanderfolgenden Sonntagen. Nach der vierten Predigt hielten die Verantwortungsträger der Baptistengemeinden ein Treffen ab und fragten mich, ob ich nicht auf Dauer Prediger in der Gemeinschaft der Baptisten sein wolle. Damals war ich erst 17 Jahre alt - ein schlaksiger junger Mann, der teilweise noch im Stimmbruch war. Doch sie waren fest entschlossen mich einzustellen. (Bei den Baptisten ist es nicht erforderlich, eine ausgedehnte, theologische Ausbildung zu absolvieren. Man muss nur von Gott berufen und von einer Versammlung ernannt werden. Stimmt die Heimatkirche dieser Ernennung zu, kann man Seelsorger werden.)

Zurückblickend kann ich sagen, dass diese Zeit als Prediger in der Pine Street Baptist Church zu den wirklichen Geschenken gehört, die mir das Leben machte. Diese Gemeinde war besonders liebevoll und das tat meiner versteckten Depressivität und Einsamkeit gut. Ihre positive und äußerst anerkennende Haltung mir gegenüber stärkte mein Selbstvertrauen beträchtlich und in wenigen Jahren gelang es mir, die aktive Kirchengemeinde von 30 auf 200 Menschen anwachsen zu lassen. Jeden Sonntag predigte ich dort, zweieinhalb Jahre lang. In dieser Zeit taufte ich über 50 Menschen und beerdigte 18.

Während der Sommermonate wurde ich immer wieder von anderen Gemeinden gerufen, um Jugendfeiern zu leiten, und als Ergebnis dieser vielen Übung wurde mein Predigtstil besser und besser. Bei einer Feier bemerkte ich, dass sich mehr als 1000 Menschen eingefunden hatten, um aufmerksam jedem meiner Worte zu lauschen. Am Ende dieser Feier kamen etwa 60 Jugendliche zu mir, um ihr Leben von nun an Christus zu weihen. Zwölf von ihnen entschieden sich sogar, künftig im Liturgie-Team der Gemeinde mitzuwirken. Auch außerhalb Georgias wuchs also mein Ansehen als Jugendprediger.

Ich hatte vor, weiterhin Seelsorger zu bleiben, und deshalb dachte ich, es wäre gut, eine entsprechende Ausbildung am College zu absolvieren. Schließlich hatte ich von den wöchentlichen 50-Dollar-Schecks, die ich für meine Predigten bekam, einiges angespart, kaufte mir ein Auto und schrieb mich an der Mercer-Universität ein, einem Baptisten-College, das ungefähr 150 Kilometer von meiner Gemeinde entfernt lag. Während der Woche studierte ich fleißig und am Wochenende fuhr ich zurück zur Pine Street Baptist Church, um zu predigen.

In meinem dritten Jahr am College belegte ich eine ausgezeichnete Vorlesung in Philosophie und plötzlich eröffnete sich mir eine völlig neue Gedankenwelt. Je mehr ich mich mit diesen abstrakten Vorstellungen und Gedankengebäuden beschäftigte, desto mehr rhetorische Fragen baute ich in meine Predigten ein.

Sehr bald schon konnte ich feststellen, dass man durch linguistische Analysen der Bibel keine Seelen gewinnt. Im Sommer nachdem ich diese richtungsweisende Philosophievorlesung besucht hatte, wurde ich eingeladen, in einer mittelgroßen Stadt eine religiöse Jugendwoche zu leiten. Im Jahr zuvor hatte ich in dieser Kirche wahre Wunder bewirkt. Am ersten Abend waren alle Sitze belegt, da die Neugier auf den neuen, jungen Prediger groß war. Zum Erstaunen der Zuhörer sprach ich über den Begriff des „Ewigen Lebens" und darüber, ob das Wort „ewig" sich auf die Art oder die Dauer dieser Form des Lebens zu beziehen habe. Am zweiten Abend, als ich aufstand, um meine Ansprache zu halten, erblickte ich schon einige leere Stühle. Am dritten Abend waren mehrere Reihen vorne im Auditorium unbesetzt geblieben. Am Ende dieser Jugendwoche waren nur noch wenige, treue Zuhörer übrig geblieben. Danach nahm mich der Pastor dieser Gemeinde zu einem intensiven Gespräch auf die Seite. Er wies darauf hin, dass ich im Jahr zuvor ungefähr 120 Menschen davon überzeugt hätte, ihr Leben Christus zu weihen. Dieses Jahr waren nur acht Menschen zu dieser Überzeugung gekommen. „Du bist auf dem College, Harville?", fragte er mich mit offensichtlicher Enttäuschung in seiner Stimme. Ich nickte. „Dann ist also das College schuld daran, dass du keine Menschen mehr zu Gott bekehren kannst", war seine resignierte Erkenntnis.

Somit endete meine kurze Karriere als Prediger, doch mein intellektuelles Interesse an Fragen der Religion und der Philosophie entwickelte sich immer stärker. In meinem letzten Jahr am College kam noch ein drittes Interessensgebiet hinzu - die Psychologie. Für mich stellten Psychologie, Theologie und Philosophie die drei wichtigsten Zugänge zu einer zentralen Wirklichkeit dar, der Wirklichkeit der menschlichen Existenz, und jede dieser drei bot eine etwas unterschiedliche Perspektive. Blickte ich gleichzeitig alle drei Zugänge an, meinte ich, mehr und mehr von der Gesamtheit des Bildes erfassen zu können. Als ich mich schließlich an der Universität Chicago einschrieb, wählte ich als Hauptfach das neugegründete, interdisziplinäre Studium der Psychologie und der Theologie.

Von diesem Tag an führte mich mein Weg immer tiefer und tiefer in jene Studienrichtung, die zu meinem Hauptinteresse werden sollte, nämlich die Psychologie. Bei meiner wahren Bestimmung angekommen stellte ich fest, dass ich mich spezialisiert hatte und bei der Paartherapie gelandet war. Von meinen Anfängen als junger Prediger in South-Georgia hatte ich mich zu einem Paartherapeuten in Manhattan entwickelt. Doch die entscheidenden Jahre, in denen ich gepredigt, getauft und Gott Seelen zugeführt hatte, waren keineswegs vergessen. Bis zum heutigen Tag bestimmen sie noch immer die Art und Weise, wie ich die Welt betrachte. Für mich ist die spirituelle Ganzheit eines Menschen ohne Zweifel mit seiner psychologischen Ganzheit verbunden und ich habe den Eindruck gewonnen, dass die Tätigkeit, die ich heute als Therapeut durchführe, ebenso von Gott geleitet wird wie damals meine Predigten. Helfe ich Partnern, die Kluft, die sich zwischen ihnen aufgetan hat, zu überwinden, um anschließend zu leidenschaftlichen Freunden zu werden, denke ich, dass ich sie näher zu Gott bringe.

Was veranlasst mich nun dazu anzunehmen, dass auch eine Paartherapie ein spirituelles Geschehen ist? Wie kann das Reden über so weltliche Dinge wie „Verhaltensänderungen", „Liebevolle Verhaltensweisen" oder „Verletzungen aus der Kindheit" etwas mit der Erfahrung des Göttlichen zu tun haben? Dazu muss ich wohl diese Begriffe näher definieren. Gebrauche ich das Wort „spirituell", benutze ich es in seiner herkömmlichen Bedeutung. Ich denke dabei nicht an den wöchentlichen Kirchgang, die Anhänger einer bestimmten Glaubensrichtung oder an Meditationstechniken, Fasten oder Predigten. Ich spreche hier über eine Form der ursprünglichen Spiritualität, die ebenso Bestandteil unseres Lebens ist wie unsere Sexualität. Diese Spiritualität ist im Augenblick unserer Zeugung vorhanden. Wir verlieren sie während unseres Heranwachsens aus den Augen, doch wir können sie als Erwachsene wiederfinden, wenn wir lernen, wie wir alte Wunden heilen können. Wenn wir das Bewusstsein für unsere lebenswichtige, innere Einheit wiedergewinnen, werden wir eine überraschende Entdeckung machen: Plötzlich erleben wir uns nicht mehr als von der übrigen Welt abgetrennt. Weil wir in engen Kontakt mit dem Wunder unserer Existenz gekommen sind, können wir die Schönheit und die Komplexität der uns umgebenden Welt mit neuen Augen sehen. Das Universum hat Sinn und Zweck und wir erfahren uns als Teil eines größeren Ganzen.

Es ist meine Überzeugung, dass einer der sichersten Wege, dieses Ziel zu erreichen, darin besteht, Mühe auf sich zu nehmen und sein Bestes zu tun, um eine gute Partnerschaft zu führen. Wenn wir uns ein Herz fassen und danach streben, die Wahrheit unserer Existenz und der unseres Partners herauszufinden, treten wir eine Reise an, die uns zu unserer psychologischen und spirituellen Heilung führen wird.

Integration

In den vorangegangenen Kapiteln habe ich detailliert verschiedene Wege beschrieben, die uns helfen können Heilung zu finden. Nun wollen wir einmal einen Schritt zurücktreten und versuchen, einen Überblick über diese Entwicklung zu gewinnen. Wir betrachten unsere Vergangenheit, um zu erfahren, wann wir zu wenig Liebe und Fürsorge von unseren Eltern erhalten haben und wie es dazu kam, dass wir wichtige Anteile unserer Persönlichkeit zu verleugnen begannen. Dabei können uns Therapie, Gebet und Reflexion sowie genaue Beobachtung unseres alltäglichen Lebens helfen. Wir gewinnen neue Einsichten und teilen sie unserem Partner mit, da wir nicht länger voraussetzen, dass er unsere Gedanken lesen kann. Teilt er uns seinerseits seine Gedanken und Gefühle mit, hören wir ihm mit Verständnis und Mitgefühl zu, wohl wissend, dass es sehr wertvoll ist, was er uns anvertraut. Nach und nach wird sich unser Bild von unserem Partner verändern und wir können ihn sehen, wie er wirklich ist - als verletztes Kind, das Trost und Heilung sucht.

Wenn wir unseren Partner auf diese Weise sehen können, werden wir unsere Beziehung so gestalten, dass unsere Wunden heilen können. Dazu benötigen wir erst einmal eine Atmosphäre der Sicherheit und des Vertrauens. Durch das Schließen unserer Ausgänge erneuern wir unser Verantwortungsgefühl dem Partner gegenüber und machen einander gegenseitig das Geschenk, in einer sicheren und liebevollen Umgebung leben zu können. Wir verstärken dieses Gefühl der Sicherheit, das auch Meinungen des Partners gelten lässt, die sich von unseren unterscheiden, indem wir lernen, effektiv und offen miteinander zu kommunizieren. Während wir uns bemühen, unsere inneren Widerstände gegenüber dieser neuen Nähe in unserer Partnerschaft zu überwinden, können wir unseren Partner immer klarer wahrnehmen. Wir erfahren, dass auch er Ängste, Schwächen und Wünsche hat, die er bisher vor uns verborgen hielt. Wir hören seine Kritik an uns und machen uns bewusst, dass damit unsere Schattenseiten beleuchtet werden. Wir sagen zu uns selbst: „Mein Partner hat etwas an mir wahrgenommen. Wahrscheinlich enthält seine Kritik ein Körnchen Wahrheit." So werden wir Schritt für Schritt unsere Existenz in ihrer Ganzheit verstehen können, die dunklen ebenso wie die hellen Seiten.

Der nächste Schritt in diesem Heilungsprozess ist möglicherweise der schwierigste: Wir entschließen uns, entsprechend der Einsichten, die wir über uns selbst und unseren Partner erworben haben, zu handeln, und beginnen, unserem Partner Heilung zu schenken. Wir überwinden unseren Instinkt, uns auf unsere eigenen Bedürfnisse zu konzentrieren, und entscheiden uns bewusst dafür, die Bedürfnisse des Partners in den Mittelpunkt zu stellen. Dazu müssen wir unsere Angst vor Veränderungen überwinden. Wenn wir auf die Bedürfnisse unseres Partners eingehen, werden wir zu unserer Überraschung entdecken, dass auch wir bei diesem Prozess unsere eigenen, verloren geglaubten Anteile wiederentdecken und zurückerhalten. Wir können die verleugneten Selbst-Anteile integrieren, die uns in unserer frühen Kindheit verloren gegangen sind. Wir erleben von neuem unsere Fähigkeit zu denken und zu fühlen, sexuell und spirituell lebendig zu sein und uns auf kreative Art und Weise ausdrücken zu können.

Indem wir dieses neue Wissen reflektieren, erkennen wir, dass die schmerzlichen Momente in unserem Leben in Wirklichkeit Chancen für unsere persönliche Weiterentwicklung sind. Statt den Schmerz zu verdrängen, fragen wir: „Welche Wahrheit kommt im Augenblick an die Oberfläche? Welche ursprünglichen Gefühle verstecken sich hinter diesen Gefühlen der Traurigkeit, der Angst oder der Frustration?" Wir erfahren, dass sich Schmerz, Wut oder Todesangst dahinter verstecken und dass alle von uns diese Gefühle kennen. Schließlich finden wir einen Weg, der sicher ist, unsere persönliche Weiterentwicklung fördert und es uns ermöglicht, diese starken Emotionen zum Ausdruck zu bringen, ohne unsere Beziehung zu gefährden.

Langsam kommen die bisher unbewussten Elemente in unserer Partnerschaft an die Oberfläche, die Ängste, die Wut, die Kindheitsbedürfnisse, der archaische Schmerz -

um zuerst angenommen zu werden und sich dann aufzulösen. Wenn unsere Wunden heilen und auch die bisher verborgen gebliebenen Anteile unseres Selbst ans Tageslicht gelangen dürfen, werden wir uns selbst neu wahrnehmen und werden uns nicht mehr innerlich zerrissen fühlen, sondern unsere ursprüngliche Ganzheit wiederfinden.

Partnerschaft ist ein spiritueller Prozess, der jedoch nicht abgehoben sein muss. Überwiegend besteht das Bemühen, eine bewusste Partnerschaft führen zu wollen, in der alltäglichen Auseinandersetzung mit banalen Dingen. Damit Sie sich mehr darunter vorstellen können möchte ich die Entwicklungsgeschichte zweier Paare schildern.

Diese beiden Paare unterscheiden sich deutlich voneinander. Anne und Greg Martin sind beide um die Vierzig. Sie sind erst seit fünf Jahren verheiratet. Beide waren bereits verheiratet und haben auch Kinder aus diesen früheren Verbindungen. Beide haben einen Beruf, der sie voll beansprucht. Das Ehepaar Martin lernte die Imago-Paartherapie bereits zu Beginn seiner Beziehung kennen und es gelang ihm, seine Hauptschwierigkeiten in dem kurzen Zeitraum von drei Jahren zu meistern. Kenneth und Grace Brentano sind beide Mitte Sechzig und seit 35 Jahren verheiratet. Sie haben vier erwachsene Kinder. Kenneth trägt das Meiste zum Familieneinkommen bei, während Grace in erster Linie Hausfrau ist. Dreißig Jahre haben sie darum gekämpft, eine zufriedenstellende Beziehung zu erreichen. Den größten Teil bewältigten sie ohne fremde Hilfe, bevor sie meine Konzepte kennen lernten.

Doch beide Paare haben etwas gemeinsam, was ausschlaggebender ist als die genannten Unterschiede. Beiden ist es gelungen, eine Liebesbeziehung zu führen, die ihre Bedürfnisse nach Heilung und persönlicher Ganzheit erfüllt - eine Beziehung, die beiden das Gefühl schenkt, sicher, lebendig und geliebt zu sein.

Anne und Greg

Anne und Greg trafen sich 1981 in Santa Fe, New Mexico. Anne lebte in Dallas und verbrachte zusammen mit Freundinnen ein Wochenende in Santa Fe. Sie war seit drei Jahren geschieden und hatte sich ab und zu mit Männern getroffen, war augenblicklich jedoch dabei, sich wieder nach einer festeren Beziehung umzusehen. „Ich war nicht mehr an Gelegenheitsbeziehungen interessiert“, meinte sie. „Ich wollte wieder heiraten.“ Doch an diesem Wochenende war sie nicht auf der Suche nach einem Mann, sondern plante vergnügliche Tage mit ihren Freundinnen Josie und Shelley. Am Freitagabend gingen die drei Frauen aus. Während des Essens erwähnte Josie, sie hätte Schwierigkeiten Männer kennen zu lernen. Zum Spaß schlug Anne vor Josie zu coachen. „Du brauchst gar nicht besonders verführerisch aufzutreten“, sagte sie zu ihr. „Siehst du einen interessanten Mann, blickst du ihm in die Augen und lächelst ihn an. Fragt dich jemand, ob du tanzen möchtest, stehst du auf und tanzt. Dann wird auch der Mann, den du angelächelt hast, seinen Mut zusammennehmen und zu dir kommen."

Anne amüsierte sich sehr über ihre Rolle als Beraterin für Josie, als ihr Blick auf einen Mann fiel, der gerade allein den Raum betrat. Er war groß und schlank und trug eine Cordjacke. Anne erinnert sich, dass sie im ersten Moment dachte: „Gut gekleidet ist er nicht, aber er scheint nett zu sein". Gleichzeitig empfand sie seine Präsenz sehr stark, eine Aura des Selbstvertrauens und der Intelligenz. Anne vergaß sofort ihre Aufgabe als Beraterin für Josie. „*Das* ist ein Mann für mich!", sagte sie zu Josie.

Auch Greg erinnert sich lebhaft an diese erste Begegnung. Er verbrachte das Wochenende in Santa Fe, um seine dritte Scheidung zu feiern. Erst am Vortag hatte er seine Scheidungspapiere eingereicht. Aufgrund seiner drei gescheiterten Ehen hatte er jedoch überhaupt kein Interesse an einer dauerhaften Bindung. Er betrat also das Restaurant und blickte um sich. Da bemerkte er Anne, eine große, lebhafte Blondine, Mitte Dreißig, und fühlte sich augenblicklich zu ihr hingezogen. Nach kurzer Zeit forderte er sie zum Tanzen auf.

„Sofort begannen wir uns zu unterhalten", sagte Anne. „Viele Männer wissen nicht, wie sie mit einer Frau sprechen sollen, doch wir verstanden uns auf Anhieb. Mir gefiel das an ihm." Auch gefiel ihr an Greg, dass er sich nicht von ihrem akademischen Hintergrund einschüchtern ließ. (Anne hatte promoviert und war Assistenzprofessorin an einer Universität.) Schon öfter hatte sie erlebt, dass Männer, mit denen sie ausgegangen war, Probleme mit ihrer Intellektualität gehabt hatten. Um Männer nicht abzuschrecken, war sie dazu übergegangen, sich selbst als „Lehrerin" zu bezeichnen. „Doch hier wusste ich sofort, dass ich vor ihm nichts zurückhalten musste", sagte sie. „Er erzählte mir, dass er ebenfalls promoviert hatte - in Technik - und dass er intelligente Frauen schätzen würde."

Greg und Anne unterhielten sich, tanzten den ganzen Abend miteinander und dann begleitete Greg Anne zu ihrem Hotel. Am nächsten Morgen trafen sie sich zum Frühstück und unternahmen einen gemeinsamen Spaziergang. Sie fühlten sich stark zueinander hingezogen, aber es war dennoch keine überwältigende Leidenschaft. Dieses Wochenende hätte der Anfang und zugleich auch das Ende ihrer Beziehung sein können, wäre Anne nicht auf die Idee gekommen, ihm in der nächsten Woche eine Karte zu schicken. Daraufhin rief Greg Anne an und fragte, ob er sie am nächsten Wochenende in Dallas besuchen könne. Anne hatte zwar bereits andere Verabredungen, sagte sie jedoch ab, um Zeit für Greg zu haben.

„Und das war der Beginn unserer Partnerschaft", berichtete Anne. „Plötzlich war es um uns geschehen. Es war, als stünden wir unter Drogen." Erinnert sich Anne an diese ersten Tage zurück, ist sie selbst erstaunt, wie schnell sie sich auf diese Beziehung eingelassen hat. Eigentlich sprach sehr viel gegen Greg. Er hatte nicht nur eine, sondern gleich drei gescheiterte Ehen hinter sich. Er lebte mit Kindern aus diesen Ehen zusammen. Das Thema von Annes Dissertation hatte die Schwierigkeit, Stiefeltern zu sein, behandelt. Anne wusste also genau, was auf sie zukam. Hinzu kam noch, dass sie fast 400 Kilometer entfernt wohnten und beide beruflich sehr etabliert waren. „Eine vernünftige Person hätte sich diese Tatsachen nüchtern angesehen und wäre so schnell als möglich wieder geflüchtet", meinte sie später. „Doch die Anziehungskraft zwischen uns war einfach zu stark."

Was steckte hinter dieser Anziehungskraft? Dazu müssen wir noch mehr über Annes und Gregs Kindheit erfahren. Anne wuchs als Einzelkind auf. Ihr Vater diente in der Armee und sie sah ihn immer nur während des Urlaubs. Auch ihre Mutter verpflichtete sich für die Armee, als Anne gerade sechs Jahre alt war, und brachte ihre Tochter bei ihrem Großvater und ihrer Stief-Großmutter unter. Als ihre Mutter nach einem Jahr zurückkam, hatte Anne sich sehr an die Großeltern gewöhnt, musste jedoch schon wieder eine enge Bindung aufgeben.

Dieses frühe Muster, verlassen zu werden, verstärkte sich noch, als ihre Eltern sich nach einem weiteren Jahr, als Anne gerade sieben Jahre alt war, scheiden ließen. Ihr Vater verließ die Stadt und Anne sah ihn vor ihrem 13. Lebensjahr nicht wieder. Erst da war es ihr gelungen, ihn mit Hilfe des Roten Kreuzes aufzuspüren.

Anne erinnert sich gut an die ersten Jahre mit ihrer Mutter. Ihre Mutter war flatterhaft und sehr kontaktfreudig und stellte ihre eigenen Bedürfnisse oft über die der Tochter. Oft blieb sie auch die ganze Nacht über weg und kam erst am nächsten Tag zu Mittag nach Hause. Wachte Anne am Morgen auf und entdeckte, dass sie ganz alleine war, bereitete sie sich eben selbst auf den Schulbesuch vor.

Selbst wenn ihre Mutter zu Hause war, war sie nicht sonderlich fürsorglich, wie Anne berichtet. „Ich kann mich an keine Situation erinnern, wo sie mich im Arm hielt oder streichelte", meinte Anne. Doch wurde sie durch ihre Mutter ständig bestätigt. „Sie hielt mich für ein hübsches Mädchen und hatte großes Vertrauen in meine Fähigkeiten. Nie sagte sie böse Worte zu mir oder kritisierte mich."

Teilweise weil sie schon sehr früh gelernt hatte, selbständig für sich zu sorgen, und auch, weil ihre Mutter ihr ein starkes Selbstvertrauen ermöglicht hatte, wurde Anne zu einem verantwortungsvollen, unabhängigen Kind. Schule und Kirche waren die Orte, an denen sie jene Zuwendung erfuhr, die sie zu Hause nicht erlebte. Sie gestand sich selbst den Schmerz nicht ein, den der Mangel an Sicherheit und Wärme in ihrer Kindheit für sie bedeutet hatte, da sie diese Gefühle als übermächtig empfand. Für einen außenstehenden Betrachter hatte Anne ein äußerst selbstbewusstes und selbstsicheres Auftreten.

Ihr Ehemann Greg war als Ältester von fünf Kindern auf einer Farm in Arkansas aufgewachsen. Er erinnert sich an seine Kindheit als eine Zeit, die durch wenig Zuneigung zwischen seinen Eltern gekennzeichnet war. „Sie stritten oft und lautstark miteinander", meint er, „vor allem meine Mutter machte ihrer Wut oft Luft. Sie sprach sofort aus, was sie dachte. Sie war oft sehr wütend. Doch gleichzeitig konnte sie auch sehr liebevoll sein."

Geld war das Hauptthema in dieser Familie. „Meine Mutter machte ständig bissige

Bemerkungen über das fehlende Geld und mein Vater ignorierte sie einfach." Greg beschreibt seinen Vater als einen freundlichen, intelligenten Mann, der sehr viel Engagement zeigte. „Er arbeitete hart, brachte aber irgendwie nicht viel zustande", meint Greg. „Eigentlich lebte er immer in der Zukunft. Er sagte Sachen wie: ‚Wenn es im August regnet, werden wir genug Weizen ernten, und alles wird gut sein'. Oder: ‚Wenn es genug regnet, werden die Sojabohnen eine gute Ernte bringen.' Immerzu sagte er: ‚Im nächsten Jahr wird alles besser sein.' Er stützte sich selbst durch diese Visionen, die ihm eine rosige Zukunft verhießen." Doch als Kind empfand es Greg als sehr störend, dass sich die Träume seines Vaters nie realisierten. „Immer sprach er davon, wie sehr er sich ein Flugzeug wünschte", sagte Greg. „Es war ihm wirklich wichtig. Doch nie unternahm er etwas, um diesen Wunsch zu realisieren. Würde ich mir ein Flugzeug wünschen, würde ich es mir irgendwie ermöglichen. Ich würde so handeln, dass mein Traum wahr werden würde. Doch mein Vater ließ einfach sein Leben an sich vorbeiziehen."

Zwar misshandelten Gregs Eltern weder ihn noch seine Geschwister, doch waren sie auch keine besonders liebevolle Familie. Greg spielte sehr viel allein und streunte über die Farm, den Kopf voller Phantasievorstellungen. „Ich war immer guter Dinge. Es gab nicht viel, was mich störte. Doch ich spielte fast immer allein. Ich war ein unnahbares Kind. Zwar hatte ich auch Freunde, doch ich ließ sie nicht richtig an mich heran. Ich fühlte mich nicht einsam, nur anders als die anderen. Ich wusste irgendwie, dass ich anders war, als die anderen Kinder um mich herum. Ich war nicht besser und nicht schlechter. Ich war einfach anders."

Erst sehr spät brach Greg aus seiner Isolation aus, in seiner zweiten Ehe. Doch überraschenderweise gelang es nicht seiner zweiten Frau, ihm nahe zu kommen, sondern einem seiner männlichen Freunde. Greg erklärte, wie sich das zugetragen hatte. „Dieser Freund wollte mir nahe kommen", sagte er. „Zuerst mochte ich ihn nicht, doch er bedrängte mich regelrecht. Er forderte mich immer wieder auf, dies und das mit ihm zusammen zu unternehmen. Als diese Ideen sich irgendwie nicht realisieren ließen, arrangierte er Treffen zusammen mit unseren Frauen. Ich lehnte immer wieder ab, doch er bestand darauf. Schließlich sagte ich zu mir selbst, dass es wahrscheinlich einfacher sei, ihn besser kennen zu lernen, da er ohnehin nicht aufgeben würde. Irgendwie schaffte er es, sich einen Weg zu mir zu bahnen. Er wurde mein bester und engster Freund. Damit war das Eis geschmolzen. Doch wenn ich nun auch wusste, was es bedeutet, jemandem nahe zu stehen, blieb ich doch bei anderen Menschen eher abwartend. Irgendwie fühlte ich mich alleine wohler."

Greg heiratete in seiner ersten Ehe seine Liebe aus der Schulzeit. „Es war eigentlich sehr einfach", erinnert er sich. „Meine Frau war mehr mein Kamerad oder mein Freund. Es war keine große Liebe zu spüren." Diese Ehe dauerte elf Jahre. Greg hatte den Eindruck, sie würden beide auf unterschiedlichem intellektuellem Niveau leben und hätten nur wenig Gemeinsamkeiten, doch diese Tatsachen reichten für eine Scheidung nicht aus. „Wir hatten zwei Kinder", sagte er, „und es galt in unseren Familien als unschicklich sich scheiden zu lassen." Doch im Laufe der Zeit ließ sich Greg mit einer anderen Frau ein. „Ich denke, dass ich so versuchte, diese Ehe zu beenden", meinte er. „Für alle war klar, dass bei einer Affäre die Ehe als gescheitert anzusehen war. Man hat eine Affäre und wird dann geschieden."

Der größte Fehler seines Lebens, so Greg, war die anschließende Heirat mit dieser Geliebten. „Sie hatte kein besonders freundliches Wesen. Sie war intelligent und ich fühlte mich körperlich sehr zu ihr hingezogen, doch sie war eigentlich nicht die Frau, die ich heiraten wollte. Wir hatten viele Schwierigkeiten. Wir hatten sexuelle Probleme, Verständigungsprobleme, und sie war mir gegenüber immer misstrauisch. Sie warf mir ständig vor, andere Affären zu haben." Diese stürmische Beziehung dauerte fünf Jahre. Während dieser Zeit bekam sie ein Kind und Greg adoptierte ihren Sohn aus ihrer ersten Ehe. (Jetzt hatte er schon vier Kinder, zwei aus seiner ersten Ehe, zwei aus dieser.) Als seine zweite Frau ihn zum dritten- oder viertenmal mit der Scheidung bedrohte, antwortete er ihr: „Jetzt ist Schluss. Ich verlasse dich und komme nicht wieder zurück! Du kannst die Scheidung haben."

Vier Jahre lang blieb Greg allein, dann heiratete er seine dritte Frau, die aus einer wohlhabenden Familie in Alabama stammte. Sie war fünf Jahre älter als er und - im Gegensatz zu seiner zweiten Frau - „erstklassig". Eigentlich suchte er in erster Linie eine Mutter für seine zehnjährige Tochter, die als einziges Kind noch bei ihm lebte. „Ich dachte, sie könnte meiner Tochter viele Dinge mitgeben, über die ich nichts wusste." Greg und seine dritte Frau waren gute Freunde und er achtete sie sehr. Eigentlich lief diese Ehe gar nicht schlecht, doch, so Greg: „Sie war auch nicht besonders aufregend. Die Höhen waren nicht besonders hoch, die Tiefen nicht besonders tief. Wir kommunizierten wenig miteinander. Wir vertrauten einander nichts an. Wir teilten nichts miteinander. Wir waren einander nicht nahe. Sie versuchte zwar mir nahe zu kommen, doch ich hielt Abstand. Damit war das Ende von Nummer drei eingeläutet."

Vielleicht fühlen sich manche irritiert über die legere Art, wie Greg seine Ehen schloss und wieder löste, doch in einer Zeit, in der Scheidungen populär, wirksame Hilfe bei Eheschwierigkeiten jedoch sehr schwer zu finden war, wählte er die Alternative, die ihm zur Verfügung stand. Er wusste nur, dass keine seiner drei Ehen funktioniert hatte. Irgendwie fehlte in allen eine entscheidende Sache, ebenso wie in seinem Leben überhaupt, die eine Ehe unerträglich machte.

Annes erste Ehe ähnelte der von Greg. Sie war eher heiter, traditionell und ereignislos. Ihr Ehemann Albert war Lehrer an einer Privatschule. Die ersten zehn Jahre dieser Ehe verliefen entspannt und reibungslos. „Albert war ein sehr engagierter Lehrer und ich war damit beschäftigt, meine beiden Töchter großzuziehen." Aufgrund ihrer ungewöhnlichen eigenen Herkunftsfamilie stand ihr kein gutes Rollenmodell für ein Eheleben zur Verfügung. „Ich denke heute, dass ich meine Vorbilder im Fernsehen gesucht habe", sagte Anne, „aus Büchern und aus der Beobachtung anderer Menschen. Doch ich wusste nichts über die Einzelheiten. Ich hatte keine speziellen Fähigkeiten. Eigentlich blieb meine erste Ehe sehr oberflächlich. Doch ich empfand das damals keineswegs als Schwierigkeit. Wir gaben einfach unser Bestes."

Die Dinge entwickelten sich weiterhin unproblematisch, bis Albert im zehnten Jahr ihrer Ehe eine emotionale Krise durchmachte. Beide konnten dieses Geschehen nicht einordnen. Es ging ihm jedoch so schlecht, dass er sich an einen Arzt um Hilfe wandte. Dieser stellt die Diagnose „Angststörung" und verschrieb ihm Beruhigungsmittel, damit er schlafen konnte. Albert hörte genau zu, was der Arzt zu ihm sagte, ging in die Apotheke und besorgte sich die Medikamente. Doch zurückgekehrt, fragte er Anne, „Was bedeutet ‚Angststörung'?" Sie konnte es ihm nicht erklären. „So naiv waren wir damals", meint Anne heute.

Albert nahm alle Tabletten, doch besser fühlte er sich dadurch nicht. Schließlich löste er seine Schwierigkeiten, indem er sich immer mehr zurückzog. Er verbrachte viel Zeit allein. Waren sie zusammen, war er nicht wirklich präsent, weil er ständig damit beschäftigt war, sein inneres Gleichgewicht aufrechtzuerhalten. Anne fühlte sich durch seinen Rückzug sehr belastet. Ohne dass es ihr bewusst wurde, erinnerte sie diese Haltung an ihre Kindheit und aktivierte ihre Verlassenheitsängste. Sie bemühte sich sehr, zu ihm vorzudringen, doch ohne Erfolg. In ihrer Verzweiflung begann nun Anne ihrerseits sich von Albert zurückzuziehen. „Ich griff wieder auf mein frühes Muster zurück und sorgte für mich selbst, die alte Methode, unabhängig zu sein."

Neben dem Verlust jeder Nähe zwischen ihnen stellten sich noch andere Schwierigkeiten ein. „Er wünschte sich, dass ich eine gute Lehrersgattin sein sollte", meinte Anne. „Ich war immer freundlich, extrovertiert und sehr engagiert, und die Menschen an dieser Schule mochten mich. Doch ein Teil von mir fühlte sich in dieser Rolle nicht wohl." Sie war auch unzufrieden mit Alberts Lehrerberuf. Sie wünschte sich, dass er an die Universität zurückging und ein Verwaltungsdiplom erlangen würde. „Ich hoffte, er würde dann mehr administrative Aufgaben bekommen und somit vom Druck der Lehrerrolle entlastet werden." Erinnert sich Anne heute an diese Zeit zurück, erkennt sie ihr eigenes, verborgenes Interesse an ihrem Wunsch, er möge seinen Beruf wechseln. „Bewusst wollte ich nur das Beste für ihn, doch eigentlich projizierte ich meine unbefriedigten, ehrgeizigen Gefühle auf ihn. Ich wälzte meine eigenen, unerfüllt gebliebenen Karrierewünsche auf Albert ab", sagte sie.

Albert ging zurück an die Universität und promovierte. Und als Annes Töchter alt genug waren, studierte Anne Psychologie. Sie lernte jetzt sehr viel über ihre eigene Kindheit, doch wenig, was für ihre Eheprobleme hilfreich gewesen wäre. Darüber hinaus konnte sie beobachten, dass die meisten Therapeuten, die sie kennen lernte, ähnliche Partnerschaften wie sie selbst führten. Sie ließen sich scheiden oder hatten Affären. Es sah nicht so aus, als könnte Anne bei ihnen Unterstützung für ihre Eheprobleme finden.

Der Konflikt zwischen Anne und Albert spitzte sich zu. Sobald Albert sein Doktorat in der Tasche hatte, entschied er sich, wieder zu unterrichten. Anne war tief enttäuscht. „Ich hatte so gehofft, dass er nun in einem anderen, einträglicheren Beruf mit besseren Aufstiegschancen Fuß fassen würde. Eines Tages wandte ich mich an ihn und sagte: ‚Wie werden wir die nächsten 20 Jahre unseres Lebens leben?' Er antwortete: ‚So wie jetzt.' Ich entgegnete: ‚Nein, ich glaube nicht, dass ich immer so leben möchte.' Ich sah 20 Jahre vor mir, immer gleich. Ich fühlte eine starke innere Leere in meinem Leben. Irgendetwas sehr Wichtiges fehlte mir."

In diesem Stadium ihrer Ehe spürten sie kaum noch Liebe zueinander. „Wir stritten nicht sehr viel", sagte Anne, „doch irgendetwas stimmte einfach nicht. Ich wollte, dass Albert anders wäre. Und er wollte, dass ich anders wäre. Ich wurde immer unabhängiger, er hingegen wünschte sich die süße, zu ihm aufblickende Frau zurück, die er geheiratet hatte. Wir entwickelten uns beide, jedoch getrennt voneinander, ohne dass wir diese neuen Elemente in unsere Partnerschaft integrieren hätten können. Wir wussten nicht, an wen wir uns um Hilfe wenden konnten, und zurückblickend denke ich, dass wir es im Grunde auch nicht wollten. Wir waren abgestumpft, unsere Gefühle abgestorben. Wir wünschten uns etwas voneinander, aber wir konnten es einander nicht geben, denn wir wussten nicht einmal, was wir uns wünschten. Wir hatten beide den Zugang zu unseren Bedürfnissen verloren. Wir verstanden kaum, wo die Probleme in unserer Partnerschaft herrührten. Würde man eine Skala von eins bis zehn zu Hilfe nehmen, so lag der Grad unserer Problemeinsicht höchstens bei 3."

Im Februar 1978 ließen sich Anne und Albert scheiden. Ihre beiden Kinder waren zu dieser Zeit zehn und dreizehn. „Meine ältere Tochter ertrug es sehr stoisch, wie ihr Vater", sagte Anne. „Doch meine jüngere Tochter zeigte ihren Schmerz deutlich. Sie lebte ihre Wut wirklich aus." Anne zog mit den beiden Mädchen nach Berkeley, Kalifornien, wo sie ihren Doktor als psychologische Beraterin machen konnte. Im Rahmen dieser Ausbildung unterzog sie sich einer intensiven Psychotherapie. Langsam konnte sie ihr Wissen über sich selbst erweitern. Sie erkannte, dass ihre Unzufriedenheit in ihrer ersten Ehe darauf zurückzuführen waren, dass sie hinter einer Fassade der Selbstsicherheit ein sehr ängstlicher Mensch war. „Zum ersten Mal in meinem Leben erkannte ich, wie sehr ich durch meine frühen Erfahrungen des Verlassen-Seins geprägt worden bin", sagte sie. „Immer war ein Schmerz in mir, ohne dass ich mir dessen bewusst war. Ich hatte diese Gefühle verdrängt, aber dennoch bestimmten sie mein Leben." Irgendwann fragte sie ihr Therapeut, ob sie jemals Angstattacken erlebt habe. Sie antwortet: „Nein, ich kann mich nicht daran erinnern." Später wurde ihr bewusst, dass sie im Grunde immerzu damit beschäftigt gewesen war, die Angst in ihrem Leben zurückzudrängen. „Es war ein andauernder Kampfzustand. Eine Angstattacke wäre nur eine Welle in einem großen Meer gewesen. Doch mir war meine Angst überhaupt nicht bewusst. Sie war mir zur zweiten Natur geworden. Die Welt war einfach so für mich eingerichtet."

Anne zog nach Texas und nahm dort eine Stelle als Assistenzprofessorin für Beratung an. Während dieser Zeit lernte sie meinen Ansatz der Paartherapie kennen. Zum ersten Mal gelang es ihr, eine umfassende Psychologie der Partnerschaft zu durchschauen. „Wichtiger war jedoch noch", fügte sie hinzu, „dass mir jetzt ein Modell zur

Verfügung stand, um es in Zukunft besser machen zu können. Erklärt mir jemand etwas anhand eines Modells, so kann ich diese Aufgabe bewältigen. Bis zu diesem Zeitpunkt war ich sehr unsicher, ob ich noch einmal heiraten wollte. Ich fragte mich selbst: ‚Was gibt dir denn die Gewissheit, dass es beim nächsten Mal besser gehen wird?'"

Zu dieser Zeit traf sie Greg. Sehen wir uns noch einmal ihre erste Begegnung an, um herauszufiltern, welche unbewussten Kräfte ihre gegenseitige Anziehung bewirkten. Anne beschrieb Greg als einen intelligenten, eindrucksvollen Mann, der die beneidenswerte Fähigkeit besaß, innerlich zufrieden zu wirken. Mit ihrem neu erworbenen Wissen über ihre eigene Persönlichkeitsstruktur sah sie jetzt, dass er deutliche Signale aussandte, emotional nicht zur Verfügung zu stehen - so wie ihr Vater, der immer in der Armee war und sie später verließ, und wie ihre Mutter, die nachts nicht nach Hause kam. Greg, der so selbstzentriert auftrat und schon drei Scheidungen hinter sich hatte, würde sie nicht nahe an sich herankommen lassen. Seine distanzierte Haltung löste bei Anne den Wunsch aus, jemanden, der sehr entfernt und nicht erreichbar zu sein schien, an sich heranzuziehen und abhängig zu machen. In dieser Begegnung mit Greg wurden ihre gesamten unerledigten Kindheitsprobleme neu aktiviert.

Warum fühlte sich Greg andererseits zu Anne hingezogen? Als warmherzige, liebevolle, aggressive und unstete Frau erinnerte Anne ihn sehr stark an seine Mutter. „Ich spürte, dass sie ebenso liebevoll sein konnte wie meine Mutter", meinte er, „und ebenso schwierig. Doch eines wusste ich, sie würde es schaffen, die Dinge in Bewegung zu bringen. Ich sage zwar immer, dass ich meine Ruhe haben möchte, doch in Wirklichkeit wünsche ich mir ein Leben, das mich herausfordert." Gleichzeitig hoffte er, wenn auch unbewusst, eine Frau zu finden, die stark genug wäre, seinen emotionalen Panzer zu durchbrechen, wie sein beharrlicher Freund es damals geschafft hatte. Als er Anne sah, spürte er, dass sie die erforderliche Willenskraft und Entschiedenheit dazu besaß.

Anne und Greg heirateten am Neujahrstag des Jahres 1982, vier Monate nachdem sie sich kennen gelernt hatten. In den ersten Wochen ihrer Ehe fiel es ihnen leicht Intimität herzustellen. „Ich vertraute Anne mehr, als ich je zuvor einem anderen Menschen vertraut hatte", meinte Greg. Doch nach einer gewissen Zeit glaubte er, Anne würde diese Intimität als Waffe benutzen. „Ich dachte, sie stellte ihre Fragen, um in meinen Freiraum einzubrechen. Immer wollte sie wissen, was ich denke und fühle." Nach und nach zog Greg sich innerlich zurück. Selbstgenügsam zu leben war für ihn eine sichere und vertraute Erfahrung, emotional verletzlich zu sein dagegen nicht. Als sich Greg zurückzog, erlebte Anne dies als Wiederholung ihrer Erfahrung mit Albert, ihrem ersten Ehemann. Sie wurde wütend und fordernd, überzeugt, Greg wolle sie verlassen. „Sie wurde richtig merkwürdig", erzählte Greg. „Sie verdächtigte mich ständig und wollte wissen, was ich vorhabe. Ich leckte meine Wunden und bereitete mich auf den nächsten Angriff vor." Die Unabhängigkeit, die Anne bei Greg so bewundert hatte, und ihre Aggressivität, die ihm so attraktiv erschienen war, ließen ihre Beziehung jetzt in einen Machtkampf ausarten.

Anne erinnert sich an eine aufschlussreiche Begebenheit. „Ich war über irgendetwas richtig aufgebracht. An der Universität hatte sich etwas ereignet, das mich sehr verletzt hatte. Ich sprach mit Greg darüber und begann zu weinen. Er betrachtete mich und meinte: ‚Ich kann keinen Menschen trösten. Es liegt mir einfach nicht. Erwarte bitte keinen Trost von mir.' Ich aber wünschte mir nichts mehr als das!"

Bald kamen noch andere Schwierigkeiten hinzu. Sie lebten mit vier halbwüchsigen Kindern zusammen und hatten eine sehr komplizierte Beziehung. Es gab häufig Zeiten, wo beide mit dem Gedanken spielten aufzugeben. Der einzige Grund, warum Anne in dieser Beziehung blieb, war das Bewusstsein, „dass ich diese Probleme auch in einer neuen Beziehung wieder erleben würde. Sah ich ihn an, wurde mir bewusst, dass ich mit ihm zusammenleben wollte. Er war diese Anstrengungen wert. Die Schmerzen, die wir uns gegenseitig zufügten, waren wirklich erheblich, doch unsere gegenseitige Anziehung war noch viel stärker."

Da Anne meinte, dass sie ihre großen Schwierigkeiten ohne Hilfe von außen nicht lösen könnten, bat sie Greg, zu einem meiner Wochenendseminare mitzukommen. Obwohl sie meine Theorien gut kannte, hatte sie sie Greg bisher nicht vorgestellt. „Da ich selbst als Therapeutin arbeite", so erklärte sie ihr Verhalten, „wollte ich nicht in die Lage kommen, ihm sagen zu müssen, was richtig und was falsch ist. In meinen früheren Beziehungen habe ich diese Schwierigkeit erlebt. Ich wollte, dass jemand anderer ihm diese Theorien nahe bringt."

Greg gewann durch dieses Seminar zwei bedeutende Erkenntnisse. Er fühlte sich vor allem sehr bewegt, als er in einer Übung Anne als verletztes Kind wahrnehmen konnte. „Niemals zuvor hatte ich ihren Schmerz verstanden", sagte er. „Plötzlich wurde mir bewusst, was sie durchgemacht hatte. Sie hatte mir zwar immer gesagt, dass sie sich verlassen fühlte, wenn ich nicht mit ihr sprach, doch ich hatte nichts damit anfangen können. Wie kann sich eine erwachsene Frau verlassen fühlen? Niemals zuvor war ich mit so einer starken Sehnsucht nach Wärme und Geborgenheit konfrontiert worden. Während dieser gelenkten Phantasiereise sah ich Anne als vierjähriges Kind. Oder als Achtjährige, die am Morgen aufwacht und ganz allein im Haus ist. Hier konnte ich sehen, wie es diesem Kind zumute war, und konnte mich in Anne als Kind einfühlen. Es berührte mich sehr und anschließend fiel es mir viel leichter ihr zuzuhören, wenn sie mir ihr Herz ausschütten wollte, und meine Tendenz zu überwinden, mich zurückziehen zu wollen."

Die andere Einsicht, die Greg in diesem Seminar gewann, stand in Zusammenhang mit Kommunikation. Als Greg zum ersten Mal erlebte, wie man die Worte seines Partners spiegeln sollte, realisierte er, dass er auf diese Weise die intensiven Gefühle seiner Frau leichter aushalten würde. Greg erinnerte sich an das erste Mal, als er diese Methode anwendete. „Anne und ich fuhren zusammen im Auto und sie war wirklich wütend. Ich glaube, es ging um irgendein Problem der Kinder. Ich sehe sie noch vor mir, wie sie so richtig wütend und aufgebracht war. Ich hatte das Gefühl, sie schlug wild um sich und ich konnte nur zusehen, dass ich nicht getroffen wurde. Instinktiv wollte ich mich verteidigen und sie angreifen - das hatte ich in der Vergangenheit immer so gemacht. Doch jetzt versuchte ich sie zu spiegeln. Ich wehrte mich nicht. Ich klagte sie nicht an. Ich hörte ihr einfach zu und wiederholte, was sie gesagt hatte. Während ich ihr zuhörte, schien es, als ob ich einen Teil ihrer übergroßen Wut in mich aufnahm. Sie wurde kleiner und kleiner. Schließlich war sie fast verschwunden. Jetzt konnten wir ruhig miteinander reden. Da ich ihre Wut nicht noch verstärkt hatte, konnte ich sie auffangen." Greg fühlte sich anschließend sehr gut und war wieder voller Optimismus für ihre zukünftige Beziehung. „Ich konnte mich selbst verteidigen, ohne sie angreifen zu müssen oder mich in mein Schneckenhaus zurückzuziehen."

Im Laufe der Zeit entwickelte Greg die Fähigkeit zu spiegeln so gut, dass sie ihm fast zur zweiten Natur wurde. Immer wenn er sich durch die Intensität ihrer Wut bedroht fühlte, stellte er sich vor, hinter einer schützenden Scheibe aus Plexiglas zu sitzen, hörte ihr aufmerksam zu und bemühte sich, ihre Gefühle nachzuvollziehen. „Und der Erfolg war", so Greg, „dass Anne immer seltener wütend wurde. Sie brauchte es einfach nicht mehr. Es funktioniert auch nicht mehr wie früher. Wir haben diese Phase hinter uns gelassen. Heute können wir wirklich miteinander reden."

Ein anderes Hilfsmittel, das die beiden aus dem Seminar mitbrachten, war die Übung „Bitte um Verhaltensänderung". „Wir streiten nicht mehr, sondern fragen uns, was wir eigentlich wollen", sagte Anne. „Das macht einen großen Unterschied." Am Anfang fiel ihnen diese Übung aus verschiedenen Gründen recht schwer. Gregs Problem bestand darin, dass er so stolz darauf war, selbstgenügsam leben zu können. Es fiel ihm schwer zuzugeben, dass er etwas von einem anderen Menschen brauchte, besonders von Anne. Doch sogar Greg hatte Bedürfnisse, die er nicht vollständig verdrängen konnte. Er wünschte sich häufigeren und spontaneren Sex. „Ich phantasierte immer, dass ich nach Hause komme und Anne dort in einem Negligé vorfinde. Doch das geschah selten!" Er lernte, dass er seine Wünsche in Worte fassen musste. „Ich musste meine Bedürfnisse offen aussprechen. Anne konnte schließlich nicht meine Gedanken lesen."

Anne fiel diese Übung aus einem anderen Grund schwer. Sie konnte sehr gut zum Ausdruck bringen, was sie sich wünschte. Durch ihre lange Einzeltherapie kannte sie ihre eigenen, unerfüllten Kindheitswünsche recht gut und bat Greg, sein Verhalten entsprechend zu ändern. Doch gleichzeitig fiel es ihr schwer, seine liebevollen Verhaltensweisen dann wirklich anzunehmen. Anne erzählte folgendes Beispiel: Greg war Inhaber einer Maschinenbaufirma und musste die Stadt oft für Geschäftsreisen verlassen. Jede dieser Trennungen bedeutet für Anne die Gefahr, sich wieder verlassen zu fühlen wie in ihrer Kindheit. Sie bat ihn deshalb, sie einmal am Tag anzurufen. Greg stimmte zu. Doch nach einigen Wochen, als Greg sie täglich angerufen hatte, empfand Anne neuerlich Angst und Unbehagen. Sie dachte sich verschiedene Gründe aus, warum er aufhören sollte, sie anzurufen. „Es kostet viel zuviel", wandte sie ein.

Oder: „Du hast doch eigentlich gar keine Zeit dafür!" Doch Greg ließ nicht locker und rief sie weiterhin jeden Tag an, ihre unbewusste Abwehr ignorierend. Schließlich gelang es ihr, sich zu entspannen und sein Geschenk anzunehmen.

Im letzten Jahr gelang es Anne und Greg viel besser, ihre Bedürfnisse auszudrücken und ihre Wünsche zu formulieren. Für Greg bedeutet dies, dass er jetzt weniger Zeit aufwenden muss, um zu raten, was in Anne vorgeht. „Ich versuchte immer, ihre Bedürfnisse vorauszusehen", meint er. „Ich unternahm alles, von dem ich glaubte, es würde sie glücklich machen. Doch sie nahm meine Anstrengungen kaum wahr, und ich erschöpfte mich dabei, herauszufinden, was sie eigentlich wollte. Jetzt kann ich mich entspannen, in der Gewissheit, sie wird sich melden, wenn sie einen bestimmten Wunsch hat. So gefällt es mir viel besser. Ich kümmere mich um meine Bedürfnisse, sie sich um ihre. Wir beide bemühen uns sehr, den anderen zufriedenzustellen, doch wir wissen, dass niemand Gedanken lesen kann."

Eines ihrer Grundbedürfnisse konnte Anne Greg sehr deutlich vermitteln, nämlich ihren Wunsch nach Zuwendung und Sicherheit. „Ich brauche und wünsche mir viel Zuwendung", sagt Anne. So erklärte sie ihm eines Tages, dass sie, wann immer sie übertrieben emotional reagiere - ob durch Wut, Rückzug oder Trauer - in Wirklichkeit nur hören wolle, wie sehr er sie liebe. Sie schrieb ihm die Worte, die sie hören wollte, auf eine Karte und sagte: „Hier ist dein Text." Auf der Karte stand: „Ich liebe dich. Du bist der Mensch, mit dem ich zusammenleben möchte. Mit dir möchte ich den Rest meines Lebens verbringen." Greg, der von sich behauptet hatte, er könne keinen Menschen trösten, überwand sich und konnte diese Sätze mit echtem Gefühlsausdruck zu ihr sagen.

Anne und Greg lernten auch, ihre Auseinandersetzungen auf eine neue Weise auszutragen. So oft als möglich wenden sie die Übung „Bitte um Verhaltensänderung" an. Aber selbst wenn es ihnen in manchen Situationen nicht gelingt, sich an eine gute Struktur zu halten, streiten sie jetzt konstruktiver als früher. „Wir kommen nicht mehr in unser altes Fahrwasser. Wir versuchen, ehrlich und direkt zu bleiben", sagt Anne. Sie führt ein Beispiel für dieses neue Verhalten an: „Vor kurzem betrachtete ich Gregs Hand und bemerkte, dass er keinen Ehering trug. Ich fühlte mich verletzt und hintergangen. Doch anstatt darüber nachzugrübeln, artikulierte ich sofort meinen Ärger. Ich sagte zu ihm: ‚Es verletzt mich wirklich, wenn du deinen Ring nicht trägst. Dieser Ring zeigt anderen Menschen, dass wir verheiratet sind, was für mich sehr wichtig ist. Es macht mich wirklich betroffen. Ich weiß nicht, warum du ihn nicht trägst. Ich wünsche mir, dass du ihn wieder ansteckst.' Statt sich nun zu verteidigen oder mich anzugreifen, hörte Greg mir zu und sagte: ‚Es leuchtet mir ein, dass du so empfindest. Mir ist bewusst, dass dich das traurig und vielleicht sogar wütend macht.' Später erklärte er mir, warum er den Ring nicht trug. Es hing damit zusammen, dass ich wieder dazu übergegangen war, meinen Mädchennamen zu verwenden, was wiederum ihn verletzt hatte. Durch das Ablegen seines Eheringes hatte er das Gefühl, nun gleichgezogen zu haben. Es gelang uns nicht, dieses Problem sofort zu lösen, da das Thema recht komplex war. Doch wichtig war, dass es uns gelang, unsere Gefühle auszusprechen. Wir hörten einander zu. Wir konnten uns von all der negativen Energie befreien. Wir sind auch nicht wütend oder nachtragend. Früher hätten wir uns in einen lang andauernden Streit verwickelt, ohne eine Lösung in Aussicht zu haben."

Durch ihr Bemühen ist es Anne und Greg gelungen, einander ihre Bedürfnisse zu erfüllen, sodass sie eine neue Ebene der gegenseitigen Annahme erreichen konnten. „Ich fühle mich jetzt in unserer Partnerschaft so sicher, dass ich es hinnehmen kann, dass Greg im Grunde seines Herzens ein selbstgenügsamer Mensch ist und bleiben wird", sagte Anne. „Ich fühle mich nicht mehr bedroht. Ich kann jetzt abwarten, bis er seine Gefühle offenlegen möchte. Ich muss ihn nicht mehr unter Druck setzen. Spürte ich früher, dass er sich ärgerte, wollte ich immer sofort wissen, was geschehen war, damit wir es hinter uns hatten. Doch das brachte mich immer in die Rolle derjenigen, die die Initiative ergreift. Wenn ich lange genug zuwarten kann, so habe ich beobachtet, gelingt es Greg oft, seine Probleme selbst in den Griff zu bekommen. Selbst wenn es ihm nicht gelingt, kann ich heute damit leben, dass er so ist, wie er nun einmal ist. Ich habe gelernt, dass nicht immer ich diejenige sein muss, die alles in Ordnung bringt."

Anne und Greg können die Tatsache bestätigen, dass Beziehungsarbeit nicht immer einfach ist. Eher trifft das Gegenteil zu. Anne meint, dass das Aufarbeiten von Problemen in ihrer Ehe zu den schwierigsten Aufgaben gehört, die sie je zu bewältigen hatte. Auch Greg äußert eine ähnliche Auffassung. „Eine Ehe zu führen kann man damit vergleichen, Blumen zu pflanzen, zu hegen und zu pflegen", meint er. „Man muss sich immer mit ihnen beschäftigen." Er bringt noch einen anderen Vergleich: „Vernachlässigt man seinen Garten, nimmt das Unkraut überhand und erstickt schließlich die Blumen. Auch beim Gärtnern sind die richtigen Werkzeuge entscheidend. Zwar kann man händisch schwere Gießkannen schleppen und auch den Boden mit seinen Händen umgraben, doch es ist viel leichter, einen Gartenschlauch und einen Spaten zu verwenden. So empfinde ich mein Zusammenleben mit Anne. Wir haben jetzt die richtigen Werkzeuge und Fähigkeiten, um die Ehe führen zu können, die wir uns wünschen."

Der Grund, warum Anne und Greg so bereitwillig diese Anstrengungen auf sich nehmen, liegt in den täglichen Belohnungen, die sie dafür erhalten. Greg denkt, dass sich die wichtigste Veränderung in ihrem emotionalen Leben abgespielt hat. „Zu Beginn unserer Ehe waren wir beide eher unbeständige Menschen, wobei es mir gelang, meine Gefühle unter Verschluss zu halten, während Anne ihre Gefühle offen zur Schau stellte. Jetzt steigert sie sich viel weniger in etwas hinein, ich dagegen bin viel emotionaler geworden. Dabei haben wir nicht einfach nur die Seiten gewechselt - wir haben eine Art Gleichgewicht geschaffen. Wir pendeln in der Nähe des Mittelpunkts. Manchmal reagiert sie emotionaler als ich, manchmal bin ich emotionaler als sie. Doch wir haben uns einen Bereich geschaffen, der uns Maß halten lässt. Diese Tatsache schenkt uns sehr viel Sicherheit."

Greg konnte auch beobachten, wie diese Fähigkeiten ihm halfen, ein besserer Manager zu werden. „Heute spüre ich sehr viel schneller als früher die versteckten Wünsche", sagt er. „Ich weiß, dass Menschen oft nicht über das Thema sprechen, das sie wirklich bewegt. So bemühe ich mich, auch die tiefer liegenden Probleme anzusprechen." Es gelingt ihm nun viel besser, sich in die Lage anderer Menschen hineinzuversetzen. „Ich sage mir, wenn ich diese Person wäre, was würde ich zu diesem Zeitpunkt brauchen oder mir wünschen? Durch das Einfühlen in Annes Bedürfnisse habe ich mir diese Fähigkeit angeeignet. Durch meine Ehe habe ich bessere Kommunikationsfähigkeiten erworben und kann viel mehr Druck standhalten. Wird jemand in meiner Firma wütend, gelingt es mir, nicht abwehrend zu reagieren. Ich schaffe es, dass die Probleme wirklich gelöst werden."

Anne erlebte, dass sie durch ihre Ehe zu einem spirituelleren Menschen geworden ist. „Die stärkste Kraft im Universum würde ich heute ‚Christus in uns' oder den ‚Heiligen Geist' nennen", sagt Anne. „Für mich bedeutet das, nach Vollkommenheit zu streben. Unsere Aufgabe besteht darin, das Beste aus uns herauszuholen, bezogen auf Liebe, Freundschaft und das Leben. Es bedeutet, unsere Talente und Fähigkeiten zu entwickeln. Dazu muss ich so viel als möglich über mich selbst wissen. Ich muss ehrlich mit mir sein, meine negativen, ebenso wie meine positiven Seiten anerkennen. Das habe ich in meiner Ehe erlebt. Es ist paradox: früher dachte ich, ich wäre selbstbewusst, doch das war eher Selbstübersteigerung. Heute fühle ich mich einfach wohl in meiner Haut, als ganzer Mensch. Ich mag, wer ich geworden bin. Ich kann auch alleine mit mir sein, ohne mich gleich unglücklich zu fühlen. Ich lebe im Augenblick. Meine Angstgefühle sind fast verschwunden. Das macht den entscheidenden Unterschied aus. Ich fühle mich wirklich glücklich und sicher, zum ersten Mal in meinem Leben."

Ich fragte Anne, ob sie den Lesern dieses Buches noch einen besonderen Rat mitgeben möchte, vor allem jenen, die meine Theorien zum ersten Mal kennen lernen. „Mein Rat wäre, bereit zu sein, sich selbst zu verändern", sagte sie. „Damit meine ich, dass man sich bewusst machen sollte, dass das, was man für seinen Partner tut, auch einem selbst zugute kommt. Bemüht man sich, die Bedürfnisse des Partners nach Kräften zu erfüllen, entwickelt man gleichzeitig seine eigene Persönlichkeit. Ich erlebte es sehr deutlich, dass mir ein lange abgespaltener Teil meiner Persönlichkeit wieder zugänglich wurde, als es mir gelang, Gregs Wünsche zu erfüllen. Bittet uns unser Partner um etwas, sollten wir fragen: ‚Ist dieser Wunsch verständlich? Ist es meine Pflicht als Individuum, diesen Wunsch zu erfüllen?' Immer, wenn wir diese Fragen bejahen können, sollten wir der Bitte unseres Partners nachgeben, gleichgültig, wie wir uns im Augenblick dabei fühlen mögen - denn so können wir wichtige Teile unseres Selbst zurückgewinnen."

Kenneth und Grace

Kenneth und Grace lernten einander 1940 kennen, als sie beide noch studierten. Kenneth wollte Arzt werden und Grace studierte Kunstgeschichte. Ihre Freundschaft entwickelte sich, weil sie zufällig im Bus nebeneinander saßen, als sie für die Osterferien zu ihren Familien nach Hause fuhren. Kenneth meinte zu wissen, was ihn an Grace so anzog: „Vor uns saß eine Frau mit einem schreienden Baby auf dem Arm und sie konnte es nicht beruhigen. Grace bat, dieses Kind einmal nehmen zu dürfen. Nach kurzer Zeit auf Graces Schoß beruhigte es sich tatsächlich. Ich erinnere mich, dass ich dachte, so eine Frau hätte ich gerne als Mutter für meine Kinder. Sehr viel tiefer noch - ohne es damals schon bewusst zu erkennen - wünschte ich mir etwas von dieser Zärtlichkeit auch für mich selbst."

Grace gewann einen ebenso guten Eindruck von Kenneth. „Er schien so ein netter, freundlicher Mann zu sein." Es schmeichelte ihr auch, dass er sich für ihre Studien interessierte. „Ich mochte es, wie er mich als intelligente Frau behandelte, etwas, was andere Männer oft nicht taten." Sie erinnert sich, wie sie ihren Eltern erzählte, sie hätte einen jungen Mann mit einem „goldenen Herzen" kennen gelernt.

Verborgen hinter diesen bewussten Eindrücken steckten noch andere Gründe für ihre gegenseitige Anziehungskraft. Welche unerledigten Kindheitsprobleme brachte Grace in diese Liebesbeziehung ein? Grace war als Älteste in einer Familie mit drei Kindern aufgewachsen, sie hatte eine Schwester und einen Bruder. Sie beschreibt ihre Familie als eine Mischung „aus Liebe und Chaos". Sie waren stolz auf die ungewöhnlichen Einfälle, die sie hatten, und wie unkonventionell sie sich gaben. „Wir lebten wie Künstler oder Musiker", sagte sie. „In unserer Familie gab es sehr viel Spontaneität. Mein Vater sagte oft: ‚Wir wollen nach dem Abendessen noch einen Ausflug machen. Der Abwasch bleibt für später!' Mutter antwortete: ‚Lass mich doch zuerst den Abwasch machen.' Worauf mein Vater entgegnete: ‚Wenn wir später fahren, verpassen wir den Sonnenuntergang.' So stiegen wir alle in das Auto und fuhren los. Wir sangen während der Fahrt, mehrstimmig. Unsere Familie sang regelmäßig in der Kirche, sodass wir auf Ausflügen auch Kirchenlieder anstimmten."

Grace erinnert sich gern an ihre frühe Kindheit zurück. Sie weiß, dass sie der kleine Liebling ihres Vaters war. Als sie fünf Jahre alt war, wurde aber ihre jüngere Schwester Sharon geboren, und Grace wurde plötzlich von ihrem Thron gestoßen. „Ich stand nicht mehr im Mittelpunkt der Aufmerksamkeit. Ich fühlte mich irgendwie ausgestoßen. Ich erinnere mich, wie ich damals dachte: ‚Was ist nur geschehen? Bin ich nicht mehr so hübsch wie früher? Warum lieben sie mich nicht mehr so?' Ich konnte mich einfach nicht damit abfinden, nicht mehr der verwöhnte Liebling zu sein."

Grace beschreibt ihre Mutter als eine Persönlichkeit, die auf verwirrende Weise Wärme und Gereiztheit vermischte. Sie und Grace verstanden sich nicht sehr gut. „Sie war so stark, dass ich immer Schwierigkeiten hatte, meine eigene Identität aufrechtzuerhalten", erinnert sie sich. „Deswegen bin ich wohl aufsässig geworden." Ihr Vater war ein warmer und fürsorglicher Mensch und ein guter Zuhörer. Sie erinnert sich, wie eng ihre Beziehung zu ihm war. „Manche sagen, zu eng", meint Grace. „Ich erinnere mich, wie ich aus der Schule kam und mein Vater mir den Rücken streichelte. Es fühlte sich angenehm an und schien mir normal zu sein, doch ich weiß, dass meine Mutter eifersüchtig war." Aus einem größeren Abstand blickt sie auch heute noch etwas ängstlich auf die Beziehung zu ihrem Vater zurück. „Irgendwie war so eine enge Bindung auch beängstigend. Ich weiß, dass er es sehr schwer nahm, als ich geheiratet habe. Kurz vor meiner Hochzeit sagte er zu mir: ‚Ich dachte immer, du würdest bei uns bleiben und nicht heiraten.' Er versuchte zwar, es scherzhaft klingen zu lassen, doch es war ihm ernst." Neben diesem Gefühl zu großer Enge hätte Grace sich gewünscht, dass ihr Vater eine stärkere Persönlichkeit gewesen wäre. „Er war nicht sehr stark", sagt sie. „Wurden die Dinge schwieriger, verschwand er einfach. Stritten Mutter und ich uns wieder einmal sehr heftig, wusch er seinen Wagen oder kümmerte sich um die Blumen. Nie hat er mich verteidigt."

Als Grace zwölf oder dreizehn Jahre alt war, erlebte sie eine Phase intensiver Religiosität. Sie besuchte besondere Jugendgottesdienste und fühlte sich von der Nähe Gottes überwältigt. Sie erinnert sich an verwirrende Gefühle von Getragen-Sein und Schuld. Getragen-Sein, weil sie spürte, Gott war an ihrer Seite, Schuld, weil sie sich schlecht mit ihrer Mutter verstand. Sie erinnert sich an einen Tag, an dem ihre Familie gerade zu einer Kurzreise aufbrechen wollte und Grace auf gar keinen Fall mitfahren wollte. „Ich weiß, wie ich in mein Zimmer ging, betete und weinte und sehr nervös war. Ich weiß eigentlich nicht, was der Grund für mein Verhalten war, ich hatte nur ein unangenehmes Gefühl. Eine emotionale Krise. Ich fühlte mich ‚schlecht' oder ‚böse'." Diese negativen Gefühle sich selbst gegenüber sollten zu einem konstanten Thema ihrer späteren Jahre werden.

Grace sorgte sich auch wegen ihrer angeblichen „Dummheit". Sie hatte diese Vorstellung von ihren Eltern übernommen, die sie häufig kritisierten und als dumm hinstellten. „Eigentlich war ich nicht wirklich dumm", meint sie später zu ihrer Verteidigung, „doch oft war ich mit meinen Gedanken woanders und irgendetwas misslang mir." Vielleicht entwickelte sich diese Einstellung bei Grace auch aus einem anderen Grunde, denn sie war eher ein Mensch der Tat als eine Theoretikerin. Als junges Mädchen hatte sie eine selbstsichere, verantwortungsbewusste Persönlichkeit und erledigte ihr aufgetragene Dinge mit minimalem Aufwand. Nach kurzer Planungszeit stürzte sie sich sofort in eine neue Aufgabe. Sie war stolz, wenn sie etwas erledigt hatte. Manchmal allerdings bedauerte sie, nicht so lange und so sorgfältig geplant und überlegt zu haben wie andere.

Zu ihren Stärken gehörte ihr künstlerisches Talent, das ihr in ihrer Jugend sehr viel bedeutete. Während der Schulzeit war sie Assistentin ihres Kunstlehrers im Sommerlager und es machte ihr sehr viel Freude anderen Kindern dabei zu helfen, sich durch künstlerisches Schaffen auszudrücken. In den folgenden Jahren gewann sie einige

Preise für ihre Design-Entwürfe und surrealistische Bilder und die Kunst wurde immer mehr zum Mittelpunkt ihres Lebens.

Vor diesem Hintergrund wollen wir Kenneths Persönlichkeit näher betrachten. Er hat beinahe lebenslange Therapieerfahrung. Bei unserem Erstgespräch meinte er zu mir, er könne „seine Lebensgeschichte fast im Schlaf erzählen". Tatsächlich, in nur wenigen Minuten gab er eine sehr verständliche Übersicht über seine Kindheit. „Meine Mutter war eine sehr engagierte, energische und leidenschaftliche Frau", begann er seine Schilderungen, „die sehr viel vom Leben erwartete, ebenso wie von meinem Vater, der eher ein passiver, ruhiger und freundlicher Mann war. Meine Mutter hatte auch für mich hohe Ziele. Ich erlebte sie gewissermaßen als unersättlich in Bezug auf mich. Heute, als Erwachsener, der auf seine Kindheit zurückblickt, sehe ich, dass mein Vater ihr nicht genug Liebe und Zuwendung geschenkt hat. Ihre scharfe Zunge konnte wirklich verletzend sein und sehr oft war sie mir gegenüber kritisch und zornig. Ich wusste oft nicht warum und hielt sie einfach für unfair. Als Kind wünschte ich mir oft eine andere Mutter. Wir erlebten auch schöne Zeiten miteinander, aber ich traute mich nicht, ihr zu nahe zu kommen. Ich dachte, eines Tages würde sie mich zum Frühstück verspeisen. Ich wollte ihr nicht einmal über meine guten Leistungen berichten, um zu vermeiden, dass sie sich damit schmückte. Das wollte ich ihr nicht zugestehen."

Es gibt eine grundlegende Übereinstimmung in dem Erziehungsmuster von Grace und Kenneth. Beider Väter waren eher schwach und zurückgenommen, während ihre Mütter eher aggressiv und dominant waren. Kenneth allerdings stand keinem seiner beiden Eltern wirklich nahe. Obwohl er seinen Vater wirklich bewunderte, erlebte er ihn doch aus großer Distanz. „Wir verbrachten viele schöne Stunden zusammen, doch sprach er nie über seine Gefühle. Ich wünschte mir so sehr, dass er mich mag und stolz auf mich sei, doch nie sagte er zu mir, dass er mich liebe. Von anderen Menschen hörte ich, wie sehr er mich respektierte, nie von ihm selbst." Sein Vater hatte besonders große Schwierigkeiten mit Wut umzugehen. „Wurde ich wütend, zog er sich zurück. Meiner Mutter gegenüber setzte er die gleiche Technik ein. Richtete sich ihr Zorn auf mich, versuchte ich, es ihm gleichzutun, doch es gelang mir nie so gut wie ihm." Bedingt durch diese frühe Prägung lernte Kenneth, seine eigene Wut zu fürchten: Wut brachte ihn in Konflikt mit seiner Mutter und entfremdete ihn von seinem Vater. „Schon als sehr kleines Kind entschied ich mich ein netter Junge zu werden." Doch seine Persona, sein Öffentliches Selbst, verdeckte nur sein starkes Verlangen nach liebevoller, mütterlicher Fürsorge und einem konsequenten, bestätigenden Vater. Versteckt hinter dieser Fassade hatte sich viel Wut angestaut, weil diese Grundbedürfnisse nie erfüllt worden waren.

Kenneth und Grace stehen für eine exemplarische Partnerwahl, wie ich sie weiter oben beschrieben habe, da sie beide auf die gleiche Art verletzt worden sind, jedoch entgegengesetzte Abwehrstrategien entwickelt haben. Beide empfanden das Bedürfnis, gegenüber dem übermächtigen Elternteil eine eigene Identität auszubilden. Damit ist nahegelegt, dass ihr Hauptkonflikt in der Kindheitsphase stattgefunden hat, die von den Kinderpsychologen die „Entdecker-Phase" genannt wird. Kenneth versuchte sich den nötigen Freiraum zu schaffen, indem er sich alle Mühe gab, ein „nettes" Kind zu werden, in der Hoffnung, so die Wut seiner Mutter nicht zu erregen. Grace dagegen entschied sich, aufsässig und zornig zu reagieren, um so den Übergriffen ihrer Mutter etwas entgegensetzen zu können. Aufgrund dieser entgegengesetzten Lösungsversuche wird verständlich, warum sie sich voneinander angezogen fühlten. Grace bewunderte die Sanftheit und Güte bei Kenneth, der wiederum ihre Stärke und Aggressivität besonders anziehend fand. Jeweils im Anderen sahen sie den Teil ihrer Persönlichkeit, der nur schwach entwickelt war. Was ihnen nicht bewusst war, war, dass diese scheinbar so entgegengesetzten Charaktereigenschaften im Grunde die gleichen Wunden verdecken sollten.

In ihrer 35-jährigen Ehe hatten Grace und Kenneth sich schon selbst Gedanken über ihre Partnerwahl gemacht. „Ich habe versucht für mich selbst zu sorgen", erinnert sich Kenneth. „Ich suchte mir Grace aus, damit sie mich bemuttert. Sie war voll Wärme, Leben und Zärtlichkeit." Grace hat eine ebenso knappe Erklärung zur Hand, warum sie Kenneth heiratete. „Ich war das aufsässige, ein wenig dumme Mädchen, das nach einem guten, klugen Mann Ausschau hielt. Kenneth repräsentierte alles, was ich mir wünschte." Während damit sicher einige der positiven Gründe angesprochen worden sind, gibt es doch auch negative Gründe für diese Heirat. Der offensichtlichste war, dass beide einen Partner ausgewählt hatten, der ihren Kampf mit dem jeweils gegengeschlechtlichen Elternteil verlängerte. Grace war dominant und aggressiv - wie Kenneths Mutter - und Kenneth war passiv und sanft - wie Graces Vater. Sie hatten sich Partner ausgesucht, deren Charaktermerkmale ihnen wiederum große Probleme bereiten sollten, wie sie es schon in ihrer Kindheit erlebt hatten.

Doch es dauerte über ein Jahr, bevor diese negativen Eigenschaften zum Tragen kommen sollten. „Im ersten Jahr lebten wir in einer Idylle", sagte Grace. Die Probleme entwickelten sich erst im zweiten Jahr ihrer Ehe, kurz nach der Geburt ihrer Tochter. Kenneth arbeitete als Arzt in einem privaten Therapiezentrum. Grace war besorgt, da er ihrer Meinung nach nicht entschieden genug auftrat, um neue Patienten zu gewinnen. „Ich sah, wie er das Therapiezentrum erweitern hätte können", erinnert sich Grace, „doch er war immer mit dem zufrieden, was er hatte. Ich sah diese Möglichkeiten, er nicht."

Ihren ersten Streit erlebten sie, als Grace sah, wie das Zentrum immer mehr Patienten verlor. „Zwei Jahre lang hatte Kenneth alle Anzeichen ignoriert, dass es bergab ging. Jetzt war es schließlich zu spät, noch irgendetwas zu ändern. Zwei seiner Kollegen suchten sich neue Arbeitsplätze. Eines Abends explodierte ich endlich!" Auch Kenneth erinnert sich an diesen Streit und daran, wie er Grace für ihre Fürsorge dankte, allerdings jede Einmischung in seine Angelegenheiten ablehnte. „Irgendwie wollte ich zwar ihre Hilfe", sagte er, „doch ich war auch sehr wütend auf sie, weil sie so fordernd auftrat. Sie schien genau zu wissen, was ich zu tun hätte, und meinte, dass es ihr gutes Recht wäre, mir dies auch mitzuteilen. Sie erinnerte mich an meine Mutter, die auch immer so viel von mir gefordert hatte."

Zurückblickend bewertet Grace ihre damaligen Gefühle als nicht ganz eindeutig. „Ich war plötzlich besorgt, ob ich nicht zu stark aufgetreten war. Ich überlegte, ob er stärker würde, wenn ich mich mehr zurücknähme. Doch es war mir einfach nicht gegeben, den Dingen ihren Lauf zu lassen." Genau die Merkmale, die sie so aneinander gebunden hatten - Graces selbstbewusste, extrovertierte Persönlichkeit, Kenneths sanfte, freundliche Art - bildeten jetzt die Grundlage für ihren fast 30 Jahre anhaltenden Machtkampf.

Kenneth entdeckte plötzlich Eigenschaften an Grace, die ihm nicht gefielen. „Ich wünschte mir, dass Grace anders reagierte. Sie erschien mir oft zu wenig intellektuell. Ich war enttäuscht darüber, dass sie nicht mehr las und fachkundiger über verschiedene Themen diskutierte." Wieder einmal erhielt Grace die Rückmeldung, sie sei nicht „klug" genug. Der junge Mann, der damals auf der Busfahrt ihre akademische Ausbildung als Künstlerin bewundert hatte, kritisierte nun, dass sie nicht intellektuell genug war.

Als ihre Tochter größer geworden war, begann Grace einige Stunden als Kunsterzieherin an der örtlichen Schule zu unterrichten. Im folgenden Winter kam Kenneths Mutter zu Besuch und es kam zu einer neuerlichen, schwerwiegenden Konfrontation. Grace war zu dieser Zeit sehr beschäftigt mit ihrem Beruf, gleichzeitig gab sie noch ein Pfarrblatt heraus. Sie behandelte ihre Schwiegermutter zwar freundlich, ließ sich durch deren Besuch jedoch nicht in ihrem Tagesablauf stören. „Ich war einfach viel zu beschäftigt, um eine gute Gastgeberin zu sein", erinnert sie sich. Sie weigerte sich auch, die Erwartungen ihrer Schwiegermutter zu erfüllen, nun die perfekte Hausfrau zu spielen, die ihre Zeit damit zubringt zu kochen, zu backen und zu nähen. Während dieses Besuches war Kenneths Mutter weitgehend auf sich selbst gestellt und das erzürnte sie so sehr, dass sie vorzeitig abreiste. Auf der Fahrt zum Bahnhof beschwerte sie sich bitterlich bei Kenneth. Der Zorn seiner Mutter löste wie früher Angst bei ihm aus. „Da saß ich und hörte den Angriffen meiner Mutter auf meine Frau zu, ohne es zu wagen sie zu verteidigen. Ich hatte nicht einmal genug Mut, um mich für meine eigene Frau einzusetzen!"

Für Grace stellte dieser Besuch die unerfreuliche Wiederholung ihrer Kindheitssituation dar. Wiederum stand ein männliches Wesen neben ihr, dem es aus eigener Passivität nicht gelungen war, sie gegen eine kritische, feindliche Mutterfigur zu verteidigen. „Ich wünschte mir, Kenneth würde mir beistehen", sagte sie „und seiner Mutter erklären, wie beschäftigt ich war. Doch er war nur darauf bedacht sie nicht zu ärgern, und dann war er auch noch auf mich böse, weil es mir nicht gelungen war ihr zu gefallen."

Während Grace diese Geschichte erzählte, wies sie selbst auf die Ähnlichkeit zwischen Kenneth und ihrem Vater hin. „Mein Vater war ein freundlicher, liebevoller Mann, doch er war nicht stark. Ich hätte mir so sehr gewünscht, dass er mich beschützt hätte, die Führung übernommen hätte - genau die Dinge, die ich mir nun von Kenneth wünsche." Es ist aufschlussreich, dass sie Kenneth in ihrem Zorn genau so behandelte, wie ihre Mutter damals ihren Vater behandelt hatte. „Ich schrie, zeterte, schimpfte und kreischte, kurz, ich terrorisierte ihn wahrhaft mit meiner Wut." Kenneth versuchte alles, um sie zu besänftigen. Doch je „netter" er zu sein versuchte, desto wütender wurde sie. Die Atmosphäre wurde immer feindseliger. Unbewusst hatte Grace die negativen Verhaltensweisen ihrer Mutter übernommen, unter denen sie als Kind so gelitten hatte.

Oberflächlich gesehen stellten Kenneth und Grace zwei entgegengesetzte Pole dar. Grace war eher extrovertiert und aggressiv und Kenneth eher passiv und freundlich. Doch unter seiner freundlichen Oberfläche war Kenneth ebenso wütend wie Grace. Seine Wut äußerte sich durch Kritik an Grace. Schon sehr früh in ihrer Ehe zeigte sich dieser Zusammenhang. „Nie zeigte mir Kenneth, dass er mich irgendwie bewundern würde", sagte Grace. „Andere Männer, mit denen ich Verabredungen hatte, haben mich viel netter behandelt. Kenneth mäkelte an der Art herum, wie ich den Haushalt führte, wie ich die Kinder erzog und dass ich zu wenig intellektuell sei. Immerzu spielte er den Lehrer. So fragte er mich: ‚Weißt du dies oder das?' - irgendwelche obskuren Begebenheiten, die für mich ohne jede Bedeutung waren. Gab ich mein Nichtwissen zu, belehrte er mich wie eine Schülerin. Es gelang mir, dieses Benehmen während der ersten Jahre abzustellen. Doch nie gab er mir das Gefühl, er liebe mich wirklich. Nie liebte er mich so, wie ich geliebt werden wollte. Nach und nach verlor ich mein Selbstwertgefühl, das ich ursprünglich mit in die Ehe gebracht hatte."

Heute kann Kenneth offen zugeben, dass er seine Frau damals oft kritisierte. „Ich forderte sehr viel von ihr und ich bekam auch sehr viel. Doch irgendwie wollte ich die Hand, die mich fütterte, beißen. Ich brauchte es, dass sie unsicher war, obwohl ich wusste, wie sehr ich sie damit verletzte."

Warum kritisierte er Grace ständig? Erinnern Sie sich bitte daran, dass es Kenneths Lebensziel war, fürsorglich von einer starken Mutterfigur versorgt zu werden, ihr aber so weit entfernt zu bleiben, dass sie ihn nicht „verschlingen" konnte. Unbewusst bewältigte er dieses komplexe Manöver, indem er Grace gerade genug Liebe und Zuwendung gab, um ihr Interesse an ihm wach zu halten, und sie gleichzeitig durch seine ständige Kritik verunsicherte und damit auf Distanz hielt.

Da Grace so wenig positive Rückmeldungen von Kenneth bekam, fühlte sie sich in dieser Beziehung immer angespannt. Sie war eifersüchtig auf seine anderen Aktivitäten, besonders auf seine Kontakte zu anderen Frauen. „Es gibt so viele Frauen, die sich in ihre Ärzte verlieben", sagte sie. „Ich dachte immer, er hätte eine Affäre." Kenneth gibt zu, dass er über einen langen Zeitraum einen Fuß in der Ehe und einen außerhalb gehabt hatte. Vielleicht würde ja noch eine nettere, bessere Frau kommen. Vielleicht hatte er doch nicht die richtige Wahl getroffen. „Heute macht es mich betroffen darüber zu sprechen, doch ich hatte mich nur bis zu einem gewissen Grad auf

Grace eingestellt."

So verwundert es nicht, dass Grace so gut wie immer wütend war. „Eines merkte ich in unserer Ehe deutlich", sagt Grace, „nämlich, dass ich ständig wütend war." Doch sie wusste nicht, warum. Am wütendsten war sie, wenn sie schlafen ging. Sie sagte zu sich selbst: „Warum bist du so wütend? Was könnte das bedeuten?" Doch nie fand sie eine zufriedenstellende Antwort. Wenn sie heute zurückblickt, wird ihr bewusst, dass die Antwort bei Kenneth zu suchen gewesen wäre. Er musste sehr häufig auch nachts Geburten begleiten oder Notfälle besuchen. Hörte sie dann seinen Wagen zurückkommen, fühlte sie sich plötzlich zu ihm hingezogen. Sie freute sich auf ihn und begrüßte ihn erwartungsvoll. Doch schon nach wenigen Minuten wurde sie wieder wütend. Die romantische Stimmung war wie weggeblasen. „Ich war jedes Mal tief enttäuscht", sagte Grace. „Doch ich weiß gar nicht, was ich wirklich von ihm wollte."

Die Ehe von Kenneth und Grace durchlief in den ersten zwanzig Jahren viele unterschiedliche Stadien. Sie zogen vier Kinder groß, lebten in verschiedenen Städten und erlebten sowohl gute wie auch schlechte Jahre. Doch die emotionale Grundstimmung blieb annähernd die gleiche. Grace wünschte sich mehr Liebe, Stärke und Engagement von Kenneth. Kenneth wünschte sich mehr Sanftheit und Liebe, aber gleichzeitig einen gewissen Sicherheitsabstand von Grace. Diese versteckten Spannungen wurden so stark, dass sie sich sicher scheiden hätten lassen, wenn sie in einer anderen Zeit und einem anderen Umfeld gelebt hätten. „Ich drohte immer mit der Scheidung", sagte Grace. „Nach dem ersten Ehejahr war Scheidung ein häufig besprochenes Thema bei uns. Wir waren sehr unterschiedlich und irgendwie gelang es uns nicht, uns aneinander anzupassen." Grace bedauert heute, dass sie ihre Wut auf Kenneth ihrer ältesten Tochter anvertraut hat. „Als sie alt genug war mir zuzuhören, habe ich mich bei ihr über ihren Vater beschwert. Ich denke, sie hat heute keine gute Meinung über ihn."

Als sie beide in den Vierzigern waren, erreichte ihre Ehe den absoluten Tiefpunkt. Kenneth steckte mitten in einer Midlife-Crisis. „Bis zu diesem Zeitpunkt hatte ich gedacht, ich sei ein aufstrebender junger Mann. Ich hatte das Leben als großes Abenteuer angesehen und gehofft, mir stünden viele Wege offen." Nun musste Kenneth feststellen, dass er in einer glanzlosen Ehe steckte, ein „mittelmäßiger" Arzt war und wenig Erfüllung in seinem Beruf fand. „Ich brachte immer nur Babys zur Welt. Ich konnte die Illusion nicht mehr aufrechterhalten, dass ich noch eine vielversprechende Zukunft vor mir hätte."

Grace geriet zur selben Zeit in eine religiöse Krise. Die Kirche war ihr immer sehr wichtig gewesen. Plötzlich jedoch verlor ihr Glaube für sie an Bedeutung. Sie suchte nach neuen Wegen, doch je mehr sie suchte, desto weniger Sicherheit fand sie im Glauben. In ihrer Verzweiflung wandte sie sich an Kenneth. „Ich sagte zu ihm: ‚Sag du mir, was *du* glaubst, und ich werde es auch glauben!' Doch er gab mir immer nur Bücher. Er gab mir Paul Tillich und ich las das Buch und weinte. Ich konnte es nicht verstehen. Ich hatte das Gefühl verrückt zu werden. Ich dachte, ich würde geisteskrank. Ich war zu klug, um konservativen Dogmatikern Glauben zu schenken, und zu dumm, um die Ansätze liberaler Theologen verstehen zu können. Ich lebte in einem religiösen Vakuum."

Kenneth kann sich ebenfalls an Graces Krise erinnern. „Sie wollte, dass ich für sie ihre moralischen und religiösen Probleme löste", sagte er. „Ich versuchte es, scheiterte und entfesselte einen Sturm des Schmerzes und der Wut. Sie bangte um ihr Seelenheil. Ich hatte den Eindruck, Grace hatte ihre Hände um meine Kehle gelegt und flehte mich um Antworten an. Ich sollte ihr etwas geben, aber ich versagte." Er war sehr niedergeschlagen, dass er ihr nicht helfen konnte, und irgendwie war ihm bewusst, dass er ihr absichtlich vorenthielt, was sie sich wünschte. „Sie wollte, dass ich stark bin und entschieden auftrete. Es ging dabei nicht nur um die Religion. Es betraf alles. Sie wollte das kleine Mädchen sein und ich sollte der starke Vati für sie sein. Doch das erschien mir unfair. Ich wollte nicht so stark sein müssen. Dann hätte ich meinen Wunsch für immer aufgeben müssen, zu bekommen, was ich brauchte. Ich wollte selbst manchmal ein Kind sein."

Nach und nach überwanden sie diese Krise. Grace fand eine Glaubensgemeinschaft, die sie mitsamt ihren Zweifeln und ihrer Verwirrung aufnahm, und sie fühlte sich sehr erleichtert, dass ihr Ehemann, selbst sehr religiös, bei ihr blieb, obwohl sie sich fast „als Atheistin" fühlte. Zu dieser Zeit suchte Kenneth in einer Therapiegruppe Hilfe für seine Depressionen und konnte dort sehr wichtige Erkenntnisse über sich gewinnen. Die wichtigste Erkenntnis war, dass er Grace die Aufgabe übertrug, in ihrer Beziehung allein alle Wut zu tragen. „Ich projizierte meine Wut einfach auf sie. Ich war der Gute und Nette. Sie war die Böse und Zornige. Dabei hatte auch ich genügend eigene Wut aufgehäuft. Diese Wut zu unterdrücken kostete mich sehr viel Energie und ich hatte nicht mehr die Kraft, Nähe zu Grace zu suchen. Das machte sie so wütend auf mich."

Langsam testete Kenneth seine Fähigkeit wütend zu werden. „Während dieser Therapie", so erinnert sich Grace, „wagte Kenneth es zum ersten Mal, sich gegen mich zu stellen. Ich weiß nicht mehr, worüber wir stritten. Doch ich weiß, dass er tatsächlich seine Stimme erhob. Er war höchst erstaunt, dass ich mich nicht umgedreht hatte, um ihn auf der Stelle zu töten. Er war unsicher gewesen, ob er seine eigene Wut überleben würde." Das war für Kenneth eine grundlegende, neue Erfahrung. Er hatte seine innere Blockade gegenüber seiner Wut überwunden und diese Erfahrung auch noch überlebt. Er begann diese neue Fähigkeit zu testen. „Ich war jetzt vier- oder fünfmal die Woche wütend auf Grace, nur um mir zu beweisen, dass ich dazu fähig bin. Schließlich schrie ich jedes Mal, wenn sie laut wurde, zurück. Ich tat mein Bestes, dass ich noch lauter schimpfte." Obwohl sie sich immer gewünscht hatte, Kenneth möge selbstsicherer auftreten, fiel es Grace nun sehr schwer, sich mit diesem neuen Verhalten abzufinden. Manchmal sehnte sie sich nach dem passiven, sanften Kenneth zurück.

Trotz des Unbehagens seiner Frau entwickelte Kenneth sein neues Selbstwertgefühl und sein fast aggressives Auftreten weiter, worin ihn seine Therapiegruppe unterstützte. Die Gruppe bestärkte ihn, mehr für sich selbst zu fordern. „Du benimmst dich, als hättest du kein Recht zu leben", sagten sie zu ihm. Kenneth hatte den Eindruck, dass ihre Beobachtung zutreffend war und suchte nach Mitteln seine Bedürfnisse zu erfüllen. Zu dieser Zeit hatte er eine Affäre mit einer anderen Frau. „Ich werfe der Gruppe nicht vor, dass ich mich so verhalten habe", sagte er. „Sie versuchten mich zu unterstützen, da sie mich zu zurückgenommen erlebten, doch es war einzig und allein meine Entscheidung diese Affäre anzufangen. Ich wollte endlich einmal etwas für mich selbst haben, meine Flügel ausbreiten und fliegen. Grace und ich hatten uns nicht wirklich entzweit. Wir verstanden uns damals recht gut - unsere Beziehung war nicht berauschend, aber einigermaßen in Ordnung. Ich wollte einfach ein aufregendes Abenteuer erleben. Ich suchte Selbstbestätigung."

Die Affäre dauerte nur wenige Wochen. Grace entdeckte eine Hotelrechnung, die aus Kenneths Tasche gefallen war. Sie wusste sofort, was geschehen war. „Ich hatte ihn schon seit Jahren verdächtigt, nun war es soweit." Grace reagierte auf diese Entdeckung mit ihren gewohnten Verhaltensweisen. „Ich war sehr wütend. Ich schrie und schimpfte." Sie vereinbarte einen Termin bei einem Paartherapeuten. „Ich wollte Unterstützung, um damit fertig werden zu können", sagte sie. „Ich dachte, ich explodiere sonst. Irgendwie dachte ich auch, Therapie sei ein Weg, um ihn zu bestrafen, so dass er einsehen würde, wie sehr er mich verletzt hatte."

Während dieser Therapie gelang es Kenneth und Grace, eine vorläufige Vereinbarung zu erzielen. Kenneth stimmte zu, die andere Frau nicht mehr zu sehen, und Grace willigte ein, wieder Vertrauen zu ihm aufzubauen. Während dieser Zeit sammelte Kenneth wichtige Erkenntnisse über Grace. „Ihre Wut über diese Affäre bedrohte mich zwar, doch irgendwie fühlte ich mich auch bestätigt. Es bewies mir, wie sehr sie mich liebte und dass sie bereit war, die zerbrochenen Teile unserer Ehe wieder aufzuheben und weiter an ihr zu arbeiten. Wir hatten schon so lange über eine mögliche Scheidung gesprochen, dass ich dankbar war, sie optimistisch für einen Neuanfang zu sehen."

Es ist verständlich, dass Grace lange dazu brauchte, um wieder Vertrauen aufbauen zu können. Kam Kenneth abends nach Hause, befragte sie ihn über sein Kommen und Gehen und wollte alle Einzelheiten seines Tagesablaufs wissen. Kenneth ertrug ihre Kreuzverhöre über Monate hinweg geduldig, weil er wusste, dass sie wieder Vertrauen gewinnen musste. Während dieser belastenden Zeit kam es zu einer neuerlichen, unerwartet schlimmen Krise. Kenneth musste sich einer vierfachen Bypass-Operation unterziehen. Obwohl er diesen Eingriff relativ gut überstand, sorgte sich Grace jetzt mehr um seine Gesundheit als um mögliche Affären. „Eines Abends", erinnert sich Kenneth, „lagen wir im Bett und Grace sagte, wenn ich der Ansicht wäre, ich könne eher gesund werden, wenn sie mich verließ, so wäre sie dazu bereit. Sie wusste, dass wir beide unsere Ehe nicht als erfüllend erlebt hatten, und sie dachte, meine Herzprobleme wären vielleicht Anzeichen meines ‚verletzten Herzens'. Würde ich leichter ohne sie leben können, würde sie sofort in eine Scheidung einwilligen. Sie betonte, dass sie mich nicht verlieren wolle, doch sie befürchtete, dass unser Zusammenleben die Dinge vielleicht nur noch schwieriger machen würde."

Graces Opferbereitschaft war der Wendepunkt für Kenneth. „Jetzt entschied ich mich ganz für diese Ehe", sagt er. „Ich wusste plötzlich, dass ich keine bessere Frau als Grace finden würde. Sie war eine bemerkenswerte Frau. Es war nicht immer leicht gewesen, mit ihr zu leben. Doch sind wir nicht alle etwas schwierig? Endlich konnte ich mich voll und ganz auf diese Ehe einlassen."

Ich äußerte Kenneth gegenüber die Vermutung, dass er sich erst zu diesem Zeitpunkt für Grace entscheiden hatte können, wo Grace ihm jene selbstlose und nicht besitzergreifende Liebe angeboten hatte, die er sich immer von seiner Mutter gewünscht hatte. Er dachte eine Minute lang darüber nach. „Ja, das stimmt. Ich glaube, so war es. Die Liebe meiner Mutter war immer mit Bedingungen verbunden. Grace schenkte mir wirklich ihre selbstlose Liebe."

Kenneth und Grace begingen keine offizielle Feier der Eheerneuerung, wenngleich eine Unterhaltung bei einem Restaurantbesuch ihnen als bedeutsam in Erinnerung geblieben ist. Ein Klavierspieler spielte das Lied „Someone to Watch over Me" und Kenneth nahm Graces Hand und sagte zu ihr: „Lass uns eine Vereinbarung treffen. Ich beschütze dich und du beschützt mich." Es war eine tiefempfundene Liebeserklärung - die beiden wollten einander beschützen und die besten Freunde füreinander sein.

Endlich, nach fast 30 Ehejahren, bekam Grace die volle Aufmerksamkeit und jene Zuwendung, die sie sich so sehr von Kenneth gewünscht hatte. Als Kenneth sich wirklich auf seine Ehe einlassen konnte, erlebte er Graces gute Eigenschaften wieder neu. „Ich denke, ihm wurde bewusst, dass ich im Grunde doch intelligent bin. Ich bin zwar keine Akademikerin, doch eine recht talentierte Künstlerin. Zum ersten Mal hatte ich das Gefühl, Kenneth bewunderte mich von ganzem Herzen." Die Wut, die sie so viele Jahre lang begleitet hatte, ließ nach, da Kenneth, wie Grace es beschrieb, sie wirklich liebte und auch spüren ließ.

In dieser Phase ihrer gereiften Liebesbeziehung und ihres neuen Vertrauens kamen Kenneth und Grace in eines meiner Seminare. Die Hauptprobleme in ihrer Beziehung hatten sie schon alleine bewältigt, doch konnten sie auch jetzt noch neue Fähigkeiten und Erkenntnisse erwerben. Grace war am meisten von der Übung „Bitte um Verhaltensänderung" beeindruckt, die sie bei einem anderen Paar beobachten konnte. Sie bewunderte es sehr, wie dieses Paar konstruktive Bitten formulierte. Zum ersten Mal konnte sie einen Sinn in ihrer Wut erkennen: „Ich wusste plötzlich, dass ich kein schlechter Mensch oder verrückt war, wenn ich Gefühle der Wut verspürte. Meine Wut war begründet und hatte eine Zielrichtung. Ich musste sie nicht mehr verleugnen, um liebenswert zu erscheinen. Aber ich lernte sie zu kanalisieren, um sie zu einem produktiven Bestandteil unserer Beziehung machen zu können. Für mich war das eine wunderbare Entdeckung!"

Seit diesem Seminar haben Kenneth und Grace, ebenso wie Anne und Greg, die Übung „Bitte um Verhaltensänderung" oft angewendet. Sie haben nun keine Berührungsängste mit ihrer Wut mehr. Doch gleichzeitig sind sie sehr darauf bedacht, den anderen damit nicht zu verletzen. „Wir beschimpfen einander nie", sagte Kenneth. „Wir versuchen, unsere Wut und unseren Ärger reflektiert auszudrücken, in Form von Ich-Botschaften, und unseren Frust in positiv formulierte Bitten umzuwandeln. Der Partner weiß, dass das wichtig ist, damit sich unsere Beziehung gesund entwickeln kann. Wir sammeln keine Ressentiments." Grace hat den Eindruck, dass Kenneth im Laufe der Zeit viel besser gelernt hat, mit ihrer Emotionalität umzugehen. „Seit diesem Seminar hat sich seine Einstellung meiner Wut gegenüber verändert. Seine eigene Wut konnte er schon seit seiner Gruppentherapie gut annehmen, aber meine nicht. Jetzt hat er es geschafft. Auch wenn ich mich in etwas hineinsteigere, zeigt er mir seine Liebe. Wir stehen diesen Prozess durch und finden wieder zusammen. Es hat unsere Beziehung sehr verändert."

Grace glaubt, dass Kenneths stärkere Annahme ihrer Person auch ihr Selbstwertgefühl gestärkt hat. „Ich denke, da Kenneth meine Energie und Entschlossenheit annehmen kann, wie auch meine Wut, hilft er mir, den Teil von mir anzunehmen, den ich ‚das Erbe meiner Mutter in mir' nenne, den Teil, der meiner Mutter ähnelt, den ich jedoch immer verleugnet habe. Da Kenneth mich nun so liebt, wie ich bin, brauche ich diese Schlacht nicht mehr zu kämpfen. Ich muss nicht mehr verleugnen, wer ich eigentlich bin."

Für Kenneth war es eine große Veränderung in ihrer Beziehung, dass er sich jetzt geliebt und sicher fühlt. „Heute sind wir Freunde", meinte er, „keine feindlichen Parteien mehr. Jetzt fühle ich mich sicher. Sie steht auf meiner Seite, voller Sorge, dass es mir gut geht. Sie wertschätzt mich. Sie mag mich. Ich mag sie auch. Ich unterstütze und bestätige sie. Jetzt ist alles anders. Der Kampf mit meiner Mutter ist vorbei. Eine Frau ist an meiner Seite und es ist Grace. Bei ihr kann ich mich entspannen und sicher fühlen." Grace wiederholt seine letzte Äußerung. „Auch für mich ist dieses Gefühl sehr wichtig. Ich fühle mich entspannt und sicher bei Kenneth." Beide erleben jetzt, dass der tiefste Wunsch ihres Alten Gehirns, in einer liebevollen Umgebung leben zu können, endlich in Erfüllung gegangen ist.

Kenneth und Grace besuchten noch zwei weitere Seminare. Dabei fiel ihnen auf, dass ich den Weg zu einer bewussten Beziehung als Reise beschrieben hatte, nicht als Endziel. Ich erklärte, auch in den besten Partnerschaften würde es immer wieder zu Auseinandersetzungen kommen und der Wunsch entstehen, neue Anpassungen vorzunehmen. „Wir erleben immer noch manche Schwierigkeit", sagt Grace. „So wünscht sich Ken, ich würde mir die Dinge, die ich zu ihm sage, vorher besser überlegen, das heißt, eine Art Generalprobe veranstalten, damit ich seine Gefühle nicht so oft verletze. Doch das fällt mir schwer. Ich bin ein impulsiver Mensch. Ich wünsche mir von ihm die gegenteilige Reaktion. Ich hätte gerne, dass er spontaner und weniger abwägend wäre. Doch das ist ihm zu riskant." Beide drücken ihre ambivalenten Gefühle angesichts der Herausforderung, sich weiterzuentwickeln, aus. „Vielleicht hat das etwas mit unserem Alter zu tun", sagt Kenneth. „Ein Teil von mir sehnt sich nach dem Ende aller Kämpfe. Grace und ich haben das Stadium erreicht, wo wir es uns komfortabel eingerichtet haben. Wir haben nicht aufgehört zu wachsen und uns weiterzuentwickeln, aber wir fühlen uns in unserem jetzigen Zustand sehr wohl." Im Grunde hinterfragten sie meine Darstellung der Partnerschaft als permanente Reise. „Vielleicht ist es eine endlose Reise, doch je länger wir unterwegs sind, desto weniger strengt es uns an!", erklärten sie mir.

Beide hier vorgestellten Beziehungen demonstrieren sehr gut, was ich unter „bewusster Partnerschaft" verstehe. Anne und Greg sowie Kenneth und Grace betonen, dass es sich um einen Gemütszustand handelt, der auf einem Gefühl der gegenseitigen Annahme beruht, sowie auf dem Entschluss, sich weiterzuentwickeln, dem Mut, die eigene Angst auszuhalten und sich ihr zu stellen, und auf der bewussten Entscheidung zu einem liebevollen Umgang miteinander. Zwar stützt sich diese Beziehung auf eine ganz andere Basis als die anfängliche, romantische Liebesbeziehung, doch die dabei entstehenden Gefühle sind genauso schön und intensiv.

Betrachten wir Partnerschaften genauer, wird deutlich, dass das einfache Wort „Liebe" die große Bandbreite der verschiedenen Gefühle nicht abdecken kann, die zwei Individuen füreinander empfinden. In den ersten beiden Phasen der Beziehung, der Verliebtheit und dem anschließenden Machtkampf, ist Liebe ein unbewusstes Geschehen, eine unbewusste Reaktion, ausgelöst durch die Hoffnung auf Wunscherfüllung. Diese Form der Liebe kann am besten als „Eros" bezeichnet werden, als Lebensenergie, die danach strebt, sich mit einem begehrten Objekt zu verbinden. Entschließen sich ein Mann und eine Frau, an einer reifen Beziehung zu arbeiten, können sie eine Ebene erreichen, wo Liebe auch Bewusstheit und Willensentscheidungen inkludiert. Diese Liebe lässt sich am besten als „Agape" bezeichnen, als Lebensenergie, die bewusst auf den Partner gerichtet ist, um ihm Heilung zu schenken. Auf der höchsten und bewussten Ebene einer Partnerschaft nimmt die Liebe die Form einer „Spontanen Oszillation" an. Dieser Begriff stammt aus der Quantenphysik und beschreibt, wie die Energie zwischen zwei Teilchen hin und her strömt. Wenn Menschen lernen, einander ohne Verzerrung zu sehen, können sie ihren Partner ebenso wie sich selbst wertschätzen und erwarten keine Gegenleistung für das, was sie schenken. Sie fühlen sich für das Wohlergehen des anderen zuständig und die Liebe zwischen ihnen fließt scheinbar mühelos und ungehindert. Diese reife Form der Liebe wird weder durch „Eros" noch durch „Agape" am besten beschrieben, sondern durch ein anderes griechisches Wort, durch „Philia", das sich am besten als „Liebe zwischen Freunden" übersetzen lässt. Der Partner wird nicht länger als Ersatzvater, Ersatzmutter oder als Feind angesehen, sondern als leidenschaftliche(r) Freund(in).

Wenn Paare dazu fähig werden einander selbstlos zu lieben, so spüren sie eine neue Vitalität. Die Kleinigkeiten des Alltags ziehen nicht mehr ihre Lebensenergie ab. Die zusätzliche Struktur der Übungen wird verzichtbar. Wie von selbst behandeln die Paare einander mit sehr viel Liebe und Respekt. Unnatürlich erscheint ihnen nicht mehr die neue Art, miteinander umzugehen, sondern ihre frühere selbstzentrierte, verletzende Haltung. Liebe wird zu etwas Selbstverständlichem, so wie zu Beginn ihrer Beziehung, doch jetzt stützt sie sich auf die Realität des Partners, nicht auf eine Illusion.

Ein Charakteristikum für Paare, die diese Stufe erreicht haben, ist, dass sie sich mehr um die Belange der sie umgebenden Welt kümmern können, da sie nicht mehr so viel Energie für sich selbst brauchen. Sie interessieren sich mehr für ihre Umgebung, für Menschen, die in Not geraten sind, für wirklich wichtige Fragen. Die Fähigkeit zu heilen und zu lieben, die sie in ihrer Partnerschaft entwickelt haben, kommt nun auch anderen Menschen zugute. Ich kenne keine bessere Beschreibung dieser kostbaren und seltenen Form der Liebe, als jene im ersten Brief an die Korinther, Absatz 13:

Die Liebe ist langmütig,
die Liebe ist gütig.
Sie ereifert sich nicht,
sie prahlt nicht,
sie bläht sich nicht auf.
Sie handelt nicht ungehörig,
sucht nicht ihren Vorteil,
lässt sich nicht zum Zorn reizen,
trägt das Böse nicht nach.
Sie freut sich nicht über das Unrecht,
sondern freut sich an der Wahrheit.
Sie erträgt alles,
glaubt alles,
hofft alles,
hält allem stand.
Die Liebe hört niemals auf.

Teil III

Übungen

13

Zehn Schritte zu einer bewussten Partnerschaft

In diesem Teil des Buches werden zehn Schritte der Imago-Paartherapie vorgestellt, die Ihnen helfen können, eine bewusste und liebevolle Partnerschaft zu erreichen und sich mit Ihrem Partner tief verbunden zu fühlen. Diese zehn Schritte beinhalten 18 Übungen, mit deren Hilfe die bisher in der Theorie beschriebenen Einsichten über Partnerschaft in praktische Fähigkeiten umgesetzt werden können.

Bevor ich diese Übungen vorstelle, hier noch einige allgemeine Hinweise. Jede dieser Übungen ist hundert- und tausendfach erprobt. Mit nur wenigen Abweichungen entsprechen diese Übungen genau jenen, die ich seit 20 Jahren erfolgreich in der Arbeit mit Paaren einsetze. Sie haben sich als höchst effektiv erwiesen. Eine unabhängige Studie konnte zeigen, dass Paare, die einen meiner Paar-Workshops besuchten, welche im Großen und Ganzen dieselben Übungen umfassen wie dieses Buch, ihre Beziehung in gleichem Maße verbessern konnten wie Paare, die drei bis sechs Monate lang in Paartherapie waren.

Die hier vorgestellten Übungen bauen aufeinander auf, das heißt, Sie beginnen zuerst mit den einfacheren und gehen dann zu den schwierigeren weiter. Sie selbst können entscheiden, wie schnell Sie dieses Programm absolvieren wollen, und dabei Ihren eigenen Rhythmus entwickeln. Bedenken Sie bitte, dass gerade jene Übungen, die Ihnen besonders schwierig zu sein scheinen, das größte Entwicklungspotenzial für Ihr seelisches Wachstum bieten.

Dieser Prozess wird viel Zeit, Energie und persönliches Engagement erfordern. Um alle Übungen durcharbeiten zu können, ist es wichtig, dass Sie sich an dem dafür vorgesehenen Tag ein oder zwei Stunden lang vollkommen ungestört damit beschäftigen, und das mehrere Monate lang. Vielleicht müssen Sie eine Kinderbetreuung organisieren oder auf andere Aktivitäten verzichten, wie Sie es auch für die wöchentlichen Termine bei einem Therapeuten tun müssten. Durch diese Selbstverpflichtung werden Sie sich selbst beweisen, wie wichtig Ihnen eine gute Partnerschaft ist, und so Ihre Zielsetzungen effektiv realisieren können.

Vielleicht sind Sie entschlossen diese Übungen zu machen, haben jedoch die Unterstützung Ihres Partners nicht. Wenn sich das im Moment nicht ändern lässt, können Sie alle Übungen machen, die dafür geeignet sind, sie auch allein zu machen. Eine Partnerschaft gleicht einem mit Luft gefüllten Ballon - es ist unmöglich, einen Teil zu verformen, ohne dass der ganze Ballon seine Gestalt verändert. Gelingt es Ihnen, aufmerksamer zuzuhören und Ihre Gefühle mit mehr Wärme zu artikulieren, von defensiven und aggressiven Reaktionen Abstand zu nehmen und sich aufrichtig Mühe zu geben, Ihrem Partner liebevoll gegenüberzutreten und ihn zu beschenken, so nimmt der Widerstand Ihres Partners vielleicht mit der Zeit ab und Sie können den weiteren Prozess gemeinsam gestalten.

Im Verlauf dieser Entwicklung werden auch Sie für sich feststellen, dass der Weg zu einer bewussten Partnerschaft nie ganz geradlinig verläuft. Es wird Augenblicke großer Freude und Intimität geben, aber auch viele Umwege, lange Phasen der Stagnation und unerwartete Rückschläge. Gerade dann werden Sie niedergeschlagen sein oder sich Selbstvorwürfe machen. Sehr oft berichten mir meine Klienten: "Dr. Hendrix, wir sind wieder in unser altes Muster zurückgefallen. Dabei waren wir uns so sicher, diese Phase unseres Lebens abgeschlossen zu haben. Was läuft nur falsch bei uns?" Ich versuche sie dann zu beruhigen, dass es einfach keine Patentlösungen gibt, vor allem nicht im Bereich der Liebe und der Ehe. Beziehungen entwickeln sich spiralförmig mit vielen Rückkoppelungsschleifen. Phasen der Ruhe werden wieder von Turbulenzen unterbrochen. Selbst wenn Sie das Gefühl haben sollten, diese Auseinandersetzungen schon mehrfach erlebt zu haben, sind möglicherweise doch schon kleine Veränderungen eingetreten. Ohne dass es Ihnen bewusst wurde, sind Sie in eine neue Phase des Prozesses eingetreten oder bearbeiten das Problem auf einer anderen Ebene. Vielleicht ist es Ihnen gelungen, viel mehr bisher unbewusste Elemente ganz bewusst in Ihre Beziehung zu integrieren, oder es konnten neue Definitionen für die alten Probleme entwickelt werden. Vielleicht können Sie inzwischen auch auf bekannte Situationen anders reagieren, weil Sie in sehr viel besserem Kontakt mit Ihren eigenen Gefühlen stehen. Oder Sie reagieren weniger emotional, da Sie einige dieser Gefühle bereits bearbeitet haben. Vielleicht sind diese Veränderungen minimal, dennoch wurde der Status quo bereits verlassen. Halten Sie an Ihrer Entscheidung fest, sich zu verändern, sich weiterzuentwickeln und sich auf die hier vorgestellten Methoden und Übungen einzulassen, werden Sie bleibende und ermutigende Schritte in die Richtung einer bewussten Partnerschaft machen können.

Sich auf die Übungen einlassen

Wie schon in Kapitel 7 angesprochen, wird Ihnen die persönliche Entscheidung, an Ihrer Partnerschaft zu arbeiten, helfen, eventuell auftretende Widerstände zu überwinden. Nehmen Sie sich nun bitte ausreichend Zeit Ihre Prioritäten zu überprüfen. Wie wichtig ist es Ihnen eine liebevolle, positive Beziehung zu erarbeiten? Sind Sie fest entschlossen, sich dem keineswegs einfachen Prozess der Selbsterkenntnis und persönlichen Weiterentwicklung zu stellen? Können Sie diese Frage mit „Ja" beantworten, nehmen Sie bitte ein Blatt Papier und halten Sie eine entsprechende Absichtserklärung schriftlich fest. Vielleicht möchten Sie auch gerne die folgende Formulierung übernehmen:

Da mir unsere Partnerschaft sehr wichtig ist, möchte ich mich verpflichten, mich selbst und meinen Partner aufmerksamer wahrzunehmen und neue Fähigkeiten für eine glückliche und erfüllte Partnerschaft zu erlernen und anzuwenden. Ich bin damit einverstanden, alle in diesem Buch enthaltenen Übungen sorgfältig und konsequent gemeinsam durchzuarbeiten.

Weiters sind folgende beiden Punkte von großer Wichtigkeit:

1. Alle Einsichten während dieses Entwicklungsprozesses über Ihre eigenen Bedürfnisse ebenso wie über die Ihres Partners dienen in erster Linie dazu, einander besser zu verstehen. Dies verpflichtet Sie jedoch nicht, zur Erfüllung aller dieser Bedürfnisse beizutragen.
2. Wenn Sie einander an Ihren Gefühlen und Gedanken teilhaben lassen, werden Sie auch emotional verletzlicher. Aus diesem Grund ist ein liebevoller und unterstützender Umgang mit all diesen Einsichten besonders wichtig.

Zeitschiene für einen Entwicklungsprozess in zehn Schritten

Erste Einheit:	Übung 1
Zweite Einheit:	Lesen der Beziehungsvision (Übung 1) *Neue Übungsanleitungen: Übungen 2 - 5*
Dritte Einheit:	Lesen der Beziehungsvision Machen Sie einen weiteren Eltern-Kind-Dialog (Übung 5) *Neue Übungsanleitungen: Übung 6 - 7*
Vierte Einheit:	Lesen der Beziehungsvision *Neue Übungsanleitungen: Übung 8*
Fünfte Einheit:	Lesen der Beziehungsvision Überdenken Sie, welche Ausgänge Sie schließen können *Neue Übungsanleitungen: Übung 9*
Sechste Einheit:	Lesen der Beziehungsvision Überdenken Sie, welche Ausgänge Sie schließen können Weiterhin 2 - 3 liebevolle Verhaltensweisen pro Tag *Neue Übungsanleitungen: Übungen 10 - 13*

Siebente Einheit: Lesen der Beziehungsvision
Überdenken Sie, welche Ausgänge Sie schließen können
Weiterhin 2 - 3 liebevolle Verhaltensweisen pro Tag
Weiterhin Überraschungen für den Partner, weiterhin „High Energy Fun“ sowie die Übung „Positives Überfluten“
Neue Übungsanleitungen: Übung 14

Achte Einheit: Lesen der Beziehungsvision
Überdenken Sie, welche Ausgänge Sie schließen können
Weiterhin 2 - 3 liebevolle Verhaltensweisen pro Tag
Weiterhin Überraschungen für den Partner, weiterhin „High Energy Fun“
Tägliches „Positives Überfluten“
Weiterhin 3 - 4 Verhaltensänderungen pro Woche
Neue Übungsanleitungen: Übung 15

Neunte Einheit: Lesen der Beziehungsvision
Überdenken Sie, welche Ausgänge Sie schließen können
Weiterhin 2 - 3 liebevolle Verhaltensweisen pro Tag
Weiterhin Überraschungen für den Partner, weiterhin „High Energy Fun“
Tägliches „Positives Überfluten“
Weiterhin 3 - 4 Verhaltensänderungen pro Woche
Neue Übungsanleitungen: Übung 16

Zehnte Einheit: Lesen der Beziehungsvision
Überdenken Sie, welche Ausgänge Sie schließen können
Weiterhin 2 - 3 liebevolle Verhaltensweisen pro Tag
Weiterhin Überraschungen für den Partner, weiterhin „High Energy Fun“
Tägliches „Positives Überfluten“
Weiterhin 3 - 4 Verhaltensänderungen pro Woche
Neue Übungsanleitungen: Übung 17 - 18

Fortführende Übungseinheiten: Lesen der Beziehungsvision
Überdenken Sie, welche Ausgänge Sie schließen können
Weiterhin 2 - 3 liebevolle Verhaltensweisen pro Tag
Weiterhin Überraschungen für den Partner, weiterhin „High Energy Fun“
Tägliches „Positives Überfluten“
Weiterhin 3 - 4 Verhaltensänderungen pro Woche

Wiederholen Sie Übung 16 von Zeit zu Zeit

Neue Anleitungen: Denken Sie sich weitere liebevolle Verhaltensweisen aus und nehmen Sie weitere Verhaltensänderungen vor, ganz nach Bedarf.

Anmerkung: Es empfiehlt sich sehr, immer wieder auf Ihre Antworten zu den verschiedenen Übungen zurückgreifen zu können. Deshalb sollten Sie alle in einen Ordner einheften (der ungefähr für 40 Seiten Platz bietet). Jeder Partner erhält einen eigenen Ordner. Dort können Sie alles schriftlich festhalten.

Hinweis: Die Arbeitsblätter zu allen Übungen finden Sie auch im DIN A4-Format als PDF-Download unter der Webadresse:

www.rgverlag.com/ABH3

Übung 1 Ihre Beziehungsvision

Dauer: ungefähr 60 Minuten
Ziel: Diese Übung hilft Ihnen zu erkennen, welches Potenzial in Ihrer Partnerschaft steckt.
Anmerkung: Bitte machen Sie diese Übung gemeinsam.

Anleitung:

1. Nehmen Sie zwei Blatt Papier zur Hand, für jeden Partner eines. Beschreiben Sie jeder für sich in kurzen Sätzen Ihre Vision für eine zutiefst beglückende Liebesbeziehung. Inkludieren Sie jene positiven Eigenschaften, die Sie in Ihrer Partnerschaft bewahren wollen, und jene, die Sie sich wünschen würden. Formulieren Sie alle Aussagen in der Gegenwart, so, als wäre das Ziel schon erreicht. Sie könnten schreiben: „Wir haben viel Spaß miteinander!" „Wir haben großartigen Sex!" „Wir sind liebevolle Eltern!" „Wir genießen es einander zu berühren." Machen Sie bitte nur positive Aussagen. Anstelle von „Wir streiten nicht" schreiben Sie bitte „Wir legen unsere Differenzen friedlich bei."

2. Zeigen Sie einander, was Sie geschrieben haben. Unterstreichen Sie die Gemeinsamkeiten, selbst wenn die Formulierungen unterschiedlich sind. Entdecken Sie bei Ihrem Partner Vorschläge, an die Sie selbst noch nicht gedacht haben und die Ihnen gefallen, so fügen Sie sie Ihrer Liste hinzu. Jene Punkte, die unterschiedlich sind, bleiben vorerst unberücksichtigt.

3. Ausgehend von Ihrer gerade überarbeiteten Liste nehmen Sie nun eine Reihung Ihrer Aussagen vor (inklusive derjenigen, die Sie nicht beide in Ihrer Beziehungsvision hatten). Oben stehen die wichtigen, nach unten hin die weniger wichtigen Punkte. Schließlich vergeben Sie beide jeweils Punkte für jede Aussage. Ein Punkt bedeutet „oberste Priorität", fünf Punkte bedeuten „nicht sonderlich wichtig".

4. Unterstreichen Sie bitte jene beiden Punkte, die oberste Priorität für Sie haben.

5. Kennzeichnen Sie jene Punkte, deren Verwirklichung Ihnen beiden am schwierigsten erscheint, mit einem Rufzeichen.

6. Versuchen Sie nun, in Anlehnung an das folgende Beispiel, eine gemeinsame Beziehungsvision zu erstellen. Beginnen Sie mit den Themen, die Sie beide als vorran-

gig ansehen. Ans Ende der Liste reihen Sie bitte die nicht sonderlich wichtigen Sätze. Für Sätze, über die Sie uneinig sind, versuchen Sie bitte einen Kompromiss zu finden. Können Sie sich nicht einigen, so nehmen Sie den jeweiligen Punkt bitte nicht in Ihre gemeinsame Beziehungsvision auf.

Unsere Beziehungsvision

Bill		Jenny
1	Wir haben viel Spaß miteinander.	1
1	Wir einigen uns friedlich.	1
1	Wir haben eine gute und erfüllte sexuelle Beziehung.	1
1	Wir sind gesund und körperlich aktiv.	1
1	Wir können offen über alles sprechen.	1!
1	Wir pflegen gemeinsam unsere Religiosität.	1
1	Wir sind füreinander die besten Freunde.	1
1	Wir haben selbstsichere und glückliche Kinder.	1
2	Wir vertrauen einander.	1
1	Wir sind einander sexuell treu.	1
2	Wir sind beide zufrieden in unserem Beruf.	2!
2	Wir ziehen als Eltern an einem Strang.	1
2	Wir treffen wichtige Entscheidungen gemeinsam.	2
2	Wir erfüllen uns gegenseitig unsere tiefsten Bedürfnisse.	2
3	Wir nehmen uns täglich Zeit füreinander.	4
3	Wir fühlen uns in der Nähe des Partners sicher.	2
3	Wir sind finanziell abgesichert.	4!
4	Wir haben eine gute Beziehung zu unseren Eltern.	5!
5	Wir haben ähnliche politische Auffassungen.	3

7. Hängen Sie diese Liste bitte so auf, dass Sie sie täglich sehen können. Lesen Sie einander einmal in der Woche, wenn Sie sich zusammensetzen, um miteinander Übungen zu machen, Ihre gemeinsame Beziehungsvision laut vor.

Übung 2 Kindheitswunden

(siehe Kapitel 2)

Dauer: ungefähr 30 Minuten

Ziel: Nachdem Sie jetzt eine gemeinsame Vision für die Zukunft erarbeitet haben, gehen Sie in dieser Übung in die Vergangenheit zurück. Sie lassen Ihre Erinnerungen an die primären und prägenden Bezugspersonen Ihrer Kindheit wieder lebendig werden, damit Sie Ihre persönliche Imago bewusst erkennen und darstellen können.

Anmerkung: Sie können diese Übung gleichzeitig mit Ihrem Partner, zu unterschiedlichen Zeiten oder alleine durchführen. Wichtig ist, dass Sie für die Dauer von 30 Minuten vollkommen ungestört sind.

Anleitung:

1. Entspannen Sie sich zuerst durch einige langsame Dehnungsübungen. Setzen Sie sich bitte in einen bequemen Sessel. Atmen Sie zehn Mal tief ein und aus und spüren Sie, wie Sie sich bei jedem Atemzug mehr entspannen.

2. Wenn Sie sich gut und entspannt fühlen, schließen Sie Ihre Augen und visualisieren Sie Ihr erstes Zuhause. Sehen Sie sich selbst als kleinen Jungen oder als kleines Mädchen. Betrachten Sie die Räume aus der Perspektive eines kleinen Kindes. Gehen Sie nun durch diese Wohnung oder dieses Haus und begegnen Sie den Menschen, die Sie in Ihrer Kindheit am stärksten beeinflusst haben. Wenn Sie diesen Menschen jetzt begegnen, werden Sie sie viel klarer als früher wahrnehmen können. Betrachten Sie sie genau. Nehmen Sie ihre positiven und ihre negativen Charaktereigenschaften wahr. Sagen Sie diesen Menschen, was Sie Schönes mit ihnen und durch sie erlebt haben. Sagen Sie ihnen, was Sie an ihnen nicht mochten. Sagen Sie Ihren Bezugspersonen auch, was Sie sich immer von ihnen gewünscht, jedoch nie bekommen haben. Zögern Sie nicht, auch Ihren Ärger zu zeigen, ebenso wie Ihre Verletzungen und Ihre Trauer. In Ihrer Vorstellung sind diese Menschen dankbar dafür, dass Sie sie an Ihren Einsichten teilhaben lassen.

3. Haben Sie im Geiste alle Ihre Fragen gestellt und ausreichend Gespräche mit Ihren Bezugspersonen geführt, so öffnen Sie die Augen und schreiben Sie alle Einzelheiten auf - so wie es in Übung 3 gezeigt wird.

Übung 3 Erarbeitung Ihrer persönlichen Imago

(siehe Kapitel 3)

Dauer: ungefähr 30 - 45 Minuten

Ziel: Diese Übung wird Ihnen helfen, all das, was Sie in Übung 2 erkannt haben, zusammenzufassen und schriftlich festzuhalten.

Anmerkung: Diese Übung können Sie auch alleine durchführen.

Anleitung:

1. Nehmen Sie ein Blatt Papier und zeichnen Sie darauf einen Kreis, wobei Sie unter diesem Kreis noch einige Zentimeter Platz frei lassen. Teilen Sie diesen Kreis durch eine horizontale Linie in der Mitte. In die obere Hälfte schreiben Sie bitte ein großes „B", in die untere Hälfte ein großes „A" (wie die folgende Abbildung zeigt).

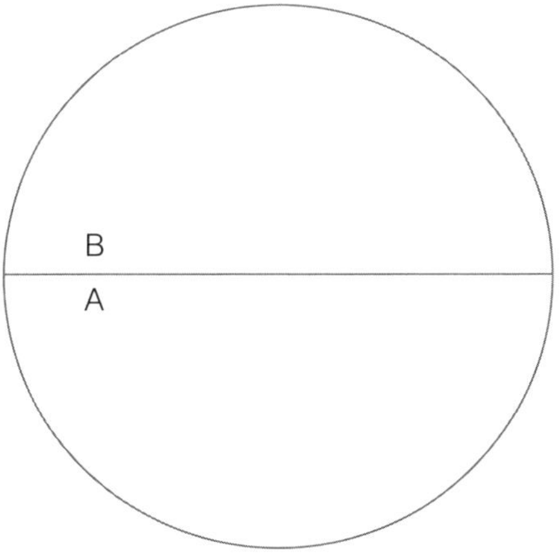

2. In die obere Hälfte, die mit „B" gekennzeichnet ist, schreiben Sie alle positiven Charaktereigenschaften Ihrer Mutter, Ihres Vaters und der anderen Bezugspersonen, die einen starken Einfluss auf Sie hatten, als Sie noch ein Kind waren. Sammeln Sie hier alle positiven Eigenschaften, ohne sie bestimmten Personen zuzuordnen. (Sie brauchen Sie auch nicht passend zu einer bestimmten Bezugsperson gruppieren - Sie können die Eigenschaften einfach mischen.) Nennen Sie jene Eigenschaften, die Sie aus Ihrer Kindheit in Erinnerung haben - und beschreiben Sie nicht, wie jene Menschen heute sind. Benutzen Sie einfache Adjektive, wie „lieb", „warmherzig", „freundlich", „intelligent", „religiös", „geduldig", „kreativ", „enthusiastisch", „zuver-

lässig" usw., oder verwenden Sie jeweils zwei, drei Worte, um auszudrücken, was Sie meinen - zum Beispiel „war immer für mich da".

3. In die untere Hälfte, die mit „A" gekennzeichnet ist, schreiben Sie in gleicher Weise die negativen Eigenschaften. Sie können wieder alle gemischt aufschreiben.

   Diese Sammlung positiver und negativer Charaktereigenschaften definiert Ihre persönliche Imago!

4. Unterstreichen Sie die positiven und negativen Eigenschaften, die Sie am meisten berühren.

5. Unter den Kreis schreiben Sie ein „C" und vervollständigen Sie den Satz: „Was ich mir als Kind am meisten gewünscht habe und nie bekam ..."

6. Schreiben Sie jetzt noch ein großes „D" unter den Kreis und vervollständigen Sie den Satz: „Als Kind erlebte ich immer wieder folgende, negative Gefühle: ..."

(Die Bedeutung der Buchstaben A bis D werden Sie in Übung 7 sehen.)

Übung 4 Entscheidende Kindheitsverletzungen

(siehe Kapitel 2)

Dauer: ungefähr 30 - 45 Minuten

Ziel: Bei dieser Übung werden Sie Ihre entscheidenden Kindheitsverletzungen kennen lernen und beschreiben, welche Verhaltensmuster Sie sich als Reaktion darauf angeeignet haben.

Anmerkung: Diese Übung können Sie auch allein durchführen.

Anleitung:

1. Nehmen Sie ein neues Blatt Papier und schreiben Sie wie im folgenden Beispiel jene Kindheitsverletzungen auf, unter denen Sie langanhaltend leiden mussten und die Sie geprägt haben.

2. Schreiben Sie nun auch Ihre typischen Reaktionen auf. (Vielleicht gab es unterschiedliche Verhaltensweisen; versuchen Sie möglichst alle aufzuzählen.) Schreiben Sie bitte den Buchstaben „E“ über Ihre Reaktionen.

Beispiel: *Frustrationen*	E *Reaktionen*
Mein älterer Bruder ignorierte mich.	Versuchte, ihn zu ärgern. Versuchte, seine Aufmerksamkeit auf mich zu lenken.
Mein Vater war oft nicht da.	Reagierte manchmal wütend. Meistens versuchte ich jedoch, ihm zu gefallen.
Fühlte mich meinem älteren Bruder unterlegen.	Fügte mich in meine Minderwertigkeitsgefühle. Vermied direkte Konkurrenz.
Mein Vater trank zuviel.	Versuchte, es zu ignorieren. Manchmal bekam ich Magenschmerzen.
Meine Mutter war überfürsorglich.	Ich behielt alles für mich. Manchmal war ich trotzig.

Übung 5 Eltern-Kind-Dialog

(siehe Kapitel 9)

Dauer: ungefähr 30 Minuten

Ziel: Der Eltern-Kind-Dialog ist dazu gedacht, Ihre Erinnerungen an Ihre Kindheit wieder wachzurufen und Ihre Einfühlsamkeit füreinander zu stärken.

Anmerkung: Vereinbaren Sie, wer zuerst die Rolle des „Kindes" und wer die Rolle des „Elternteils" übernehmen möchte. Jener Partner, der die Rolle des „Kindes" spielt, verhält sich wie ein Kind einer bestimmten Altersstufe und spricht in der Gegenwart. Das „Kind" entscheidet, mit welchem „Elternteil" es reden möchte. Das „Kind" kann entweder seine Mutter, seinen Vater oder eine andere primäre Bezugsperson seiner Kindheit auswählen. Der Partner, der diese Rolle übernimmt, verhält sich so einfühlsam, wie es ihm nur möglich ist, und unterscheidet sich dadurch vermutlich von der realen Bezugsperson aus der Kindheit.

Anleitung:

1. Sitzen Sie einander gegenüber, sodass Sie Augenkontakt haben. Der „Elternteil" beginnt: **„ ...** (Name des „Kindes")**, ich bin dein Vater/deine Mutter. Wie ist es, mit mir zu leben?"** (Wenn die betreffende Bezugsperson bereits verstorben ist, fragen Sie: „Wie war es, mit mir zu leben?") Das „Kind" (das in ein bestimmtes Alter regrediert ist) erzählt von schmerzlichen Kindheitserfahrungen mit dieser Bezugsperson: „Ich bin ... Jahre alt. Mutter/Vater (bitte wählen Sie jenen Ausdruck, mit dem Sie tatsächlich diese Bezugsperson anzureden pflegten), mit dir zu leben ist ..." Der „Elternteil" spiegelt diese Erinnerungen einfühlsam und unterscheidet sich dadurch vermutlich von der realen Bezugsperson aus der Kindheit.

2. Der „Elternteil" fragt: **„Was ist dein tiefster Schmerz mit mir?"** Das „Kind" antwortet: „Mutter/Vater, mein tiefster Schmerz mit dir ist ..." Der „Elternteil" spiegelt die Worte des „Kindes". Das „Kind" fährt fort, indem es der Reihe nach folgende Satzanfänge aufnimmt und ergänzt: „Was mich dabei schmerzt, ist ...", „Ich bin darüber traurig, weil ...", „Wovor ich Angst habe, ist ...", „Und ich fühle (mich) ..."

3. Der „Elternteil" fragt: **„Was tust du, wenn ich dir auf diese Art Schmerz zufüge?"** Das „Kind" erzählt, was es tut, um mit dem Schmerz umzugehen. Zum Beispiel: „Ich verstecke mich in meinem Zimmer und weine." Oder „Ich werde zornig und überlege, wie ich mich rächen kann." Der „Elternteil" spiegelt die Aussagen einfühlsam.

4. Als nächstes fragt der „Elternteil“: **„Als mein Sohn/meine Tochter, was brauchst du von mir am dringendsten, was ich dir nicht gebe?“** Das „Kind“ antwortet: „Was ich am meisten von dir brauche, ist ...“ Der „Elternteil“ spiegelt diese Worte und lässt dann den Schmerz des „Kindes“ und das darunterliegende Bedürfnis gelten, indem er folgenden Satz ergänzt: **„Ich verstehe dich und es macht Sinn, dass du (dich) ... fühlst und dass du ... brauchst, denn ich ...“** Ein Beispiel: „Ich verstehe dich und es macht Sinn, dass du dich einsam und voll Angst fühlst und dir wünschst, ich würde mehr auf deine Bedürfnisse und Gefühle eingehen, da ich tatsächlich emotional weit entfernt von dir bin.“

5. Nun gehen Sie bitte wieder aus Ihrer Rolle heraus. Der „Elternteil“ sagt: **„Ich bin nicht länger deine Mutter/dein Vater. Ich bin dein Partner/deine Partnerin. Danke, dass du mir das erzählt hast.“** Der Partner antwortet: „Ich bin nicht länger dein Kind. Danke, dass du mir zugehört hast.“

6. Tauschen Sie die Rollen und wiederholen Sie die Übung.

Übung 6 Partner-Profil

(siehe Kapitel 3)

Dauer: ungefähr 30 - 45 Minuten

Ziel: Diese Übung wird Ihnen dabei helfen, jene Eigenschaften Ihres Partners, die Sie mögen, und jene, die Sie ablehnen, genauer zu definieren und das Ergebnis mit Ihrer Imago zu vergleichen.

Anmerkung: Führen Sie diese Übung bitte alleine durch. Teilen Sie einander die Ergebnisse vorläufig noch nicht mit. Die Übung 14 „Bitte um Verhaltensänderung“ bietet eine Möglichkeit, mit diesen Erkenntnissen konstruktiv weiterzuarbeiten.

Anleitung:

1. Nehmen Sie bitte ein Blatt Papier und zeichnen Sie darauf einen großen Kreis. Das untere Drittel des Blattes bleibt wieder frei. Wie in Übung 3 teilen Sie den Kreis in zwei gleiche Hälften. In die obere schreiben Sie „F“, in die untere „G“, (wie die folgende Abbildung zeigt).

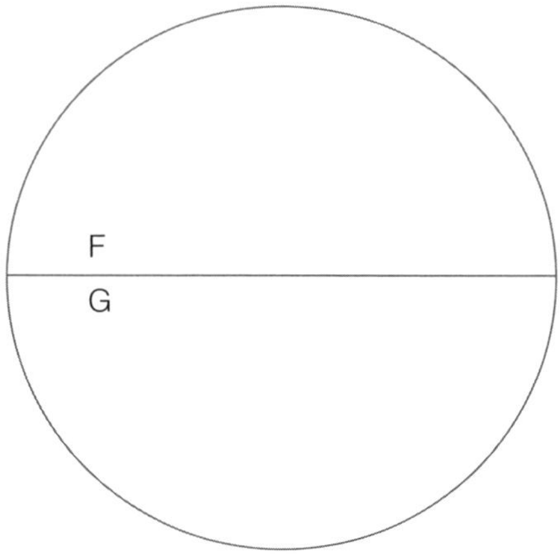

2. In die obere Hälfte, die mit „F“ gekennzeichnet ist, schreiben Sie die positiven Charaktereigenschaften Ihres Partners. Inkludieren Sie bitte auch die Eigenschaften, die Sie zu Beginn Ihrer Beziehung besonders anziehend fanden.

3. Schreiben Sie die negativen Charaktereigenschaften in die untere Hälfte des Kreises, die mit „G“ gekennzeichnet ist.

4. Kreisen Sie die positiven und negativen Eigenschaften ein, die Sie am stärksten berühren.

5. Vergleichen Sie jetzt jene Eigenschaften, die Ihre persönliche Imago aufweist, mit jenen Ihres Partners. Kennzeichnen Sie jene, die einander ähneln, mit einem Sternchen.

6. Schreiben Sie in den Freiraum unterhalb des Kreises ein „H“ und vervollständigen Sie dort den Satz: „Was ich an meinem Partner am meisten mag, ist ...“

7. Schreiben Sie in den Freiraum unterhalb des Kreises ein „I“ und vervollständigen Sie dort den Satz: „Was ich mir von meinem Partner wünsche und nicht bekomme, ist ...“

Anmerkung: In Übung 14 und 17 werden Sie erkennen, wofür Sie diese Erkenntnisse erarbeitet haben.

Übung 7 Unerledigtes aus der Kindheit

(siehe Kapitel 2)

Dauer: ungefähr 15 - 20 Minuten

Ziel: Hier werden die Ergebnisse der Übungen 2 - 6 zusammengefasst, sodass sichtbar wird, was Sie an Unerledigtem aus Ihrer Kindheit mitgebracht haben und in Ihrer Partnerschaft aufzulösen versuchen.

Anmerkung: Führen Sie diese Übung bitte jede(r) für sich durch.

Anleitung:

Schreiben Sie die nachfolgenden Sätze ab. Vervollständigen Sie sie, indem Sie jeweils ergänzen, was Sie bei den entsprechenden Buchstaben in den vorangegangenen Übungen gesammelt haben.

Bei meiner Partnerwahl habe ich einen Menschen mit folgenden Charaktereigenschaften gesucht: (Fügen Sie hier bitte jene Eigenschaften ein, die Sie in Übung 3 sowohl bei „A" als auch bei „B" unterstrichen haben):

Bin ich mit so einem Menschen zusammen, stören mich besonders jene Eigenschaften: (Fügen Sie hier bitte die Eigenschaften ein, die Sie in Übung 3, Schritt 3, unter „A" unterstrichen haben.):

Ich wünschte mir, mein(e) Partner(in) würde mir Folgendes schenken: („C" aus Übung 3, Schritt 5):

Werden meine Bedürfnisse nicht erfüllt, habe ich folgende Gefühle: („D" aus Übung 3, Schritt 6):

Sehr oft reagiere ich folgendermaßen („E" aus Übung 4):

Übung 7 bildet den Abschluss der ersten Übungsserie. Sie haben jetzt eine gemeinsame Beziehungsvision erstellt; Ihre persönliche Imago erarbeitet; Ihre frühen Kindheitsverletzungen erkannt sowie die entsprechenden Verhaltensmuster, damit umzugehen; eine Auflistung jener Eigenschaften erstellt, die Ihnen an Ihrem Partner gefallen und jener, die Ihnen missfallen; sowie das Unerledigte aus Ihrer Kindheit beschrieben, das Sie in Ihre Partnerschaft mitgebracht haben und auflösen möchten.

Übung 8 Der Imago-Dialog

(siehe Kapitel 9)

Dauer: ungefähr 45 - 60 Minuten

Ziel: Diese Übung wird es Ihnen ermöglichen, Ihrem Partner erstens sehr genau zuzuhören; zweitens zusammenzufassen, was er sagt; drittens seine Aussage gelten zu lassen und viertens sich einzufühlen in die Gefühle Ihres Partners.

Anmerkung: Diese Übung kann nur zu zweit durchgeführt werden. Nehmen Sie sich so oft als möglich Zeit dafür. Der Imago-Dialog ist ein sehr wirksamer Weg, eine gute Kommunikation zu erlernen, einander auf tiefer Ebene Heilung zu schenken und eine innige Verbundenheit aufzubauen. In der Imago-Paartherapie ist der Imago-Dialog das wichtigste therapeutische Werkzeug. Zu Beginn kann seine Struktur Ihnen möglicherweise noch ein wenig unnatürlich und umständlich vorkommen, aber der Imago-Dialog ist ein ausgezeichneter Weg, eine exakte Kommunikation zu sichern. Mit einiger Übung wird er Ihnen bald vertraut sein. Wenn Sie den Imago-Dialog einmal verinnerlicht haben, werden Sie erkennen, dass Sie seine helfende Struktur nicht mehr ständig brauchen. Sich an die vorgegebenen vier Schritte zu halten ist nur bei hochbrisanten Themen nötig - wenn jede andere Form der Kommunikation versagt. Nach einigen Monaten Übung werden Sie mehr Sicherheit erlangen, auf Aussagen Ihres Partners ruhiger und rationaler reagieren und eine tiefe Verbundenheit zueinander spüren.

Anleitung:

1. Vereinbaren Sie, wer Sender und wer Empfänger sein möchte. Der Sender beginnt den Dialog: „Ich möchte gerne einen Imago-Dialog mit dir machen. Bist du jetzt bereit dazu?" Damit Sie den Imago-Dialog in den Alltag Ihrer Partnerschaft integrieren können, ist es wichtig, bei einer Bitte um einen Dialog nicht allzu lange zuzuwar-

ten. Wenn Sie gerade keine Zeit oder Möglichkeit haben, vereinbaren Sie bitte den nächstmöglichen Zeitpunkt verbindlich. Als Zeichen für Ihre Bereitschaft, einen Imago-Dialog zu führen, sagen Sie bitte zu Ihrem Partner: „Jetzt bin ich bereit dazu!"

2. Zu Beginn spricht der Sender einige Minuten lang und beschreibt, was er den anderen wissen lassen möchte. Jede Äußerung sollte mit „Ich" beginnen und genau beschreiben, was der Sender denkt oder fühlt. Wenn Sie den Imago-Dialog gerade erst kennen lernen, wählen Sie bitte einen einfachen und neutralen Inhalt. Zum Beispiel: „Heute bin ich mit Halsschmerzen aufgewacht und fühlte mich nicht fit genug fürs Büro. Ich bleibe heute besser zu Hause."

3. Dann spiegelt (paraphrasiert) der Empfänger, was Sie gesagt haben, und beginnt mit folgenden Worten: „Ich höre, du sagst ..." Zum Beispiel: **„Ich höre, du sagst**, du bist heute mit Halsschmerzen aufgewacht, und da du dich nicht fit genug fürs Büro fühlst, denkst du daran, heute zu Hause zu bleiben. **Habe ich dich gehört?"** Der Sender meldet zurück, ob der Empfänger die Nachricht richtig aufgenommen hat. Wenn er „Ja" antwortet, dann gehen Sie weiter zu Punkt 4. Wenn der Sender „Nein" antwortet, ergänzt er anschließend, was ihm beim Spiegeln gefehlt hat oder was er ergänzen möchte - jedoch ohne jeglichen Vorwurf an den Empfänger: **„Du hast schon sehr viel gehört. Was ich auch noch möchte, dass du hörst, ist ..."** Der Empfänger spiegelt wieder, was der Sender gesagt hat. Das wiederholt sich so lange, bis der Sender bestätigt, dass der Empfänger alles gehört hat.

4. Nun sagt der Empfänger: „Erzähl mir mehr darüber!" Oder „Gibt es noch mehr dazu?" Möchte der Sender noch mehr sagen, so fügt er es hinzu. Der Empfänger spiegelt das Gesagte wieder und ermuntert erneut: **„Erzähl mir mehr darüber!"** - solange, bis der Sender alles vorgebracht hat. (Nachzufragen, ob es noch etwas zu sagen gibt, ist äußerst wichtig. Es hilft dem Sender, alle seine Gedanken und Gefühle im Zusammenhang mit seiner ersten Aussage in Worte zu fassen und verhindert, dass der Empfänger vorzeitig auf eine unvollständige Aussage reagiert. Durch die Einschränkung *„mehr darüber"* wird der Sender daran erinnert, dass es wichtig ist, bei *nur einem* Thema zu bleiben.

5. Hat der Sender seine Botschaft abgeschlossen, fasst der Empfänger seine Aussagen noch einmal zusammen. Er beginnt dabei stets mit folgenden Worten: **„Lass mich sehen, ob ich alles gehört habe ..."** Oder **„Ich fasse nun zusammen. Ich habe gehört, dass du ..."** Hat der Empfänger die Zusammenfassung abgeschlossen, fragt er noch einmal nach: **„Habe ich alles gehört?"** Das Zusammenfassen ist besonders wichtig, weil der Empfänger dadurch auf einer tieferen Ebene aufnehmen kann, was der Sender gesagt hat und dessen Logik nachvollziehen kann. Das

führt bereits zum nächsten Schritt, dem Geltenlassen. Wenn der Sender bestätigt, dass seine Botschaft exakt gehört wurde, gehen Sie bitte zu Punkt 6 weiter.

6. Nun lässt der Empfänger gelten, was der Sender gesagt hat: **„Ich verstehe, was du sagst, und es macht Sinn, ...“** Zum Beispiel: „Ich verstehe, was du sagst, und es macht Sinn, dass du nicht zur Arbeit gehst, weil du Halsschmerzen hast.“ Diese Antwort weist darauf hin, dass der Empfänger die innere Logik der Aussage des Senders nachvollziehen kann. Es ist die persönliche Wahrheit des Senders. Der Empfänger muss nicht mit dem Sender übereinstimmen, aber es ist entscheidend, dass der Empfänger die Logik oder die Wahrheit der Perspektive des Senders erkennen kann. Der Empfänger vergewissert sich durch Nachfragen (**„Habe ich dich verstanden?“**), dass der Sender wirklich das Gefühl hat, der Empfänger verstehe seine Sichtweise und lasse sie gelten. Wenn das der Fall ist, gehen Sie weiter zu Punkt 7.

7. Der Sender fühlt sich in den Empfänger ein, er bringt seine Empathie zum Ausdruck, und zwar mit folgenden Worten: **„Ich stelle mir vor, du fühlst dich (jetzt) ...“** Oder **„Ich stelle mir vor, du hast dich ... gefühlt.“** Zum Beispiel: „Ich stelle mir vor, es macht dir Sorgen, dass du nun einen Arbeitstag versäumst.“ Gefühle lassen sich am besten mit Worten wie sorgenvoll, verärgert, traurig, angstvoll, glücklich usw. beschreiben. Wenn Sie mehr als ein Wort benützen, beschreiben Sie vermutlich eher einen Gedanken, wie „Ich stelle mir vor, du möchtest endlich etwas für deine Gesundheit tun und deine Erkältung nicht weiter verschleppen.“) Da man nie genau wissen kann, was ein anderer Mensch fühlt, ist es wichtig, noch einmal nachzufragen: **„Ist es dieses Gefühl? ...“** (traurig, ärgerlich usw.) Hat der Empfänger seine Gefühle nicht genau getroffen, dann sollte der Sender sie noch einmal näher beschreiben. Wenn das Gefühl exakt benannt ist, fragt der Empfänger: **„Hast du noch andere Gefühle dazu?“** Fahren Sie fort, bis der Austausch abgeschlossen ist.

8. Sind Sie nun alle Schritte des Imago-Dialogs gegangen (Spiegeln, Zusammenfassen, Geltenlassen, Einfühlen), so werden die Rollen getauscht. Der neue Sender (der vorherige Empfänger) kann sich nun auf die Aussagen seines Partners beziehen (**„Was mich berührt an dem, was du gerade erzählt hast, ist ...“**) oder eigene Gedanken und Gefühle äußern, die mit dem bisher Gesagten nicht in Zusammenhang stehen. Orientieren Sie sich bitte so wie bisher genau an den einzelnen Schritten des Imago-Dialogs.

9. Wenden Sie nun den Imago-Dialog an, um miteinander auszutauschen, was Sie in Übung 2 erkannt haben. Wenn Sie an der Reihe sind zuzuhören, versuchen Sie bitte, sich die Kindheitswunden und den Schmerz Ihres Partners intensiv vorzustel-

len. Als Sender sprechen Sie bitte klar und in kurzen Einheiten, sodass Ihr Partner Ihre Worte gut spiegeln kann.

Übung 9 Beziehungs-Ausgänge schließen

(siehe Kapitel 7)

Dauer: ungefähr 60 - 90 Minuten

Ziel: Diese Übung hat zwei Ziele: erstens gewährleistet sie, dass Sie für jene Zeitdauer zusammenbleiben, solange Sie diese Übungen miteinander bearbeiten. Und zweitens schenkt sie Ihnen Schritt für Schritt eine Atmosphäre der Sicherheit in Ihrer Partnerschaft, wodurch wieder mehr Nähe möglich wird.

Anmerkung: Bitte machen Sie diese Übung gemeinsam.

Anleitung:

1. Stellen Sie bitte Ihre Partnerschaft bildlich als Rechteck mit perforierten Seitenlinien dar. Die kleinen Öffnungen sind die verschiedenen „Ausgänge", die Sie benutzen: alle ungeeigneten Vorgangsweisen, sich sicher zu fühlen, Ihre Bedürfnisse erfüllt zu bekommen und Energie aus Ihrer Partnerschaft abzuziehen. Ein Ausgang ist im Grunde dann gegeben, wenn wir uns mit anderen Beschäftigungen ablenken, um mit unserem Partner nicht über unsere Gefühle reden zu müssen.
   Jede der vier Ecken des Rechtecks repräsentiert einen so genannten „katastrophalen Ausgang" - Selbstmord, Scheidung (oder Trennung), Mord und psychische Erkrankung. Überprüfen Sie Ihre Gedanken und Gefühle, um zu sehen, ob die Gefahr besteht, dass Sie Ihre Partnerschaft demnächst durch einen dieser vier Ausgänge verlassen könnten. Wenn das im Bereich des Vorstellbaren liegt, so bitte ich Sie aufrichtig, die Entscheidung zu treffen, das solange nicht zu tun, wie Sie gemeinsam an diesen Übungen arbeiten. Haben Sie das Gefühl, dass einer dieser katastrophalen Ausgänge auch für Sie eine Gefahr darstellen könnte, dann wenden Sie sich bitte rasch an einen Imago-Therapeuten in Ihrer Nähe oder an einen anderen kompetenten Paartherapeuten.

2. Nun nehmen Sie bitte jede(r) zwei Blatt Papier zur Hand. Schreiben Sie auf das erste Ihre alltäglichen Beziehungs-Ausgänge. Dazu zählt: zuviel essen, zu lange im Büro bleiben, sich zuviel mit den Kindern beschäftigen ... - alles, was Sie unternehmen, um echte Nähe zu Ihrem Partner zu vermeiden. (In Kapitel 7 finden Sie zahlreiche Beispiele).

3. Mit Hilfe der Methode des Spiegelns, die in Übung 8 „Der Imago-Dialog" beschrieben ist, tauschen Sie nun bitte Ihre Aufzählungen der persönlichen Ausgänge miteinander aus. (Sie wenden dabei nicht alle Schritte des Imago-Dialogs an, sondern nur das Spiegeln.) Hier ein Beispiel:
   Partner A: Mir fällt auf, dass ich am Wochenende immer Arbeit mit nach Hause nehme, und ich glaube, ich mache das, weil ich Angst habe Zeit mit dir zu verbringen und in Streit mit dir zu geraten.
   Partner B: Ich höre, du sagst, du nimmst am Wochenende immer Arbeit mit nach Hause, weil du Angst hast Zeit mit mir zu verbringen. Habe ich dich gehört?
   Partner A: Was ich noch möchte, ist, dass du hörst, dass ich am Wochenende immer Arbeit mit nach Hause nehme, weil ich Angst habe Zeit mit dir zu verbringen - denn wir könnten in Streit geraten und das verunsichert mich immer sehr. Ich habe auch noch andere Gründe dafür.
   Partner B: Ich höre, du sagst, dass du am Wochenende Arbeit mit nach Hause nimmst, um weniger Zeit mit mir zu verbringen, weil wir in Streit geraten könnten und dich das immer sehr verunsichert. Außerdem hast du auch noch andere Gründe dafür. Habe ich nun alles gehört?
   Partner A: Ja, du hast alles gehört!

4. Gehen Sie nun bitte Ihre persönliche Liste durch und unterstreichen Sie jene Ausgänge, die Sie bereit wären zu schließen oder seltener zu benutzen. Kennzeichnen Sie jene mit „X", von denen Sie denken, dass es derzeit sehr schwierig oder unmöglich erscheint sie zu schließen.

5. Schreiben Sie folgende Vereinbarung auf ein Blatt Papier: „Mit Beginn der Woche (hier bitte Datum einfügen) erkläre ich mich einverstanden, keine Arbeit mehr mit nach Hause zu bringen. Stattdessen werde ich dich um einen Imago-Dialog bitten, damit wir erkennen können, warum ich am Wochenende Arbeit mit nach Hause bringe und warum es mir Angst macht, wenn wir einen Konflikt haben."

Bitte beachten Sie: Es ist wichtig, miteinander über die Ängste zu reden, die sich hinter jedem Beziehungs-Ausgang verbergen. Im sicheren Rahmen des Imago-Dialogs über diese Ängste zu reden hilft paradoxerweise, den Ausgang des Vermeidens zu schließen. Wenn Sie sich über Ihre Gefühle ausgetauscht haben, könnte es sich als wichtig erweisen, einen Ausgang zu schließen, der Energie aus Ihrer Partnerschaft abzieht.

Übung 10 Wiederverlieben in der Partnerschaft

(siehe Kapitel 8)

Dauer: unqefähr 60 Minuten

Ziel: Wenn Sie einander sagen, wie Sie einander Freude bereiten können, und sich dazu entschließen, einander regelmäßig und konsequent liebevolle Verhaltensweisen zu schenken, wird in Ihrer Partnerschaft bald eine Atmosphäre der Sicherheit und des Vertrauens herrschen.

Anmerkung: Die Phasen 1 - 3 können Sie auch alleine durchführen. Die restliche Übung sollten Sie jedoch gemeinsam machen.

Anleitung:

1. Der erste Schritt dieser Übung besteht in der Auflistung der liebevollen Verhaltensweisen, die Ihr Partner Ihnen derzeit schenkt. Schreiben Sie den folgenden Satz auf ein Blatt Papier, und ergänzen Sie ihn möglichst vielfältig, indem Sie liebevolle Verhaltensweisen aufzählen, die Ihr Partner mit einer gewissen Regelmäßigkeit zeigt:

   Ich fühle mich geliebt und umsorgt, wenn du ...

   Beispiele:
   - meine Kaffeetasse nachfüllst.
   - mir zuerst das Deckblatt der Zeitung gibst.
   - mich küsst, bevor du das Haus verlässt.
   - mich tagsüber einfach einmal anrufst.
   - mir wichtige Dinge erzählst.
   - meinen Rücken massierst.
   - mir sagst, dass du mich liebst.
   - mich fragst, ob du etwas einkaufen kannst.
   - mir eine Überraschung mitbringst.
   - ganz eng bei mir sitzt, wenn wir fernsehen.
   - mir zuhörst, wenn ich traurig bin.
   - zuerst mit mir sprichst, bevor du Pläne machst.
   - mit mir betest.
   - am Sonntag etwas besonders Gutes kochst.
   - mit mir schlafen möchtest.
   - mir sagst, wie gut ich aussehe.

2. Erinnern Sie sich bitte an die romantische Anfangsphase Ihrer Beziehung. Gab es bestimmte liebevolle Verhaltensweisen, die inzwischen einfach eingeschlafen sind? Nehmen Sie ein neues Blatt und vervollständigen Sie bitte folgenden Satz:

Ich fühlte mich geliebt und umsorgt, wenn du ...

Beispiele:
- mir Liebesbriefe geschrieben hast.
- mir Blumen mitgebracht hast.
- Hand in Hand mit mir spazieren gegangen bist.
- mir liebevolle Dinge ins Ohr geflüstert hast.
- mich angerufen hast, um mir zu sagen, wie sehr du mich liebst.
- mir mein Lieblingsessen gekocht hast.
- lange aufbleiben wolltest, um mit mir zu reden und Liebe zu machen.
- wir öfter als einmal täglich Sex hatten.
- mir beim Weggehen einen Abschiedskuss gegeben hast und mich beim Heimkommen umarmt hast.

3. Denken Sie nun bitte an liebevolle Verhaltensweisen, die Sie sich immer gewünscht haben, ohne je gewagt zu haben, darum zu bitten. Vielleicht sind sie in Ihrer Beziehungsvision enthalten oder Sie kennen sie aus früheren Erfahrungen. (Sie sollten jedoch keine aktuellen Konfliktpunkte betreffen.) Es können ganz persönliche Wünsche sein. Versuchen Sie, Ihre Wünsche auch zu „quantifizieren", wenn das möglich ist. Vervollständigen Sie bitte den Satz:

Ich hätte gerne, dass du ...

Beispiele:
- mir 30 Minuten lang den Rücken massierst.
- zusammen mit mir duschst.
- mir überraschend Schmuck kaufst.
- im Sommer dreimal mit mir zelten gehst.
- nackt schläfst.
- einmal im Monat mit mir essen gehst.
- mir über Weihnachten ein Buch vorliest.

4. Kombinieren Sie jetzt diese drei Listen und ordnen Sie jedem einzelnen Punkt nach dem Grad seiner Wichtigkeit eine Zahl zwischen 1 und 5 zu. (1 bedeutet „sehr wichtig", 5 „nicht so wichtig".)

5. Tauschen Sie Ihre Listen aus und setzen Sie ein „X" neben die Wünsche, die Sie derzeit noch nicht erfüllen wollen oder können. Alle übrigen Punkte sollten für beide Partner erstrebenswert sein. Vom nächsten Tag an erfüllen Sie zumindest zwei an jedem Tag (vorerst für einen Zeitraum von zwei Monaten.) Beginnen Sie mit denen, die Ihnen am leichtesten zu sein scheinen. Fügen Sie noch andere liebevolle Verhaltensweisen hinzu, wenn Sie möchten. Bedanken Sie sich bei Ihrem Partner, wenn er etwas Liebevolles für Sie tut. Denken Sie immer daran (vgl. Kapitel 8), dass diese Verhaltensweisen Geschenke sind, aber keine Verpflichtungen. Gleichgültig, welche Gefühle Sie momentan Ihrem Partner gegenüber haben, halten Sie daran

fest, ihn liebevoll zu behandeln, ohne eine Gegenleistung zu erwarten.

6. Sollten Sie oder Ihr Partner Widerstände entwickeln, halten Sie diese Übung bitte dennoch durch, bis Ihr Widerstand sich langsam löst (vergleichen Sie Kapitel 8, wo das Phänomen der „Angst vor der Freude“ beschrieben ist).

Übung 11 Die Überraschungsliste

(siehe Kapitel 8)

Dauer: ungefähr 15 - 20 Minuten

Ziel: Diese Übung zielt darauf hin, die in Übung 10 erarbeiteten liebevollen Verhaltensweisen durch unerwartete Überraschungen noch zu übertreffen und so eine sichere, vertrauensvolle Atmosphäre und eine tiefe innere Verbundenheit zu erreichen.

Anmerkung: Führen Sie diese Übung bitte alleine durch, denn es handelt sich schließlich um Überraschungen, von denen Ihr Partner nicht im Vorhinein erfahren soll.

Anleitung:

1. Stellen Sie bitte eine Liste zusammen, wie Sie Ihren Partner überraschen könnten. Stellen Sie aber keine Vermutungen an. Stattdessen erinnern Sie sich bitte zurück, welche Dinge Ihrem Partner in der Vergangenheit Freude bereitet haben (und er/sie das auch verbal oder nonverbal zum Ausdruck gebracht hat). Werden Sie zum Detektiv für seine/ihre verborgenen Wünsche. Halten Sie Ihre Liste stets gut versteckt.

2. Wählen Sie eine Überraschung für die kommende Woche aus. Überraschen Sie Ihren Partner zumindest einmal pro Woche, jedoch ohne Regelmäßigkeit, damit er/sie sich nicht darauf einstellen kann.

3. Notieren Sie sich das Datum jeder Überraschung.

4. Schreiben Sie, ebenfalls mit Datum, auf ein anderes Blatt die Überraschungen, die Ihnen Ihr Partner bereitet hat. Danken Sie ihm dafür.

Übung 12 Die Spaßliste - „High Energy Fun"

(siehe Kapitel 8)

Dauer: ungefähr 20 - 30 Minuten
Ziel: Diese Übung ist dazu geeignet, Ihre emotionale Bindung an Ihren Partner zu festigen und Ihr Gefühl für Sicherheit und Freude zu verstärken.
Anmerkung: Bitte machen Sie diese Übung gemeinsam.

Anleitung:

1. Stellen Sie zuerst getrennte Listen von Aktivitäten auf, die Sie gerne zusammen mit Ihrem Partner tun möchten und die es Ihnen ermöglichen, miteinander so richtig Spaß zu haben und ein gemeinsames Hochgefühl zu erleben. Der englische Ausdruck dafür, **„High Energy Fun"**, spricht für sich. Dabei sollte besonders viel Gelegenheit zu direktem körperlichen Kontakt gegeben sein. Beispiel: Tennis, Tanzen, Herumbalgen, gemeinsames Duschen, Sex, Massage, Kitzeln, ...

2. Zeigen Sie sich gegenseitig Ihre Listen und kombinieren Sie sie miteinander.

3. Wählen Sie jede Woche eine dieser Aktivitäten aus und nehmen Sie sich gemeinsam Zeit dafür.

4. Vielleicht empfinden Sie zuerst einen gewissen Widerstand gegen diese kindlich-übermütigen Verhaltensweisen, besonders wenn Sie in einer konfliktträchtigen Beziehung leben. Doch es ist sehr wichtig, dass Sie diese Übung trotzdem gemeinsam machen. Überwinden Sie Ihren spontanen Widerstand und experimentieren Sie mit diesem kurzen Ausflug in Ihre Kindheit.

Übung 13 Positives Überfluten

(siehe Kapitel 11)

Dauer: ungefähr 45 Minuten

Ziel: Diese Übung hilft Ihnen und Ihrem Partner, jene intensiven Glücksgefühle zu spüren, die die körperlichen Eigenschaften, der Charakter und das Verhalten Ihres Partners in Ihnen auslösen können. Wird das Positive mit Nachdruck in Worte gefasst und in den Mittelpunkt gerückt, so stärkt das Ihre emotionale Immunkraft gegen mit Nachdruck vorgebrachte negative Aussagen.

Anmerkung: Während der ersten 30 Minuten bereitet sich jeder Partner einzeln vor - anschließend ist es eine Übung für zwei.

Anleitung:

1. Nehmen Sie bitte zwei Blätter zur Hand - eines für Sie, eines für Ihren Partner. Unterteilen Sie Ihr Blatt in vier Spalten. Diese Spalten bekommen folgende Überschriften: „Körperliche Eigenschaften", „Persönlichkeits-Eigenschaften", „Verhalten", „Allgemeine Wertschätzungen". In die erste Spalte schreiben Sie bitte, welche körperlichen Eigenschaften Sie an Ihrem Partner schätzen, in die zweite Spalte, welche Eigenschaften Sie an seiner Persönlichkeit bewundern, in die dritte, welche Verhaltensweisen Ihres Partners Sie wertschätzen und in die vierte schreiben Sie Ausdrücke allgemeiner Wertschätzung (wie zum Beispiel „Ich liebe dich!" Oder „Es war wirklich ein großes Glück, dass ich dich kennen gelernt habe!")

2. Nun setzt sich einer von Ihnen beiden auf einen Stuhl. Der andere umkreist ihn immer wieder und spricht dabei aus, was er (sie) aufgeschrieben hat. Nehmen Sie sich ungefähr eine Minute Zeit für jede Spalte und verleihen Sie Ihrer Stimme im Laufe des positiven Überflutens immer mehr Intensität. Bei der Spalte „Allgemeine Wertschätzungen" beginnen Sie bitte zu hüpfen, wobei Ihre Füße immer wieder kurz den Boden verlassen.

3. Nehmen Sie nun bitte zwei weitere Blätter zur Hand, eines für Sie und eines für Ihren Partner. Unterteilen Sie Ihr Blatt wieder in Spalten, denen Sie dieselben Überschriften geben wie zu Beginn der Übung. Der Unterschied besteht nun darin, dass Sie auf dem zweiten Blatt jene positiven Aussagen aufschreiben, die Sie gerne von Ihrem Partner hören möchten. Zum Beispiel: „Sag mir bitte, dass ich lange, schöne Beine habe." „Sag mir, dass du mir vertraust." „Sag mir, dass ich eine wunderbare Hausfrau bin." „Sag mir, dass du meine Haut so gerne streichelst." „Sag mir, dass

du mich gern nackt siehst." „Sag mir, dass ich die beste Frau bin, die du dir nur vorstellen kannst." „Sag mir, wie glücklich du bist, dass du mir begegnet bist."

4. Umkreisen Sie nun erneut Ihren Partner und überfluten Sie einander mit jenen neuen positiven Aussagen. Am Ende dieser Übung umarmen Sie einander von Herzen. Spüren Sie ganz bewusst, was für wunderbare Gefühle diese Übung bei Ihnen hervorrufen kann.

5. Tauschen Sie nun mithilfe des Imago-Dialogs mit Ihrem Partner aus, was diese Übung für Sie bedeutet hat.

6. Wiederholen Sie diese Übung im Zeitraum der nächsten vier Wochen jeweils einmal pro Woche. Anschließend machen Sie es sich zur Gewohnheit, Ihren Partner jeden Tag zumindest ein Mal mit einigen positiven Dingen zu überfluten.

Übung 14 Der Dialog „Bitte um Verhaltensänderung"

(siehe Kapitel 10)

Dauer: ungefähr 60 - 90 Minuten
Ziel: Diese Übung hilft Ihnen, die tiefsten Bedürfnisse Ihres Partners zu erkennen und Ihr eigenes Verhalten so zu verändern, dass Sie angemessen darauf reagieren können. Wenn es Ihnen gelingt, Ihren Widerstand gegen Veränderungen zu überwinden, schenken Sie Ihrem Partner dadurch Heilung für seine Kindheitswunden und können gleichzeitig selbst zu einer liebevollen und ganzheitlichen Persönlichkeit werden.
Anmerkung: Da diese Übung sehr wichtig ist, empfehle ich Ihnen, ihr große Priorität in Ihrer Partnerschaft zu geben.

Anleitung:

1. Zuerst einmal sollten Sie herausfinden, welche tiefe, umfassende Sehnsucht sich hinter Ihren jeweiligen Frustrationen verbirgt. Erstellen Sie dazu eine möglichst vollständige Liste aller Verhaltensweisen, die Sie an Ihrem Partner stören. Wann fühlen Sie sich durch sein Verhalten verärgert, gereizt, ängstlich, misstrauisch, wütend, verletzt oder verbittert? Hier ein Beispiel:

Jennys Liste

Ich mag es nicht, wenn du ...

- zu schnell Auto fährst. Das macht mir Angst.
- das Haus verlässt, ohne mir zu sagen, wohin du gehst. Da fühle ich mich so allein gelassen.
- mich vor den Kindern kritisierst. Das ist mir wirklich peinlich.
- meine Autorität bei den Kindern untergräbst. Das finde ich erniedrigend.
- während des Essens Zeitung liest. Ich habe dann den Eindruck, du beachtest mich überhaupt nicht und ich bin nicht wichtig für dich.
- mich vor deinen Freunden lächerlich machst. Das ist mir sehr peinlich.
- nicht richtig zuhörst, wenn ich dir etwas erzähle. Ich habe dann den Eindruck, du nimmst mich einfach nicht wahr.
- dich von mir abwendest, wenn ich traurig bin. Dann fühle ich mich völlig im Stich gelassen von dir.
- mich wegen meiner Entscheidungsschwäche kritisierst. Da beginne ich selbst an mir zu zweifeln.
- mich als schlechte Hausfrau hinstellst. Das ist mir mehr als peinlich.
- immer wieder darauf hinweist, dass du mehr Geld verdienst als ich. Das ist mir wirklich unangenehm.

2. Nehmen Sie ein weiteres Blatt und versuchen Sie, Punkt für Punkt die globale, „umfassende Sehnsucht“ zu erkennen, die sich hinter Ihren aufgelisteten Frustrationen verbirgt. Lassen Sie nach jeder einzelnen „umfassenden Sehnsucht“ bitte einige Zeilen frei. Ihre Frustrationen erwähnen Sie hier bitte nicht mehr, sondern nur die „umfassende Sehnsucht“, die jeder Frustration zu Grunde liegt. (Das ist besonders wichtig, da Sie dieses Blatt später Ihrem Partner übergeben werden.)

   Beispiel:
   Umfassende Sehnsucht: (im Hinblick auf die erste Frustration von Jennys Liste): Ich möchte mich sicher und entspannt fühlen, wenn du mich mit dem Auto fährst.

3. Schreiben Sie nach jeder „umfassenden Sehnsucht“ drei konkrete Bitten um Verhaltensweisen auf, die Ihren Wunsch erfüllen könnten. Es ist wichtig, dass diese Bitten positiv formuliert sind und ein konkretes, umsetzbares Verhalten beschreiben. Bitte beachten Sie die „SMART“-Regel. Jede Bitte soll **s**pezifisch, **m**essbar, **a**usschlaggebend (für eine Veränderung und die Erfüllung Ihrer Sehnsucht), **r**epetitiv (wiederholbar) und **t**erminisiert sein. (siehe Kapitel 10)

   Beispiele:
   Umfassende Sehnsucht: Ich möchte mich sicher und entspannt fühlen, wenn du

Auto fährst.
Konkrete Bitte 1: Ich wünsche mir, dass du dich im nächsten Monat an die Geschwindigkeitsbegrenzungen hältst. Ist die Straße besonders schlecht, wünsche ich mir, dass du sogar langsamer fährst.
Konkrete Bitte 2: Ich wünsche mir für die nächsten beiden Wochen, dass du mir beim Einsteigen ins Auto versprichst, die Geschwindigkeitsbegrenzungen zu beachten, und mich nach deinem Versprechen umarmst.
Konkrete Bitte 3: Ich wünsche mir, dass wir kommende Woche zwei Imago-Dialoge (jeweils ca. 15 Minuten) miteinander führen und du mich fragst, wie ich mich fühle, wenn du die vorgegebene Höchstgeschwindigkeit überschreitest, und dass wir einen Bezug zu meinen Kindheitsängsten herstellen.

Umfassende Sehnsucht: Ich möchte, dass du dir immer Zeit für mich nimmst, wenn ich aus meiner Balance gerate.
Konkrete Bitte 1: Wenn ich während des nächsten Monats sage, dass ich aufgewühlt bin, wünsche ich mir, dass du die Arme um mich legst und mir fünf Minuten lang deine volle Aufmerksamkeit schenkst.
Konkrete Bitte 2: Ich wünsche mir, dass wir diese Woche zwei Mal am Abend miteinander spazieren gehen und einander dabei ungestört erzählen können, wie der Tag für jeden von uns war.
Konkrete Bitte 3: Ich wünsche mir, dass du mir diese Woche jedes Mal, wenn ich dir sage, ich bin aufgewühlt, tief in die Augen blickst, mir geduldig zuhörst und zurückspiegelst, was ich sage.

Achten Sie bitte darauf, dass Ihre Bitten spezifisch und positiv formuliert werden. Hier ein Beispiel für eine zu allgemein und dadurch sehr unkonkret formulierte Bitte:

Unkonkrete Bitte: Ich möchte, dass du aufmerksamer bist.

Diese Bitte sollte neu formuliert werden, sodass sie konkret und erfüllbar wird.

Konkrete Bitte: Ich wünsche mir, dass du mich während der nächsten zwei Wochen, sobald du abends nach Hause kommst, umarmst und eine Minute lang umarmt hältst.

Im nächsten Beispiel enthält die Bitte eine Verneinung, deshalb wird sie anschließend abgeändert.

Negativ formulierte Bitte: Ich möchte, dass du mich nicht mehr anschreist, wenn du dich ärgerst.

Diese Bitte sollte neu formuliert werden, sodass sie ein positives Verhalten beschreibt.

Positiv formulierte Bitte: Wenn du während des nächsten Monats wütend auf mich bist, wünsche ich mir, dass du dennoch mit ruhiger Stimme sagst, was du von mir möchtest. Bitte richte eine spezifische, terminisierte (zeitbegrenzte) und positiv formulierte Bitte an mich.

4. Zeigen Sie einander Ihre zweite Liste (jene mit den Punkten, die Ihre umfassende Sehnsucht und Ihren Bitten benennen), auf der keine Frustrationen mehr enthalten sind. Dank Ihrer guten Kommunikationsmöglichkeiten wird es Ihnen sicher gelingen, über Ihre „umfassende Sehnsucht" und Ihre Bitten so mit Ihrem Partner zu sprechen, dass es keine Missverständnisse gibt. Beachten Sie bitte auch die „SMART"-Regel (siehe Kapitel 10). Formulieren Sie jede Bitte so, dass Ihr Partner genau erkennen kann, welche Verhaltensänderung Sie sich wünschen. Weiters muss Ihr Partner wissen, in welcher Situation, wie oft und innerhalb welchen Zeitrahmens er dieses Verhalten zeigen soll.

5. Nehmen Sie jetzt Ihre eigene Liste wieder an sich und bewerten Sie Ihre Bitten nach deren Wichtigkeit, indem Sie links neben jeder Bitte jeweils Zahlen zwischen 1 und 5 notieren (von 1 „sehr wichtig" bis zu 5 „nicht so wichtig").

6. Tauschen Sie die Listen wieder aus, sodass Sie nun die Liste mit den Bitten Ihres Partners in Händen haben, und versehen Sie die Bitten Ihres Partners (diesmal rechts neben den Bitten) ebenfalls mit Zahlen zwischen 1 und 5, diesmal jedoch als Bewertung der von Ihnen empfundenen Schwierigkeit, diese Bitten zu erfüllen (von 1 „sehr schwierig" bis 5 „keineswegs schwierig").

7. Behalten Sie die Liste Ihres Partners. Von heute an können Sie Ihrem Partner jede Woche drei bis vier Bitten erfüllen, zu deren Erfüllung Sie bereit sind oder sich durch eine „Dehnung" neu dazu imstande fühlen. Denken Sie bitte immer daran, dass es sich hierbei um Geschenke handelt. Gleichgültig, welche Gefühle Sie zur Zeit Ihrem Partner gegenüber haben und wie viele Bitten er/sie Ihnen erfüllt, halten Sie an Ihrem Vorsatz fest, mindestens drei bis vier Verhaltensänderungen pro Woche umzusetzen. (Sie können im Laufe der Zeit natürlich noch weitere Bitten mit Ihrem Partner austauschen und einander erfüllen.)

Übung 15 Die Wiege

(siehe Kapitel 11)

Dauer: ungefähr 30 Minuten

Ziel: Diese Übung ist dazu gedacht, die Empathie und Verbundenheit mit Ihrem Partner zu stärken. Sie können Schmerz und Traurigkeit aus ihrer Kindheit noch einmal erfahren und dadurch auflösen.

Anmerkung: Suchen Sie sich einen Platz im Raum, wo Sie 15 Minuten lang bequem sitzen können. (Vermutlich brauchen Sie eine Möglichkeit, sich mit dem Rücken anzulehnen.) Dann nimmt zuerst der eine Partner auf der Schoß des anderen Platz. Er/sie nimmt eine seitliche Liegeposition ein, quer über die Beine der haltenden Person, den Kopf nahe am Herzen der haltenden Person. Spüren Sie ganz bewusst, wie es ist, gehalten zu werden oder Ihren Partner zu halten.

Bitte beachten Sie: Diese Übung ist keine Regressionsübung. Anders als beim Eltern-Kind-Dialog gehen Sie nicht in die Rolle eines „Kindes“, sondern bleiben erwachsene Menschen, die sich an ihre Kindheit erinnern.

Anleitung:

Vereinbaren Sie, wer der haltende Partner (Empfänger) und wer der gehaltene Partner (Sender) sein möchte. Finden Sie eine angenehme Position, wobei der Kopf des Senders nahe am Herzen des Empfängers liegen soll.

1. Die haltende Person beginnt mit der Übung und lädt den Partner ein zu erzählen: **„Erzähl mir über den Schmerz in deiner Kindheit.“** Die gehaltene Person erzählt über frühere und verletzende Erfahrungen. Nach jeweils einigen Sätzen spiegelt der Empfänger, was der Sender erzählt hat. Er ermutigt den Sender auch mit den Worten: **„Erzähl mir mehr darüber.“** (Wenn der Sender sich an keine Kindheitsverletzungen erinnern kann, kann er auch über Verletzungen erzählen, die ihm in anderen Beziehungen außer der Beziehung zum Empfänger zugefügt wurden.) Wenn der Sender zu weinen oder zu schluchzen beginnt, ermutigt der Empfänger ihn, diese Gefühle zum Ausdruck zu bringen und spiegelt sie. „Da ist sehr viel Traurigkeit in dir.“ „Das muss schlimm für dich gewesen sein.“ „Ich kann spüren, wie sehr dich das verletzt hat.“ „Deine Tränen berühren mich sehr, mir ist auch zum Weinen zumute.“

2. Wenn der Sender seine Kindheitserinnerungen geschildert hat, sagt der Empfänger: **„Und das Schlimmste daran war ...“** Der Sender wiederholt und vervollstän-

digt diesen Satz: „Das Schlimmste daran war, ..." Der Empfänger hört einfühlsam zu und sagt schließlich: **„Danke, dass du mir das erzählt hast."** Der Sender sagt: „Danke, dass du mir zugehört hast."

3. Tauschen Sie nun die Rollen und wiederholen Sie die Übung.

4. Schreiben Sie nun den Schmerz und die Verletzungen der Kindheit Ihres Partners nieder, ebenso wie Ihre eigenen. Versuchen Sie in den darauffolgenden Tagen immer wieder an die Kindheitserfahrungen Ihres Partners zu denken und sich in seine Kindheitsverletzungen einzufühlen.

Übung 16 Meinen Partner in einem positiven Licht sehen

(siehe Kapitel 11)

Dauer: ungefähr 45 Minuten

Ziel: Diese Übung wird Ihnen helfen, in Ihrer Partnerschaft eine Atmosphäre der Sicherheit zu schaffen und Ihre Leidenschaft neu zu erwecken, indem Sie Ihre negativen Gedanken und Verhaltensweisen loslassen und durch liebevolle Gedanken und Verhaltensweisen ersetzen.

Anmerkung: Wenn Sie die negativen Eigenschaften Ihres Partners in den Vordergrund stellen, dann übersehen Sie höchstwahrscheinlich seine positiven Eigenschaften. Wenn Sie noch einen Schritt weiter gehen und Ihren Partner aufgrund dieser negativen Eigenschaften kritisieren, wird er sich verteidigen und zum Gegenangriff übergehen. So entsteht ein Teufelskreis des negativen Denkens und Handelns. Diese Übung unterstützt Sie, aus dieser Negativspirale wieder auszusteigen. Sie trainieren, Ihre Aufmerksamkeit immer stärker auf die positiven Eigenschaften Ihres Partners zu lenken und Ihrem Partner echte Wertschätzung entgegenzubringen. In der Folge werden Sie einander viel positiver wahrnehmen und weitaus liebevoller und respektvoller miteinander umgehen. Diese positive Atmosphäre entwickelt ebenfalls eine gewisse Eigendynamik. Sie bekommen immer mehr von dem, worauf Sie Ihre Aufmerksamkeit richten.

Anleitung:

Bitte gehen Sie die ersten fünf Punkte diese Übung jeder für sich alleine durch und tauschen Sie dann in Punkt 6 in Form eines Imago-Dialogs Ihre Selbsterkenntnisse und Ihre Einsichten aus. Punkt 7 bis 9 sind dann wieder von jedem Partner einzeln zu erfüllen. Es ist wichtig und sinnvoll, diese Anleitungen exakt einzuhalten.

1. Nehmen Sie bitte einige linierte Blätter zur Hand. Überlegen Sie, mit welchen negativen Worten Sie Ihren Partner manchmal charakterisieren. Schließen Sie auch jene Worte mit ein, die Sie in der Hitze des Gefechts aussprechen, ebenso wie jene Worte, an die Sie nur gedacht, die Sie aber bisher nicht ausgesprochen haben. Alle diese Worte schreiben Sie bitte in eine Spalte auf der linken Seite Ihres Blattes, wobei Sie nach jedem Wort oder Satz eine Zeile freilassen. (So bleibt ausreichend Raum, damit Sie später nach jedem Eigenschaftswort ein oder zwei Sätze hinzufügen können.)

2. Gehen Sie nun alle negativen Eigenschaften durch und schreiben Sie rechts jeweils eine Verhaltensweise Ihres Partners dazu, die diese Eigenschaft illustriert. Hier finden Sie einige Beispiele:

Negative Eigenschaften	*Konkretes, damit zusammenhängendes Verhalten*
Immer zu spät kommen	Gestern Abend kam sie zu spät zum Abendessen.
Gedankenlos sein	Er hat mir kein Geburtstagsgeschenk gekauft.
Dominant und rücksichtslos sein	Sie möchte immer, dass die Dinge nach ihrem Kopf gehen. Immer muss ich mir jene Kinofilme ansehen, die sie sehen möchte.

3. Gehen Sie nun Ihre Liste durch und kreisen Sie jene Eigenschaft ein, die Ihnen am meisten Sorgen bereitet.

4. Schreiben Sie nun bitte eine zweite Liste mit den positiven Eigenschaften und Verhaltensweisen Ihres Partners auf. Achten Sie bitte darauf, ebenso viele positive wie negative Eigenschaften zu finden.

Positive Eigenschaften	*Konkretes, damit zusammenhängendes Verhalten*
Hilfsbereit	Gestern nahm er sich Zeit, eine ältere Nachbarin mit dem Auto zum Arzt zu bringen.
Humorvoll	Als wir mit Freunden Abendessen waren, brachte sie die ganze Runde immer wieder zum Lachen.
Fleißig	Letztes Wochenende hat sie unser Schlafzimmer ausgemalt.

5. Gehen Sie nun bitte zurück zur Liste der negativen Eigenschaften (Kritik). Nehmen Sie die erste negative Eigenschaft Ihrer Liste. Schließen Sie nun bitte die Augen und stellen Sie sich vor, Ihr Partner verhält sich so. Wenn Sie das klar vor sich sehen, dann löschen Sie das Bild und stellen sich stattdessen ein positives Verhalten vor, das Sie an Ihrem Partner schätzen. (Sollte Ihnen gerade nichts einfallen, können Sie sich von den Punkten Ihrer positiven Liste inspirieren lassen.) Bewahren Sie nun dieses positive Bild von Ihrem Partner in Ihrem Inneren und spüren Sie, welche Gefühle es in Ihnen auslöst. Ersetzen Sie alle negativen Eigenschaften Ihrer Liste durch positive Bilder.

6. Mithilfe des Imago-Dialogs tauschen Sie sich nun mit Ihrem Partner darüber aus, was Sie über sich selbst erkannt haben. (Es geht hier nicht darum, Ihrem Partner zu sagen, was Sie an ihm nicht mögen, sondern darum, Ihre Selbsterkenntnis miteinander zu teilen.)

7. Wenn Sie in den nächsten Tagen ein negatives Bild Ihres Partners vor Augen haben, dann löschen Sie es bitte und ersetzen Sie es durch ein Bild, wo Ihr Partner ein Verhalten zeigt, das Sie sehr an ihm schätzen.

8. Nehmen Sie sich bitte für die nächsten Tage vor, Ihrem Partner nur jene Dinge zu sagen, die Sie an ihm schätzen. Löschen Sie alle negativen Gedanken oder Erinnerungen an Ihren Partner aus Ihrem Gedächtnis.

9. Wenn Ihr Partner etwas sagt oder macht, das Sie gar nicht gutheißen können, dann kritisieren Sie ihn dennoch nicht. Verwenden Sie stattdessen lieber die Übung 14 „Bitte um Verhaltensänderung“, um Ihren Partner zu bitten, sein Verhalten zum Positiven zu verändern.

Übung 17 Integration meiner Selbstanteile

(siehe Kapitel 2)

Dauer: ungefähr 15 - 30 Minuten

Ziel: Mit dieser Übung können Sie Teile Ihres Verleugneten Selbst, Ihres Öffentlichen Selbst und Ihres Verlorenen Selbst wieder integrieren und so Ihre ursprüngliche Ganzheit wiederfinden.

Anmerkung: Sie haben nun schon einige Wochen lang die bisher beschriebenen Übungen absolviert, so gut es Ihnen nur möglich war. Deshalb haben Sie inzwischen vermutlich bereits manche Teile Ihres Öffentichen Selbst abgelegt, Ihr Verleugnetes Selbst anerkannt und Ihr Verlorenes Selbst wiedergefunden. Diese Übung hilft Ihnen, sich all diese Veränderungen wirklich bewusst zu machen. Sie können sie allein oder zusammen mit Ihrem Partner durchführen.

Anleitung:

1. Nehmen Sie ein Blatt Papier und teilen es durch eine vertikale Linie in zwei Hälften.

2. Ziehen Sie jetzt zwei horizontale Linien, sodass das Blatt in sechs gleich große Kästchen unterteilt ist, wie in der folgenden Abbildung:

3. Blättern Sie bitte in Ihren Aufzeichnungen und suchen Sie die Erarbeitung Ihrer persönlichen Imago (Übung 3) und Ihr Partner-Profil (Übung 6). In das erste Kästchen oben links auf Ihrem Blatt schreiben Sie bitte die negativen Eigenschaften der primären Bezugspersonen Ihrer Kindheit und Ihres Partners. Dann geben Sie diesen Eigenschaften die Überschrift „Mein Verleugnetes Selbst“. Denken Sie bitte auch

darüber nach, inwieweit diese Eigenschaften auf Sie persönlich ebenfalls zutreffen könnten. Hat irgendjemand, insbesondere Ihr Partner, Sie schon einmal darauf hingewiesen? Nehmen Sie für einen Augenblick an, dass diese Kritik auf Sie zutrifft. Schreiben Sie bitte anschließend in das obere rechte Kästchen, was für ein Mensch Sie ohne diese Eigenschaften wären. Wie würden Sie sich verhalten, wie könnte man Sie charakterisieren? Verwenden Sie bitte kurze, positive Aussagen, die mit dem Wort „Ich" beginnen. Einige Beispiele: „Ich bin warmherzig", „Ich bin fürsorglich", „Ich bin verantwortungsbewusst".

4. In das linke mittlere Kästchen schreiben Sie bitte die positiven Eigenschaften Ihrer frühesten Bezugspersonen und Ihres Partners. Es könnte sein, dass es sich hierbei um Anteile Ihres Verlorenen Selbst handelt, das heißt, um jene Eigenschaften, die Sie im Laufe Ihres Erwachsenwerdens aufgeben mussten. Geben Sie diesem Kästchen bitte die Überschrift „Mein Verlorenes Selbst". Fragen Sie sich, ob Ihr Partner oder andere für Sie wichtige Personen Sie vielleicht bereits ermuntert haben, diese Eigenschaften zu entwickeln. Wie würden Sie sich verhalten, wenn Sie ab sofort über diese Fähigkeiten verfügen könnten? Schreiben Sie Ihre Antworten in das rechte mittlere Kästchen des Blattes. Verwenden Sie wieder nur eindeutige, positive Aussagen und formulieren Sie sie in der Gegenwart: „Ich bin künstlerisch begabt", „Ich habe eine starke Intuition", „Ich handle nach meinem persönlichen Gewissen", „Ich bin kreativ".

5. Denken Sie nun bitte an die Eigenschaften, die Sie entwickeln mussten, um sich die Liebe Ihrer Eltern zu sichern oder nicht zu verlieren, und überlegen Sie, was Sie bis heute für Anstrengungen auf sich nehmen, damit andere Menschen Sie mögen. Schreiben Sie diese Eigenschaften in das linke untere Kästchen. (Beispiele: „Ich versuche, perfekt zu sein", „Ich bin sehr nachgiebig", „Ich fühle mich immer für alles verantwortlich", „Ich mache vieles nur, damit andere zufrieden sind", „Ich drücke meine Wut nicht aus".) Geben Sie diesem Kästchen die Überschrift „Mein Öffentliches Selbst". Überlegen Sie nun, was für ein Mensch Sie wären, wenn Sie sich von diesen falschen Eigenschaften befreien könnten. Schreiben Sie diese Veränderungen in Form von einfachen, positiven Feststellungen in das rechte untere Kästchen: „Ich bin selbstbewusst", „Ich kann meine Wut authentisch zum Ausdruck bringen", „Ich kann loslassen und muss nicht immer perfekt sein".

6. Über die drei Kästchen rechts schreiben Sie als gemeinsame Überschrift „Mein Wahres Selbst". Diese drei Kästchen beschreiben Ihr wahres Potenzial. Lesen Sie diese Zusammenfassung bitte einmal pro Woche konzentriert durch und achten Sie darauf, wo Ihre derzeitige Realität davon abweicht. Malen Sie sich immer wieder in Ihren Gedanken aus, dass Sie sich so verändern, dass diese Beschreibung auf Sie zutrifft.

Übung 18 Visualisierung der Liebe

Dauer:	Jeweils eine Minute, drei Mal täglich.
Ziel:	Durch die stärkende Kraft des Visualisierens werden die positiven Veränderungen in Ihrer Beziehung unterstützt und gefestigt.
Anmerkung:	Diese Übung ist eine wertvolle, tägliche Meditation.

Anleitung:

1. Schließen Sie bitte drei Mal am Tag die Augen, nehmen Sie sich Zeit, einige Male tief ein- und auszuatmen, und stellen Sie sich vor Ihrem geistigen Auge Ihre(n) Partner(in) vor. Lassen Sie dieses Bild langsam und immer klarer in sich entstehen, bis Sie Ihren Partner in seiner körperlich-seelischen Ganzheit vor sich sehen können - mit all den emotionalen Verletzungen, die Sie inzwischen kennen lernen durften. Stellen Sie sich nun vor, wie Ihre Liebe die Verletzungen Ihres Partners heilt.

2. Nun visualisieren Sie, wie die Liebe, die Sie Ihrem Partner senden, zu Ihnen zurück kommt und Ihre eigenen Verletzungen heilt. Stellen Sie sich vor, dass diese Energie fortwährend zwischen Ihnen und Ihrem Partner hin und her fließt. Nach ungefähr einer Minute können Sie Ihre Augen wieder öffnen und sich wieder jenen Dingen zuwenden, mit denen Sie vor dieser Übung beschäftigt waren.

Professionelle Hilfe

Vielleicht ist bei manchen von Ihnen der Wunsch entstanden, mit einem ausgebildeten Paartherapeuten tiefere Einsichten in Ihre Partnerschaft zu gewinnen und mehr Sicherheit für einen guten Umgang miteinander zu gewinnen. Glücklicherweise hat die Inanspruchnahme von Paartherapie heute ihr früheres Stigma verloren. Damals wandten sich nur die Menschen an einen Therapeuten, die einen erheblichen Leidensdruck empfanden oder besonders mutig waren. Heute entscheiden sich mehr und mehr Paare dafür, sich frühzeitig um Hilfe umzusehen, bevor irreparable Verletzungen in ihrer Beziehung auftreten. Sie möchten in erster Linie ihre Lebensqualität steigern und haben verstanden, dass nichts wichtiger ist im Leben als ihre Partnerschaft und ihre Liebe zueinander. Sie vertreten die gesunde Einstellung, dass die Entscheidung, einen Therapeuten oder eine Therapeutin in Anspruch zu nehmen, vergleichbar damit ist, sich für das Erlernen einer Fremdsprache einem qualifizierten Lehrer anzuvertrauen. Mit der Begleitung und Supervision eines Experten fällt das Lernen zweifellos viel leichter.

Wenn Sie sich entscheiden, mit einem professionellen Therapeuten zusammenzuarbeiten, liegt einer der wesentlichen Vorteile darin, dass Sie verborgene Anteile Ihres Unterbewusstseins viel rascher integrieren können. Ein erfahrener Therapeut wird Ihnen dabei helfen, auch Ihre blinden Flecken zu entdecken und Unbewusstes bewusst zu machen, was sonst Monate oder Jahre in Anspruch nehmen könnte. So können Sie vermeiden, sich erfolglos im Kreis zu drehen.

Gleichzeitig versichern Sie sich durch professionelle Hilfe einer besonderen Unterstützung und profitieren von einer Atmosphäre der Sicherheit. Wenn Sie sich mit neuen Erkenntnissen konfrontiert sehen, wird ein Therapeut Ihnen helfen können, die damit verbundenen Ängste zu bearbeiten. Das schenkt Ihnen Rückversicherung und neue Erkenntnisse, und so wird es Ihnen leichterfallen, vorwärts zu kommen und nicht versucht zu sein, wieder den vermeintlich sicheren Boden Ihrer alten Erfahrungen aufzusuchen. Das ist besonders wertvoll für Paare, die sehr viel Konfliktstoff angesammelt haben.

Schließlich stellt die professionelle, therapeutische Situation auch eine gut strukturierte Umgebung für Ihre ganz persönliche Weiterentwicklung dar. Sollte es Ihnen manchmal an Disziplin oder Motivation mangeln, so ist es sehr hilfreich, regelmäßig vereinbarte Sitzungen zu besuchen, die darüber hinaus bezahlt werden müssen - das ist ein Anreiz, die Sitzung auch einzuhalten.

Sollten Sie sich entschließen, mit einem Paartherapeuten arbeiten zu wollen, möchte ich Ihnen hier noch einige allgemeine Empfehlungen geben. Ich denke, Sie sollten einen Therapeuten aufsuchen, der sich auf Paartherapie spezialisiert hat - das gilt in besonderer Weise für alle Imago-PaartherapeutInnen. Wenn ein Therapeut nicht nur auf Einzeltherapie ausgerichtet ist, kann die komplexere Struktur von Paarbeziehungen angemessen bearbeitet werden. Wenn Sie und Ihr Partner zu verschiedenen Therapeuten gehen oder zum gleichen Therapeuten, aber zu unterschiedlichen Sitzungen, so wäre es möglich, dass Sie sich auf Themen konzentrieren, die Ihnen helfen, Ihr eigenes Leben besser zu gestalten, jedoch nicht helfen, harmonischer als Paar zusammenzuleben. Die Auseinandersetzung mit Themen, die nicht direkt mit Ihrer Partnerschaft zusammenhängen, mag hilfreich sein, Ihre eigene Persönlichkeit weiterzuentwickeln, aber es ist fraglich, ob sich dadurch die Situation in Ihrer Partnerschaft verbessern wird. Durch die gemeinsame Arbeit mit einem Imago-Therapeuten werden Sie erkennen, wie Ihre individuellen Probleme und die Ihres Partners auch Ihre Partnerschaft beeinflussen. So können sowohl Ihre persönlichen als auch Ihre partnerschaftlichen Probleme gleichzeitig bearbeitet und gelöst werden.

Bei der Suche nach einem für Sie passenden Therapeuten oder einer Therapeutin verlassen Sie sich bitte auf Ihr Gefühl. Suchen Sie jemanden, der eine warme Ausstrahlung besitzt, unterstützend und einfühlsam ist und Ihnen ein Gefühl von Sicherheit und Vertrauen vermitteln kann. Selbst wenn Ihnen ein(e) TherapeutIn gleich zusagt, sollten Sie noch eine weitere Person kontaktieren, einfach um Vergleichsmöglichkeiten zu haben. Oft gibt es die Möglichkeit zu einem günstigen oder kostenlosen Kennenlernen.

Alle Imago-Therapeuten Österreichs sowie einige Imago-Educator, die Imago in ihren jeweiligen Berufsfeldern anwenden, finden Sie auf der Homepage der Imago-Gesellschaft Österreichs **www.imagoaustria.at**. Viele von ihnen bieten auf ihren Homepages auch kostenlose Informationsabende zum Schnuppern und Kennenlernen der Ansätze von Imago an.

Möchten Sie an einem dreitägigen Imago Paarworkshop „So viel Liebe wie Du brauchst“ teilnehmen, so informieren Sie sich bitte ebenfalls auf
www.imagoaustria.at.

Allen Lesern, die in Deutschland oder anderen europäischen Ländern zu Hause sind, empfehlen wir den Besuch der internationalen Homepage
www.imagotherapy.com.

IGÖ - Imago Gesellschaft Österreich

Die Imago Gesellschaft Österreich besteht seit 1999 als Vereinigung von Imago-Therapeuten und -Therapeutinnen und Imago Professional Facilitators in Österreich.

Imago-Therapeuten und -TherapeutInnen bieten Imago-Paartherapie an. Imago Professional Facilitator der Berufsgruppe der diplomierten Lebens- und SozialberaterInnen bieten Coaching, Beratung und Begleitung von Paaren und Einzelpersonen an. Imago Professional Facilitator sind auch in vielen anderen Berufsfeldern tätig und lassen dort den „Spirit" von Imago lebendig werden. Sie alle helfen, die Verbindung zu stärken sowie Entwicklung und Wachstum zu fördern.

Gerne schickt Ihnen die Imago Gesellschaft Österreich Informationsmaterial zu. Auch wenn Sie sich für die Ausbildung interessieren, helfen wir Ihnen gerne weiter. Bitte kontaktieren Sie uns über unsere Website **www.imagoaustria.at**

Imago
Paartherapie

Imago
Professional Facilitator

Bibliographie

Apuleius, Lucius. The Golden Ass, in Love Through the Ages by Robert Lynd, Coward-McCann, Inc., New York, 1932.

Atkinson, Brent J. Emotional Intelligence in Couples Therapy: Advances from Neurobiology and the Science of Intimate Relationships, W. W. Norton & Co., New York, 2005.

Barker, Robert L. Treating Couples in Crisis, The Free Press, New York, 1984.

Bauer, W. A. Greek-English Lexicon of the New Testament and Other Early Christian Literature, trans. W. F. Arndt and F. W. Gringrich, The University of Chicago Press, Chicago, Illinois, 1957.

Bellah, Robert, Richard Madson, William M. Sullivan, Ann Swidler, and Steven M. Tipton. Habits of the Heart, The Perennial Library, New York, 1985.

Bohm, David. On Dialogue, ed. Lee Nichol, Routledge, New York, 1996.

Brandon, Nathaniel. The Psychology of Romantic Love, J. P. Tarcher, Inc., Los Angeles, California, 1980.

Buber, Martin. Between Man and Man, trans. Ronald Gregor Smith, Collier Books/Macmillan Publishing Company, New York, 1965.

Buber, Martin. I And Thou, Charles Scribner's Sons, New York, 1958.

Craft, Harriet. „A Descriptive Study of the Love or Illusion Workshop“, 1984, unpublished manuscript.

Ellinor, Linda, and Glenna Gerard. Dialogue: Rediscover the Transforming Power of Conversation, John Wiley & Sons, Inc., New York, 1998.

Ernst, Frank. „The OK Corral: The Grid for Get-on-With“, Transactional Analysis Journal 1:4, October 1971.

Folkenberg, Judy. „Multi-Site Study of Therapies for Depression“, Archives of General Psychiatry 42 (March 1985).

Freud, Sigmund. „On Narcissism: An Introduction (1914)“, in General Psychological Theory: Papers on Metapsychology, Collier Books, New York, 1963.

Freud, Sigmund. „The Instincts and Their Vicissitudes (1915)“ in Collected Papers, vol. 4, Basic Books, New York, 1959.

Friedman, Maurice. The Healing Dialogue in Psychotherapy, Jason Aronson, Inc., New York, 1985.

Fromm, Erich. The Art of Loving, Bantam Books, New York, 1956.

Gaylin, Willard. Rediscovering Love, Viking Penguin, Inc., New York, 1986.

Gottman, John M., Ph.D., and Joan DeClaire. The Relationship Cure: A 5 Step Guide for Building Better Connections with Family, Friends and Lovers, Crown Publishers, New York, 2001.

Greenberg, Leslie S., and Susan M. Johnson. Emotionally Focused Therapy for Couples, The Guildford Press, New York, 1988.

Gunzburg, John C. Healing Through Meeting: Martin Buber's Conversational Approach to Psychotherapy, Jessica Kingsley Publishers, Bristol, Pennsylvania, 1907, 1997.

Hunt, Morton. The Natural History of Love, Alfred A. Knopf, New York, 1959.

Jung, C. G. The Archetypes and the Collective Unconscious, trans. R. F. C. Hull, Bollingen Series XX, Princeton University Press, Princeton, New Jersey, 1969.

Jung, C. G. „Marriage as a Psychological Relationship“, in The Portable Jung, ed. Joseph Campbell, The Viking Press, New York, 1971.

Jung, C. G. Two Essays in Analytical Psychology, in Collected Work, vol. 7., trans. R. F. C. Hull, Bollingen Series XX, Princeton University Press, Princeton, New Jersey, 1969.

Kiecolt-Glaser, Janice K. „Martial Quality, Martial Disruption and Immune Function“, Psychosomatic Medicine, in press.

Kubler-Ross, Elisabeth. On Death and Dying, The Macmillan Company, New York, 1969.

Lahr, Jane, and Lena Tabori. Love: A Celebration in Art and Literature, Stewart, Tabori and Chang, Publishers, New York, 1982.

Lauer, Jeanette, and Robert Lauer. „Marriages Made to Last“, in Psychology Today 19:6 (June 1985).

Levenson, Frederick F. The Anti Cancer Marriage: Living Longer Through Loving, Stein and Day, Publishers, New York.

Liebowitz, Michael, M.D. The Chemistry of Love, Little, Brown and Company, Boston, 1983.

Lynd, Robert. Love Through the Ages: Love Stories of All Nations, Coward-McCann, Inc., New York, 1932.

Mahler, Margaret. On Human Symbiosis and the Vicissitudes of Individuation:

Infantile Psychosis, International Universities Press, New York, 1968.

May, Rollo. Love and Will, W. W. Norton & Co., Inc., New York, 1969.

McClelland, David C. „Some Reflections on the Two Psychologies of Love", Journal of Personality 54:2 (June 1986).

McLean, Paul. „Man of His Animal Brains", Modern Medicine, February 3, 1964.

Mitchell, Stephen A. Relational Concepts in Psychoanalysis: An Integration, Harvard University Press, Cambridge, Massachusetts, 1988.

Mitchell, Stephen A. Relationality: From Attachment to Intersubjectivity, The Analytic Press, Hillsdale, New Jersey, 2000.

Penfield, Wilder. The Mystery of Mind: A Critical Study of Consciousness and the Human Brain, Princeton University Press, Princeton, New Jersey, 1975.

Perls, Frederick S., with Abraham Levitsky. „The Rules and Games of Gestalt Therapy", in Gestalt Therapy Now, ed. Joan Fagen and Irma Lee Shepherd, Science and Behavior Books, Palo Alto, California, 1970.

Plato. Symposium, in The Portable Plato, ed. Scott Buchanan, The Viking Press, New York, 1948.

de Quincey, Christian. Radical Knowing: Understanding Consciousness through Relationship, Park Street Press, Rochester, Vermont, 2005.

de Rougemont, Denis. Love in the Western World, trans. Montgomery Belgion, Doubleday Anchor Books, Doubleday and Company, Garden City, New York, 1957.

Sager, Clifford J. Marriage Contracts and Couples Therapy: Hidden Forces in Intimate Relationships, Brunner/Mazel, Publishers, New York, 1976.

Shafir, Rebecca Z., M.A. CCC. The Zen of Listening: Mindful Communication in the Age of Distraction, Quest Books, Wheaton, Illinois, 2000.

Scharff, David E., M.D., and Jill Savege Scharff, M.D. Object Relations Couple Therapy, Jason Aronson, Inc., Northvale, New Jersey, 1991.

Schneider, Isidor, ed. The World of Love, vols. I and II, George Braziller, New York, 1948.

Siegel, Bernard. Love, Medicine and Miracles: Lessons Learned About Self-Healing from a Surgeon's Experience with Exceptional Patients, Harper and Row, Publishers, New York, 1986.

Silverman, Lloyd H., Frank M. Lachmann, and Robert L. Milich. The Search for Oneness, International Universities Press, New York, 1982.

Stolorow, Robert D., and George E. Atwood. Contexts of Being: The Intersubjective Foundations of Psychological Life, The Analytic Press, Inc., Hillsdale, New Jersey, 1992.

Stolorow, Robert D., George E. Atwood, and Donna M. Orange. Worlds Of Experience: Interweaving Philosophical and Clinical Dimensions in Psychoanalysis, Basic Books, New York, 2002.

Stuart, Richard. Helping Couples Change: A Social Learning Approach to Marital Therapy, The Guilford Press, New York, 1980.

Sullivan, Harry Stack. The Interpersonal Theory of Psychiatry, W. W. Norton & Co., Inc., New York, 1953.

Weissman, Myrna M. „Advances in Psychiatric Epidemiology: Rates and Risks of Major Depression", American Journal of Health, in press.

Wilber, Ken. Integral Psychology: Consciousness, Spirit, Psychology, Therapy, Shambhala Publications, Inc., Boston, Massachusetts, 2000.

Yerkovich, Milan, and Kay Yerkovich. How We Love: A Revolutionary Approach to Deeper Connections in Marriage, Water Brook Press, Colorado Springs, Colorado, 2006.

Harville Hendrix, Ph.D.

Ohne Wenn und Aber

Zur Liebe fürs Leben – für Singles und Paare

Dieses zweite Werk von Harville Hendrix ist ein geheimer Schatz, der darauf wartet, von Paaren und von Singles gehoben zu werden. Durch die Beschäftigung mit unserer Kindheit, mit unseren verlorenen und verdrängten Selbstanteilen und mit vielen neuen, lohnenden Übungen können wir zu unserer vollen Lebendigkeit zurückfinden.

Hendrix' jahrzehntelange Erfahrung mit Paaren hat hier Eingang gefunden. Mit Wärme, Weisheit und Professionalität werden alle menschlichen Entwicklungsphasen beleuchtet und in vielen Beispielen veranschaulicht. Wege von unbewusstem Verhalten zu bewusstem Handeln und Reagieren eröffnen sich.

Wenn Sie erkannt haben, wie viel Liebe Ihr Partner und Sie brauchen, dann ist es an der Zeit, ein erfülltes und glückliches Leben zu verwirklichen - *ohne Wenn und Aber!*

320 Seiten, Paperback
ISBN 978-3-902625-00-7
€ 17,50

Harville Hendrix, Ph.D. & Helen LaKelly Hunt, Ph.D.

So viel Liebe wie mein Kind braucht

Der gemeinsame Weg in ein erfülltes Leben

Die große Krise der Familien in unserer Zeit wirft hunderte Fragen auf. *So viel Liebe wie mein Kind braucht* zeigt einen Weg, wie bewusste Partnerschaft und bewusste Elternschaft lebbar werden. Es bietet eine Fülle großartiger Einsichten und hilfreicher, lebensnaher Hinweise.

„Harville Hendrix und seine Frau Helen LaKelly Hunt haben gemeinsam ein wirklich herausragendes Buch über die bewusste Eltern-Kind-Beziehung geschrieben. Sie legen anschaulich dar, dass unsere frühkindlichen Erfahrungen sich ganz besonders darin widerspiegeln, wie wir später selbst mit unseren Kindern umgehen. Allen Eltern dieser Welt möchte ich es wärmstens ans Herz legen!"

Jerry M. Lewis, Universitätsprofessor und Therapeut, Dallas

384 Seiten, Paperback
ISBN 978-3-902625-01-4
€ 19,90

Harville Hendrix, Ph.D. & Helen LaKelly Hunt, Ph.D.

Liebe annehmen - eine Kunst?

Mit IMAGO wird jede Partnerschaft zum Geschenk

Fällt es Ihnen schwer, Ihrem Partner mitzuteilen, was Sie wirklich brauchen? Kommt es vor, dass Sie bekommen, was Sie sich wünschen, aber sich aus unerklärlichen Gründen dennoch unzufrieden fühlen? Ist es schwierig für Sie, zärtliche Gesten, liebevolle Geschenke oder Komplimente von Ihrem Partner anzunehmen ohne den unvermeidlichen Satz „Das wäre aber nicht notwendig gewesen!"?

Wenn Sie eine dieser drei Fragen mit „Ja" beantworten, dann wird das Buch *Liebe annehmen - eine Kunst?* Ihnen die Augen öffnen sowie ganz neue Glückshorizonte zeigen ...

Liebe zu schenken ist leichter als Liebe anzunehmen. Erst wenn wir die unbewussten Mechanismen durchschauen, mit denen wir unsere Erfüllung und unser Glück sabotieren, können wir uns innerlich öffnen und den Weg freimachen für echte Veränderungen in unserer Partnerschaft.

320 Seiten, Paperback
ISBN 978-3-902625-08-3
€ 19,90

Harville Hendrix, Ph.D. & Helen LaKelly Hunt, Ph.D.

Liebe *einfach* ...

... und eure Partnerschaft blüht auf

In klarer und prägnanter Sprache schildert dieses Buch, wie es möglich ist, seine Partnerschaft mit einfachen Schritten zu verwandeln und dadurch die Liebe nach Jahren oder Jahrzehnten wieder neu zu beleben.
Vom Konflikt zum einfühlsamen Verstehen, von Problemsituationen zu Win-Win-Situationen und von Frust und Schmerz zu Glück und neuer Erfüllung in der Partnerschaft.
Dieses Buch enthält die 10 wertvollsten Erkenntnisse aus dem Erfahrungsschatz und der Fülle der bisherigen Bücher von Harville Hendrix und Helen LaKelly Hunt. Die beiden Autoren sind Begründer der außergewöhnlich erfolgreichen Imago-Paartherapie, die ein heilender Weg für Paare aller Altersstufen und Lebensumstände ist. Seit mehr als 30 Jahren begleiten Helen und Harville Paare durch ihre Krisen zu einem neuen Frühling und halten höchst effektive Wochenend-Workshops – ebenso wie die inzwischen mehr als 2200 Imago-TherapeutInnen und Imago-Workshop-Presenter in vielen Ländern der Erde.

224 Seiten, Paperback
ISBN 978-3-902625-41-0
€ 19,90

Tammy Nelson

Der Sex meiner Träume

Mit dem Imago-Dialog zu neuer Leidenschaft

In keinem anderen unserer Lebensbereiche sind wir körperlich, seelisch und geistig so tief berührbar wie in der Sexualität. Deshalb liegt hier ein unvergleichliches Heilungspotenzial. Die außergewöhnlich erfolgreiche Imago-Beziehungstheorie wird hier auf den Bereich der Sexualität umgesetzt.

Wenn der Zauber der anfänglichen Verliebtheit verblasst und die Leidenschaft im Alltag zu kurz kommt, so muss das kein Grund zur Resignation sein. *Der Sex meiner Träume* zeigt Möglichkeiten und Wege, bewusst und aktiv an einer lebendigen und erotischen Liebesbeziehung zu arbeiten. Die Unterschiede zwischen Mann und Frau, besonders auch in sexueller Hinsicht, werden nicht mehr als störend, sondern als bereichernd und aufregend empfunden. Mit ihren Impulsen, Fallbeispielen und vielen konkreten Übungen zeigt Tammy Nelson, wie Verspieltheit, Abenteuerlust und unsere geheimsten Phantasien in unser Sexualleben integriert werden können. Das schenkt unserer Partnerschaft echte Intimität und neue Höhenflüge der Leidenschaft.

232 Seiten, gebunden
ISBN 978-3-902625-02-1
€ 22,50

Tammy Nelson

Treue neu denken

Individuelle Ansätze als Chance nach einem Seitensprung

Tammy Nelson ortet in vielen Affären einen „Weckruf" für die bisherige Partnerschaft. Gute Chancen haben Paare, die den Fokus weg vom „Täter-Opfer"-Mythos lenken und sich stattdessen mit den Verletzungen oder unerfüllten Bedürfnissen beider Partner befassen, die oft schon lange vor dem Zustandekommen einer Affäre existierten.

Mit Dialog-Anregungen und zahlreichen erprobten Hilfestellungen begleitet dieses Buch Paare dabei, auszuhandeln, wie sie ihre Treuevereinbarung künftig definieren wollen (traditionell bis unkonventionell) – und was sie einander anlässlich eines Neustarts bewusst versprechen.

Paperback, Format A5
ISBN 978-3-902625-65-6
Erscheinungstermin: Frühjahr 2016